DU MÊME AUTEUR

LES HEURES VOLÉES, Mercure de France, 1981

ARGENTINA, Mercure de France, 1984

ROMAIN GARY, Mercure de France, 1987 (Grand Prix de la biographie de l'Académie française)

LES YEUX NOIRS OU LES VIES EXTRAORDINAIRES DES SŒURS HEREDIA, Lattès, 1990

MALIKA, Mercure de France, 1992 (Prix Interallié)

GALA, Flammarion, 1995

STEFAN ZWEIG, L'AMI BLESSÉ, Plon, 1996 ; nouvelle éd., Grasset, 2010

LE MANUSCRIT DE PORT-ÉBÈNE, Grasset, 1998 (Prix Renaudot)

BERTHE MORISOT. LE SECRET DE LA FEMME EN NOIR, Grasset, 2000 (Goncourt de la biographie)

IL N'Y A QU'UN AMOUR, Grasset, 2003

LA VILLE D'HIVER, Grasset, 2005

CAMILLE ET PAUL. LA PASSION CLAUDEL, Grasset, 2005

CAMILLE CLAUDEL, LA FEMME BLESSÉE, Les éditions du Huitième Jour, 2010

CLARA MALRAUX, « NOUS AVONS ÉTÉ DEUX », Grasset, 2009 (Prix Prince Pierre de Monaco)

DEUX SŒURS, YVONNE ET CHRISTINE ROUART, LES MUSES DE L'IMPRESSIONNISME, Grasset, 2012

JE SUIS FOU DE TOI. LE GRAND AMOUR DE PAUL VALÉRY, Grasset, 2014

COLETTE ET LES SIENNES, Grasset, 2017

MES VIES SECRÈTES, Gallimard, 2019

DIVINE JACQUELINE

L'Empire State Building, à New York, le 19 avril 2017 pour les 150 ans du magazine *Harper's Bazaar*. La photographie de Jacqueline de Ribes, projetée sur la façade, est signée de Richard Avedon.

DOMINIQUE BONA
de l'Académie française

DIVINE JACQUELINE

GALLIMARD

Toutes les photographies proviennent
des archives personnelles de Jacqueline de Ribes.

P. 6 (frontispice) : Photographie originale par Richard Avedon,
pour *Harper's Bazaar Magazine*, 1955. Courtesy of The Avedon Foundation.
Photo de la projection © SMG via ZUMA/Maxppp.
P. 183 : Robert Doisneau/Gamma-Rapho. P. 273 : Dominique Paoli.
P. 281 : Marina Cicogna. P. 413 : Jacques Verroust-Studio Verroust.

Mystérieuse moi, différente d'un songe…

PAUL VALÉRY

1

Un visage dans la nuit

C'est une nuit à New York. Nerveuse, fiévreuse, égoïste, brutale. Les gens courent comme en plein jour, tête baissée sans ralentir leur course. Quand soudain tout s'arrête. La foule se paralyse. L'immobilité devient une sorte de vertige. Les têtes se lèvent vers le ciel sans étoiles. Un spectacle inédit, au cœur de Manhattan, aimante les regards. Depuis le 11 septembre 2001 et le fracas des Twin Towers, il y a de l'inquiétude et même de la peur dans le simple fait de contempler un prodige de l'architecture, rêve prométhéen d'altitude et de conquête. Pourtant, ce 19 avril 2017, rien ne menace la ville qu'une pluie maussade, l'air humide et doux d'un printemps boudeur.

L'Empire State Building vient de s'éclairer. La première « plus haute tour jamais construite au monde » – 381 mètres sans la flèche qui la prolonge –, antiquité Art déco, fréquentée surtout par les touristes qui prisent son observatoire au quatre-vingt-sixième étage, est redevenue une sorte de dieu tutélaire depuis que les sœurs jumelles ne sont plus. Ce soir, le fameux gratte-ciel, aussi emblématique de New York que la tour Eiffel de

Paris, resplendit soudain de centaines de milliers de micro-leds.

Les New-Yorkais sont habitués à le voir prendre feu à des dates rituelles : en jaune, le premier jour du printemps, en vert comme les prairies d'Irlande pour la Saint-Patrick, en vert sapin et rouge de père Noël pour les fêtes de fin d'année, en patriotique bleu-blanc-rouge le 4 juillet, la fête nationale, mais aussi le 14 juillet pour le Bastille Day qu'ils aiment célébrer, ou encore en rose et blanc pour la journée du cancer du sein, lavande et blanc pour la Gay Pride, rouge coquelicot pour la journée mondiale du bonheur. Ses couleurs d'arc-en-ciel sur la palette d'une technologie moderne aux seize millions de nuances n'étonnent plus personne. Mais elles ne s'affichent d'ordinaire que sur une partie relativement étroite, tout en haut. Or, c'est la totalité du bâtiment qui, cette fois, se détache sur la nuit. Du moins en a-t-on l'impression, à vivre cet événement en direct, là, dans la rue. On apprendra plus tard que quarante-deux étages seulement, sur la centaine que compte le bâtiment, servent de support à cette étrange féerie. Et qu'on a fait fermer tous leurs volets, afin de ne pas gâcher l'ordonnancement du *show* par des scories de lumières provenant de l'intérieur, de nuisibles parasites, aussi dérisoires que lampes de bureaux ou appareils en veille. L'Empire State Building est maintenant un écran géant.

Oublié, King Kong escaladant sa façade, traqué par ceux qui l'ont arraché à sa forêt tropicale et amené de force à la civilisation. Oubliée, la fragile et blonde Fay Wray, que le grand singe a emportée jusqu'au sommet de la tour et qui s'agite comme une poupée de son dans sa main velue. Oubliée, la fin tragique de ce vieux film des années 1930, quand King Kong, abattu par l'aviation américaine, dégringole de l'édifice et s'écrase sur le trottoir, manquant arracher dans sa chute son arrogante flèche de métal. L'Empire State a réchappé au monstre le plus célèbre du cinéma.

La fête va durer de huit heures et demie du soir jusqu'à minuit. Après quelques lueurs d'introduction, des images se succèdent, ou plutôt elles glissent l'une après l'autre, dans une sorte de fondu enchaîné, sur la façade en béton et acier. Les couleurs sont sobres : des gris, des noirs, beaucoup de blanc, et de temps en temps mais comme une exception, un trait de rouge à lèvres, un rose ou un jaune fluo. Ce sont des visages de femmes. L'instant de stupeur passé, les gens applaudissent chacune de leurs apparitions.

Voici Marilyn Monroe, sa légendaire moue et le casque de ses cheveux platine. Voici Elizabeth Taylor, avec ses yeux violets et son air d'arrogance sexuelle. Puis Audrey Hepburn, acidulée, mutine. À nouveau Elizabeth Taylor, toujours impériale, sur un autre cliché. Le public est à l'arrêt, absorbé dans la contemplation ahurie de ces beautés lointaines, hors d'atteinte. Temps suspendu. On apprendra le lendemain qu'elles sortent pour la plupart de l'album d'un grand photographe qui a pu, lui, les approcher – Richard Avedon.

Moins connues, sinon anonymes, des silhouettes de rêve s'intercalent entre les icônes, tantôt étirées, longilignes à la Kate Moss et tantôt pulpeuses à la Beyoncé, à la Rihanna. Des corps parfaits, magnifiés dans des poses payées des fortunes. L'Empire State Building célèbre la

Femme en majesté – la femme intemporelle, éternelle – sur ces clichés sublimes. Trop sublimes même : sur le béton, matériel plus chaud qu'on ne croit, et dans ces couleurs artistement ajustées, certaines images portent encore la trace du papier glacé. Mais les beaux visages captivent. Ils apparaissent, puis disparaissent, aussi fugitifs qu'éclatants. On aimerait les retenir. La nuit les reprend.

Ovations pour Liz, pour Audrey, pour Marilyn. Acclamations pour Lauren Bacall, pour Suzy Parker, Lisa Fonssagrives, Jean Shrimpton. L'Amérique fête ses égéries, ses *stars* – mot créé pour elles.

L'empire de presse fondé par William Randolph Hearst célèbre en grande pompe les cent cinquante ans du *Harper's Bazaar* – deux *a* depuis moins longtemps –, le fleuron de ses magazines. Le plus ancien concernant la mode aux États-Unis et le concurrent direct de *Vogue*, avec lequel il entretient une longue et incestueuse guerre de cousinage. Son âge d'or est derrière lui, quand Carmel Snow ou Diana Vreeland le dirigeaient, emmenaient dans ses pages les illustrations de débutants tels Andy Warhol ou Yasuhiro Wakabayashi, et confiaient leurs couvertures, d'une esthétique inégalable et devenues depuis des *collectors*, à un vétéran de la Deuxième Guerre âgé d'à peine une vingtaine d'années, Richard Avedon. Sa photo fameuse *Dovima with elephants* y a fait date. C'est le *Harper's Bazaar* qui, le tout premier, en 1916, a osé montrer une robe de Gabrielle Chanel, lui qui a baptisé le New Look de Dior en 1947 et, pendant des décennies, découvert et consacré les talents dans l'univers sophistiqué et lunatique de la mode. Ses jugements impérieux, sans appel, venus de New York, ont toujours impressionné Paris. Les photos – une centaine – choisies ce soir datent de l'époque fastueuse, où rien n'était trop beau pour le public. La beauté parfaite, le luxe et la lumière, c'est ce leurre d'un monde idéalisé qui serre le cœur des gens dans les rues. Chacun est si loin, si désespérément étranger à cet Olympe, qui pourtant les fait encore rêver, le temps d'une projection passagère. Stars des années 1950, 1960, 1970 : où êtes-vous ?

On s'amuse à les identifier. Des noms fusent. On crie Marilyn !, Liz !, Audrey !, du tac au tac. Certaines, moins connues, tardent à s'entendre nommer. Le visage de Lauren Bacall a toujours eu quelque chose de flou, un charme insaisissable qu'elle exerce encore du haut de la tour sur les nombreux spectateurs qui n'ont pas vu ses films. Mais qui reconnaîtrait, à moins d'un historien, d'un expert de la photographie de mode, Lisa Fonssagrives ou Suzy Parker ? De ces deux *supermodels*, dans le vocabulaire du jour, l'une est le visage des années 1950, l'autre celui des années 1960. Lisa a une grâce d'ancienne danseuse des ballets suédois et Suzy, plus jeune, le style sportif et sexy de la beauté à l'américaine. Quant à « la » Shrimpton, diva anglaise aux traits émaciés et à la frange en bataille, elle représente ce soir l'émancipation généralisée, la jeunesse un peu folle des années soixante-huitardes. Celle qui fut le mannequin le plus photogénique et le plus photographié, bien sûr aussi le mieux payé au monde, rendue depuis à l'anonymat pour la plupart des gens, est archi-applaudie, je me demande pourquoi. Sans doute pour ses cils abondants, spectaculaires, allongés au rimmel noir, à moins que ce ne soit pour son sourire insolent, ou pour cet éclat juvénile qui parvient à surnager dans une reproduction en millions de leds. Il n'empêche, personne ne trouve son nom et quand quelqu'un hasarde enfin « la Shrimpton… ? », il se transmet de loin en loin, déformé à mesure, la Shrimpton ? la Shrimp… ? La foule retrouve instinctivement le surnom qui déplaisait à Jean.

Retour de Liz, d'Audrey, de Marilyn sur des acclamations unanimes. Quand tout à coup, au milieu des Américaines, des quelques rares Anglaises et aux côtés de la Suédoise devenue américaine par son dernier mariage, surgit un autre visage. Radicalement différent de tous les autres. Épuré, translucide. Presque un visage nu. Le metteur en scène a mis en valeur une épure. Front immense sous des cheveux tirés en arrière à la manière des danseuses étoiles. Pommettes hautes, menton délicat. Cou de girafe. Grands yeux en amande, soulignés d'un trait noir qui renforce leur intensité. Le nez, long et sans défaut, a du caractère. Ainsi pris de profil, ce visage est presque un dessin. Un de ces chefs-d'œuvre en un unique trait à l'encre, que seuls les maîtres chinois parviennent à exécuter. Lumière irisée, exquise. Richard Avedon s'est surpassé. Qui dira le nom de cette star ?

Les gens cherchent, se consultent de voisin à voisin, la prennent pour la Callas, pour Marella Agnelli, pour la Bégum. Est-elle grecque, italienne, orientale ? L'originalité de son profil de pharaonne saisit les spectateurs. Serait-elle la réincarnation de la célèbre sculpture en marbre conservée au musée du Caire : Néfertiti, l'épouse royale d'Akhenaton ?

À coup sûr, elle est ce soir celle qu'on n'attendait pas : la seule Française du défilé !

Française des plus françaises, encore que son destin l'ait conduite à New York, à Los Angeles, à Tokyo, elle a pris tout naturellement sa place dans la galaxie des célébrités. Son apparition est même un des moments forts de cette performance en plein ciel. Son nom ? Jacqueline de Ribes.

Désignée par la presse américaine, en 1956, comme la femme la plus élégante du monde, nommée à la Best-Dressed List, élue au Hall of Fame of Fashion en 1962 et considérée depuis lors comme « *the most stylish woman in the world*[1] », la femme la plus stylée du monde, statut qu'elle n'a jamais perdu, elle a eu droit tout récemment, en 2015, à une exposition prestigieuse dans l'un des plus prestigieux musées de la planète : le Metropolitan Museum of Art de New York a même battu avec elle des records de fréquentation. Elle a eu son nom inscrit au fronton : « Jacqueline de Ribes, the Art of Style ».

Ce soir, traitée à l'égal des plus grandes sur l'Empire State Building, elle vit une consécration. Les Américains, qui aiment admirer, ont beau s'interroger, ils ont tout de suite reconnu une idole.

Et moi, perdue dans la foule, moi qui savais que cette pharaonne était la dernière reine de Paris, la survivante d'un monde à jamais disparu, j'ai voulu découvrir son histoire. Quelle femme, avec ses contradictions et son mystère, cachait ce mirage éphémère, cette hallucination d'un soir ?

1. En 1983, par le magazine *Town & Country*.

2

Énigmes d'une personnalité

La porte s'ouvre. Jacqueline de Ribes s'apprête à entrer dans le salon où je l'attends – une suite au quatrième étage d'un bel hôtel de la rue du Faubourg-Saint-Honoré, où elle réside quand elle vient à Paris. Il est dix heures du soir. Des bouquets de roses, des livres sur un bureau Louis XVI, un châle abandonné sur le dossier d'une chaise donnent un peu de vie à un décor confortable mais que n'importe quel touriste fortuné pourrait occuper. Réputée pour n'être jamais à l'heure à ses rendez-vous, elle s'attarde dans la pièce voisine qui doit être sa chambre, d'où me parvient sa voix. Sans que je puisse suivre ce qu'elle dit, sans doute au téléphone, à moins que ce ne soit à l'une de ses infirmières ou à une dame de compagnie, j'entends la mélodie : une voix claire et chantante, avec de l'assurance et même de l'autorité, une sorte de ferme douceur. Nous devons dîner toutes les deux. Le couvert est mis sur une table ronde, devant la fenêtre aux rideaux tirés. C'est notre premier entretien.

Enfin, la voici. Très haute, très droite, elle s'arrête un instant dans l'encadrement de la porte, en appui sur une jambe, une main légèrement posée sur le chambranle. Elle marque une pause. Le temps semble lui obéir. Quand elle décide d'avancer, elle vient vers moi, qui suis pourtant son seul public, avec une grâce et un aplomb à la Marlene Dietrich. Mouvement inimitable par le commun des mortelles. La scène, admirablement réglée, ne dure que quelques secondes mais si intenses que j'en reste frappée. C'est ce qu'on appelle au théâtre une « entrée ».

Jacqueline de Ribes en a fait sa spécialité. Elle a l'art des entrées.

Je la soupçonne de les soigner même quand il n'y a personne pour la regarder.

Elle est ce soir-là habillée simplement : pantalon noir, pull ivoire ceinturé de cuir clouté. Elle porte des sneakers et ses longs cheveux dénoués. Pas de maquillage. Pas de bijoux. L'effet produit n'en est pas moins stupéfiant. J'en oublierais presque son âge – elle approche des quatre-vingt-dix ans.

Son fils, l'année de l'exposition au Metropolitan Museum (2015), confia à des amis venus fêter cet événement au restaurant du Mark, sur Madison Avenue, qu'il n'avait connu de sa mère que les « sorties » – elle sortait tous les soirs.

« Comment me trouves-tu ? »

Elle cherchait l'admiration, sûre de la trouver dans les yeux de son fils, avant d'aller éblouir Paris. C'était un des épisodes marquants de l'enfance de Jean de Ribes. Un de ses rares moments d'intimité avec sa mère.

Il livrait ce souvenir avec humour. Mais tout le monde avait perçu l'émotion, dans la voix, dans le regard de ce bel homme aux cheveux gris. Quelque chose du passé lui revenait. L'image d'une mère en grande tenue du soir. Sublime. Trop sublime ? Le temps ne l'avait pas effacée.

Les entrées de Jacqueline de Ribes ont marqué toute une époque. Elles furent légendaires. Associées à des décors de féerie, à l'hôtel Lambert à Paris, au palais Labia à Venise, aux châteaux de Groussay ou de Ferrières, les hauts lieux des fêtes d'autrefois, elles sont restées dans la mémoire des grands de ce monde – les grands de « son » monde –, des Agnelli aux Rothschild, en passant par les Windsor, les López Willshaw, Ursula Andress et Georges Pompidou, à titre d'exemples. Mais elles ont marqué aussi un public qui, même s'il n'a pas accès aux palais, aux châteaux, aux fiefs mythologiques à la Downton Abbey, aime toujours en rêver, encouragé dans ses fantasmes par les magazines et les séries consacrées aux milliardaires ou aux têtes couronnées.

Comment résumer ce phénomène ?

Un nom d'ancienne France.

Un titre de comtesse, après celui de vicomtesse qu'elle a porté jusqu'à l'âge de cinquante-trois ans.

Un rang social assuré.

Une fortune, non moins exceptionnelle, héritée au berceau. Et le train de vie luxueux qui en découle.

Enfin pour couronner le tout, la beauté, qui est un don des fées, une beauté enviable. Un visage au nez parfait, selon Truman Capote qui la classe parmi ses « Cygnes » préférées[1]. Un corps de mannequin, aux proportions idéales qui doivent avoisiner le chiffre d'or. 1,77 mètre

1. « *Jacqueline de Ribes has the perfect nose* », dans *Observations*, photos de Richard Avedon, textes de Truman Capote, Simon & Schuster, 1959.

pour 65 kilos. De belles mains et de très longues jambes – de ces jambes que les actrices de cinéma font assurer pour des millions de dollars.

Impossible de ne pas s'en apercevoir, Jacqueline de Ribes cumule les privilèges. Nom, beauté, rang, fortune, sans compter son carnet d'adresses qui vaut son pesant d'or.

Ses gènes ne lui ont même pas épargné l'intelligence. L'esprit vif, une mémoire d'éléphant intacte malgré son âge. « On devrait donner son cerveau à la science », me dit sans rire l'une de ses amies.

A-t-elle conscience d'être une super-privilégiée ?

Quoiqu'elle n'ait répondu que par un sourire à ma question, elle bouge et elle marche telle une altesse royale au jour de son couronnement. Elle a toujours l'air de porter une couronne sur la tête.

Ce maintien de reine la signale de loin. Mais d'une reine elle a aussi l'éclat, comme si elle était en permanence éclairée par des projecteurs. Où qu'elle soit, dès qu'elle apparaît, les regards convergent vers elle, attirés malgré eux par une espèce de phosphorescence.

Force est de le constater : sa personne, sa vie sont un défi à notre temps, égalitariste et moralisateur.

Provocation supplémentaire : elle est née un 14 juillet (1929), cent quarante ans jour pour jour après la prise de la Bastille, qui reste un très mauvais souvenir pour ses ancêtres.

Et son fils vient au monde un 4 août – à la date anniversaire de la nuit au cours de laquelle les députés de l'Assemblée constituante ont voté l'abolition des privilèges.

« J'ai apporté la Révolution chez les miens. »

Pendant soixante-dix ans – de vingt à quatre-vingt-dix ans –, Jacqueline de Ribes a été l'une des femmes les plus élégantes du monde. On a souvent dit qu'elle incarnait l'élégance française. Une certaine manière de s'habiller, de se mouvoir, de parler, de penser… une certaine manière d'être, qui allie « l'harmonie, la grâce, la pureté des lignes et la simplicité », d'après le dictionnaire de l'Académie.

L'élégance, c'est son ADN. Séduction, glamour, charme, sophistication, sex-appeal, il y a un peu de tout ça dans ce mot au parfum d'un autre âge : « *Elegance is not just clothes,* me dit-elle en anglais qu'elle parle couramment. *It is an attitude, research, rigor, self-respect.* »

N'est-ce pas un concept élitiste ? Une manière, encore une, de se signaler, de se marginaliser ? Pour ne pas ressembler à tout le monde, de marquer orgueilleusement sa différence ?

« Pour être élégante, il n'est pas nécessaire d'être riche ni belle… Quiconque peut atteindre à l'élégance. » Sa réplique est impérieuse, ne souffre aucune contradiction.

Elle a beaucoup réfléchi à la question. On ne peut « atteindre à l'élégance » que par une lutte permanente. Une ascèse de tous les instants. Car cette qualité, selon Jacqueline de Ribes, ne s'acquiert qu'à force de volonté, d'application et de ténacité (je la cite). « On ne naît pas élégante, on le devient. »

Il ne s'agit pas pour autant de paraître froide ou désincarnée. « On peut être à la fois élégante et sexy, sexy et élégante », elle a toujours associé ces deux tendances qu'on croit à tort antinomiques. Elle-même ne veut ressembler ni à la duchesse de Windsor, la fameuse Wallis Simpson qui fit abdiquer le roi d'Angleterre, une femme élégante mais pas du tout sexy, ni à Kim Kardashian, l'icône hyper sexy mais pas du tout élégante.

Elle est son propre modèle unique.

Jacqueline de Ribes a porté les plus belles robes du monde. Signées Dior, Saint Laurent, Laroche, Balmain, Balenciaga, Valentino, Ralph Lauren, Oscar de la Renta… De celles qu'on ne voit que sur le papier glacé des magazines de mode. Elle n'avait pas besoin de les rendre à la maison de couture au lendemain des festivités, comme les mannequins et les actrices auxquelles les couturiers les prêtent pour défiler sur les podiums ou monter les marches du festival de Cannes. Elles lui appartenaient. Son époustouflant vestiaire en a contenu des centaines, dont la valeur dépasse le raisonnable.

Seule Chanel n'y figure pas.

Les couturiers ont aimé l'habiller : cette fidèle cliente « enlevait » leurs modèles selon le jargon de leur métier, c'est-à-dire que la robe paraissait plus belle encore d'être portée par Jacqueline de Ribes. Pouvoir mystérieux d'une muse ? Cette femme inspirait les créateurs. D'un ton assuré, parfois péremptoire, car elle ne doute pas de ses capacités, elle leur faisait changer le style ou la ligne de leurs modèles, sans hésiter. Il lui est arrivé de les modifier du tout au tout et de superposer sa création à la leur.

Yves Saint Laurent lui-même se prêtait au jeu. On ne résiste pas à Jacqueline de Ribes.

Jean-Paul Gaultier est allé jusqu'à baptiser sa collection

du printemps-été 1999 « Divine Jacqueline ». « Divine » est une des épithètes qui lui sont souvent attribuées.

La presse l'a jugée « magique » (*magical*[1]) dans ses vêtements d'exception et assimilée à une déesse (*a goddess*[2]), comparaisons flatteuses qui ne la perturbent pas outre mesure.

S'habiller est une des passions de sa vie. Enfant, elle passait des après-midi entiers à s'inventer des habits de princesse ou de tahitienne, avec ce qui lui tombait sous la main : un drap de lit ou un sac de pommes de terre.

Plus tard, elle a créé sa marque, habillé une première dame des États-Unis et l'actrice principale de *Dynasty*, la série culte des années 1980. « Jacqueline de Ribes, Paris » : ce fut une griffe originale, l'assurance d'une perfection. Elle a tenu pendant douze ans, de 1983 à 1995, le rythme d'enfer de plusieurs collections. Elle était son premier mannequin. La meilleure publicité de ses robes, c'était elle, dans les pages de *Vogue* ou du *Harper's Bazaar*. Habillée de satin, de soie et de velours, elle tenait à offrir – ainsi que l'a noté un journaliste de *Citizen K* – la plus belle image de soi(e).

Elle a adoré se déguiser. Les bals costumés correspondaient le mieux à son goût primordial pour la fête et pour la fantaisie. Elle créait elle-même ses déguisements, parfois de bric et de broc, en assemblant des pièces de Haute Couture qu'elle ne portait plus à des tissus ordinaires, à des plumes et des strass. Elle y travaillait pendant des

1. *Harper's Bazaar*, septembre 1960.
2. *Ibid.*, septembre 1961.

semaines. En Sultane, en Oiseau de paradis ou en Folle de Chaillot, elle a défrayé la chronique. Les photographes traquaient ses apparitions.

Richard Avedon n'est pas son unique portraitiste, loin de là. Horst P. Horst..., Cecil Beaton..., Bill King..., Robert Doisneau..., Gisèle Freund..., Pierre Boulat..., David Bailey..., Jeanloup Sieff..., Yurek..., Victor Skrebneski..., Serge Lido..., Irving Penn..., Roxanne Lowit..., Eve Arnold..., Ellen Graham..., André Ostier... La liste s'allonge de plusieurs dizaines de ces as du zoom et des contre-jours qui ont essayé de saisir le secret de son rayonnement.

Très à l'aise devant l'objectif, elle a aimé poser pour eux et leur donner le meilleur d'elle-même. Son but ? Offrir l'image parfaite, le condensé sublime de sa personne.

Quand le public fait défaut, quand les photographes ont rangé leur matériel, elle se regarde passer dans les miroirs. L'œil moins admiratif que critique, elle étudie son reflet. Elle s'examine sans indulgence.

Elle est à sa façon une artiste, une artiste de soi. Car elle aime se créer. Sans cesse travailler son image. Comme Marina Abramović ou la Française Orlan, qui tiennent leur corps pour le champ de tous les possibles et le premier outil et sujet de leur art, elle imagine son apparence, la compose et l'interprète avec passion. On pourrait dire qu'elle la sculpte. Ses performances, où rien n'est laissé au hasard, exercent sur le public un effet de stupéfaction. Un saisissement. De ce point de vue Jacqueline de Ribes dès les années 1950 est une avant-gardiste. Elle n'aime pas la mode, qui se démode trop vite, et lui préfère le style. Elle a entièrement inventé le sien.

Les Américains parlent souvent d'« attitude » – un mot repris du français, dont ils ont fait tout autre chose (en lui gardant un peu de sa prononciation d'origine). Je trouve qu'il lui va bien. L'*attitude*, concept très warholien, fait de distance et de hauteur de vue, suppose le théâtre de soi. Et d'assumer son originalité à l'extrême. Andy Warhol en a usé et abusé. Jacqueline de Ribes en joue comme d'une signature. La *hautaine attitude*, c'est la quintessence de son style.

Au point qu'*Interview*, magazine ultra-fashion, créé par Andy Warhol, la surnomme, en 1982, « *the quintessential vicomtess*[1] ».

Cette attitude m'a fascinée.

J'y ai vu quelque chose de très contemporain. Un narcissisme, un amour de soi, traits de notre époque, où le *selfie* est roi.

Luchino Visconti, le célèbre metteur en scène italien, le réalisateur de *Bellissima*, de *Senso*, du *Guépard*, avait songé à lui confier le rôle de la duchesse de Guermantes dans un film inspiré de l'œuvre de Marcel Proust. Une aristocrate pour jouer une aristocrate. La mort l'a empêché de le tourner. Elle y aurait eu pour partenaires Alain Delon en baron de Charlus et Charlotte Rampling en Albertine. Cette femme moderne, dynamique, entreprenante, a souvent l'air de s'être évadée par mégarde de la *Recherche du*

1. *Interview*, 1982, entretien avec Reinaldo Herrera.

temps perdu. Fière, au point parfois de paraître méprisante, il a suffi d'un seul coup d'œil à Luchino Visconti pour reconnaître en elle son Oriane, avec son nom « amarante », « suzeraine du lieu et dame du lac », comme l'écrit Proust. Elle aurait su lancer avec un naturel parfait et la même arrogance que son modèle, devant la caméra de Visconti, la fameuse réplique destinée à éloigner l'importun : « Fitz-James m'attend ! »

Cette héroïne de la *Recherche*, imbue de sa caste, qui transportait Proust par sa beauté spectaculaire et représentait pour lui le sommet de la hiérarchie sociale, Jacqueline de Ribes en a fait son étendard. Peut-être même son double, dans son miroir. Certes la duchesse de Guermantes avait les yeux bleus, à fleur de tête, sous la plume du romancier, quand Jacqueline de Ribes a le regard brun, pailleté d'or, très étiré vers les tempes. Mais c'est à peu près leur seule différence. Si ce n'est, comme me le fera remarquer Élisabeth, la fille de Jacqueline de Ribes, que « contrairement à la duchesse de Guermantes, ma mère eut le meilleur des maris ».

Un jour, Proust s'éloignera de la belle Oriane. La fascination qu'il éprouvait à son égard au point de chercher à se trouver chaque fois sur son passage s'estompera. À force de côtoyer le grand monde, avec sa morgue et ses particularités séculaires, il finit non sans soulagement par lui préférer « la fréquentation de l'Itinéraire des chemins de fer et de l'Almanach du Gotha ». La duchesse de Guermantes, détachée des modèles vivants qui ont inspiré sa création, notamment de la belle comtesse Greffulhe, demeure un splendide archétype romanesque, auquel aucune actrice à ce jour, sauf peut-être Fanny Ardant, n'a réussi à prêter son visage. Mais si quelqu'un appelait soudain « Oriane ! » dans le dos de Jacqueline de Ribes, nul doute qu'elle se retournerait. La confusion du modèle et du personnage serait exactement alors ce que Visconti avait rêvé.

Au 50, rue de la Bienfaisance (Paris 8e), non loin du parc Monceau, l'hôtel particulier des Ribes, construit en 1865, est lui-même un univers proustien. Éclairés les soirs de fête d'innombrables bougies et fleuris de bouquets d'une dimension de cathédrales, les salons couverts de brocarts et de tableaux d'ancêtres auraient pu camper l'intérieur de l'hôtel des Guermantes. Je ne savais plus, mêlée aux invités par les mirages de la biographie, si j'assistais à une scène de ce film que Visconti ne ferait pas, avec Jacqueline de Ribes dans le premier rôle. Ou si je n'étais pas plutôt le témoin d'une société qui avait brillé de mille feux et allait bientôt disparaître, tout comme celle que Marcel Proust a peinte.

Jacqueline de Ribes aurait pu écrire elle-même l'histoire de sa vie. Elle a le goût et le talent des mots et rédige d'une main sûre les discours qu'elle a à prononcer en public. Mais elle reconnaît n'avoir eu ni le temps ni la patience requise pour publier ses mémoires, bien que des éditeurs aient tenté de l'en convaincre. Elle aurait préféré qu'un écrivain commis d'office écrive sous sa dictée les souvenirs qu'elle lui aurait soumis à voix haute.

Je ne m'étais intéressée jusque-là qu'aux vies d'artistes, peintres ou écrivains. Jacqueline de Ribes habite une autre planète. Berthe Morisot, Romain Gary ni Colette ne m'ont préparée à aller vers elle. Elle n'a ni écrit ni peint, et ne laissera après elle qu'une œuvre impalpable, à laquelle elle se sera pleinement consacrée, sa légende.

Comment sculpte-t-on une légende ? Comment crée-t-on un personnage, à partir de soi ?

Assise devant des piles de *scrapbooks*, volumineux albums où sont entre-collées photographies et coupures de presse, elle les feuillette avec avidité, comme s'ils avaient le pouvoir de lui rendre sa vie passée. Elle en soulève les pages encombrées, à l'affût des souvenirs, des sensations perdues. Elle n'a rien oublié, ni le nom de ses robes, « Opium », « Rose rouge », « Byzance », « Arsinoé », ni le décor des bals à Venise ou à Ferrières, ni les mots d'amour d'autrefois, ni les parfums d'une enfance heureuse à Hendaye.

Tout est là, répertorié dans les quinze *scrapbooks*, dont les dimensions (50 × 36 cm) et le poids en disent long sur la masse d'informations qu'ils contiennent. Ces archives privées sont pour la plus grande part soigneusement classées. Rue de la Bienfaisance, Stéphane Goriau est le gardien du temple. Une pièce entière, qui fut autrefois la chambre d'Élisabeth, la fille aînée du couple Ribes, au troisième étage de l'hôtel particulier, y est consacrée. C'est là que le jeune archiviste vient travailler chaque jour, pour tâcher d'organiser ce dépôt, amassé avec obsession et minutie au cours des ans. Les documents ont envahi le gracieux décor Braquenié. Empilés sur les tables, le canapé-lit, les chaises et le dessus de la cheminée, certains attendent encore d'être répertoriés. Divers portraits de

Jacqueline de Ribes sont accrochés aux murs : l'un d'eux, une gouache noire datée de 1962, que je prenais pour un Bernard Buffet, est signé Luiz Jasmin, un peintre brésilien.

Dans les bibliothèques, dévolues à la célébration du culte, on ne trouve ni Balzac ni Stendhal, rien que « les livres où l'on parle de la comtesse ». Ils sont en nombre suffisant pour occuper un chercheur à temps plein. La correspondance de Jacqueline de Ribes, non encore triée dans sa totalité, emplit des cartons entiers. D'autres sont pleins de bobines de films, que l'archiviste numérise peu à peu.

J'ai visité les caves de la Bienfaisance qui servent de réserve aux souvenirs. Une série de petites pièces cimentées, où la température est maintenue à un degré stable, hiver comme été. L'une d'elles est dévolue aux innombrables paires de chaussures et aux chutes de tissus des collections, dont les rouleaux recouverts d'une bâche montent jusqu'au plafond. Dans une autre pièce, près d'un authentique Frigidaire américain datant des débuts de l'ère de la réfrigération mais en parfait état de marche, sont conservés les objets ou documents ayant appartenu aux parents de Jacqueline de Ribes – vêtements de chasse ou de cérémonie, cannes, chapeaux, boas, mais aussi lettres, carnets et manuscrits – car l'un et l'autre écrivaient.

« Ici, nous gardons tout, tout ! Rien n'est jamais jeté ! » me dit le majordome, chargé de me faire visiter le sous-sol.

Voici qu'il ouvre une dernière pièce, pareille à une chambre forte. On l'appelle ici la « cave à bijoux ». Dans des boîtes numérotées, étiquetées comme de grands vins, reposent des parures de fantaisie, en verroterie et pierres semi-précieuses, que Jacqueline de Ribes a composées. Leurs couleurs s'assortissaient aux taffetas, aux velours et aux soies de ses robes pour les défilés de sa maison de couture. Qui a chez soi une cave à bijoux ?

Jacqueline de Ribes n'a pas seulement sculpté sa vie, son personnage, elle a réuni ici, dans un musée égoïste, tel Salvador Dalí à Figueres, sa ville natale, les multiples éclats de son œuvre. Lettres, photos, coupures de presse, extraits de livres qui parlent d'elle… constituent un monument de la mémoire. Cette femme a construit de son vivant à la fois sa légende et son cénotaphe. Rien ne pourrait plus la désespérer que de voir ces fugitives images disparaître dans le grand broyeur du temps.

« Que croyez-vous qu'il restera ? » interroge la comtesse.

Je sens sur moi son regard à la fois impérial et inquiet, devant ce spécimen d'humanité inconnu d'elle qui a l'incroyable prétention de percer le secret de sa vie.

Lorsque je pénétrai pour la première fois dans l'hôtel de la Bienfaisance, ce fut un soir du printemps 2013, à l'occasion de mon élection à l'Académie française. Car c'est en tant que toute neuve académicienne, ayant attisé la curiosité de la comtesse de Ribes, que j'y fus invitée. Un « petit dîner » selon la maîtresse de maison, soit vingt-quatre personnes réparties en deux tables de douze. Je la trouvais superbe dans sa longue tunique de soie, et très impressionnante par cette espèce de raideur royale, sa façon de regarder de haut, de tout en haut, les gens autour d'elle. Assise à la droite de son mari – place que le protocole réserve aux membres de l'Académie –, j'étais distraite par le miroitement de l'argenterie et des verres en cristal, l'éclat des innombrables bougies et le service en gants blancs. Le décalage était romanesque, le temps qui s'écoulait redevenu proustien. J'avais le sentiment d'être entrée dans les pages du livre et de participer, à titre de figurante, à l'une des scènes de dîners en ville qui faisaient rêver l'auteur. Par chance, le comte de Ribes loin de se montrer aussi rude et jupitérien que le duc de Guermantes dans le portrait de Proust était un homme affable et dont les centres d'intérêt ne se limitaient pas à la généalogie ou aux affaires. Bibliophile, membre de la Société des Bibliophiles françois (avec un « o »!, dans l'orthographe qui s'appliquait encore sous la Restauration), il était fier d'appartenir à la plus ancienne société française d'amateurs de livres[1]. Il me parla de sa passion en des termes que je ne pourrai oublier. Son érudition était paisible, dépourvue de la moindre arrogance. La bibliophilie le rendait heureux.

Ce fut le dernier dîner du comte de Ribes, qui devait mourir peu après. Et ce dernier dîner, qui était pour moi le premier à la Bienfaisance, et resterait unique, je m'en souviens comme d'une intronisation. Un rite de passage. Sésame, ouvre-toi ! Comme dans le conte d'Ali Baba, surgissait sous mes yeux étonnés tout un monde. Un monde dont nul au-dehors n'aurait soupçonné l'existence.

1. La Société des Bibliophiles françois, fondée en 1820, le fut sur le modèle anglais du Roxburghe Club, fondé huit ans auparavant.

3

Une enfance riche en argent, pauvre en sentiments

Née Bonnin de la Bonninière de Beaumont – un nom qui remonte aux Croisades par un écuyer du roi Philippe Auguste –, je m'attendais à ce que Jacqueline de Ribes passe en revue, avec moi, la galerie de ses ancêtres, côté Beaumont. « Ils attendront ! »

Un seul lui importe, un seul lui est cher : son grand-père maternel. Le père de sa mère, née Rivaud. Tout commence par lui, avec lui, et finit peut-être, au moins sentimentalement, avec lui.

Le premier homme aimé. De tous le plus aimé, il demeure la référence absolue. Le grand modèle.

« Je lui dois tout ! Tout ! »

Ce grand-père, qu'elle perd quand elle a neuf ans, porte un nom à panache, lui aussi, un de ces noms dits *à tiroirs*, *à rallonges* ou *à courants d'air* – j'ai entendu souvent Jacqueline de Ribes user de cette dernière expression. Olivier de Rivaud de la Raffinière. On l'appelle plus souvent Olivier de Rivaud.

Un self-made-man, doublé d'un génie des affaires. Créateur de la banque qui porte son nom, la banque

Rivaud, devenue en quelques années un groupe financier complexe, il a fondé au début du siècle un empire sur lequel le soleil ne se couche jamais. En proviennent des revenus faramineux, liés à de lointaines plantations d'arbres à caoutchouc en Afrique et en Asie.

En dépit d'un nom ronflant et d'une fortune qui ne l'est pas moins, les origines de ce grand-père sont plutôt modestes. Il est né à Brux, dans la Vienne, au domaine de La Raffinière, sur une terre pauvre et paysanne dont ses ancêtres ont pris le nom. Jacqueline de Ribes, qui n'y a jamais mis les pieds, a entendu évoquer cent fois la vieille et rustique maison natale. Il y avait un seau tous les dix mètres sous le toit de La Raffinière, tant il était percé et laissait passer l'eau des pluies !

D'une famille du Poitou qui n'avait pour fortune que ses sept enfants – trois filles et quatre garçons –, la pauvreté des siens n'est sans doute pas étrangère à son émancipation et à son puissant désir d'exister. Fils d'un officier de cavalerie mort prématurément, il a dû batailler pour bâtir sa fortune. Rien ne lui a été offert au berceau.

Aristocrate de fraîche date – les Rivaud ne sont de la Raffinière que depuis l'Empire –, il descend d'un valeureux soldat de Napoléon qui a conquis sa noblesse à la pointe de l'épée, le général Rivaud[1]. Dix-huit campagnes, trente batailles dont Marengo, Austerlitz, Iéna, Eylau, Wagram… et quatorze blessures lui ont valu d'avoir son nom gravé dans la pierre sur l'un des piliers de l'arc de triomphe de l'Étoile.

1. Général Rivaud (1766-1839).

Après l'île d'Elbe, ce héros, prototype du parfait militaire, a servi Louis XVIII, aussi dévoué au roi qu'à l'empereur. En récompense de ses hauts faits il a reçu le titre héréditaire de comte et le droit d'arborer un fier blason « d'azur, au lion d'or ailé, à la tête sommée de trois étoiles ».

Curieusement, bien avant de connaître Jacqueline de Ribes et sans savoir que j'écrirais un jour son histoire, j'ai dormi dans la chambre de ce général et même dans son lit. Conservée en l'état par ses descendants, avec ses meubles et ses tableaux, c'est un petit musée charmant qui sert de chambre d'amis, à L'Abrègement, l'élégante demeure en Charente des marquis d'Hémery. La fille du général, mariée à un d'Hémery, y recevait son père. Le général avait vécu là, dans un climat de douce France, entre une roseraie et un parc aux ombres bienfaisantes orné aujourd'hui de sculptures d'artistes contemporains, une fin de vie paisible, quoique tourmentée d'après Hervé du Boisbaudry, son biographe, par les séquelles de quelques-unes de ses quatorze blessures [1].

Le grand-père de Jacqueline de Ribes, fils d'un officier de cavalerie, s'il n'a pas choisi la voie militaire, ne manque ni de courage ni du goût des défis.

Râblé, trapu, affligé d'un pied bot : contrairement à sa petite-fille, la nature ne l'a pas gâté. L'élégance, l'allure, il ne peut s'en flatter. Mais son tempérament jovial et truculent est une autre forme de séduction. Animé d'une

1. Hervé du Boisbaudry, *Le Général Rivaud, un royaliste à la gloire de Napoléon*, préface de Dimitri Casali, Éditions de la Lettre Active, 2017.

énergie hors du commun et poussé par la soif de vivre, Olivier de Rivaud ne passe pas inaperçu dans le monde austère de la finance. Né le 2 août 1875, ce Lion des plus magnifiques et ostentatoires illustre son signe astrologique jusqu'à la caricature. Quoiqu'un défaut de naissance l'ait fait petit de taille et handicapé d'une patte, il n'en possède pas moins le feu et le rayonnement des grands chefs, leur esprit de conquête. Doté de surcroît d'une nature voluptueuse, son épouse et ses amis, ainsi que ses ennemis, le surnomment « le Pacha ». Il règne sur son entourage avec un mélange d'autorité et de bonhomie. Ses yeux bleus peuvent être d'acier. Mais c'est un homme spontané, chaleureux, aux éclats de rire rabelaisiens.

Malgré son pied bot, il pratique la gymnastique, la natation, le bobsleigh, le deck-tennis et la pelote basque : les exercices physiques le stimulent.

Sur les vieilles bobines de films que j'ai pu visionner à la Bienfaisance, il court, saute, bondit sur la plage d'Hendaye, lance les bras vers le haut, vers le bas, et fait des cabrioles, agité d'un mouvement perpétuel. Est-ce pour amuser ses petits-enfants ? Ou parce que cet hyperactif a besoin de se défouler ? Je le vois jouer à la balle sur un fronton, avec son épouse et sa fille (la grand-mère et la mère de Jacqueline de Ribes), elles aussi dynamiques, inépuisables, malgré leurs jupes à mi-mollets et leurs bas blancs, tandis qu'il traîne sa jambe raide, comme un défi supplémentaire. La vitalité est chez les Rivaud supérieure à la moyenne – une qualité de plus dont Jacqueline de Ribes a hérité.

Olivier de Rivaud aime vivre en communauté. Le premier cercle – son épouse, Nicole, et sa fille unique, Paule –

s'est agrandi d'un gendre et de trois petits-enfants : Jacqueline en 1929, Monique en 1930 et Marc en 1934.

Le second cercle, intimement resserré au premier, est celui que forment ses trois frères, ainsi que leurs familles : Maurice, Maxime (Max) et René de Rivaud. Ils travaillent tous les trois avec lui. Dans cette fratrie soudée, inséparable, Olivier n'est que le deuxième par ordre de naissance des garçons, mais il a le statut incontesté de chef du clan. Clan qu'il a propulsé vers les sommets.

Le troisième groupe inclut ce que la grand-mère appelle sa « clique » – les amis de toujours, les copains, pas toujours au goût de la grand-mère.

Et puis, il y a le quatrième cercle, plus confidentiel mais que personne n'ignore : celui des maîtresses officielles qui partagent sa vie. Ces concubines, comme à la cour de Chine, sont logées près de chez lui et à ses frais, tant à Paris qu'à la campagne ou au bord de la mer. Il y a là une marquise Chichi (de son vrai nom marquise de Piolenc), qui vit entourée de cages à perruches, et une Mlle Leduc (« la petite dame »), qui donne des pâtes de fruits aux enfants quand le grand-père les emmène en visite. Il tient à ce que les cercles ne soient pas hermétiques ! Mlle Leduc a de si petits pieds que Jacqueline de Ribes, enfant, peut porter ses escarpins.

Elvire Popesco[1], la comédienne d'origine roumaine,

1. Elvire Popesco (1894-1993). Sa fille, Tatiana (1914-2003), est issue de son premier mariage avec le comédien roumain Aurel Athanasescu (1890-1965).

futur monstre sacré du théâtre de boulevard, fait partie de ce quatrième cercle. Souvent accompagnée de sa fille Tatiana, Jacqueline l'a vue plus d'une fois à la campagne, monter et descendre les grands escaliers qui mènent à l'appartement de son grand-père, avec le naturel souverain d'une maîtresse des lieux.

À tous ces divers niveaux, chacun doit suivre le rythme imposé avec autant d'affection que d'autorité.

Ses frères, son gendre, ses amis, son épouse et ses maîtresses appellent ce phénomène « Oli ».

Ses petits-enfants, qu'il adore, « Papi ».

La petite Jacqueline, l'aînée, est de loin sa préférée. Il la laisse, à huit ans, conduire ses voitures, toutes des pièces de collection, sur « les chemins extraordinaires » de sa propriété de La Celle-Saint-Cloud : un parcours plein de creux et de bosses. Citroën ayant concouru lors de la Croisière jaune, Oldsmobile étincelantes, Mercedes noires ou blanches à intérieur en cuir rouge, dont le premier modèle équipé d'un moteur à l'arrière : Olivier de Rivaud est amateur de belles carrosseries et de mécaniques performantes. Ses voitures occupent plusieurs mécaniciens à plein temps. Assise au volant, sur ses genoux, la petite-fille savoure son bonheur à sillonner le domaine. Son grand-père lui a fait fabriquer des bottes orthopédiques afin de permettre à ses petites jambes – si longues pourtant, déjà – d'atteindre les pédales.

« Il voulait à tout prix que je sois heureuse. »

Il l'emmène au théâtre du Châtelet où ils assistent à des opérettes en vogue, *Michel Strogoff* ou *Le Tour du monde en quatre-vingts jours*. Le plus souvent, il s'endort et ronfle à ses côtés, mais ils applaudissent ensemble et repartent main dans la main.

Le grand-père gâteau surnomme la future Jacqueline de Ribes « Petite princesse ». Statut définitif, qui ne lui sera jamais ôté, mais qu'il lui faudra continuer à chercher dans les yeux de l'amour, quand le grand-père ne sera plus là pour l'admirer.

Rien n'est jamais trop beau pour la petite Jacqueline. À l'anniversaire de ses quatre ans, le grand-père lui offre une poupée à l'effigie de Shirley Temple – l'actrice enfant, mondialement célèbre, qui danse, chante et fait des claquettes. Jacqueline parle à sa poupée, lui confie ses peines.

Elle s'entraîne à danser et imite les claquettes de l'enfant prodige à Broadway. Mais un jour, la voilà qui trébuche et laisse tomber la poupée. La jolie tête de porcelaine se brise. La fillette contemple, horrifiée, le crâne vide où les yeux révulsés découvrent un mécanisme à ressorts. Ce premier chagrin, en forme de traumatisme, Jacqueline de Ribes s'en souvient comme de la perte d'un être cher. Toutefois le grand-père veillait. Le lendemain, sa petite-fille retrouve sa poupée intacte, miraculeusement revenue sur son lit : la réplique à l'identique.

« Tel était mon grand-père ! »

Le style de vie d'Olivier de Rivaud va de pair avec sa réussite. À Paris, il habite un hôtel particulier qu'il loue aux Rothschild selon un bail emphytéotique, au 51 avenue Foch, à l'angle de la rue Picot. Une adresse en bordure du Bois qui demeure une des plus recherchées de

Paris. Confort d'avant-garde : la maison compte des monte-charges, un ascenseur et même, à l'entresol, un standard téléphonique. Une importante domesticité habite à demeure. « Papi » tutoie le personnel : Pierre le chauffeur, Pierre le chef, Ferdinand le majordome, Joseph le maître d'hôtel, Julie et Noëlle les deux femmes de chambre, la première pour lui, la seconde pour son épouse. Jacqueline de Ribes qui se souvient de chacun d'eux me les énumère sans hésiter.

En semaine, le chauffeur conduit Olivier de Rivaud dans une Mercedes noire jusqu'au 13 rue Notre-Dame-des-Victoires, où se situe la banque. Dans la famille, on préfère dire « le bureau ». C'est un homme ponctuel, efficace, qui ne perd pas son temps en d'inutiles palabres. La petite Jacqueline ignore s'il a des soucis ou même des occupations importantes. Quand elle le retrouve, il est toujours aussi disponible que s'il vivait l'année entière en vacances. Ce qui est loin d'être le cas.

Les week-ends, il se rend dans son château de La Châtaigneraie, à La Celle-Saint-Cloud. Entouré d'une cinquantaine d'hectares autrefois couverts de châtaigniers, d'où la vue est spectaculaire sur la vallée de la Seine et sur Saint-Germain, c'est un château de style Tudor et d'époque récente (1892) que Jacqueline de Ribes n'appelle jamais que l'« affreux château » – il a tout de suite choqué son sens de l'esthétique. Mais elle y a été heureuse. Et puis, le roi d'Angleterre, Édouard VII, qui fut l'hôte du précédent propriétaire, y a séjourné au début du siècle, ce qui lui confère un certain chic victorien.

Son grand-père a acheté La Châtaigneraie au parfumeur

Henri Rigaud, le créateur de *Un air embaumé* (1912). Lequel l'avait lui-même acquis auprès de son constructeur et premier occupant, Edmond Blanc, maire de La Celle-Saint-Cloud, héritier de la Société des bains de mer de Monaco et propriétaire de Flying Fox, un étalon acheté pour le prix record d'un million de francs-or, lors de la succession du duc de Westminster.

Le grand-père Rivaud a lui-même la passion des courses. Une passion qui se vit en clan, puisque les frères Rivaud entretiennent à eux quatre un haras de deux cents chevaux. Leur écurie aux couleurs blanc et rouge, entraînée à Maisons-Laffitte par Maurice d'Okuysen, est bien connue du monde hippique : les médailles et les trophées couvrent un mur entier du bureau du grand-père. Si l'une des Mercedes d'Olivier de Rivaud a une carrosserie blanche et un intérieur en cuir rouge, c'est pour qu'elle rappelle les casaques de ses jockeys.

Le château, entouré d'un parc à l'anglaise, compte trente-cinq chambres et d'immenses salons de réception dont le volume est celui d'un château royal. On peut s'y sentir perdu. Jacqueline de Ribes m'en décrit l'ameublement dans ses moindres détails : des tapisseries de Beauvais, un bouddha dans l'entrée, d'énormes sofas « d'un parfait mauvais goût » qu'elle déteste, « un goût de nouveaux riches ». De même que l'hôtel parisien de l'avenue Foch, ce clinquant château jouit de toutes les facilités modernes, notamment de salles de bains à chaque étage, ce qui est alors un luxe stupéfiant. Le mobilier de jardin, de dernier cri, est signé de l'architecte star des années 1920, Robert Mallet-Stevens. Quant à la piscine, longue de vingt-cinq mètres, le grand-père l'a fait dessiner par une autre star moderniste, Jules Leleu.

Un plongeoir de trois mètres ainsi qu'un deck-tennis complètent l'installation sportive qui lui permet d'entretenir, sinon de combattre, son corps handicapé, sous la surveillance de M. Despiau, le masseur-kinésithérapeute. Les petits-enfants ont à leur disposition une piscine en demi-lune, peu profonde, qui prolonge le grand bassin et, à demeure, une monitrice de natation, Mlle Bonnet.

Parmi les ornements du parc, au bord de la piscine, le grand-père a commandé à un sculpteur réaliste, dont Jacqueline de Ribes a oublié le nom, un groupe de trois statues en pierre représentant ses petits-enfants : Jacqueline, sa jeune sœur Monique et leur petit frère, Marc. Ce dernier, pareil au Manneken-Pis, envoie un joli petit jet dans la piscine !

Devant le magnifique bassin de Leleu, des cabines de bain, blanches et rouges elles aussi, aux couleurs de l'écurie Rivaud, portent le nom des chevaux gagnants ! On se déshabille et on se rhabille à l'intérieur de chacune, devant un portrait encadré des champions, Cromos ou Diamant noir.

L'hiver, la famille part skier à Saint-Moritz. Dès qu'elle est en âge de tenir sur des skis, la petite-fille dévale courageusement les pentes neigeuses en suivant les traces d'un moniteur, tandis que le grand-père, à cause de son handicap, les escorte au volant d'une autochenille : une Citroën montée sur skis !

L'été, bien avant d'être grand-père, Olivier de Rivaud avait ses habitudes à Saint-Lunaire, où le Grand Hôtel, fréquenté par la reine de Roumanie et par la comédienne

Ève Lavallière, donne directement sur la plage. Mais depuis qu'il a découvert Hendaye, un coin encore sauvage à l'extrême sud-ouest de la France et presque déjà en Espagne, il ne veut plus passer ses étés ailleurs. Il a eu un coup de cœur pour cette région et a fait construire sur la presqu'île une maison de style basque, aux proportions cossues, meublée bien sûr en Mallet-Stevens. Il l'a baptisée « La Raffinière », du nom de sa maison natale en Poitou. Et il a fait ouvrir une route pour y conduire.

Il y a quand même une grand-mère dans toutes ces résidences. Nicole de Rivaud, née Borrelli. « Mamie ». En tout point l'opposée du grand-père.

D'une ancienne famille du Sud-Ouest, elle rappelle volontiers au souvenir des siens que son père, le vicomte Emmanuel de Borrelli, s'est battu au Tonkin mais qu'il écrivait de la poésie, et que sa mère fut la fille du marquis d'Angosse. Les Borrelli ont « des connexions », comme dit Jacqueline de Ribes, avec la vieille noblesse française, les Bryas, les Arcangues, les Luynes…, à laquelle ils sont depuis des lustres liés par des alliances. La belle Nicole de Rivaud, qui a tenu à se marier à Versailles, en retire un certain snobisme. Elle cultive un style aristocratique, fait de distance et de réserve. Les hardiesses de son époux ne sont pas les siennes. Il vit avec sa « clique » – mot qu'elle prononce avec une moue dédaigneuse. Elle préfère fréquenter des milieux parisiens huppés, choisis pour le prestige du nom. Dans l'hôtel des Rivaud, avenue Foch, la chambre de « Mamie » est décorée de meubles XVIIIe, d'un clavecin doré et d'un lit monumental surmonté d'un dais, dans la plus noble tradition. Celle du grand-père, bien dans son siècle, est tout entière en Ruhlmann. Le couple n'est pas vraiment accordé.

Autant le mot enfantin « Papi » convient parfaitement au grand-père, à la proximité facile, aux manières simples et spontanées, autant « Mamie » paraît pour la grand-mère un mot trop banal. Pour les enfants, Mamie est une impératrice, une déesse, une fée. On ne l'aborde qu'avec timidité.

Très grande, comme le sera Jacqueline de Ribes, Nicole de Rivaud la fascine par sa beauté, son allure : « Mamie est plus belle que maman », dit-elle un jour à sa petite sœur.

C'est à cette grand-mère que, physiquement, elle ressemble.

À l'âge de cinq ans, Jacqueline, petite silhouette en robe de chambre écossaise, cachée en observatoire en haut du grand escalier, chez ses parents, voit entrer Nicole de Rivaud en tenue de soirée, à l'occasion d'un grand dîner. Elle en est frappée comme par une apparition. Elle fixe pour toujours dans sa mémoire ce moment clef de sa vie. Elle en retiendra l'éblouissante entrée. D'un geste gracieux du bras, Nicole de Rivaud vérifie sa coiffure devant le miroir tandis que sa petite-fille contemple, fascinée, la longue tunique de couleur saumon, flottant jusqu'aux genoux sur la jupe en satin noir, et les mules de bal, brodées de perles en diamants.

« Je venais en secret de rencontrer l'élégance. »

Jacqueline de Ribes en conservera longtemps, selon un processus inconscient, mimétisme d'enfant ébloui, le goût de la couleur que la grand-mère arborait ce jour-là. Au point que bien des années après, une vendeuse de la maison Saint Laurent, qui lui montrait des échantillons de tissus et s'étonnait de la voir choisir la même sempiternelle nuance, s'entendit reprendre sur sa définition : « Ni mandarine ni pêche, et encore moins rose… précisément saumon ! »

À La Châtaigneraie, les enfants sont logés au deuxième étage, sous celui du personnel. Ils y ont leurs chambres et une salle de jeux. Mais la petite Jacqueline préfère se tenir dans la lingerie, où les femmes de chambre cousent et repassent. Elle est toujours fourrée dans cette enclave, aussi chaude qu'un nid. Elle observe les gestes des jeunes femmes en coiffe et tablier blanc, envie leur précision, et très vite peut les imiter. À l'époque, on chauffe les fers au feu. Pour évaluer leur température, il faut savoir les approcher de sa joue en les retournant. Le fer ne doit être ni trop chaud ni pas assez chaud. La petite Jacqueline apprend, en copiant les servantes. Elle aime ranger en piles les nappes et les draps, marqués aux armes familiales et qui sentent bon un mélange d'amidon et de fleur d'oranger. Elle saura coudre dès l'enfance, mais aussi tricoter, broder, ravauder. Et repasser, même le velours ou la soie, matériaux délicats qui ne souffrent aucune maladresse. Elle a des mains qui aiment travailler. De longues mains adroites, agiles.

Pour la cuisine, elle montre un peu moins de curiosité. Elle mange déjà peu, mais elle goûte tout, cherche la saveur plus que la nourriture. Pourtant elle apprend vite à casser les œufs ou à arranger les fruits sur un fond de tarte, préalablement piquée à la fourchette. Rien ne l'amuse plus que le travail manuel : elle sait tout faire.

Dans quelques années, elle saura même touiller le béton ! Sans pour autant en faire un métier, cela va de soi.

« Je suis la fille de mes grands-parents. »

Jacqueline de Ribes aurait tout donné pour rester chez ses grands-parents, à La Châtaigneraie. Mais la vie ne répond pas toujours aux élans du cœur.

Un premier drame survient, aussi soudain qu'imprévisible. La grand-mère est foudroyée par une attaque cardiaque et s'en relève handicapée.

Nicole de Rivaud, hémiplégique à moins de cinquante ans, devra porter un bras en écharpe et être assistée. Même si elle peut encore marcher, un côté de son corps ne répond plus. Quand elle lui rend visite dans sa chambre, où le lit est paré de draps de satin rose, la petite-fille ne reconnaît plus sa grand-mère.

Depuis lors, Jacqueline de Ribes redoute les imprévus du sort, et tout particulièrement la maladie. La maladie lui fait peur – comme si elle était contagieuse et pouvait porter malheur. Elle lui suggère le frein et la lenteur, le long ennui des séjours sans fin dans une chambre, alors qu'elle voudrait courir, sauter, danser à l'infini. Sa sœur, Monique, de deux ans sa cadette, se verra enfermer pendant deux années entières dans un corset de plâtre pour une décalcification de la colonne vertébrale, comme si le martyre de la grand-mère se transmettait à une génération d'écart. Jacqueline, elle-même de santé délicate, tremble à l'idée d'être dans le camp des victimes, quand tout autour d'elle célèbre par ailleurs la force et la volonté de réussir.

Dans le décor de La Châtaigneraie, où l'existence

semble si facile et privilégiée, surgissent autour de la grand-mère des ombres imprévues. Des rumeurs venues de l'office prétendent qu'un choc psychologique consécutif à une rupture amoureuse serait à l'origine de l'attaque cardiaque. Et que sa propre fille – Paule, la mère de Jacqueline – n'y serait pas étrangère…

Un secret flotte entre les murs. La petite-fille surprend des conversations entre les femmes de chambre sans parvenir à comprendre. Il ne lui sera dévoilé explicitement que bien des années plus tard, par M. Despiau, le kinésithérapeute de son grand-père. Je reviendrai sur cet épisode et les secrets de famille qui transmettent d'une génération à l'autre le poids du malheur.

Le second drame survenu dans son enfance, Jacqueline de Ribes ne s'en est pas consolée. Elle l'évoque devant moi avec émotion, comme s'il était survenu hier.

« J'ai compris un jour que mon grand-père était malade, très malade. » Olivier de Rivaud ne conduit plus, n'assiste plus aux courses, ne voit plus ses amies, ni la marquise Chichi, ni la Petite dame, et surtout il ne l'emmène plus se promener sur les « chemins extraordinaires » de la propriété. Il s'affaiblit, bientôt ne quitte plus la chambre où une cohorte d'infirmières se relaie pour le soigner. Atteint d'un cancer, il meurt en octobre 1938, à l'âge de soixante-deux ans.

La Petite princesse perd son ange gardien. Elle a vécu jusque-là sous la protection d'un amour qu'elle croyait éternel. Dans l'« affreux château » qu'elle a tant aimé, elle comprend brutalement, à neuf ans, que le bonheur ne dure pas. Elle restera marquée par cette peur que tout puisse finir en un instant. Elle abordera par la suite chacun des épisodes de sa vie avec le sentiment du sursis accordé. Et le grand-père sera la figure même de l'amour parfait, détruit.

Pendant ces quelques mois avant sa mort, elle pressent le pire. Elle apporte des livres au cher malade, lui lit des histoires, en compose spécialement à son intention. Elle met même en scène avec sa sœur et son petit frère une pièce de théâtre en un acte, « Les Deux Orphelines », pour tenter de ramener le sourire sur le visage jadis si gai. À force de supplier les infirmières, elle apprend à faire des piqûres. Olivier de Rivaud permet qu'elle vienne piquer son bras, une fois par jour, entre deux piqûres de morphine, avec l'une de ces grosses seringues en verre de l'époque, remplie d'eau. Elle veut à tout prix le sauver. Comme tout chez elle se traduit par des robes, elle a demandé une panoplie d'infirmière qu'on a fait venir pour elle des Trois-Quartiers, le magasin de la place de la Madeleine. Blouse blanche marquée de la croix rouge, pèlerine, coiffe et petite trousse contenant le matériel indispensable. Elle croit qu'il va guérir.

Quand on lui annonce sa mort, elle brise le crucifix qui est dans sa chambre, au-dessus de son lit d'enfant : « Dieu est méchant, puisqu'il fait mourir ceux qu'on aime. »

Personne ne peut la raisonner.

Le grand-père a exigé qu'aucune femme de son clan n'assiste à son enterrement. Son épouse, sa fille, ses petites-filles et ses maîtresses ont été proscrites de la cérémonie, y compris de l'église. Selon Jacqueline de Ribes, « pour éviter les collisions » ! Car certaines se détestent, évidemment. Il a été enterré entre hommes, à La Châtaigneraie.

Deux mois après la mort de son grand-père, elle écrit une lettre au père Noël pour lui demander d'intercéder au Ciel en sa faveur : peut-être pourrait-on le lui renvoyer ?…

La grand-mère morte quelques mois plus tard, les portes de La Châtaigneraie se referment sur un paradis perdu.

4

L'empire d'un Citizen Kane du caoutchouc

J'étais curieuse de connaître l'origine de la fortune de ce grand-père, monté à l'âge de vingt ans à Paris, tout comme Rastignac. Mais autant Jacqueline de Ribes se complaisait à évoquer son enfance, autant elle restait évasive sur l'épopée qui avait précédé sa naissance, et d'ailleurs aussi celle de sa mère – Olivier de Rivaud a fait fortune bien avant la Première Guerre mondiale. J'ai eu beau l'interroger, elle répondait par bribes, pressée d'en revenir au sujet qui seul la préoccupait, sa propre histoire – celle qu'elle a construite au fil des jours. J'ai fini par comprendre que tout ce qui ne concerne pas directement cette construction lui semble inutile à raconter. Y compris cette aventure extraordinaire, véritable roman dans le roman, qu'est la saga Rivaud.

En 1895, à vingt ans donc, Olivier de Rivaud débarque à Paris non seulement sans le moindre pécule mais sans diplôme ni recommandation. Il décide de travailler à la « Coulisse », un métier de finances aujourd'hui disparu. « Toute morale mise à part, le besoin du siècle c'est de gagner de l'argent, beaucoup d'argent. La spéculation est la seule chance que nous ayons, quand le hasard a oublié de déposer des inscriptions de rentes dans notre berceau », écrit Ernest Feydeau dans ses mémoires[1] (le père du célèbre dramaturge fut lui-même « coulissier » à vingt ans). Il n'était pas nécessaire, en effet, autrefois d'acheter une charge d'agent de change pour exercer ses talents à la Bourse. Il suffisait d'avoir le sens des chiffres et le goût de la spéculation. Les coulissiers, que décrivent très bien les romanciers du XIXe siècle, se tenaient en arc de cercle autour de l'horloge, sous les arcades, en haut des marches du palais Brongniart. C'est là qu'ils faisaient leurs affaires. Le grand-père de Jacqueline de Ribes y réussit brillamment et put très vite fonder sa propre banque.

Très attaché à sa corporation, Olivier de Rivaud deviendrait plus tard, et Jacqueline de Ribes en est fière, président du syndicat de la Coulisse, qui lui survécut jusqu'en 1961.

Mais la Coulisse n'est qu'un premier pas.

Un jour, quelques années avant la Grande Guerre, dans le train qui l'emmenait à Bruxelles pour rencontrer un de ses clients, le jeune banquier s'est trouvé dans le même compartiment qu'un voyageur plus âgé que lui avec lequel il a lié conversation, Adrien Hallet[2]. Cet ingénieur agronome belge revenait chez lui à Bruxelles, après un long séjour en Afrique puis en Extrême-Orient.

Au compagnon assis en vis-à-vis, vêtu du costume austère des gens de Bourse de l'époque, auquel il avait aussitôt demandé ce qu'il faisait dans la vie – « la Coulisse,

1. Ernest Feydeau, *Mémoires d'un coulissier*, Calmann-Lévy, 1882.
2. Adrien Hallet (1867-1925).

Monsieur ! » –, Hallet se mit spontanément à raconter son histoire. Les voyages en train étant évidemment beaucoup plus lents qu'aujourd'hui, il eut le temps de lui décrire les pays où il avait vécu, des îles aux noms mystérieux, des contrées exotiques plus vastes que la France, colonies du roi des Belges ou comptoirs perdus aux confins, qui évoquaient Stevenson ou Jules Verne.

Il lui parla de l'île de Mateba, située dans l'estuaire du fleuve Congo, le second plus puissant fleuve au monde, où, à peine son diplôme d'agronomie en poche, il avait géré un important élevage de bovins. Puis du territoire de Mayumbe, où la compagnie pour laquelle il travaillait l'envoya répertorier les espèces d'arbres : une région immense et peu peuplée de la côte occidentale du Congo, couverte de forêts et de savanes.

Il lui en décrivit le principal trésor : l'*hevea brasiliensis*, qu'on appelle communément l'« arbre à caoutchouc ». Une espèce plutôt malingre au feuillage vert-de-gris, originaire de la forêt amazonienne.

L'industrie automobile, alors en plein essor, s'y intéressait. La demande croissante de caoutchouc pour fabriquer les pneus stimulait le marché.

Comme le coton, l'hévéa, exploité à grande échelle sur des propriétés qui couvrent des dizaines de milliers d'hectares, exige une main-d'œuvre nombreuse, un travail rapide, pour être rentable. Les ouvriers recrutés sur les colonies – les coolies, en Indonésie – sont astreints à des horaires épuisants. Bassement rémunérés, mal logés dans des baraquements rustres, assez souvent maltraités, l'usage de la « chicotte » est largement pratiqué. Ce fouet à lanières de cuir d'hippopotame, utilisé pour conduire le bétail ou tuer les serpents, sert à punir les hommes, lors de châtiments corporels qui ne sont pas l'exception. En Malaisie, on l'appelle le *sjambock*.

Mais il est peu probable qu'Adrien Hallet ait évoqué ces pratiques coloniales devant le jeune coulissier. Hallet lui a-t-il dit qu'il avait vécu là « au cœur des ténèbres », dans le décor même où Joseph Conrad dans une nouvelle qui glace le sang (1899) a dénoncé les abus, les maltraitances, l'esclavagisme à peine masqué qui se pratiquaient couramment alors sur les plantations d'hévéas ?

Dans le wagon de première classe, Olivier de Rivaud entendait pour la première fois des mots africains. Banana, Boma, Matadi, les ports le long du fleuve, Kouilou-Niari, la rivière qui marque la frontière du Mayumbe, la Lubula, la Lukusi, affluents aux tortueux méandres, n'avaient encore pour lui aucune réalité. Il écoutait Hallet lui raconter comment on traversait la jungle en suivant la ligne de chemin de fer, entre Boma et Tshela, qui était le seul moyen d'accès au Mayumbe avec la pirogue. La terre était un moyen plus sûr – les fleuves et les rivières n'étaient là-bas que grondements et cataractes, rapides au débit infernal, alors qu'à quelques centaines de kilomètres le climat équatorial faisait au contraire régner la sécheresse à plein régime. Adrien Hallet avait passé des mois dans l'enfer tropical, assailli d'insectes et de reptiles, à relever les espèces d'arbres et à observer leur développement.

Vite promu sous-directeur, puis directeur adjoint de la Compagnie, il avait préféré créer sa propre firme, la Belgika, pour ne plus en référer à une direction. Olivier de Rivaud comprit qu'il était en face d'un franc-tireur, un de ces hommes qu'on n'embrigade pas et pour lesquels la planète est toujours trop étroite. Il se sentit tout de suite au diapason de ce caractère. Lui-même n'aurait jamais le goût des voyages. Mais il était ambitieux, ne manquait ni d'audace ni d'esprit d'aventure, et il croyait lui aussi aux défis personnels.

C'est alors qu'Adrien Hallet aborda un sujet pointu de botanique : les mérites et les avantages respectifs de l'*hevea brasiliensis*, donc l'hévéa, et de l'*elaeis guineensis*, l'éléis de Guinée, communément appelé le « palmier à huile ». Olivier de Rivaud écoutait avec la plus grande attention.

Depuis 1890, Hallet commence à investir à titre personnel au Congo, sur les terres de Léopold II. Avec une intuition que beaucoup de spécialistes en agriculture coloniale ont depuis trouvée visionnaire, il est convaincu que le palmier à huile, dont on commençait à peine à entrevoir les immenses débouchés alimentaires et industriels, serait plus rentable que l'hévéa. Il a l'idée d'en étendre la culture.

Est-il nécessaire de préciser qu'avant la Grande Guerre les questions écologiques ne se posent pas, que personne ne pense à la fragilité de la couche d'ozone, ni à la nécessité de maintenir sur la planète les vastes étendues de forêts tropicales. Le palmier à huile, diabolisé aujourd'hui, car sa culture a dévasté le paysage originel, Hallet le voit comme une manne, capable d'enrichir non seulement ceux qui vont le prospecter, mais les pays qui auront la chance de le cultiver. L'huile de palme sera bientôt la première huile végétale consommée au monde.

Ce pari sur l'avenir, Adrien Hallet est le premier à l'avoir osé.

Le bassin du Congo posait un double problème stratégique : la main-d'œuvre n'y était pas assez abondante et les moyens de transport s'y révélaient rudimentaires et compliqués. En vue de délocaliser les plantations, Hallet effectue un premier voyage en Malaisie, alors possession britannique, en 1905 – depuis Bruxelles, une véritable expédition –, constate que les hévéas et les palmiers à huile poussent à profusion dans un climat comparable à celui du Congo belge, grâce à la fertilité du sol. « Il était émerveillé par la vigueur, la productivité de ces palmiers qui ne recevaient aucun soin, par le volume des fruits et l'épaisseur de la pulpe » : c'est Henri Fauconnier qui reçoit Hallet à Rantau Panjang lors de ce premier voyage.

L'écrivain, futur Prix Goncourt avec son roman *Malaisie* (1930), le note dans ses souvenirs : « Ce qu'il y avait d'admirable dans l'idée de Hallet, ce n'est pas tant qu'il ait prévu l'avenir de la culture du palmier à huile en Malaisie, mais qu'il ait voulu l'entreprendre dès 1911, à une époque où la culture de l'hévéa était de toute évidence celle qui offrait les plus brillantes perspectives immédiates[1]. »

Hallet installe une première antenne sur la presqu'île de Malacca en 1906 et crée l'année suivante la Compagnie du Sélangor, baptisée d'après le fleuve qui marque la

1. D'après Pierre Labrousse, « Retour en Malaisie de Henri Fauconnier », dans *Archipel*, année 1997, « Destins croisés entre l'Insulinde et la France », p. 207-224.

limite des terres. Avec lui, les choses ne traînent pas. Il sait utiliser les compétences des hommes. Henri Fauconnier[1], établi depuis le début du siècle en Malaisie, a une longue expérience du métier de planteur. Adrien Hallet lui confie rapidement le poste de directeur de la Compagnie.

Malaisie raconte la face cachée de cette aventure, les sacrifices humains qu'a entraînés une course effrénée aux rendements et aux profits. C'est un roman sans fiction. On y apprend tout sur l'extraction du latex obtenue par une simple entaille au couteau dans le tronc de l'arbre, qui rappelle celle de la résine s'écoulant du tronc des pins des Landes ou de l'érable du Canada. On y découvre les difficultés du relief qui devient un immense bourbier à la saison des pluies, mais on revit aussi, grâce au romancier, la rude vie quotidienne des planteurs dans ces tropiques saturés d'humidité et de moustiques. Le travail épuisant de l'aube au crépuscule, l'isolement des terres éloignées de tout commerce urbain par des centaines de kilomètres de mauvaises routes, la séparation radicale avec les familles restées en France que l'on ne revoit que tous les cinq ans au mieux, la solitude dans les cases au toit de palmes où le seul plaisir est le whisky du soir.

Il n'y a rien d'idyllique dans ce roman naturaliste, rien qui fasse rêver de charmes asiatiques à la Pierre Loti. Henri Fauconnier vise à mettre en valeur le travail des équipes vouées à une monoculture épuisante. Ce qu'on lit dans ces pages sombres, c'est le formidable capital d'énergies humaines qu'il a fallu, à tous les niveaux d'une hiérarchie

1. Henri Fauconnier (1879-1973).

impitoyable, le lot de souffrances qui ont accompagné son histoire.

Ce n'est qu'à son retour en France que Fauconnier écrirait son roman, publié par les éditions Stock en 1930. Adrien Hallet – « la comète Hallet » comme l'appelait Fauconnier – sera mort trop tôt (en 1925) pour le lire.

La rencontre d'Adrien Hallet avec le grand-père de Jacqueline de Ribes se situe à un moment de pleine expansion et de changement de cap. Hallet, entrepreneur visionnaire, a besoin d'investisseurs. Il voit grand, compte en futures centaines de milliers d'hectares les plantations d'hévéas et d'éléis, prévoit de diversifier les investissements avec des champs de canne, des plants de thé ou de café, et entend ne pas se limiter au seul secteur agricole. Il veut construire des usines pour produire l'huile précieuse, pas encore fameuse, ou convertir le latex. Puis, organiser le négoce, en transportant l'huile ou le latex jusqu'en Europe : il veut maîtriser tous les secteurs, de la production à la distribution.

Le jeune coulissier aux yeux bleus que ce tableau extravagant, digne des utopies d'un mégalomane, a déjà convaincu, représente une opportunité. Olivier de Rivaud est prospère – il vient, avec ses frères, de créer sa propre banque. Mais il est surtout assez audacieux pour se lancer dans un projet inédit, et il est capable de rassembler des fonds. Il ne faudra guère plus que ce voyage en train pour lier les deux hommes. En 1909, ils s'associent pour créer la Société financière des caoutchoucs, dite Socfin, au capital de 350 millions de francs.

Dès 1910 et au cours des années suivantes, les plantations se développent à grande vitesse et avec un rendement exponentiel : en Malaisie, à Java et à Sumatra, mais également sur les « terres rouges » d'Indochine.

Un jeune ingénieur diplômé de Supélec, du nom de Pierre Boulle[1], y est engagé, à vingt-quatre ans, et rendra compte un jour, lui aussi dans un roman, des conditions effroyables de son travail. Avant de connaître un succès mondial avec *Le Pont sur la rivière Kwaï* (1952) et avec *La Planète des singes* (1963), Pierre Boulle a d'abord écrit *Le Sacrilège malais* (1951). Loin de nourrir sa prose de descriptions exotiques, Boulle s'est inspiré de son passage à la « Sofia » (nom dont il baptise la Socfin dans son livre) pour peindre un tableau féroce des mœurs capitalistes.

Ce que Pierre Boulle ou avant lui Henri Fauconnier racontent dans leurs romans demeure un témoignage de première main sur la vie aux colonies : « L'immensité et la majesté de la jungle équatoriale ; son étrange odeur de moisissure lorsqu'elle apparaissait inopinément au détour d'un sentier de montagne, comme une muraille impénétrable, limite du monde civilisé. Les courses à motocyclette sur les collines. Les déluges qui, en quelques minutes, peuplaient les ravins de torrents. Le soleil étincelant qui succédait à l'orage et à la bourrasque. La nappe de vapeur blanche qui s'élevait certains matins à mi-hauteur des montagnes. La masse noire de la forêt artificielle, la nuit, avec ses lucioles qui faisaient paraître l'obscurité plus pro-

1. Pierre Boulle (1912-1994).

fonde. Les lamentations musicales des singes à l'aurore et même le silence du bungalow le soir[1]... »

Comment imaginer, depuis le château de La Châtaigneraie, à La Celle-Saint-Cloud, ou de l'hôtel particulier de l'avenue Foch, les levers à l'aube au chant du coq, les dizaines de kilomètres parcourus chaque jour à bord de camions qui s'embourbent, les pluies fréquentes, abondantes, les attaques des moustiques, en hordes de jour comme de nuit, les accès de fièvre, la malaria, et puis la solitude qui est la seule compagne du soir dans les bungalows. L'absence des femmes, épouses et fiancées, demeurées en Europe, est une politique officielle : la Société, avec un grand S, exige le célibat de ses cadres et interdit les liaisons prolongées avec des « indigènes ».

Le groupe Rivaud reprend la Socfin, en 1919. 73 000 hectares d'hévéas, 29 000 hectares de palmiers à huile, à quoi s'ajoutent par suite d'une volonté de diversification 21 000 hectares de caféiers. Au total ce sont une centaine de milliers d'hectares plantés, quelque 350 000 dont il est propriétaire. En Malaisie, en Indochine, également à Java, à Sumatra, et toujours au Congo belge, en AEF et en Côte d'Ivoire : le groupe s'étend désormais sur plusieurs continents et constitue l'empire Rivaud.

Animé d'un esprit de conquête capitaliste, le groupe offre certes un modèle de prospérité. Sur le plan humain, des progrès sont faits. Dans les années 1920, chaque village se voit doté d'une crèche, d'une école, d'un terrain de

1. Pierre Boulle, *Le Sacrilège malais*, Édition de poche, p. 89.

foot et d'un dispensaire. Les épouses ont enfin le droit de rejoindre leurs époux. L'entreprise prend en charge les soins médicaux des ouvriers et des employés, de même que la scolarité. Des instituteurs et des médecins européens, logés sur place, viennent apporter leurs compétences.

Mais le travail des hommes, de l'aube à la tombée du jour, est toujours aussi pénible sur les immenses terres à caoutchouc et les salaires sont maigres, en comparaison des profits engrangés.

Olivier de Rivaud ne s'est jamais rendu en Afrique, ni en Malaisie, ni à Java ou Sumatra, ni en Indochine.

À la mort d'Adrien Hallet, son fils Robert[1] a pris la relève. Comme son père, c'est un homme de terrain. Il a l'expérience des plantations, connaît parfaitement les territoires et les équipes qui y travaillent.

Si Olivier de Rivaud a pris part à l'épopée depuis son bureau de la rue Notre-Dame-des-Victoires, en lisant rapports et statistiques, bilans ou projets de développement, il a une vision claire de « la grande Compagnie », ainsi que la surnommait ironiquement Pierre Boulle. C'est un champion de la gestion financière. Son flair l'alerte dans tous les cas où les cotations du caoutchouc, en constante évolution, fluctuent à la hausse ou à la baisse – il sait prendre les bonnes décisions, au bon moment. C'est ainsi qu'il réussit à déjouer la crise économique de 1929, funeste à tant d'autres entreprises.

N'ayant qu'une unique fille, Olivier de Rivaud tient son gendre pour son successeur désigné. A-t-il seulement

1. Robert Hallet (1900-1947).

demandé son avis à sa fille ? Il l'initie aux affaires et le fait travailler à ses côtés. Dès son entrée officielle dans le groupe, il a tenu à l'envoyer en Malaisie. « J'avais vingt-deux ans, raconte Jean de Beaumont. Je me rappelle le paysage monotone et plat des palétuviers de la rivière de Saigon, remontée lentement par un bateau des Messageries maritimes, dans une chaleur moite, la chemise collant à la peau. Je me vois encore descendant à terre, au milieu d'une foule grouillante et colorée[1]... »

Le père de Jacqueline de Ribes s'y rendra régulièrement dans les années à venir, pour de rapides séjours. Ils lui suffisent pour juger de la situation économique et humaine. Il en rapportera d'excellents souvenirs de nuits passées à « la Maison des palmes », où Henri Fauconnier reçoit les hôtes de marque. « Il est possible que ma mère l'ait accompagné, mais j'en doute... » : traditionnellement, les voyages lointains, leur parfum d'aventures, sont du domaine des hommes, de même que l'industrie, la banque ou les affaires.

Les Hallet, père et fils, font eux aussi partie de la famille. Je m'étonne presque de ne pas les voir apparaître sur l'arbre généalogique. Ils furent si liés aux Rivaud que l'association financière et entrepreneuriale des patriarches aurait pu se souder par les liens d'un mariage. Mais l'histoire d'amour née entre un Hallet et une Rivaud devait tourner court.

Nicole de Rivaud, la grand-mère de Jacqueline de Ribes, s'était éprise de Robert Hallet, le fils de l'associé

1. Jean de Beaumont, *Au hasard de la chance*, Julliard, 1987.

de son mari. Au mépris de leur différence d'âge, vingt ans les séparaient, elle aimait et se croyait aimée. Quand Robert Hallet lui a avoué qu'il était amoureux de sa fille (Paule, la mère de Jacqueline) et voulait l'épouser, elle a eu cette attaque dont on ne parle qu'à mi-voix dans la famille Rivaud et qui l'a laissée hémiplégique. Ses cheveux ont blanchi en une nuit, me dit Jacqueline de Ribes.

5

Jean de Beaumont : un séducteur tout-terrain

Jacqueline de Ribes se plaint encore, à près de quatre-vingt-dix ans, de n'avoir pas été aimée de ses parents.

« Mes parents n'aimaient pas les enfants, encore moins les leurs. »

Le père ? Ce père que Jacqueline de Ribes voudrait oublier pour n'être la fille que de son grand-père maternel, ce père dont elle parle peu et qu'elle n'évoque qu'à contrecœur, préférant s'en tenir à des éloges de façade, c'est pourtant le charme même aux yeux de ses nombreux amis et de ses non moins nombreuses amies. Jacqueline de Ribes en est bien consciente, puisqu'elle me donne de lui cette définition qui le résume tout entier : « Mon père ? Le gentleman séducteur. »

Le comte Jean de Bonnin de la Bonninière de Beaumont porte son nom avec panache. Avantage certain sur les Rivaud de la Raffinière, sa lignée remonte aux Croisades [1] et

1. Par Hugues Bonin ou Bonnin, écuyer, châtelain de Beaugency, « qui fit hommage aux comtes de Namur, de Blois et de Vendôme ». Des documents attestent qu'il prit part à la troisième Croisade, celle qui mena

peut au XVIIe siècle se réclamer de Colbert, ministre fameux de Louis XIV. Ce que Jacqueline de Ribes n'oublie jamais de rappeler – elle est ultra-soucieuse de sa généalogie.

Noblesse d'Ancien Régime, aux armes « d'argent, à une fleur-de-lis de gueules », Jean de Beaumont compte parmi ses ancêtres des écuyers, des pages, des cornettes, des cavaliers soudés à leur monture, des officiers de dragons. Vaillants, souvent blessés, prêts au sacrifice, ce sont de loyaux serviteurs du roi et de l'empereur, parfois des deux aux périodes difficiles de changements de régime. Leur fière devise : *Virtute, comite, sanguine*.

L'un d'eux, Anne Charles (1738-1832), officier au régiment du roi Louis XVI, représentant de la noblesse au baillage de Touraine en 1789, aurait pu facilement finir sous la guillotine. Il se fit discret pendant la Terreur, resta caché pendant des mois dans la cave d'un de ses châteaux de la Sarthe et, fidèle au roi, refusa toujours d'émigrer.

Jacqueline de Ribes est très ferme sur ce point : « Chez les Beaumont, on n'a pas voté la mort du roi ! »

Pour que je n'aille pas me perdre parmi sa descendance, elle me fait porter, lors d'un séjour chez elle à Marbella, un précieux volume enveloppé de papier de soie qui d'ordinaire ne quitte pas la bibliothèque de son hôtel de la Bienfaisance : *La Maison Bonnin de la Bonninière de Beaumont*,

---

le roi de France, Philippe Auguste, et celui d'Angleterre, Richard Cœur de Lion, à Saint-Jean-d'Acre, en 1191.

Les descendants de ce chevalier croisé deviennent de la Bonninière vers la fin du XVe siècle. Ils n'ajouteront Beaumont que trois siècles plus tard, au XVIIIe donc, à leur état civil.

par le comte Charles de Beaumont (de la branche aînée), publié à Vendôme en 1907 et illustré de chartes, d'édits, de gravures de lettres patentes. Pour m'y retrouver dans le dédale de sa généalogie, je consultais aussi à la bibliothèque de l'Institut le *Dictionnaire des familles françaises ou notables de la fin du 19ᵉ siècle*, ouvrage inachevé en vingt volumes, de Gustave Chaix d'Est-Ange, publié en 1903, qui fut ma bible pendant plusieurs semaines.

C'est le second fils d'Anne Charles et de la petite marquise, Marc Antoine, né en 1763, dont les Bonnin de la Bonninière de Beaumont sont particulièrement fiers. Son portrait, en bonne place dans la salle à manger de l'une des résidences de Jacqueline de Ribes, comme l'est sa mère, la petite marquise, dans l'un de ses salons, montre un très bel homme en uniforme des armées de l'Empire, qui arbore le cordon de Grand Aigle de la Légion d'honneur. Premier page du roi Louis XVI et colonel d'un régiment de dragons, il se rallia à la Révolution mais, condamné à mort lors de la première vague de Terreur, il faillit avoir la tête tranchée : monté sur l'échafaud, tel le capitaine Fracasse, il fut sauvé in extremis par ses dragons, venus le libérer.

Comme son frère d'armes, le général Rivaud, il a pris part à toutes les batailles de Bonaparte puis de Napoléon : Lodi, Magnano, Marengo, Pozzolo, Valeggio sul Mincio où son cheval fut tué, Wertingen, Ulm, Ried, Lambach, Austerlitz, Iéna, Eylau, Prentzlow, Czarnowo, Wagram… ses dragons l'avaient suivi jusqu'en enfer. Récompense suprême pour ce soldat héroïque : son nom figure sur l'un des pilastres de l'Arc de triomphe. Tout comme le général Rivaud !… L'un, Beaumont, au pilier est, colonne 17, l'autre, Rivaud, au pilier sud, colonne 21. Comme si le destin avait deviné qu'un Beaumont épouserait un jour une Rivaud de la Raffinière, les deux hommes semblent liés fraternellement, quoiqu'on ne sache pas s'ils se sont connus, par cette inscription au célèbre monument.

Le général Marc Antoine de Beaumont apparaît aussi au Louvre, sur le tableau de David qui représente le sacre de l'empereur. Il y est même si ressemblant que Napoléon, en visite à l'atelier du peintre pour découvrir *Le Sacre* et ravi du résultat – « C'est un tableau qui marche ! » –, identifia Beaumont au premier coup d'œil[1].

La lignée paternelle de Jacqueline de Ribes comporte d'autres personnages d'envergure. Elle les évoque avec fierté. Tel Gustave de Beaumont (1802-1866), qui fut le meilleur ami d'Alexis de Tocqueville et l'accompagna lors de son voyage aux États-Unis, en 1831. Il en revint avec une étude sur le système pénitentiaire américain, des idées libérales et réformatrices. Gustave de Beaumont devait épouser la petite-fille du marquis de La Fayette. Tocqueville fut son témoin de mariage.

De ses valeureux ancêtres, le père de Jacqueline de Ribes semble le digne descendant : on le croirait né avec une épée au côté.

Petit de taille, bien plus petit que sa fille aînée, il se tient si droit qu'il paraît grand.

Au physique, ce n'est pas un Apollon, mais il compense les centimètres qui lui manquent par un tonus formidable.

1. José Cabanis, *Le Sacre de Napoléon*, Gallimard, « Folio », 2019.

Mince, musclé, vif-argent, rien ne semble pouvoir épuiser son énergie vitale.

S'il ne pratique pas l'escrime et préfère le fusil de chasse, il est un excellent cavalier, sorti « major de cheval » de l'école de Saint-Cyr avec la note de 19,5 sur 20 et gagnant du concours de saut de l'Estafette. Sous-lieutenant au 4e hussards de Rambouillet au terme de son service militaire, il chasse à courre et monte même aux courses.

« Bien armé pour la vie » : la devise de l'École des Roches où il a été élevé, en Normandie, pourrait être la sienne, s'il n'avait déjà celle bien sonnante des Beaumont.

Pour le caractère, Jean de Beaumont appartiendrait plutôt à la catégorie des nerveux. « La vie devait être gaie, brillante, légère ; oui, légère, assure Jacqueline de Ribes. Même dans la peine, il ne résistait pas au mot pour faire sourire. Mais il piquait des colères violentes comme l'éclair : pour un faisan manqué, toute la campagne tremblait[1]. »

Drôle, au bord parfois de se montrer cassant quand son interlocuteur l'agace, il retourne vite les situations à son profit : surtout, il n'entend pas se laisser gâcher l'existence, si délicieuse, si passionnante, par des raseurs, des bourgeois, des types trop sérieux.

Sa petite enfance lui a laissé des souvenirs enchantés qui se déroulent dans des châteaux dépourvus du moindre confort moderne, sans électricité, ni chauffage ni eau

1. Jacqueline de Ribes, *Hommage au comte de Beaumont*, discours prononcé au Cercle de l'Union interalliée, 11 juin 2003.

courante, mais pleins d'une histoire plus que séculaire, avec des dédales de couloirs, des salons immenses et des parcs assortis de bois et de champs où courir sans fin. Au château de Brissac, celui de la grand-mère maternelle, en Maine-et-Loire, de loin le plus majestueux, construit au XIe siècle par Foulques-Nerra, un orchestre situé dans une loggia où venait se cacher le petit Jean jouait sans discontinuer les soirs de réception, dans la lumière miroitante de centaines de bougies.

À Paris, il a passé beaucoup de temps chez sa grand-mère Brissac, née Jeanne-Marie Say[1], dans son hôtel particulier de la place Vendôme. Petite-fille du magnat du sucre, Louis Say[2], veuve à vingt-deux ans du marquis de Cossé-Brissac dont elle avait eu un fils et une fille – future princesse de Ligne –, cette grand-mère à la forte personnalité, connue pour être une femme de tête, s'était remariée au comte Christian de Trédern, qui lui donna trois autres enfants, dont Juliette, la mère de Jean de Beaumont. Elle adorait le théâtre, chantait d'une jolie voix des airs d'opérette en s'accompagnant à la harpe, et n'avait pas la langue dans sa poche. Au cours d'un dîner, le prince de la Trémoille, qui venait tout juste de tuer un homme en duel, lui fit remarquer une tache de confiture de fraise sur sa robe et se permit une remarque perfide sur ses origines sucrières :

« Madame, le sucre tache. »

Et Jeanne-Marie, du tac au tac :

« Moins que le sang, Monsieur ! »

1. Jeanne-Marie Say (1848-1916).
2. Louis Say (1774-1840).

Actionnaire majoritaire de la raffinerie familiale, elle sut préserver sa fortune et, en femme d'affaires avisée, céder à temps ses participations avant la faillite frauduleuse de la société, en 1905[1]. Jacqueline de Ribes se montre soucieuse que je ne l'oublie pas dans mon répertoire généalogique…

Jacqueline de Ribes, qui a vécu et vit toujours dans l'adoration de ses grands-parents Rivaud, n'a eu que peu de moments d'intimité avec ses grands-parents Beaumont.

Elle a à peine connu le père de son père, Marc de Beaumont (1869-1931), mort quand elle avait deux ans. Cet homme d'équilibre et de conciliation reste dans les annales familiales comme le créateur de la première Société française de Télégraphie sans fil, la TSF (future Thomson CSF), mais aussi, et l'on en est plus fier encore, comme l'un des fondateurs du Cercle de l'Union interalliée. Créé en 1917 dans le souci d'accueillir les officiers des armées alliées, leur offrir un soutien moral et matériel pendant la durée des hostilités, son premier président fut le maréchal Foch. Marc de Beaumont en a assuré la vice-présidence jusqu'à sa mort. Son fils lui voue un culte, et un jour reprendra le flambeau pour assurer à son tour la vice-présidence puis la présidence du Cercle[2].

Son épouse, née Juliette de Trédern, « Grand-mère », est quant à elle une sainte femme que Jacqueline de Ribes a

1. La société des sucres Say, rachetée par Ferdinand Béghin, devenant ainsi les sucres Béghin-Say.

2. Jean de Beaumont fut élu président du Cercle de l'Union interalliée en 1975, après en avoir été le vice-président pendant quinze ans.

toujours connue confite en dévotion. Devenue oblate aussitôt après son veuvage, elle reçoit sa petite-fille dans un sinistre appartement de la rue de la Pompe où la nurse l'accompagnait. Ayant choisi d'être une oblate franciscaine, elle avait fait vœu de pauvreté. Elle devait d'ailleurs mourir en odeur de sainteté, c'est-à-dire en état de grâce, à la manière des saints myroblytes dont le cadavre dégage miraculeusement à l'instant de leur mort un parfum de myrrhe. La devise de cette grand-mère, par ailleurs adorable selon Jacqueline de Ribes, a de quoi effrayer tout être aimant la vie : « Le jour de ma mort sera mon plus beau jour. »

Jean de Beaumont préfère de loin tous les jours de la vie et en savoure le prix. Heureux dans les clubs et les cercles, qu'ils soient mondains ou sportifs, il est, cela va sans dire, membre du Jockey. Et membre du Club des Gentlemen-Riders. Le travail, tel qu'on le pratique parmi les classes besogneuses, n'est pas sa première vocation. Il est bien obligé d'aller « au bureau », c'est-à-dire à la banque où son beau-père, avec lequel il entretient des rapports filiaux, le forme aux affaires. Son intelligence rapide lui permet de comprendre les dossiers sans perdre de temps et de déléguer à bon escient. L'esprit clair, malin, curieux des hommes, ce soi-disant dilettante prouvera souvent son efficacité et sa nette vision des choses. Mais il ne passe pas sa vie rue Notre-Dame-des-Victoires. Il mène sur d'autres fronts des activités diverses, qui requièrent son insatiable énergie.

D'abord le sport : une passion depuis son plus jeune âge. Jean de Beaumont aime tous les sports et les pratique dans l'excellence. L'activité physique, qui lui est aussi nécessaire que l'air qu'il respire, se double chez lui d'un esprit de compétition qui le pousse vers les sommets. À chaque fois qu'il choisit une spécialité, il veut y « performer », comme disent les Anglais, et d'abord se dépasser lui-même. Il se lance régulièrement des défis. Champion de course à pied du temps de sa jeunesse à l'École des Roches, à Verneuil-sur-Avre, champion de saut d'obstacles à cheval, champion de tir, il a été sélectionné à l'âge de vingt ans dans cette dernière discipline, parmi l'équipe olympique française.

Il excelle sur les courts de tennis, passe même pour « une des meilleures raquettes de l'Assemblée nationale[1] », avec le comte de Clermont-Tonnerre, Pierre-Étienne Flandin et Jean-Louis Tixier-Vignancour. Car il sera un jour député.

Autre passion de Jean de Beaumont, qui n'est pas loin de ressembler à la précédente, les femmes. L'amour ne serait-il pas une forme suprême du sport pour cet hyperactif au sang chaud ? Plus sexuel que sentimental, Jean de Beaumont est connu pour jeter son dévolu sur toutes les belles femelles de la création et pour leur faire une cour pressante, quitte à harceler celles qui lui résistent. Le gentleman séducteur peut se montrer brutal. Don Juan moins ténébreux, plus léger que l'original, il aurait pu tenir le livre de ses conquêtes. *Mille tre*. Son épouse, Paule, ne semble pas en avoir pris ombrage ou alors elle lui rend

1. André de Fouquières, *Cinquante ans de panache*, Pierre Horay, 1951, p. 426.

coup pour coup, car c'est une séductrice-née et une Don Juanne patentée. On ne sait qui des deux, dans ce couple sportif, chiffre le plus d'exploits amoureux.

Le record fait partie de la manière de penser, d'agir, de vivre de Jean de Beaumont. La moyenne n'est pas dans son tempérament : il lui faut exceller, briller, gagner, être le premier. Il enrage quand il n'arrive que second – au tir à la carabine, sur les cendrées des champs de courses ou dans le cœur de ses muses. C'est un gagneur, qui sait se faire pardonner d'un bon mot, d'un sourire, sa hargne à passer le premier.

Contrairement à son beau-père, il est toujours prêt à sauter dans un train ou dans un avion, dès que l'occasion se présente. Si vite même qu'il en oublie parfois ses bagages. Animé d'une curiosité sans limites, il apprécie les voyages, de préférence armé d'un fusil de chasse. Il veut tout voir, tout connaître, tout expérimenter – « la vie est trop courte pour être petite » est un de ses adages préférés.

Jean de Beaumont, à plus de quatre-vingts ans, a écrit des mémoires, publiés en 1987 chez Julliard : *Au hasard de la chance*. La chance avait guidé ses pas et ne lui avait presque jamais manqué : il se revendiquait comme un chanceux. J'ai lu avec plaisir ce récit, au ton allègre, qui célébrait non seulement le hasard et la chance mais « l'amour de vivre » que l'auteur avait choisi à la fois pour programme et pour sous-titre. Programme contagieux : on devenait optimiste et joyeux, rien qu'à le lire. En dépit de rudes accidents de parcours, des échecs et des deuils qui ne lui avaient pas été épargnés, Jean de Beaumont gardait tout du long un humour décapant. Chaque page témoignait de son goût effréné des plaisirs. Les femmes tombaient facilement dans ses bras, ses amitiés avaient été durables. En bref, c'est un homme sympathique, séduisant, certes très snob, mais dont la compagnie était prisée et recherchée – en somme un excellent camarade – que les mémoires révélaient. Il énumérait ses liaisons, parlait beaucoup de son épouse, Paule, avec tendresse et admiration. Il dressait la liste de ses amis, parmi lesquels beaucoup de bons fusils, de Valéry Giscard d'Estaing à Georges Pompidou, en passant par le vice-roi des Indes ou le duc de Windsor, Elliot du Luart ou Pierre David-Weill (il y en eut beaucoup d'autres). Mais quant à ses enfants, dans ses tumultueux souvenirs, et c'était tout de même étrange, c'est à peine s'il les évoquait.

Il en avait pourtant eu trois. Jacqueline de Ribes faisait une rapide apparition en deux lignes, à la page 245 : il racontait que leurs routes s'étaient croisées par hasard en Égypte, alors qu'elle y faisait escale lors de son voyage de noces. Ils ont visité ensemble, avec son mari, les pyramides et le sphinx ! Sur le même ton pète-sec, il mentionnait sa fille Monique (p. 228), en une ligne et demie : « Ma fille Monique vint de New York me rejoindre et resta le temps de la compétition. » Point final. De son fils, Marc, pourtant l'héritier du nom, aucune trace. Pour aucun d'eux, un mot d'affection. Pas une anecdote intime, indiquant le moindre souci de ses rejetons. Rien sur leur naissance, leur enfance, leur adolescence, alors qu'il en dit tant sur sa propre jeunesse. Rien. Aucune manifestation du moindre intérêt pour leurs vies. Était-ce pudeur, une pudeur aristocratique qui condamne les effusions sentimentales et commande la retenue ?

La pudeur en tous autres domaines ne le bridait pas. Il racontait par le menu ses innombrables aventures amoureuses, dont certaines l'émouvaient encore malgré l'écoulement du temps. Et il ne manquait pas une occasion de brosser le portrait de ses chiens, de ses chevaux ou des innombrables animaux, tout aussi magnifiques que ses maîtresses, abattus lors de parties de chasse. Il décrivait en détail ses voyages, souvent rocambolesques, et les trophées sportifs, à remplir des armoires entières, remportés lors de joutes au fusil, à cheval ou à ski, voire dans les airs – il avait été capitaine d'aviation pendant la Deuxième Guerre. De tout cela il ne cachait rien, vraiment rien. Il savourait tout ce que la vie lui avait donné, jusque dans les échecs ou les faux pas. Ses mémoires caracolaient, on le devinait curieux de tous les aspects de l'existence, l'esprit ouvert, gourmand. Mais quant à s'attarder sur sa vie de famille, cette vie quotidienne, bourgeoise, avec sa routine et ses corvées, cela ne l'intéressait pas. Le monde le passionnait, mais le grand monde, où vivre à grandes guides. Ramené à l'échelle familiale, réduit, miniaturisé, étriqué, il l'embêtait. Et même il s'y embêtait. Or, Jean de Beaumont fuyait l'ennui comme ses ancêtres la peste au Moyen Âge.

Le « gentleman séducteur », ainsi dépeint par Jacqueline de Ribes, est un père étincelant, qui compte des amis dans les milieux les plus huppés et les plus influents, et qui ne tient pas en place. Les affaires l'ennuieraient plutôt, s'il n'y trouvait un challenge supplémentaire – ne pas démériter d'Olivier de Rivaud, le génie fondateur.

La politique, en contrepoint, l'intéresse comme un sport. Il connaît intimement ministres et présidents, mais ne se satisfait pas de tisser des relations utiles. Il se lance dans l'action. Élu député de la Cochinchine en 1936, juste avant l'arrivée au pouvoir du Front populaire, il le restera jusqu'à la guerre. Sans doute était-ce un atout pour le Groupe Rivaud qui y est solidement implanté. Il lui aura fallu pour être élu battre un adversaire de taille : Omer Sarraut, fils d'Albert Sarraut, le tout-puissant président du Conseil et ministre de l'Intérieur qui entraînait avec lui le parti radical tout entier. Un défi à la mesure d'un Beaumont !

Vice-président de la Commission des Colonies, puis secrétaire de la Commission de l'aéronautique, je le soupçonne d'avoir préféré aux âpres et méandreux débats de la vie parlementaire ses allers et retours Paris-Saigon en Fokker, qui prenaient une semaine entière avec leurs nombreuses escales – une performance comparée à l'excessive lenteur des paquebots des Messageries maritimes où il aurait perdu patience –, ainsi que les délices de l'Indochine, sa flore, surtout sa faune, et les belles sirènes locales.

Plus que tout autre sport, plus que l'amour et que la politique, ce sont les chasses qui rythment son agenda. Rien ne pourrait l'empêcher de répondre à l'appel de cette passion, qui domine toutes les autres, quand le temps est venu d'aller traquer la grouse en Écosse, le lion au Kenya ou le tigre dans cette colonie d'Asie dont il est l'élu et où l'empire Rivaud s'enracine. Aucune femme ne peut prétendre rivaliser.

À Rantau Panjang, puis à Quan Loi, en Cochinchine – aujourd'hui le Viêt Nam –, prenant la route Mandarine et poursuivant vers la plaine des Joncs, en vue des monts Annam qui sont le territoire des grands animaux, Jean de Beaumont a séjourné à plusieurs reprises à la « Maison des Palmes », bâtie par Henri Fauconnier au milieu des bambous sur la rive gauche de la rivière Selangor. Il y a inspecté les plantations de caoutchouc et rencontré les hommes qui y travaillent, à tous les niveaux de l'entreprise.

Il connaît les directeurs et les ingénieurs agricoles, n'hésite pas à parcourir par tous les temps les forêts d'hévéas et de palmiers à huile qui ont fait la fortune des siens et observé attentivement le travail des coolies lors de la saignée des troncs. Mais il ne s'attarde pas. Là même où Adrien Hallet a passé de si longs séjours depuis 1905 et où Robert Hallet a maintenu une présence active, il semble toujours pressé de repartir. C'est son rythme. Jean de Beaumont peut dormir sans rechigner dans un sac de couchage en pleine brousse, se nourrir d'un bol de riz pendant des jours, sauter d'un train en marche pour emprunter des raccourcis, à pied, à cheval ou à dos d'éléphant, mais dans tous les pays qu'il traverse, c'est la chasse qui l'obnubile. Il la préfère de loin à toutes les aventures. Elle fait paraître plus morne encore ce qui l'attend au retour de ces voyages très excitants : son bureau de banquier et les chaînes de la vie de famille.

Mais c'est à peine si ses enfants s'en aperçoivent tant il est un père absent, même quand il est supposé habiter la villa Molitor, leur adresse parisienne du 16e arrondissement.

Avec son épouse, qui a pris très tôt la mesure de cette addiction, ils ont acquis un territoire de six cents hectares en Alsace, à Diebolsheim, où tous les bons fusils de France, d'Europe et de plus lointains horizons sont ses invités. Au cœur du village, une grosse maison cossue qu'ils ont fait construire grâce à un cadeau de noces d'un des oncles Rivaud. Elle leur permet de recevoir « à l'aise » – notion fondamentale dans sa vision de la vie.

« Mets-toi à l'aise »… Tel est le nom que Jean de Beaumont a choisi de faire graver au fronton de sa demeure alsacienne, d'après la Confrérie qu'il a créée, celle des *Chevaliers du Mets-toi-à-l'aise* !

Le programme est clair : après la chasse, les heures chaudes de l'après-chasse. Diebolsheim est un domaine pour les hommes, d'où les femmes – du moins les épouses – ont été longtemps tenues éloignées, jusqu'à ce que les meilleurs fusils d'entre elles (Paule de Beaumont en est un) s'imposent dans ce cercle très viril et très jaloux de le rester. Les petites femmes légères en revanche ont toujours été les bienvenues. Depuis les origines.

On n'est pas accueilli ici dans une maison de famille, où piaillent les enfants. C'est un chalet de chasseurs, où on sert des bons vins, de la bonne chère et où on savoure aussi la bonne chair, quand elle est douce et tendre et toute prête à partager les agapes.

Levers à l'aube, souvent avant l'aube, pour la passée des canards le long des bras du Rhin ou pour tirer « à l'approche » des chevreuils qui ne viennent au grainage qu'au petit jour. Rudes et exaltantes marches dans la rosée, si souvent gelée, en se méfiant des sautes de vent, jusqu'à ce que la nuit tombe, nuit de sangliers du mois de juin, qui ne sortent des fourrés qu'à cette heure tardive, amenant avec l'été des nuées de moustiques, aussi redoutables que le froid de janvier.

Les invités, épuisés et crottés, savent qu'au retour au village les attend une maison hospitalière où brûlent de généreux feux de cheminée, où les buffets sont chargés de victuailles et où de jolies filles, qui ne sont pas toujours du gotha, ne s'embarrassent pas de pudeurs inutiles.

En lisant les mémoires de Jean de Beaumont, je me disais qu'il avait privé ses enfants du récit merveilleux de ses exploits cynégétiques, mais aussi athlétiques ou équestres. Gagner des courses à pied à l'École des Roches, alors que l'on relève d'un grave abcès à la jambe qui a nécessité plusieurs opérations et des mois de convalescence. Se hisser malgré sa petite taille au rang des meilleurs coureurs et remporter le Critérium de Paris 110 mètres haies. Briguer le titre de champion du monde avec un fusil qui n'est pour lui qu'un prolongement naturel de la main et l'entendre conter comment il a tiré soixante-sept perdreaux d'affilée ou gagné la compétition qui lui a valu le titre de champion olympique de tir à la fosse.

Dans le domaine amoureux, il n'est pas hostile à la fantaisie. Il suffit de lire les deux romans d'amour qu'il a écrits pour comprendre cet aspect de sa personnalité : il cherche sans cesse à poivrer l'ordinaire. Mais il reste avant tout un séducteur. En amour, il aime conquérir et il déteste qu'on lui résiste.

Adieu Focolara (publié en 1959) et *Pas ce soir*[1] (en 1965) sont inspirés d'aventures personnelles, le premier par son idylle avec la toute jeune et blonde Geneviève Page[2], qui a fait ses débuts au théâtre dans *Lorenzaccio* et dans *Les Caprices de Marianne* avec Gérard Philipe. Dans ses romans, Jean de Beaumont donne évidemment le beau rôle au personnage du séducteur. La drague, le flirt, le sexe y tiennent une plus grande place que la psychologie. C'est son côté prince de Ligne. La vie l'emporte, une passion de vivre qui ne connaît pas de limites.

Il semble avoir eu le physique et les qualités des grands amants, ce dont une de ses maîtresses témoigne crûment : « L'*outil* de Monsieur : une apothéose ! Il possédait en effet un *outil* qui, à ses heures, pouvait être éloquent de prestance et de forme[3]. »

Cette maîtresse indiscrète, Renée Saint-Cyr[4], une brune et très belle actrice, révélée dès son premier rôle dans *Les Deux Orphelines* de Maurice Tourneur (1933), a-t-elle voulu se venger d'une infidélité ? Elle accuse Jean de Beaumont, avec lequel elle a entretenu une longue liaison, d'une forme avérée de harcèlement.

Jacqueline de Ribes a-t-elle eu vent des liaisons de son père, se doute-t-elle de ses débordements amoureux ?

« Très tourmenté par les choses sexuelles » : elle me concède cette information du bout des lèvres.

1. Publiés chez Julliard.
2. Née en 1927.
3. Renée Saint-Cyr, *Monsieur de*, Flammarion, 2004, p. 191.
4. Renée Saint-Cyr (1904-2004).

« Nous les enfants…, dira Jacqueline de Ribes, nos sentiments oscillaient régulièrement. Nous étions tour à tour en adoration ou terrifiés, fascinés ou stupéfaits, sous le charme ou agacés, en béate admiration ou en totale désapprobation, mais toujours avec un côté un peu mendiant ; mendiant de tendresse, mendiant de permission, d'argent de poche, mendiant de son temps pour écouter ses histoires, pour être près de lui.

« Il était notre père "star" et nous ses "fans" toujours un peu frustrés[1]. »

1. *Hommage au comte de Beaumont*, discours cité, p. 37, note 1.

6

Paule, l'irrégulière

De Paule de Beaumont, jusqu'à ma rencontre avec Jacqueline de Ribes et le début de nos entretiens, je n'avais entendu que du bien. Intelligente, cultivée, drôle, accueillante, sexy, généreuse... ainsi me l'avait-on décrite. C'étaient, il est vrai, surtout des hommes qui parlaient d'elle avec enthousiasme, pour la plupart tombés sous le charme de cette Junon brune aux yeux violets, qui avait été assez ronde dans sa jeunesse puis avait sculpté sa silhouette, au prix d'efforts louables de volonté. Ces termes flatteurs étaient en contradiction flagrante avec l'image que me livrait Jacqueline de Ribes : une mère sans amour, une mère sans cœur.

Elle lui en voulait encore, à quatre-vingt-dix ans, de s'être débarrassée d'elle comme d'un paquet encombrant, quelques jours après sa naissance à l'hôpital de Boulogne-Billancourt où, en femme moderne, sa mère avait préféré accoucher plutôt qu'à la maison. Cet été-là comme tous les autres, Paule de Beaumont avait envie de quitter Paris sans fardeau ni bagage, pour rejoindre on ne sait quel bord de mer. Elle était allée déposer le bébé chez ses parents, avenue Foch. Jacqueline de Ribes disait souffrir encore de cet abandon, sentiment qui avait dominé son enfance.

Mais ce qu'elle reprochait surtout à sa mère c'était son attitude constamment distante et froide.

Le reproche est vif. Il semble avoir débordé largement le domaine des us et coutumes, qui voudraient que dans certaines grandes familles on manifeste peu son affection [1]. Jacqueline de Ribes le répète presque en rengaine quand elle aborde le sujet : « Ma mère ne m'aimait pas. »

Elle ne lui a jamais fait un compliment de sa vie et, ainsi qu'elle le raconte, ne perdait jamais une occasion de lui faire remarquer combien elle était maladroite, trop grande, trop mince, comme pour la dévaloriser.

Pour autant, « je n'ai jamais détesté ma mère. Au contraire. J'attendais toujours un geste, une preuve, de son amour ».

Selon Jacqueline de Ribes, Paule de Beaumont aurait elle-même manqué d'amour dans son enfance. Il est bien connu que les schémas familiaux se reproduisent d'une génération à l'autre. Nicole de Rivaud aurait-elle donné plus d'attention à sa vie mondaine et sociale qu'à sa fille unique ? Et celle-ci, reproduisant à son tour le modèle maternel, n'aurait-elle pas montré aussi peu d'intérêt à sa propre fille que sa mère jadis à son égard ?... La fatalité décide-t-elle vraiment de tout ?

Cette attitude d'indifférence teintée d'agacement de Paule de Beaumont vis-à-vis de sa fille Jacqueline est confirmée par les témoignages de ceux et celles qui l'ont

1. Éric Mension-Rigau, *Aristocrates et grands bourgeois*, Plon, 1994.

bien connue. « Elle n'avait pas l'instinct maternel, un point c'est tout », résume l'une de ses amies qui ajoute au cas où je n'aurais pas bien compris : « On peut être une femme merveilleuse, une amie fidèle, et une mère exécrable. »

Jean de Beaumont et Paule de Rivaud de la Raffinière se sont connus dans leur petite enfance : ils avaient neuf et quatre ans quand ils se sont rencontrés sur la plage de Saint-Lunaire, que fréquentaient leurs parents. Ils ont participé ensemble à des concours de châteaux de sable que la mer dévorait à la marée montante, sous la joyeuse houlette d'Olivier de Rivaud[1]. Plus tard, ils ont joué au tennis, dansé à des bals, nagé dans la piscine de La Châtaigneraie, « l'affreux château » de La Celle-Saint-Cloud où ils ont fini par se marier, en grande pompe, le 15 mai 1928. Après de brèves fiançailles à Hendaye, où Jean de Beaumont fit officiellement sa demande, l'été précédent.

Un film Pathé du mariage est passé aux actualités, pendant une semaine, dans toutes les salles de cinéma de France. Car ce fut, selon les propres dires de Jean de Beaumont, « un événement très parisien », suivi d'un voyage de noces à Juan-les-Pins.

Leur fille Jacqueline est née dix mois plus tard, le 14 juillet 1929.

Toutes les photos en témoignent : dans les années 1930, aux débuts de leur vie commune, les parents de Jacqueline de Ribes forment un couple de cinéma. Jean de Beaumont,

1. Selon les mémoires de Jean de Beaumont, *Au hasard de la chance*, *op. cit.*

athlétique et le sourire à l'américaine, est le sosie de Rudolph Valentino. Son épouse, en figure de mode époque charleston, est plus jolie que le prétend sa fille.

C'est sur des rythmes de charleston, à la même vitesse, avec la même frénésie, que se sont écoulées leurs premières années de mariage. Sur les vieux films de leur jeunesse, adaptés à un écran d'ordinateur par l'archiviste de la rue de la Bienfaisance, je les ai regardés passer, en tenues de tennis ou de grand soir, en maillots de bain ou en fuseau de ski, animés sans relâche par la passion d'exister.

Jacqueline de Ribes, respectueuse de la mémoire, a conservé les films et les archives de ses parents. Alors qu'elle leur reproche leur indifférence et leur froideur, qu'elle a tant de rancune à leur égard, elle n'a rien détruit, rien fait disparaître. Si elle l'avait fait, il manquerait des pièces à sa biographie. Ce sont ses géniteurs après tout, elle me le laisse entendre. Son histoire s'inscrit dans une filiation, une lignée – notions pour elle essentielles et qui ne peuvent pas être effacées.

Quand je demande à Jacqueline de Ribes de définir en une phrase la personnalité de sa mère, elle n'a pas à réfléchir longtemps : « Très intelligente. Et très anti-conventionnelle, dans la mesure où elle ne voulait pas paraître conventionnelle. Elle poussait un peu trop loin à mon avis le culte de l'anti-conventionnalisme. »

Pour tenter d'élucider des portraits contradictoires, j'ai relu un roman d'Éric Ollivier, *Une femme, raisonnable*, qui dans les années 1970 a été l'un des premiers à construire une œuvre romanesque autour de l'autofiction. Tout ce qu'il raconte, il l'a en effet vécu. Or, Paule de Beaumont a non seulement inspiré l'héroïne du roman, Mila, mais c'est à elle que l'auteur de son propre aveu l'a dédié – « à une amie… ». Il en a révélé la clef à des proches.

Éric Ollivier, que j'ai un peu connu et qui se félicitait d'écrire pour de tout petits cercles de lecteurs dilettantes, avait été le meilleur ami de Nimier. Mauriac, il le racontait volontiers, s'était pris de passion pour lui. Dans *Passe-l'eau* et dans *J'ai cru trop longtemps aux vacances*, de jolis romans à la pointe sèche, on reconnaît le caractère soupe au lait d'Éric Ollivier, son ironie cinglante mais aussi cette solitude profonde, incurable, qui émouvait chez lui. Dans sa jeunesse, je le savais, il avait été amoureux de Paule de Beaumont, avant de comprendre qu'il n'aimait que les garçons. Ils étaient restés liés : ainsi qu'il l'écrit, « des amis comme nous n'en trouverons plus. Gardons-nous de nous perdre ». C'était elle, Paule, qui l'avait disait-il aidé à prendre conscience de son homosexualité – un mot qu'il réprouvait.

Dans *Une femme, raisonnable*, la mère de Jacqueline de Ribes est parée de toutes les qualités dont peut rêver une femme : par ordre alphabétique, beauté, esprit, intelligence et sensualité. « Sans vraie nymphomanie », selon Éric Ollivier, mais « toujours au garde-amour », accumulant les amants avec le même appétit que son mari les maîtresses, et les choisissant de préférence dans la maturité, car elle avait « le goût accusé des hommes puissants, ardents en face de l'existence », cette passionnée n'avait d'après lui « aucun instinct maternel ». On peut faire confiance à son analyse de romancier qu'inspirent une vérité profonde et le désir d'être fidèle à son modèle. Sous couvert d'un nom italien, propre à figurer dans l'une des *Chroniques italiennes* de Stendhal, Éric Ollivier trace de Paule de Beaumont un portrait taillé sur le vif, qui montre à quel point elle l'a fasciné, bien qu'il ne la ménage pas de son ironie critique. « Mila » est d'après lui « une intuitive qui se prenait à tort pour une cérébrale ». Elle pouvait former de jeunes hommes, mais « se désintéressait de ses enfants ». Son analyse confirme le sentiment d'insécurité intérieure qu'éprouve depuis toujours Jacqueline de Ribes, dû à ce manque d'affection maternelle dont elle s'est toujours plainte.

« *Make those damned children shut up !* » – Faites taire ces maudits enfants ! : c'était la rengaine, villa Molitor, quand la petite Jacqueline n'avait pas encore cinq ans. Parents et enfants y parlaient anglais avec la nurse, censée s'occuper de faire régner l'ordre et le silence dans la maison. La mère ne supportait pas le bruit et les enfants, logés au deuxième étage, juste au-dessus de sa chambre, l'exaspéraient. Pour aller la voir, Jacqueline et sa sœur (leur frère venait de naître) passaient par la lingerie pour demander à Jeanne, la femme de chambre, si le moment était bien choisi.

« Tu crois qu'on peut aller voir maman ? » Et la femme de chambre s'en allait demander la permission à Mme la comtesse. Un soir, Jacqueline, encore une enfant, entre en catimini dans le royaume maternel, une chambre aux rideaux de satin bleu, ornée de trois aquarelles de Marie Laurencin. Elle s'arrête en extase devant le lit où est exposée la robe que Paule de Beaumont va porter pour sortir dîner : une vraie robe de fée, toute à paillettes bleues. Son œil déjà exercé aux détails repère pourtant un fil disgracieux qui dépasse. Elle s'avance, touche et caresse la robe, puis tire le vilain petit fil pour le faire disparaître. Catastrophe ! Son geste entraîne une chute en cascade des paillettes sur le tapis ! Jeanne, appelée au secours, est impuissante à réparer les dégâts. On appelle la mère, laquelle explose dans une colère digne du répertoire de la tragédie. Elle crie et tempête.

C'est le lendemain de cette scène affreuse que la mère décide d'expédier ses enfants avenue Foch, chez les grands-parents Rivaud.

Paule de Beaumont qui, à en croire Éric Ollivier, aimait l'amour, était une mère froide. Pressée de vivre, menant comme son mari – mais non pas avec lui – un rythme à deux cents à l'heure, et nullement préoccupée de sa progéniture, n'ayant pas une minute à lui consacrer, elle est restée lointaine, inatteignable, jusqu'à paraître (ou à être) hostile. Jacqueline se souvient que jamais elle n'a eu un baiser ni n'a été serrée dans ses bras.

Elle corrige toutefois : « Si, elle m'a embrassée… une seule fois, le jour de l'enterrement de mon grand-père. Elle m'a prise sur ses genoux et elle m'a embrassée. C'est le seul baiser de ma mère, dans mon enfance. »

Pourtant, cette mère rayonnait, elle séduisait, et cette séduction toute-puissante, qui n'échappait pas à ses enfants, tenus malgré eux loin de sa source de chaleur, avait de quoi complexer, sinon effrayer sa fille aînée. Comment égaler ce bulldozer ? Comment ne pas envier son exceptionnelle énergie vitale ? Cette femme de feu que fut Paule de Beaumont a été pour Jacqueline, au départ, un handicap : elle a grandi dans l'ombre accablante de ce soleil. Lequel soleil, si réfrigérant en famille, n'avait aucune envie de la voir rivaliser en éclat avec elle. La fillette, très tôt très belle, plus belle que le fut jamais Paule de Beaumont, pouvait envier la force et le brio maternels, mais elle a très vite compris qu'il y aurait entre elles une concurrence. Il lui faudrait ruser avec la mère, se forger une place et un style à part, pour conquérir son propre espace.

Des photographies des enfants Beaumont, en train d'effectuer des exercices de gymnastique en compagnie de leur mère, révèlent que celle-ci a quand même passé du temps avec eux. M. Despiau, le kinésithérapeute, dirige les cabrioles, lancers de jambes et grands écarts, où la future Jacqueline de Ribes montre déjà sa souplesse, ses gestes déliés. La mère n'est pas en reste : tonique et presque aussi souple que sa fille, quoique beaucoup plus terrienne, elle semble s'amuser beaucoup.

Il y a chez Paule de Beaumont une force animale, instinctive. Un côté ogresse. Au lieu que Jacqueline, avec ses manières précieuses, son élégance aérienne, sa voix et ses gestes gracieux qu'elle tient de sa grand-mère, évoque davantage la fragilité. Ce qu'Éric Ollivier résume sans détour dans son roman : « Quand on lui sautait dessus [la fille de Mila], on avait peur de la casser, tandis que sa mère devait faire front à l'amour avec la fermeté d'un sapeur. »

Outre ses indéniables qualités physiques, Paule de Beaumont se pique de littérature et passe beaucoup de temps à lire et à écrire. Elle n'a laissé ni mémoires, ni poèmes, ni œuvres de fiction. Elle a tenté d'écrire un roman autobiographique, mais a renoncé à le faire publier. Contrairement à son mari, elle trouve un exutoire dans la traduction, qui lui permet d'être au cœur des mots, des phrases, au cœur de ce qui l'attire tout en la laissant douloureusement à la marge, impuissante devant ce phénomène – la création littéraire.

Sa première traduction, parue en 1939 aux Éditions de France, est un petit bijou de Vita Sackville-West, *Pepita*. La grâce du texte français, qui a conservé l'esprit de la romancière anglaise, son parfum acide et fruité, lui vaudra le Grand Prix de traduction de l'Académie française.

En 1949, dans un genre très différent, elle traduit pour l'éditeur Robert Laffont et « avec les conseils techniques du lt-colonel Goussault » les mémoires du président Eisenhower, *Croisade en Europe*.

Elle se passionne pour l'actualité littéraire d'outre-Manche et d'outre-Atlantique. Sa curiosité l'amène à faire connaître au public français un auteur alors totalement inconnu en France, Tennessee Williams. Elle a été enthousiasmée par *Un tramway nommé Désir*, qu'elle a vu à Broadway, au théâtre Ethel Barrymore, lors d'un séjour aux États-Unis après la guerre. Elle décide non seulement de traduire la pièce, ce qui l'enfièvre durant des jours, mais de l'adapter pour la scène française – secondée dans cette opération par un poète qui surajoute son style à celui de l'auteur, Jean Cocteau. Puis, elle trouve le metteur en scène et un théâtre pour accueillir la pièce. Ce seront Raymond Rouleau et le théâtre Édouard VII. Avec Arletty en prime, dans le rôle de Blanche, Yves Vincent dans celui de Kowalski. Et un décor, très remarqué, de l'artiste italienne Lila de Nobili. Mais c'est bien grâce à Paule de Beaumont que Paris a découvert Tennessee Williams.

Paule de Beaumont traduira et adaptera d'autres pièces de son auteur fétiche, *Été et fumées*, qui sera joué par Silvia Monfort au Théâtre de l'Œuvre, en 1953, dans un décor de Leonor Fini, ainsi que *La Rose tatouée*, la même année, au théâtre Gramont avec Lila Kedrova. Mise en scène de Pierre Valde.

Toujours en 1953, année de très grand labeur, *Le Désir sous les ormes* d'Eugène O'Neill, l'écrivain Prix Nobel américain, qu'elle a traduit puis coadapté avec Jean Anouilh, sera joué à la Comédie des Champs-Élysées, dans une mise en scène de Claude Sainval, décor de Wakhévitch. Il y aura encore *Le Tour d'écrou* d'Henry James, coadapté avec Gaston Bonheur, et joué sous le titre *Les Innocents*, au théâtre Édouard VII. Enfin l'adaptation de *Bon week-end, monsieur Bennett !* d'Arthur Watkyn, un grand succès, mis en scène par Michel Vitold au Théâtre de la Gaîté-Montparnasse. Avec Denise Grey, Jacques Higelin et un jeune acteur alors totalement inconnu, Guy Bedos.

La plus grande difficulté de sa vie de traductrice reste la prose d'Ernest Hemingway. On doit à Paule de Beaumont la version française, en 1965, d'*Au-delà du fleuve et sous les arbres*, roman qui se déroule tout entier à Venise – Venise en est même le personnage principal.

Parallèlement à ses travaux littéraires, d'une acuité d'avant-garde, Paule de Beaumont se lance dans une carrière de productrice. En tandem avec Simone Berriau, Hervé Mille, ou André Bernheim, elle va soutenir de nombreuses pièces de théâtre, dont *Sud* de Julien Green, avec Anouk Aimée et Pierre Vaneck, pour le Théâtre de l'Athénée-Jouvet, en 1953. Ou, la même année, *L'Heure éblouissante* d'Anna Bonacci pour le Théâtre Antoine, avec Pierre Blanchar et Suzanne Flon, mais aussi Jeanne Moreau, dont ce fut le premier rôle au théâtre.

Quand Paule de Beaumont en a fini avec la traduction, l'adaptation et la production de théâtre, elle écrit des chansons. Dans la cave de l'hôtel de la Bienfaisance où plusieurs cartons lui sont dédiés, j'ai retrouvé ses bouts rimés : *Les Mots de tous les jours* (« avec un peu de rêve autour… »), *Ce pays où je ne suis pas* (« Veux-tu me dire pourquoi ?… »), *La Valise* (« Voilà que tu t'enfuis jeunesse / Sans prendre garde à ma tristesse… »), *Les Amants* (« Les voilà qui reviennent en sarabande, mes amants, mes amants… »), et beaucoup d'autres. Elle les envoie à Guy Béart, à Catherine Sauvage, à Jeanne Moreau, qui un jour ou l'autre les chanteront.

Mais tout cela n'épuise pas son énergie, loin de là. Quand elle laisse son stylo et sa machine à écrire, elle peint. C'est une portraitiste au pinceau coloré, vif, intelligent. Elle reproduit admirablement les visages, les regards, les expressions. Elle peint ses amis, les enfants de ses amis, parfois même des gens qu'elle ne connaît pas en s'inspirant d'une photographie, tels François Mitterrand ou Isabelle Adjani. Elle exposera ses toiles (près de soixante-dix quand même) en 1984 à la Fondation Dosne-Thiers, place Saint-Georges à Paris. Comme Mme de Genlis qui s'était mise sur le tard, pour tuer le temps, à dessiner les visages des Pairs de France, ne serait-elle qu'une artiste mondaine ou, comme l'écrit Maurice Rheims dans sa préface au catalogue, « tel Actéon revenu de l'amour, du bout des doigts lui poussa-t-il un crayon » ? Personne ne la considère jamais comme une artiste. C'est son drame secret.

Comment cette femme passionnée, qui cherche à se faire une place dans les Lettres par d'inlassables travaux et qui est par ailleurs boulimique de lectures, cette femme qui peint, voyage, sort en ville et vit de belles histoires d'amour, aurait-elle un peu de temps à consacrer à ses enfants ?

Malgré qu'elle lui en veuille encore de son peu d'attention, de son trop peu d'amour, Jacqueline de Ribes a conservé tous les manuscrits de sa mère. Ils reposent dans des cartons, comme je l'ai dit soigneusement classés, dans l'une des caves de la Bienfaisance, où j'ai pu les consulter au milieu d'autres reliques qui lui ont appartenu, robes, escarpins, manchons, chapeaux ou sacs à main. Jacqueline de Ribes n'a rien jeté, quand il lui a fallu déménager la villa Molitor à la mort de ses parents.

Paule de Beaumont, depuis l'enfance, aime passionnément les livres et ceux qui les écrivent. « Il y avait chez elle, villa Molitor, une bibliothèque dont chaque livre était aimé et lu », me dit Élisabeth de Ribes, sa petite-fille. Sa grand-mère lui a fait découvrir Mishima et Han Suyin. « Je lui en reste reconnaissante. On a toujours une dette envers les personnes qui vous font découvrir un écrivain, une œuvre. »

Il y a chez Paule de Beaumont une admiration éperdue pour les écrivains, qu'elle place au-dessus de tous les autres hommes, et le désir non moins éperdu, tendu jusqu'à l'angoisse, de pouvoir entrer dans leur univers. Ce n'est pas une bas-bleu, elle ne pose pas à l'intellectuelle. Elle vit son rêve de femme de lettres avec une application d'écolière. Elle veut en somme être à la hauteur de sa tâche, émouvante et pour une fois vulnérable dans ce projet auquel elle aura consacré une part de sa vie.

« Elle avait la passion de la vie, une passion omnivore », écrit Jean-Marie Rouart qui l'a bien connue. En dépit de leur différence d'âge, près de quarante ans, ce jeune écrivain lui plaisait. « Elle m'invitait partout, elle aurait voulu me mettre dans son lit, et je nous avais surnommés Harold et Maud. » Elle l'a peint en chemise blanche, largement ouverte sur la poitrine, et cheveux en bataille à la façon romantique de l'après-Mai 1968.

Jean-Marie Rouart : « Elle voulait tout dévorer : les êtres, les hommes, les femmes, les expériences, les lieux, les livres, les pays, avec un acharnement de fauve que la vie sociale était impuissante à domestiquer. » Paule de Beaumont n'aurait eu selon lui aucun tabou, aucune pudibonderie pour freiner ses pulsions de vie. « Seuls les enfants la rebutaient : ces petits êtres criards, geignards, pleurards, toujours en quête d'affection, lui semblaient un impôt insupportable exigé par une société sottement sentimentale. Ils l'encombraient comme un bagage inutile. Elle l'avouait d'ailleurs sans fausse honte : elle n'aimait ni les enfants des autres ni même les siens[1]. »

Durant l'enfance de Jacqueline de Ribes, une liaison amoureuse éloigna Paule de Beaumont de sa famille. Elle

1. Jean-Marie Rouart, *Ne pars pas avant moi*, Gallimard, « Folio », 2016, p. 199 et 200.

s'était éprise de Bertrand de Jouvenel[1], un des intellectuels en vue de l'entre-deux-guerres.

Pacifiste, partisan convaincu de la réconciliation franco-allemande, il réfléchit beaucoup à la création des États-Unis d'Europe. S'il critique le capitalisme américain, il vient de publier, en 1938, *Le Réveil de l'Europe*, qui le place parmi les esprits brillants de sa génération. Un peu hésitant sur le plan politique, et même ambigu, sentimentalement faible, son intelligence, les profondeurs de ses analyses en imposent au plus haut niveau. À la fois journaliste et politologue, il n'écrira qu'au sortir de la guerre son maître livre, *Du Pouvoir*. Mais il prend déjà pleinement part au débat d'idées.

Bertrand de Jouvenel a hérité d'une légende sulfureuse, ayant inspiré à Colette le héros du *Blé en herbe*. Il avait dix-sept ans quand il a séduit la romancière – deuxième épouse de son père, Henry de Jouvenel. Belle-mère très libre et sans tabou, Colette l'a de son propre aveu initié à l'amour. Les yeux clairs, mince et grand de taille, avec une élégance nonchalante, à l'approche de la quarantaine il est toujours aussi beau. Paule de Beaumont est entièrement sous le charme. Au point d'oublier qu'elle est mariée et mère de famille. Lui-même divorcé d'une Américaine, Martha Gellhorn, qui lui a préféré Hemingway, puis remarié[2] et père d'un petit garçon, il a aussi quelques

1. Bertrand de Jouvenel (1903-1987).

2. Divorcé de Martha Gellhorn, Bertrand de Jouvenel s'est remarié en 1925 avec Marcelle Prat, une nièce par alliance du poète Maurice Maeterlinck.

entraves. La liaison doublement adultère, commencée en 1933, va durer dix ans, jusqu'au départ de Jouvenel pour la Suisse. Olivier de Rivaud, furieux, apprenant que sa fille songe à divorcer, lui déclare que si elle quitte son foyer comme elle en a l'intention, elle n'aura plus un sou de sa part. Il a songé à la déshériter.

Pierre Drieu la Rochelle, dans son *Journal*, se montre sévère pour les amants, qu'il cite nommément à la date du 17 octobre 1939. L'un, Jouvenel, « un intellectuel mal dégrossi, qui batifole dans les marges », est pourtant l'un de ses grands amis mais il a l'habitude dans son *Journal* d'exécuter ses amis en traits de plume souvent mortels. Jouvenel ne serait selon lui qu'« un enfant gâté de la politique et du monde ». « Intelligence superficielle, entendement sans direction », le jugement est rude, assorti de son mépris pour les « mauvais romans » de l'intellectuel en question. Mais Drieu sait, par une maîtresse qu'ils ont en commun, que Jouvenel « a du tempérament » et qu'« il fait bien l'amour »…

Quant à Paule de Beaumont, Drieu la résume ainsi, en misogyne dont rien n'entame les certitudes, du coup d'œil rapide et sûr de l'homme à cheval : « Jolie mais sotte. Quels jolis yeux, quelle jolie peau autour des yeux. Jolies dents. Fort bien mise, assez joli corps. Sotte bien sûr comme les autres[1]. »

Du point de vue de Jacqueline de Ribes, il est clair que cette longue liaison de sa mère, quasi officielle, accentue

1. Pierre Drieu la Rochelle, *Journal*, Gallimard, 1992.

son sentiment de solitude même si elle en ignore l'existence. Elle souffre d'être négligée, ignorée.

Jean de Beaumont, de son côté, avec un flegme aristocratique, accumule voyages, chasses et maîtresses, ces dernières choisies de préférence parmi les comédiennes de théâtre ou de cinéma qui l'éloignent lui aussi du foyer. Renée Saint-Cyr puis Geneviève Page figurent à son palmarès – véritable tableau de chasse qui, d'après Renée Saint-Cyr, « pourrait rivaliser avec celui de Victor Hugo, inscrivant sur son carnet peu avant sa mort sa deux mille quinzième femme [1] ».

Imperturbable, comme s'il était assuré de garder son épouse contre vents et marées, la vie donnera raison à Jean de Beaumont, malgré les aventures qui secouent le couple et auraient pu le briser. « Elle a sa personnalité. J'ai la mienne. Elle a ses goûts. J'ai les miens. Seule pourra nous désunir, Paule le sait fort bien, moi aussi, l'échéance fatidique qui mettra fin aux battements de nos cœurs », écrit-il élégamment, l'âge venu, dans ses mémoires [2].

Villa Molitor, offert à leur mariage par Olivier de Rivaud, ils habitent chacun leur maison, à la même adresse. Dès avant la guerre, une villa sise au numéro 2 a été rasée afin d'agrandir le jardin et les deux autres, mitoyennes aux numéros 4 et 6, ont été réunies. Mais au lieu de n'en plus former qu'une seule, selon une logique banalement conjugale, elles demeurent deux habitations séparées. Principe de dualité : à chacun sa villa. Celle du

1. Renée Saint-Cyr, *Le Temps de vivre*, Plon, 1967.
2. J. de Beaumont, *Au hasard de la chance*, *op. cit.*, p. 50.

mari est un peu plus petite. On passe de l'une à l'autre par une porte dérobée, en traversant la vaste bibliothèque qui, entre les deux salons du rez-de-chaussée, sert de frontière.

« Ils ne faisaient pas chambre à part, mais maison à part », écrit Jean-Marie Rouart, charmé par ce concept.

La liberté est la loi du couple Beaumont, des plus soudés au demeurant, malgré les coups de canif dans le contrat donnés de part et d'autre. Liberté de mouvement, liberté d'aimer, de se lier et de se délier, surtout de vivre comme on l'entend, sans se soucier de morale ou de religion, liberté farouche, revendiquée et consentie à deux. Cette liberté, dont Jean-Marie Rouart écrit qu'elle leur était à tous deux « aussi indispensable que l'air qu'ils respiraient », ne pouvait s'encombrer d'enfants à charge. D'où les nurses et les gouvernantes, qui relaient les grands-parents défunts, puis les pensions d'où on ne sort même pas le dimanche.

Le temps venu des vacances, on sonne à la porte de la villa Molitor. Henri, le maître d'hôtel, ouvre et, tout étonné, annonce à Mme la comtesse l'arrivée inopinée, sinon malencontreuse, de « Mlle Jacqueline » :

— Que fais-tu là, Jacqueline ? Tu as été renvoyée ?

— Mais non, maman, ce sont les vacances de Pâques !

Et la mère, agacée :

— Eh bien, tu tombes mal ! Je pars en voyage.

La comtesse ne changea rien à son plan et Jacqueline, sa sœur Monique et son petit frère Marc passèrent les vacances à la maison, avec le personnel de maison.

7

La guerre à dix ans

Les drames des adultes ne sont pas toujours ceux des enfants. Jacqueline a fêté ses dix ans en juillet 1939 et se moque bien de la guerre déclarée à la fin de l'été. Un brassard noir en travers de sa manche, elle traverse depuis la mort de son grand-père, survenue neuf mois auparavant, une solitude intérieure, profonde, qui la tourmente. On l'oblige à porter des robes sans couleur, selon la coutume du deuil, ce qui la révolte : faut-il ajouter la laideur à la tristesse ? La petite fille déteste la laideur et la combattra sa vie durant, sur tous les fronts.

Aussi, à l'annonce de la guerre, alors que les adultes revivent avec angoisse le souvenir des misères et des tueries de la précédente, éprouve-t-elle un sentiment inattendu : le soulagement de n'être plus la seule à pleurer. « La guerre me vengeait de la mort de Papi. »

Cet été 1939, elle se trouve à Hendaye, à La Raffinière, la grande maison aux volets rouges construite par Olivier de Rivaud qui lui a donné le nom du vieux manoir de sa famille en Poitou, ce vieux manoir où Jacqueline de Ribes n'est jamais allée et dont le toit prenait l'eau. Le deck-tennis et les téléphones, les transats de Mallet-Stevens, ainsi que les couleurs dominantes rouge et blanc signent un décor similaire à celui de La Celle-Saint-Cloud. Le grand-père y conservait ses habitudes. Même les maîtresses déménageaient autrefois, l'été. La marquise Chichi et ses perruches et Mlle Leduc, « la petite dame », venaient habiter des annexes construites au sein de la propriété, l'une de ces villas étant désignée du petit nom d'Olivier de Rivaud pour ses intimes : « le Pacha ».

La grande maison toise l'océan, à quelques centaines de mètres de l'embouchure de la Bidassoa. On y a un point de vue splendide sur la baie de Tzingudi, encore sauvage à l'époque, et sur les Pyrénées. Le grand-père avait hésité à faire bâtir à Formentera, d'où la vue est si belle, au sud d'Ibiza. Il y a emmené ses deux petites-filles dans son yacht. Elles n'en ont gardé qu'un souvenir de mal de mer.

Il a finalement préféré s'établir à l'extrême sud-ouest de la côte basque, devenue pour les siens un pays d'adoption.

Hendaye est un balcon sur l'Espagne. Aussi, depuis 1936, Jacqueline sait-elle ce que le mot « guerre » signifie. Des réfugiés ont accosté sur la plage devant La Raffinière. Au petit matin, de la fenêtre de sa chambre, elle les voyait faire sécher leurs vêtements dans le jardin. Le grand-père distribuait de la nourriture, de l'argent. De l'autre côté de la baie, elle a vu Irun et Fontarrabie prendre feu sous les bombardements. Une bombe tombée par erreur côté français a fait plusieurs victimes. Mathilde, la femme de chambre espagnole, s'est chargée de lui expliquer la situation, elle lui a parlé des « rouges » qui sont venus à la nage depuis l'autre rive. Jacqueline contemplait, effrayée, le spectacle pour elle inédit qu'offraient ces hommes misérables.

L'été 1939, hormis la douloureuse absence du grand-père, n'est pas si différent des autres. Les parents, qui les ont accompagnées, sont vite repartis. Ils ne feront que de furtives apparitions au cours des mois qui suivent. Les enfants restent avec leur nurse, miss Maitland, qu'ils appellent Neuneu. Une Écossaise de religion catholique, « charmante et amusante » selon Jacqueline de Ribes qui a appris l'anglais et le parle couramment grâce à Neuneu. Les enfants Beaumont adorent cette jeune femme qui leur offre toute l'attention dont ils sont privés.

À Paris, la petite Jacqueline a eu jusque-là, avec sa sœur, une institutrice française, Mlle Grimaud, qui les faisait travailler à l'aide des fascicules du cours Hattemer envoyés chaque semaine avenue Foch. Le grand-père ne voulait pas que ses petites-filles aient à fréquenter l'école, afin de pouvoir les emmener partout avec lui, à son gré. Mlle Grimaud, qui avait l'habitude de les suivre pendant les vacances, a refusé de s'installer à Hendaye pour l'année. Elle est restée à Paris où elle a trouvé un autre emploi, à la grande joie des deux fillettes qui n'ont jamais éprouvé la moindre sympathie pour cette femme austère et grise.

Du coup, l'événement le plus important de l'année 1939, calme encore dans le Sud, c'est l'entrée des deux enfants à l'école, au mois d'octobre. Une école qui ne ressemble en rien à la communale ou à son équivalent dans le privé, puisqu'on n'y dispense que des cours particuliers. Accompagnées de leur nurse, Jacqueline et Monique se rendent désormais chaque jour à vélo jusqu'à la gare d'Hendaye et prennent le train qui les dépose à Saint-Jean-de-Luz. Là elles rejoignent une petite maison (petite, en comparaison de celle où elles habitent) où deux dames, du genre moustachu, et qui vivent ensemble, sont leurs institutrices. Quitter La Raffinière, prendre le train à l'aller comme au retour, et tenter de semer Neuneu à vélo sur les chemins encore sablonneux d'Hendaye : c'est presque une aventure.

Les amis de Paris pourtant leur manquent, beaucoup plus que les parents dont l'absence devient une habitude. À La Châtaigneraie, le grand-père aimait inviter « la marmaille » comme il disait. On s'amusait beaucoup dans la piscine dessinée par Leleu, avec son plongeoir de trois mètres de haut. Ariel et Zozo de Faucigny-Lucinge, Marie-Hélène et Sibylle van Zuylen, Guy et Alain de Rochechouart sont les amis d'enfance de Jacqueline de Ribes. Guy de Rochechouart a été, à dix-douze ans, son premier fiancé. Les uns et les autres, dispersés par la guerre, ont été envoyés dans des châteaux du Perche ou du Midi, régions jugées plus sûres que la capitale. Avec les deux garçons Rochechouart, Jacqueline avait créé dans le cadre boisé de La Châtaigneraie le « club des grimpeurs d'arbres ». Elle était capable de les défier en se hissant à toute vitesse de branche en branche. Les filles, Marie-Hélène, Sibylle, Ariel et Zozo s'empêtraient dans leurs robes du dimanche, trop longues et en dentelles, tandis qu'elle et sa sœur arboraient des shorts en lin et des chemises de garçons. La jolie Ariel de Faucigny-Lucinge devait connaître une fin tragique, renversée à Cannes par un camion militaire qui lui fracassera le crâne moins d'un an plus tard, à l'âge de treize ans.

À Hendaye, Jacqueline n'a plus ni grand-père ni camarades de jeux. Elle ne sait à peu près rien de ses parents. Quand leur père les envoie chercher pour qu'elles le rejoignent à Évreux, ces quelques jours près de lui restent un souvenir lumineux.

Furieux d'être mobilisé dans un régiment d'infanterie coloniale alors qu'il est un cavalier émérite, Jean de Beaumont a réussi à se faire muter dans l'aviation. Il n'avait encore jamais piloté le moindre avion. Mais Édouard Daladier, président du Conseil et ministre des Armées, compte au nombre de ses amis. Après un rapide examen médical – 12 dixièmes à chaque œil ! –, il a obtenu successivement son brevet de pilote civil et, dans la foulée, celui de pilote militaire. Tout cela en un temps record – c'est l'as des records –, avec une centaine d'heures de vol à son actif. Promu capitaine, il bout d'impatience d'aller chasser dans le ciel les Heinkel, Junkers et Messerschmitt, mais doit se contenter pour le moment d'exercices de voltige : « Nous eûmes quelques deuils, des accidents mortels chez les jeunes pilotes. Pour le reste, la vie était belle. Une superbe séance aérienne où "l'on se retournait la crêpe" dans tous les sens nous rendait heureux. On était les rois du ciel[1]. »

Les petites filles, éblouies, regardent leur champion effectuer des loopings et des tonneaux lents à la verticale aux commandes de son Morane 406. Puis elles

1. J. de Beaumont, *Au hasard de la chance*, *op. cit.*, p. 114 et suiv.

regagnent Hendaye, toujours escortées de la fidèle miss Maitland. Et sans rien comprendre à l'enchaînement des événements qui se déroulent dans le monde des adultes, un monde aussi inaccessible et mystérieux que la Lune.

Jean de Beaumont, dans ses mémoires, décrit la drôle de guerre, si mal nommée par les historiens et « qui n'a eu de drôle que son nom », comme « une période d'ennui et de morne expectative ».

Versé dans la défense aérienne, il attend en vain des ordres de mission et, maintenu passivement au sol, se distrait comme il peut avec de jolies créatures qui sont le meilleur remède à la mélancolie. C'est à Chartres où il commande un groupe de chasse qu'en novembre 1939 il rencontre Renée Saint-Cyr. Elle restera l'une de ses plus « chères amies ». Dans quelques mois, Jacqueline de Beaumont fera la connaissance de cette jeune comédienne, qui a déjà joué dans une vingtaine de films et tenu la tête d'affiche dans *Les Deux Orphelines* (1933) de Maurice Tourneur, dans *L'École des cocottes* (1934) de Pierre Colombier, avec Raimu, et dans *Les Perles de la couronne* (1937) de Sacha Guitry. En juin 40, après l'entrée des Allemands dans Paris, son père propose à cette muse d'aller se réfugier à Hendaye. Elle y loue une maison proche de La Raffinière, la villa Maïta Garia, mais ne l'occupera que quelques semaines. Le temps pour Jacqueline de se lier avec son fils, alors adolescent, Georges Lautner – futur réalisateur et metteur en scène, futur ami de Michel Audiard avec lequel il créera un grand nombre de films[1]. Veuve à trente ans d'un premier mari, Renée Saint-Cyr adore ce fils unique, qui est l'homme de sa vie.

Pendant ces drôles de vacances, Jacqueline découvre des sensations inconnues. Georges Lautner, avec ses larges épaules et sa force de garçon, l'emmène serrée entre ses bras sur le guidon de son vélo, à travers les rues d'Hendaye-plage. « J'ai ressenti pour la première fois que j'étais une femme », me dit Jacqueline de Ribes. Tous deux jouent au metteur en scène et à l'actrice, dans des spectacles de leur composition : Georges Lautner dans le rôle qui sera le sien dans la vie, tandis que Jacqueline se rêve moins en Renée Saint-Cyr qu'en Danielle Darrieux.

C'est à cette époque que Jacqueline de Ribes voit son premier film. Elle en a oublié le titre, se souvient que c'était une histoire d'amour. Le Casino d'Hendaye possédait une salle de cinéma, nouvellement aménagée. Une scène l'a bouleversée : celle d'un baiser sur la bouche. Pendant plusieurs jours, elle s'est entraînée à cet exercice en s'embrassant elle-même dans le miroir de sa salle de bains.

De son côté, à des années-lumière de ce monde naïf, le comte de Beaumont, qui a été démobilisé après l'armistice et rendu à la vie civile, rejoint le Parlement à Vichy. Avec la majorité des députés, il y vote les pleins pouvoirs au maréchal Pétain[2].

1. Georges Lautner (1926-2013), réalisateur d'une quarantaine de films depuis 1958, dont *Les Tontons flingueurs* (1963) et plus tard *Flic ou Voyou*, *Le Guignolo*, *Le Professionnel*.

2. J. de Beaumont, *Au hasard de la chance*, *op. cit.*, p. 140.

Lorsqu'il rentre à Paris, il a le moral dans les talons. « J'avais l'impression d'avoir raté le coche », dira-t-il. Entre frustration et désarroi, il reprend le chemin de la banque, qui n'a jamais cessé ses activités, mais le cœur n'y est pas. Pour cet homme d'action, rien ne pouvait être pire que de subir l'Occupation : « Je cessais d'être acteur, je devenais spectateur d'un combat qui me dépassait[1]. »

Jacqueline et Monique de Beaumont restent à La Raffinière, où leur père peut les croire plus en sécurité qu'à Paris. Mais le lieu est mal choisi. La défaite française et la signature de l'armistice ont entraîné l'occupation d'une grande partie du pays. Au sud, la ligne de démarcation passe dans les Basses-Pyrénées, à l'intérieur des terres, mais toutes les villes côtières étant déclarées zone occupée, les Allemands sont partout, sur le chemin qui mène à la gare, dans les rues d'Hendaye, de Biarritz, de Saint-Jean-de-Luz. C'est désormais une double frontière qui isole la belle plage familiale d'un côté de l'Espagne, de l'autre de la zone libre. Emplacement hypersensible, placé sous haute surveillance, comment les parents Beaumont n'ont-ils pas craint d'y laisser leurs filles ?

En octobre 1940, Hitler rencontre le général Franco dans la gare d'Hendaye. En dépit de ses sympathies pour le régime fasciste, Franco refuse à Hitler le passage vers l'Espagne et réitère sa position de non-engagement. L'Espagne restera neutre durant la guerre.

À quelque temps de là, la nurse des fillettes est arrêtée.

1. *Ibid.*, p. 142.

Des Allemands viennent chercher Neuneu à La Raffinière : ils lui demandent d'emporter des affaires pour quelques jours. Abandonnées à leur sort, dans une angoisse croissante, elles la voient revenir trois jours plus tard. Elle leur raconte qu'elle a été logée au Grand Hôtel Eskualduna, palace des années 1920 qui offre un luxe saisissant, et qu'elle y a vu beaucoup d'Anglais. Tableau destiné à rassurer, mais répit de courte durée.

Les Allemands reviennent alors en force à La Raffinière et s'installent dans la grande maison qu'ils réquisitionnent. D'autres villas de la région subissent le même sort. Les familles en sont chassées ou doivent cohabiter. Neuneu, sous le coup d'une nouvelle arrestation, n'est pas invitée cette fois à prendre des bagages : faite prisonnière sur-le-champ, elle est embarquée et ne reviendra pas. Jacqueline, désespérée, ne saura jamais ce qu'elle est devenue. Après la mère, qui se débarrasse d'elle et de ses frère et sœur pour vivre au calme, après le grand-père qui meurt trop tôt, c'est maintenant sa nurse chérie qui lui semble démissionner. Sentiment renouvelé d'abandon.

Avec Mathilde, la femme de chambre espagnole, les enfants ont quatre heures pour déménager dans le pavillon du gardien, à l'entrée du domaine. La grande maison de La Raffinière devient le siège de la Gestapo. L'entresol et la cave vont bientôt servir de cellules pour les prisonniers. Les chambres d'enfants, au troisième étage, dont les fenêtres ont été murées avec des parpaings, deviennent des salles d'interrogatoire et de torture. On entend les cris à l'autre bout du jardin. D'autres villas d'Hendaye-plage sont utilisées aux mêmes fins. Les fillettes n'osent plus aller se promener jusqu'à la plage et, quand elles s'y risquent, tremblent de peur. Au cours d'une de ces courtes échappées, un soldat en uniforme allemand s'approche d'elles pour les saluer : c'est Joseph, l'ancien maître d'hôtel alsacien de l'avenue Foch, affecté à Hendaye !

La plupart du temps, elles restent enfermées. Par la fenêtre, Jacqueline observe les allées et venues. Fait inhabituel, des prisonniers sous bonne garde, couverture sur le dos, arpentent la pelouse sur le devant de la maison. Elle reconnaît parmi eux Olivier Mazelle, un ami de sa mère et l'amant d'une de ses tantes. Elle parvient à joindre Paule de Beaumont par téléphone – « Je t'assure, maman, je t'assure, c'est lui ! » – et celle-ci, qu'elle n'a pas vue depuis des mois, descend aussitôt à Hendaye. Paule de Beaumont qui a des amis haut placés obtient, semble-t-il sans trop de peine, la libération du prisonnier.

Mais elle ne s'attarde pas. Sitôt la libération de Mazelle obtenue, elle repart pour Paris, laissant ses filles dans le cadre mortifère de La Raffinière. Elle s'occupe cependant d'envoyer de Paris une « Mademoiselle », nouvelle institutrice française chargée de remplacer à la fois miss Maitland et Mlle Grimaud, afin de veiller à l'éducation de Jacqueline et de Monique. Lesquelles continuent d'aller à l'école chez les deux dames moustachues de Saint-Jean-de-Luz, ne voient partout que des soldats, des officiers en uniformes allemands, des convois militaires, et font une vie insupportable à la nouvelle recrue, qu'elles détestent. Jacqueline tombe malade : une jaunisse carabinée la tient alitée pendant des semaines et altère son foie pour le restant de ses jours.

À la fin de l'année 1942, ou est-ce début 1943, Paule de Beaumont décide enfin de venir chercher ses filles et de les ramener villa Molitor. Leur père n'est presque jamais là. Leur mère reçoit beaucoup ou dîne dehors – l'emploi du temps du couple est des moins concordants. Les enfants sont tenus à part de cette agitation.

Souvenir halluciné de cette période que Jacqueline a eu la sensation de traverser dans un brouillard opaque, un bel officier en uniforme allemand, bronzé, athlétique, sonne un jour à la porte de la villa Molitor : c'est leur ancien moniteur de ski à Kitzbühel ! Un Autrichien ! Comme le maître d'hôtel alsacien retrouvé sur la plage d'Hendaye, il semble surgir d'une autre vie qui n'a plus cours. Il demande à voir « Mlle Jacqueline et Mlle Monique », et s'en retourne bredouille, laissant derrière lui le malaise d'une visite inopinée. « C'était quelqu'un qu'on avait aimé autrefois, mais qu'on n'avait plus le droit de voir. »

La petite Monique tombe gravement malade : à la suite d'une décalcification de la colonne vertébrale, sans doute d'origine tuberculeuse, elle va passer deux ans entiers allongée, le corps pris dans une coquille de plâtre. Les parents engagent une nouvelle nurse pour s'occuper d'elle, tandis que Jacqueline se rend pour la première fois à l'école. Une vraie école cette fois, avec de vraies élèves, dans des classes comme elle n'en a encore jamais vu à presque douze ans puisqu'elle n'a jusque-là reçu qu'un enseignement par correspondance, guidée par des répétitrices particulières. Sa mère l'a inscrite au couvent des

Oiseaux, que dirigent rue de Ponthieu, dans le 8e arrondissement, des religieuses de la congrégation de Notre-Dame.

L'aînée des enfants Beaumont se rend à son école, seule, en métro. Un moyen de transport qu'elle n'aura que peu d'occasions d'emprunter dans sa vie. Molitor-Champs-Élysées, aller et retour. C'est la première fois qu'elle n'est pas accompagnée. Aussi savoure-t-elle en qualité d'externe cette parenthèse de liberté quotidienne. C'est dans le métro qu'elle remarque les premières étoiles jaunes, cousues sur les vêtements de certains passagers. Elle en demandera l'explication aux religieuses.

Quand revient le temps des vacances, ses parents l'envoient chez des amis à la campagne, ce qui la désole, elle n'aime pas la campagne, même vue d'une fenêtre de château – château des Loges ou château du Luart. Mais elle garde un vif souvenir des deux étés 1944 et 1945, longs séjours de trois ou quatre mois passés au château de La Cour, dans la Sarthe. Une de ces bâtisses comme le Perche en recèle de nombreuses, patinées par les siècles. Le comte et la comtesse de Solages y demeurent avec leurs cinq enfants.

À Souday, village qui comptait un millier d'habitants en 1930 (et en a perdu aujourd'hui la moitié), la vie est encore agricole. Les paysans cultivent les champs des seigneurs, qui chassent dans les forêts attenantes comme sous l'Ancien Régime. Les Beaumont espèrent que leurs filles y sont mieux nourries qu'à Paris. Mais en 1944, le château est occupé par les Allemands. La famille a non seulement dû céder le rez-de-chaussée et le premier étage à l'occupant mais lui rétrocède aussi les produits du potager et des fermes. Les chevaux ont été pour la plupart réquisitionnés ainsi que les bicyclettes. La jeune Jacqueline est logée dans une tour, telle une princesse des contes du Moyen Âge. C'est du haut de sa tour qu'elle surveille, la nuit, l'arrivée du camion militaire qui amène au château deux fois par semaine une joyeuse et bruyante cargaison de « dames », venues distraire les Allemands.

La nouvelle nurse engagée par les Beaumont, Maïti Girtanner, suisse par son père, originaire du canton de Saint-Gall proche de la frontière autrichienne, et française par sa mère, parle les deux langues, allemand et français, à la perfection. Pianiste d'un excellent niveau, elle étudie au Conservatoire où son grand-père, Paul Rougnon, a enseigné la musique. Elle a travaillé chez lui auprès d'Alfred Cortot et d'Yves Nat. C'est le couvent des Oiseaux qui a recommandé à la comtesse de Beaumont cette ancienne élève. Très pieuse, elle lit chaque jour l'Évangile ou des vies de saints à la petite Monique, prisonnière de son carcan de plâtre, pour la distraire. Le soir, elle fait répéter ses leçons à Jacqueline. Ce que les parents Beaumont ignorent tout d'abord, ce qu'ils sont loin de soupçonner, c'est que Maïti entretient des liens étroits avec la Résistance.

Villa Molitor, sa chambre au deuxième étage, proche de celle des filles, lui sert à héberger pour une nuit les gens qu'elle a la charge de déplacer. Elle n'en est pas à ses premiers essais. Dès 1941, à Bonnes, une petite ville en Poitou où sa grand-mère a une maison, elle a fait passer la ligne à de nombreux « voyageurs » anonymes, recommandés par l'organisation dont elle fait partie. Les soirs sans lune, ils ont eu à traverser la Vienne à la nage. Beaucoup ont été sauvés. Cette jeune fille des plus discrètes, qui se déplace à vélo et paraît si enfantine encore, est une véritable héroïne de l'ombre. Elle porte des provisions à deux professeurs du Conservatoire, juifs, dans leurs planques, transmet des documents, procure des *Ausweis*, vole des tampons avenue Marceau, dans les bureaux de l'administration ennemie, tout cela en lien avec un réseau dont elle ignore le nom mais qu'elle sert au péril de sa vie. Petit soldat courageux, elle arpente Paris sur sa bicyclette verte, rapportée de la campagne, ou escorte en train des compagnons de l'armée secrète, qui ont besoin de sa présence à leur côté comme d'un alibi.

Maïti Girtanner sera arrêtée en 1944, devant la villa Molitor où elle s'apprêtait à rentrer, et conduite à la Gestapo. Interrogée, torturée, elle sortira de la prison infirme pour la vie. Corps supplicié, mains crucifiées, sa carrière de pianiste virtuose brisée.

Elle le raconte dans ses mémoires[1] : la villa Molitor servait de couverture à ses activités clandestines. « Le comte de Beaumont, alors âgé de quarante ans à peine, était déjà une personnalité en vue. Il se montra d'une grande générosité et d'un grand soutien[2]. » Elle est convaincue que son épouse et lui-même ont très vite pris conscience de son engagement et que non seulement ils ont fermé les yeux sur ses « activités » mais les ont soutenues. « Sans en

1. Maïti Girtanner, avec Guillaume Tabard, *Même les bourreaux ont une âme*, Éditions de la Loupe, 2008.

2. *Ibid.*, p. 126-127.

connaître le détail, les Beaumont étaient avertis de mes activités de résistance. Aussi leur hospitalité m'offrait-elle une couverture. Ils ne posèrent jamais de questions, mais gardèrent un œil bienveillant et vigilant sur moi. En toute discrétion, leur générosité fut précieuse pour le petit groupe d'amis qui tentait de s'organiser autour de moi[1]. »

Les Beaumont, comme beaucoup d'aristocrates, comptent des cousins et des amis en dehors de l'Hexagone, en Angleterre, en Belgique, aux Pays-Bas, ainsi qu'en Allemagne et en Autriche. Parmi les invités habituels du comte de Beaumont, la chasse de Diebolsheim fédérait des sang-bleu d'outre-Rhin, prussiens ou bavarois, autrichiens, magyars, baltes ou polonais, hôtes choisis à la fois pour leur excellence au fusil et le prestige de leur nom. Comme dans *La Grande Illusion*, le film de Jean Renoir, il y a toujours eu plus de liens entre un (de) Boëldieu et un (von) Rauffenstein qu'entre le même Boëldieu et un Maréchal, si courageux fût-il, mais issu du tiers état. Le comte de Beaumont n'a pris aucune part active à la collaboration, mais ses amitiés vont lui valoir beaucoup d'ennuis à la Libération. On lui reprochera ses relations d'avant-guerre avec de hauts personnages de la nation ennemie et d'avoir déjeuné ou dîné en pleine guerre avec quelques-uns d'entre eux. Ami d'Édouard Daladier et de Paul Reynaud, Jean de Beaumont, qui n'approuve nullement la politique de Pierre Laval, se trouve compromis par ses fréquentations mondaines.

1. *Ibid.*, p. 127-128.

Il raconte dans ses souvenirs que « par malchance », l'une de ses carabines, une Mauser, envoyée en réparation chez Gastinne-Renette avant la guerre, lui a été retournée à La Celle-Saint-Cloud alors que La Châtaigneraie a été réquisitionnée par les Allemands. À la suite d'on ne sait quelles tribulations, elle sera retrouvée en 1944 par les alliés avenue Marigny, l'un des QG ennemis. Cette Mauser, il s'en explique en détail[1], lui vaudra d'être emprisonné plusieurs jours à la Conciergerie. Il y entreprendra, pour protester, une grève de la faim et sortira de là dans une jeep de l'armée américaine. Il n'y aura pas de procès. À peine libéré, il dépose une plainte en arrestation arbitraire, détention illégale et abus de pouvoir. Le Conseil d'État lui accordera trente mille francs de dommages et intérêts. « Mon seul regret fut de n'avoir jamais su d'où venait ce coup bas, afin de botter le derrière du coquin qui m'avait mis sur cette fameuse liste. » Une des victimes des listes noires de la collaboration.

Les rumeurs autour de son épouse, dont il ne dit rien dans ses mémoires, n'ont pu qu'aggraver son cas. Paule de Beaumont a-t-elle eu des liaisons avec des officiers allemands comme le lui reproche Renée Saint-Cyr dans un roman vengeur, inspiré par la rupture de sa liaison avec Jean de Beaumont (*Monsieur de*) ? Elle met peu de prudence dans ses fréquentations. C'est ainsi qu'en 1941 elle a bénéficié d'une protection extraordinaire de Franz von Papen, alors ambassadeur d'Allemagne en Turquie.

1. *Ibid.*, p. 164 et suiv.

Tandis que ses filles sont encore à Hendaye, elle reçoit un appel de sa meilleure amie, Odette Massigli, née Boissier, qui lui téléphone depuis Ankara. Son époux, René Massigli[1], ambassadeur de France en Turquie depuis 1938, a été démis de son poste en juillet 1940 et rappelé à Vichy. Principal artisan du traité franco-turc en septembre 1939, ce diplomate qui a vu monter le péril nazi et s'est opposé énergiquement aux accords de Munich est la bête noire du secrétaire général du Quai d'Orsay, Alexis Leger. Massigli, tenu à l'écart, hésite d'abord à rallier les réseaux de la Résistance. Il rejoindra le général de Gaulle en 1943 à Londres où il sera nommé ambassadeur. Pour quelle raison Odette Massigli prolonge-t-elle de quelques mois son séjour à Ankara, en 1941 ? Pourquoi n'est-elle pas partie pour la France en même temps que son mari ?

Franz von Papen[2], grand ami d'Odette Massigli, insiste pour que Paule de Beaumont se rende à Ankara et, pour lui faciliter le voyage, alors que le monde s'embrase, affrète spécialement pour elle un avion de la Luftwaffe.

Ancien député catholique au Reichstag, fidèle de Hindenburg, ce hobereau distingué qui aurait été en d'autres temps un invité de marque à Diebolsheim ou à Paris est politiquement difficile à cerner. Manœuvrant avec subtilité à la lisière du parti nazi, il ne lui est peut-être pas si opposé qu'on le dit[3]. J'imagine Paule de Beaumont

1. René Massigli (1888-1988). Il a épousé Odette Boissier en 1932.

2. Franz von Papen (1879-1969).

3. William Shirer, *Le Troisième Reich, des origines à la chute*, Stock, 1960.

et Odette Massigli, à Ankara sous l'Occupation. Odette a loué une belle maison sur les rives du Bosphore où, dira-t-on, elles se livrent à des fêtes endiablées. Une photographie montre aussi les deux femmes traversant une rivière à gué sur de petits chevaux, une belle journée de vacances au milieu des enfers.

Le voyage de retour fut pour Paule moins aisé que l'aller. L'entrée des troupes allemandes en URSS ayant mis fin au pacte germano-soviétique, l'ambassadeur d'Allemagne n'avait plus d'avion de la Luftwaffe à mettre à la disposition de cette protégée ! Paule de Beaumont dut prendre place sur un bateau à ses risques et périls pour rentrer en France.

Jacqueline de Beaumont qui ne sait rien de cette étrange péripétie, ni des liens qui pouvaient exister entre sa mère et un haut dignitaire allemand, n'apprendra le voyage à Ankara que des années plus tard[1]. Ses parents, qu'elle voyait peu, menaient loin d'elle une vie dont elle ignorait tout. Après un an passé dans son externat de la rue de Ponthieu, elle était retournée en pension, près de Mantes, à Verneuil-sur-Seine. De 1944 à 1947, de quinze à dix-sept ans, sous l'égide des chanoinesses de Saint-Augustin, elle y a été gardée en exil du monde.

« Ma mère ne voulait pas que je grandisse dans ses pattes », me dit-elle pour expliquer la volonté de ses parents de l'éloigner d'eux.

1. Par la version romanesque que sa mère en a donnée vers la fin de sa vie à Jean-Marie Rouart, son confident et ami.

Exil radical : la jeune fille ne sort de là qu'aux vacances. Le régime est strict, rythmé par la prière, depuis le lever à l'aube et la toilette rapide dans de gros éviers de pierre jusqu'à l'extinction des feux à une heure où aucune pensionnaire n'a envie de dormir. La discipline ne se discute pas, les religieuses exercent une autorité implacable. Uniforme bleu marine et tablier gris en forme de chasuble, socquettes blanches – aucune fantaisie ne saurait être tolérée. Quant aux repas, pris en silence au réfectoire, ils sont appauvris, peut-être plus qu'ailleurs, par les restrictions alimentaires. Les biscuits du maréchal Pétain ont un goût de pois chiches, mais calent l'estomac. Les pensionnaires jouissent tout de même d'un privilège : aux Oiseaux il n'y a pas de dortoir. Chacune a sa chambre, à dire vrai minuscule, mais bien à elle, quoiqu'une découpe vitrée dans chaque porte permette à la religieuse de jeter un œil à l'intérieur au cours des rondes du soir.

Jacqueline de Beaumont s'ennuie pendant les cours, n'apprend pas ses leçons, rêve d'être ailleurs. À l'extérieur, le monde est à feu et à sang mais aucune rumeur n'en parvient au couvent des Oiseaux. Les jeunes filles, élevées comme si le monde n'existait pas, sont maintenues dans leur cocon comme des oisillons dans la ouate. Les visites sont autorisées au parloir une fois par semaine. « Mon père est venu me voir deux ou trois fois durant ces années de pensionnat. Ma mère, jamais. »

Un soir, alors que l'été approche et qu'il fait déjà chaud, Jacqueline guette le dernier passage de la surveillante, qu'elle repère au cliquetis de ses grains de chapelet et au froissement de sa longue robe de bure sur les dalles du corridor. Quand le silence retombe, elle sort en catimini de sa cellule, soulève le loquet d'une porte qui mène sur le toit en terrasse et y traîne son matelas, aussi fin qu'une pelure. Elle passe ainsi des nuits à la belle étoile.

Elle reçoit aussi une visite inopinée. Un jeune garçon franchit le mur d'enceinte, où une bombe a percé une brèche propice, pénètre dans le cloître sur lequel donne sa chambre et grimpe à l'étage tel un cambrioleur : cousin d'une de ses amies de pension, Patrice B. ! Il sera éconduit et reprendra le même chemin en sens inverse… Combien de Roméo ont ainsi surgi de la nuit pour rejoindre leurs fiancées dans leurs cellules de nonnes, dans le dos des chanoinesses ?

Jacqueline de Beaumont est une élève insoumise, souvent punie parce qu'elle ne se conforme pas aux consignes. Mais elle fait vite valoir son talent. Les religieuses, qui ont remarqué son habileté aux travaux manuels, lui confient la confection des décors et des costumes pour les pièces qui seront jouées à Noël et en fin d'année par la classe de théâtre. Les classiques du répertoire : *Les Femmes savantes*, *Le Malade imaginaire*… La jeune fille, toute à son affaire, se donne à fond à cette tâche. Avec crépons et fils de fer, rubans, torchons et bouts de ficelle, elle crée de ses propres mains jusqu'aux accessoires, mais elle aime aussi guider les apprenties comédiennes dans leur jeu de scène, comme si elle avait suivi les cours des beaux-arts et du conservatoire.

« J'aime le théâtre, mais j'aime surtout la vie comme un théâtre. »

L'imagination et les travaux manuels la consolent des

frustrations. Ce sont de solides alliés auxquels elle aura toujours recours sans limites.

De même qu'à l'amitié. Au pensionnat, elle a pour amies Rosamé de Brantes et Nadège de Carcaradec, compagnes du même bagne.

Isolée, gardée dans l'ignorance des événements extérieurs, tenue rigoureusement à l'écart comme dans un monastère où ne parviendrait aucun écho du monde, l'Occupation n'a pour elle d'autres réalités que l'austérité et les privations de Notre-Dame des Oiseaux. Pourtant, la guerre, elle la connaît à sa façon. Elle peut la raconter.

C'est la maison d'Hendaye avec ses réfugiés espagnols et les cris des prisonniers que la Gestapo torture. Ce sont ses nurses qui disparaissent et ne reviendront plus. Ce sont ces étoiles jaunes dont personne ne veut lui donner la raison. Et puis, la nourriture rationnée, les manteaux usés qu'on doit retourner pour en faire un plus long usage, sa sœur dans son corset. Mais, dans le souvenir du cliquetis des chapelets des religieuses et des bombes tombées sur Paris, ce qui lui en reste avant tout, c'est l'expérience d'une immense et très longue solitude.

La dernière année, celle de la Libération, elle attrape les oreillons. Elle doit rester à la pension deux semaines supplémentaires, avec une fièvre de cheval. « Pas un coup de fil de maman », me dit Jacqueline de Ribes.

Ses parents lui manquent. Elle souffre de ne pas avoir une vie de famille. Elle écrit quelques lettres à sa mère, en se forçant un peu, me dit-elle, « pour tenter de l'aimer comme les autres fillettes aiment leur mère ». Dont celle-ci, datée d'un 16 décembre, qu'elle m'a lue elle-même à haute voix, sans trembler.

Cette lettre n'a jamais eu de réponse.

Maman chérie,

J'en ai assez de travailler, cela m'embête en ce moment à mourir, c'est pourquoi je viens parler un peu avec vous, pour me donner une petite récréation au bûchage des examens. Maïti en venant m'a appris une chose qui m'a fait un plaisir fou et dont il faut à tout prix que je vous remercie de tout mon cœur, c'est la soirée du 26. J'espère de tout mon cœur que mon amie de pension pourra venir. Cette semaine je m'attends à avoir des notes de conduite épouvantables, l'on chahute toutes les mères les unes après les autres, les punitions pleuvent, mais c'est assez compréhensible 4 jours avant les vacances quoique le travail est monstre car nous n'avons pas fini nos examens.

Depuis que j'ai mes chaussons fourrés je vis dedans, mais hélas la semelle commence déjà à s'user. Je suis aujourd'hui la consolatrice de la pauvre Irène qui regrette tant de ne pas assister au mariage de Nadège. Pauvre fille, je la comprends assez bien. Maman chérie, j'arrête ici ce court entretien, ma conscience me rappelle ma géographie dont je ne sais pas le premier mot.

Mon Dieu j'ai l'impression qu'entre maintenant et jeudi matin il y a encore des siècles, le temps est long et passe si lentement ici.

Dear mamy, je vous aime.

Votre petite pensionnaire abandonnée et cafardeuse.

Jacqueline

8

Jalousie de femmes

À treize ans, Jacqueline de Ribes en paraît seize ou dix-sept. Grande, mince et déjà allurée, avec ses magnifiques cheveux et son nez parfait, elle attire le regard des hommes. Ultra-féminine, elle n'en est pas à se poser la question de savoir à quel genre elle appartient. Elle aime très tôt plaire au sexe opposé.

Élevée selon les codes anciens, elle a joué à la poupée et ne se plaît que dans les chiffons. Sportive, intrépide, elle peut battre les garçons dans une course à ski ou dans l'eau d'une piscine, ou même en grimpant aux arbres. Mais elle n'a rien d'un garçon manqué. Tout chez elle traduit la féminité.

Sa beauté physique la préoccupe. Comme la plupart des jeunes filles, elle craint de n'être pas aussi belle qu'elle le voudrait, elle manque encore d'assurance. Son modèle, c'est toujours sa grand-mère maternelle, Nicole de Rivaud, à laquelle d'ailleurs elle ressemble. Même haute taille, même silhouette élancée. Elle continue de le penser : « Mamie est beaucoup plus belle que maman ! »

Sa mère, elle la trouve trop petite, trop brune, trop ronde. Sa propre minceur est une manière de se différencier.

Les formes d'une femme, les seins, les hanches, la jeune fille a envie de les posséder. Mais ces atouts de la sexualité, elle peut les redouter ou même en concevoir du dégoût. Je ne me lancerai pas dans la longue histoire des anorexies mentales. Mais il ne fait aucun doute que Paule de Beaumont est une mère très sexuée et très sexuelle. Jacqueline, adolescente, éprouve à l'égard de cette génitrice, aussi peu maternelle que possible, à la fois attirance et rejet. Désir d'être aimée et agacement voire rancune de ne pas l'être. Elle a beaucoup de reproches à lui faire et cherche par tous les moyens à attirer son attention. Paule de Beaumont, elle, affiche pour sa fille – comme pour ses deux autres enfants – une froide indifférence.

Mais elle n'est pas insensible au fait de voir s'épanouir dans son sillage une jeune fille ravissante, presque une femme déjà, une rivale en puissance. Quand elle la regarde, elle se sent vieillir. La jeune fille lui porte, littéralement, ombrage.

Paule de Beaumont semble en fait reproduire le comportement de sa propre mère à son égard, au même âge. Unique descendante d'Olivier de Rivaud, elle a été élevée en pension aux Oiseaux, elle aussi, puis en Angleterre. Ses parents lui ont donné une éducation parfaite mais pareillement distante.

Nicole de Rivaud avait une beauté et une élégance supérieures à celles de sa fille. Paule de Beaumont en a-t-elle gardé un complexe, nourri une jalousie ? Ce n'est jamais facile d'être moins belle que sa mère. Ni de l'être moins que sa fille. Entre Nicole et Jacqueline, Paule n'avait pas d'autre solution que de miser sur des atouts différents pour séduire : une personnalité originale et un tempérament passionné.

Paule de Beaumont aurait pu épouser Robert Hallet, le fils d'Adrien Hallet, l'associé avec lequel Olivier de Rivaud a établi les bases de son empire. Mais il était l'amant de sa mère. Lorsqu'il avait voulu rompre avec Nicole de Rivaud, pour demander la main de Paule, celle-ci avait été foudroyée par une attaque. Hémiplégique, les cheveux soudainement blanchis, elle était devenue sous le choc une vieille femme, le fantôme de la créature merveilleuse d'autrefois.

Punition digne d'un châtiment des dieux, ce drame familial a profondément marqué Jacqueline de Ribes.

Robert Hallet ne put finalement se résoudre à choisir entre la mère et la fille. Il se fiança avec une jeune fille dont Salvador Dalí ferait un jour le portrait, Ghislaine d'Outremont.

Constante bien connue des psychanalystes, la rivalité mère-fille se répète d'une génération à l'autre.

Scénario inexorable. Fatalité d'un drame antique. Paule et Jacqueline de Beaumont se disputeront bientôt le même homme, comme Paule et Nicole de Rivaud avant elles.

Au château de La Cour, dans la Sarthe, où ses parents ont mis Jacqueline en pension chez leurs amis le comte et la comtesse de Solages, la jeune fille, du haut de sa chambre au dernier étage de la tour, rêve qu'elle est une princesse et attend le prince qui la délivrera. Dans le décor d'un conte de Perrault, le danger est pourtant bien réel. Les Allemands occupent une partie du domaine. Des officiers en uniforme gris la dévisagent avec insistance. Prudent, Alain de Solages verrouille soigneusement, le soir, la porte de la tour. La virginité de la jeune fille est un trésor qu'il faut protéger.

Le fils aîné des Solages, Roland, réussit pourtant à détourner l'attention paternelle et à se faufiler dans la chambre de la tourelle. Il fut « un gentil petit flirt », selon les propres mots de Jacqueline de Ribes, et consola agréablement la princesse solitaire.

C'est au château de La Cour qu'elle tombe vraiment amoureuse pour la première fois. L'objet de son amour a vingt ans de plus qu'elle, des yeux de couleur « pervenche » dont elle n'a pas oublié la nuance, et il est marquis. Le meilleur ami d'Alain de Solages, il vient à La Cour en voisin, depuis le manoir de la Cantinière, et à cheval – le sien n'a pas été réquisitionné.

« Olivier ». Elle me concède un prénom, mais préfère préserver l'anonymat du prince charmant – « il porte un joli nom », à rallonge bien sûr.

À l'insu des Solages s'ébauche une histoire secrète. Mieux qu'un flirt, moins qu'une liaison charnelle, me dit-elle. La nuit, Jacqueline descend déverrouiller sa porte et conduit Olivier dans sa chambre ronde qui rappelle celle où la littérature courtoise enferme le chevalier et sa dame interdite. « Je n'ai pas couché avec lui, mais il m'a appris *the facts of life.* »

Cette éducation amoureuse est interrompue au moment du débarquement allié, quand son bel amour, engagé dans la Résistance, rejoint les forces armées américaines mais, précise Jacqueline de Ribes, « après avoir tout dit à Alain de Solages ». Il aura ensuite une vie sentimentale des plus conformes à ce rôle de chevalier des contes : marié à une princesse au beau nom de France, il tombera amoureux d'une autre princesse, d'ascendance orientale, qu'il épousera lorsqu'elle sera veuve, dans bien des années…

Il ne semble pas qu'Alain de Solages ait informé les Beaumont de cette aventure sentimentale qui s'est déroulée sous son toit et a dû le plonger dans l'embarras. Que dire aux parents ? Il a dû lui sembler inutile de s'en mêler.

Après étude des *facts of life* dans les bras d'un gentilhomme d'autrefois, Jacqueline de Beaumont poursuit son apprentissage amoureux.

Édouard Corniglion-Molinier[1] est le nouvel amant de sa mère. Ce pilote de chasse, héros de la Grande Guerre, avance d'un pas énergique vers les femmes, auréolé d'une gloire qu'il n'a pas usurpée. Souvent défini comme un baroudeur, un paladin, un aventurier des temps modernes, il a accompagné André Malraux dans une expédition au Yémen en 1934 à la recherche de la reine de Saba. Puis ils ont fait la guerre d'Espagne, et Corniglion – ainsi que

1. Édouard Corniglion-Molinier (1898-1963).

Malraux l'appelle – a produit le film tiré du roman *L'Espoir*.

« Ce fils d'un notaire de Nice (qu'on disait marron), entre autres général et producteur de films, était un grand amateur de coups en tous genres, de préférence fumants – lui qui ne fumait pas », écrit Alain Malraux[1].

Résistant de la première heure, frère d'armes d'Emmanuel d'Astier de La Vigerie, Corniglion-Molinier a été arrêté par la Gestapo, emprisonné au fort Saint-Nicolas à Marseille, et s'en est évadé comme au cinéma. Après quoi il a rejoint les Forces aériennes françaises libres, qu'il a conduites au combat au Moyen-Orient et en Angleterre, et il a fini la guerre avec les galons de général de division. Le personnage ne manque ni de prestige ni de mérites militaires. Il est d'ailleurs l'un des rares pilotes de 14-18, avec Lionel de Marmier et Marcel Haegelen, à avoir ajouté des victoires en 39-40 à son palmarès.

Sa haute taille, ses larges épaules, ses muscles lui assurent l'admiration immédiate du deuxième sexe. Paule de Beaumont n'a pas dû hésiter longtemps devant cette virilité conquérante.

J'ai toujours été troublée devant les photographies d'Édouard Corniglion-Molinier : il ressemble à s'y méprendre à Romain Gary ! Même belle gueule burinée, des yeux clairs, bridés à l'orientale, un peu nostalgiques. À croire qu'ils ont le même père. Niçois l'un et l'autre, Gary par adoption quand sa mère, après une longue dérive depuis la Russie, vient s'installer dans la cité des Fleurs,

1. Alain Malraux, *Au passage des grelots*, Larousse, 2020, p. 116.

Corniglion en parfait autochtone, ils ont fréquenté le même lycée – le lycée Masséna –, mais pas dans les mêmes classes. Gary est beaucoup plus jeune, seize ans de moins. Tous deux Compagnons de la Libération, gaullistes à la vie à la mort, épris de destins imaginaires, ils se sont connus, fréquentés, puis perdus de vue.

Corniglion fera une carrière politique : élu sénateur du RPF en 1948, il sera député des Alpes-Maritimes et plusieurs fois ministre sous la IVe République.

Ce Niçois de souche est un homme chaleureux et truculent, imperméable aux angoisses métaphysiques qui ont obscurci le ciel de Romain Gary. « On ne s'ennuyait jamais avec lui, écrira son beau-fils, Maurice Ligot. Il répandait la joie de vivre[1]. »

Quand il rencontre Paule de Beaumont, Édouard Corniglion-Molinier est marié, depuis 1924. Il a épousé une artiste peintre, élève de Maurice Denis et de Félix Vallotton, Raymonde Heudebert. Cette très belle femme peint des paysages inspirés de ses voyages en Haute-Volta et dans d'autres pays limitrophes – elle éprouve une véritable fascination pour l'Afrique. Le musée des Années 30, à Boulogne, expose quelques-unes de ses toiles africaines. Comme Paule de Beaumont, elle pratique aussi l'art du portrait. Morand, Mauriac, Colette, la princesse de Polignac ont posé pour elle. Les deux femmes ont le même talent pour saisir les expressions. Le rapprochement s'arrête là.

1. Maurice Ligot, *Édouard Corniglion-Molinier, un paladin au XXe siècle*, Les 3 Colonnes, 2019.

Par hasard, un jour où Jacqueline logeait encore villa Molitor, elle s'est trouvée nez à nez avec Corniglion-Molinier. Présentations impossibles à éviter. La jeune fille a immédiatement plu à l'héroïque et séduisant pilote de chasse. Elle a seize ans, en 1945. Lui, quarante-sept ans. Il est plus âgé que son père.

Prototype du don Juan auquel nulle femme ne résiste, Corniglion-Molinier n'a sans doute vu aucun problème à séduire à la fois la mère et la fille. Ni à ce que la jeune fille fût mineure. De son côté, Jacqueline a dû se sentir flattée et rassurée de plaire.

« J'avais besoin d'être aimée. Au moindre signe d'intérêt, de tendresse, j'y étais si peu habituée, je vivais tellement démunie de ce point de vue, j'étais subjuguée. »

Et puis, n'est-ce pas jouer un vilain tour à sa mère ? Elle se laisse approcher, courtiser, attirée par le danger. Corniglion lui fait cadeau de sa montre d'aviateur. Puis il lui écrit une lettre d'amour. Elle la cache, mais mal, ou ne s'arrange-t-elle pas plutôt pour que sa mère la découvre ? Paule de Beaumont ne réfrène pas ses émotions. La scène de jalousie à laquelle elle a droit terrifie la jeune fille mais lui permet de mesurer à quel point sa mère est blessée.

La comtesse de Beaumont déchire la lettre d'amour. Puis, pour punir sa fille, décide de la renvoyer en pension – c'est à ce moment-là qu'elle est réexpédiée au couvent des Oiseaux. Corniglion-Molinier a alors une idée, qui en dit long sur le personnage. Pour déjouer l'interdiction, il inscrit sa propre fille au même pensionnat ! Cela lui permettrait de revoir Jacqueline à chacune de ses visites à sa fille. Il n'est de fait jamais venu rendre la moindre visite ni à l'une ni à l'autre.

9

L'alliance de la fortune et du gratin

Voici venir un jeune homme en tenue de tennis, short et polo blancs, mais curieusement chaussé d'espadrilles mauves et de chaussettes rouges.

« J'ai épuisé mes tickets de rationnement textile », dit-il pour s'excuser.

Il a six ans de plus que Jacqueline de Beaumont. Il n'est pas beau, il est mal habillé, mais il a un humour qui lui plaît, un humour à l'anglaise – c'est bon de sourire à la vie, maintenant que la guerre est finie.

Les vacances recommencent à Hendaye, débarrassé des Allemands. Toujours sans leurs parents mais avec une armada de domestiques, les jeunes filles ont désormais le droit de s'évader du nid et de voir des amis. L'aînée se lance dans le brouhaha de sorties et de fêtes, qui ont le parfum iodé du pays basque en été, mais surtout celui d'une toute nouvelle liberté.

« Je pouvais enfin faire ce que je voulais, je pouvais respirer. »

Avec une joyeuse petite bande composée de Jeanne-Marie de Maillé de La Tour-Landry, future princesse de

Broglie[1], de Guy de Rochechouart son amoureux d'enfance, de Patrick Lehideux dont le père, ancien président de Renault, a été ministre de Vichy, et de Patrice de Vogüé, qui héritera en 1968 du château de Vaux-le-Vicomte – les beaux noms s'entrechoquent autour d'elle comme des jetons de casino. Elle a envie de s'amuser, d'être libre autant qu'il lui est permis.

Reçue aux épreuves écrites du baccalauréat, mais recalée à l'oral, Jacqueline de Beaumont est supposée réviser les matières critiques, les maths et la physique, pour repasser les épreuves à l'automne, mais elle préfère de beaucoup nager dans l'océan, lire les romans à la mode, et penser aux garçons.

« Ciel ! Quelle catastrophe ! Mais qu'allons-nous faire de Jacqueline maintenant ? » : ce sont les mots de Paule de Beaumont, quand elle a su que sa fille était reçue à l'écrit du bac. Ce que Jacqueline de Ribes traduit par : « Il allait donc falloir s'occuper de moi ?... »

Invitée à déjeuner à Saint-Jean-de-Luz, chez les Prémontel, qui ont une fille de son âge, elle ne connaît personne mais remarque ce drôle de jeune homme. Édouard de Ribes a vingt-quatre ans. Il est diplômé en droit. Elle apprendra plus tard que cet ancien élève du lycée Janson-de-Sailly est décoré de la croix de guerre.

Hormis le fait qu'il adore jouer au tennis, Jacqueline comprend vite qu'Édouard de Ribes est le prétendant officieux de la fille des Prémontel – sa famille l'a envoyé à Saint-Jean-de-Luz dans l'espoir d'un rappro-

1. Épouse de Guy de Broglie.

chement. Les Ribes et les Prémontel, liés depuis trois générations, sont deux familles qui pleurent encore la mort du roi. Les Prémontel comptent des chevaliers de l'Ordre de Malte. Les Ribes, originaires du Languedoc, descendent d'un secrétaire du roi, anobli par sa charge en 1764[1]. Pendant la Révolution, Jean de Ribes a prêté à Louis XVI une somme importante pour financer la fuite à Varennes. Ce qui lui valut de passer vingt ans en émigration en Angleterre et d'être fait comte par Louis XVIII.

Petit avantage des Prémontel sur les Ribes : un mariage avec une riche Américaine a permis de redorer le blason.

Édouard, vicomte de Ribes, fils du comte Jean de Ribes, tombe tout de suite amoureux : « Quand j'ai vu cette merveilleuse gazelle, j'ai senti que mon cœur s'arrêtait de battre[2]. »

Il lui fait la cour, à la manière d'autrefois : « C'était difficile, il y avait beaucoup de prétendants, qui me paraissaient mieux placés[3] ! »

Quand les vacances s'achèvent, il décide de rentrer par le même train qu'elle de Bayonne à Paris. Un peu étonnée, un peu déçue, de ne pas le retrouver à Bayonne, Jacqueline croit qu'il a changé d'avis. Mais le voilà soudain devant elle : « Je vous ai cherchée partout ! »

1. *Annuaire de la Noblesse française*, 1952.

2. Discours du comte de Ribes, rue de la Bienfaisance, à la réception donnée pour la remise de la Légion d'honneur à Jacqueline de Ribes, le 19 avril 2010.

3. *Ibid.*

Il croyait qu'elle voyageait comme lui en première classe.

Réponse indignée de « la merveilleuse gazelle » : « Mes parents ne me font pas voyager en Pullman ! »

L'idylle se poursuit à Paris. Édouard de Ribes téléphone tous les jours et propose à la jeune fille de l'emmener dîner au restaurant. Elle n'y est encore jamais allée. Très ennuyée de n'avoir dans son armoire que ses jupes plissées marine et des chaussures plates de pensionnaire aux Oiseaux, elle fouille dans les placards de sa mère puis se décide pour une robe verte qu'elle s'est fait faire à Hendaye. Chaussée d'escarpins à talons, trop petits pour elle, qu'elle a empruntés à Paule de Beaumont, elle dîne avec Édouard de Ribes à Montmartre, puis au Pré Catelan.

Le jeune homme l'emmène la première fois chez lui en cachette de ses parents : un hôtel particulier du 8e arrondissement, au 50 rue de la Bienfaisance. Construit par l'architecte Tronchois, en 1861, pour son arrière-arrière-grand-père, il est fermé sur la rue par une grille et donne sur une cour pavée.

Édouard de Ribes y occupe un appartement de trois petites pièces sous le toit, auquel on accède par une entrée séparée. « Au même étage que les domestiques », note la jeune fille, montée sur la pointe des pieds pour ne pas se faire repérer.

Édouard de Ribes est très épris. Il a rencontré la femme de sa vie. Ses parents ont essayé de le faire changer d'avis : ils auraient préféré pour leur fils unique un mariage plus raisonnable, avec une jeune fille issue de leur milieu légitimiste et conservateur. Après de longues discussions, il est parvenu à imposer son choix d'un mariage d'amour.

Sa demande, à laquelle elle ne s'attendait pas, surprend la jeune fille juste avant son oral de repêchage au baccalauréat. Édouard de Ribes a brusquement garé sa Citroën avenue Bugeaud, alors qu'il la raccompagnait rue de la Pompe – elle habite provisoirement chez sa grand-mère Beaumont. Les parents sont en vacances jusqu'à fin septembre, il n'y a personne pour s'occuper d'elle villa Molitor. Tout se passe si vite qu'elle reste éberluée.

Vicomte de Ribes : Voulez-vous m'épouser ?

Jacqueline de Beaumont : Je ne sais pas.

Elle me raconte la scène. « Je n'étais pas du tout prête ! Et je ne savais vraiment pas quoi lui répondre ! »

Seule Juliette de Beaumont (née Trédern), sa grand-mère, sainte femme confite en dévotion rue de la Pompe, est au courant de ce qui se trame. Jacqueline lui raconte ses sorties secrètes et la demande en mariage. La comtesse douairière, qui peut apprécier la respectabilité et l'ancienneté des Ribes, met sa petite-fille en garde : « Tu sais dans cette famille, les femmes ne comptent pas… Et puis, ils ont de très beaux meubles et des objets de collection, mais les rideaux sont élimés et on se prend les pieds dans les trous des tapis ! »

C'est sans doute un peu exagéré. Les mille mètres carrés de l'hôtel de la rue de la Bienfaisance, où le temps semble s'être arrêté, recèlent des trésors : meubles estampillés du Grand Siècle, tapisseries de Beauvais, portraits d'ancêtres en perruques, dont celui d'une « conservatrice des dentelles de la Reine ». Des tableaux de Mme Vigée-Lebrun et de Marguerite Gérard sont accrochés aux murs dans une lumière tamisée de musée.

Dans des vitrines, les Ribes conservent pieusement des reliques de Marie-Antoinette. Ses chaussures, son éventail, une minuscule aquarelle de sa main, les couverts qu'elle avait au Temple, et jusqu'à une paire de bustes en marbre blanc représentant les souverains – cadeau du roi Louis XVI à Jean de Ribes, après Varennes. Dans cette famille légitimiste, on dîne dans un service de porcelaine de Sèvres ayant appartenu à Marie-Antoinette.

Le comte de Ribes[1], Jean, le père d'Édouard, est un grand blessé de guerre : sept éclats de shrapnell aux poumons, en 1916. Décoré de la croix de guerre avec palme et de la Légion d'honneur à titre militaire, il fut diplomate avant son mariage : attaché d'ambassade à Londres de 1917 à 1921. Désormais président de la Mutuelle d'Assurances contre l'Incendie, fondée par un ancêtre de sa femme sous la Restauration, c'est un gentilhomme d'autrefois. Gabriel de Broglie le décrit comme « un homme d'esprit, de goût et de tradition, de caractère enjoué mais aussi assez autoritaire, fort attaché à l'intégrité de sa foi catholique ».

Très lié à l'historien Jacques Chastenet, son condisciple au lycée Condorcet, il a lui aussi la passion de l'Histoire, surtout celle de l'Ancien Régime. Il collectionne meubles, objets, tableaux et livres anciens, dont il est un fin connaisseur. « Il avait de nombreux amis amateurs d'art, témoigne Gabriel de Broglie, experts mais aussi artisans du Marais, sculpteurs, graveurs, bronziers, cristalliers. »

1. Jean de Ribes (1893-1982).

Membre de plusieurs sociétés savantes d'archéologie et de bibliophilie, auteur d'études généalogiques et d'une *Histoire de la Seigneurie de Saint-Just*, c'est un authentique conservateur libéral, « un Tory de notre temps » ainsi que le définit Gabriel de Broglie. Il est depuis 1920 membre de la Société des bibliophiles françois, la plus ancienne société d'amateurs de livres où son fils lui succédera. Il la présidera pendant vingt ans[1].

Sa bibliothèque, au premier étage, c'est le saint des saints de l'hôtel de la Bienfaisance. Quand Jacqueline y est conduite la première fois, elle est saisie par la beauté de cette pièce, toute en boiseries d'acajou, et par celle des reliures dont les cuirs sont à peine patinés par le temps. Elle tend la main pour les caresser. Son geste est aussitôt arrêté par son futur fiancé. Règle numéro un de la bibliophilie : ces précieux volumes sont fragiles ! Il ne faut pas penser à les lire comme de banals ouvrages. Les feuilleter, en massicoter les pages, relèverait d'un sacrilège.

Le portrait du comte de Ribes serait incomplet sans la mention de son ardente anglophilie. Il a passé trois années de sa vie d'étudiant au Queen's College, à Oxford – pieux hommage à son ancêtre, qui demeura vingt ans en émigration outre-Manche. Il parle couramment anglais, aime l'esprit et l'humour anglais, ce qui devrait faciliter la rencontre avec sa future belle-fille.

Jacqueline de Beaumont, issue d'un milieu d'aristocrates peu conventionnels, s'apprête à entrer dans un foyer dont la maxime est celle du roi Louis XVIII :

1. De 1961 à sa mort, en 1982.

« D'abord conserver, ensuite innover. »

La voilà prévenue.

La comtesse de Ribes, née Aline Pépin-Lehalleur[1], descend des propriétaires des manufactures de porcelaine Vierzon Hache-Pépin-Lehalleur. En témoignent, dans l'un des salons, deux vitrines contenant des pièces de collection. Les Pépin-Lehalleur sont des bourgeois prospères, le plus illustre d'entre eux, Alexandre Pépin-Lehalleur, grand-père d'Aline, fut avocat et homme politique, député de Seine-et-Marne après 1851.

Un Pépin-Lehalleur s'est associé à un Hache, dans la deuxième moitié du XIXe siècle, pour développer à Vierzon – patrie des Hache – un empire industriel flamboyant, qui a employé jusqu'à mille ouvriers et concurrencé les manufactures de Sèvres et de Limoges. « Messieurs Hache et Pépin-Lehalleur ont représenté avec tous les progrès les plus récents, et avec une grande perfection, la fabrication de la porcelaine dure française », écrit Victor d'Albert de Luynes en 1873.

La future belle-mère de Jacqueline de Ribes a une haute idée de son histoire familiale. Les fines assiettes dans leurs vitrines, avec leurs décors de fleurs ou de petits animaux, rappellent le lustre de ses ancêtres porcelainiers et remplacent le blason manquant.

Le comte et la comtesse, aussi sourcilleux l'un que l'autre sur les usages, lèvent d'abord les sourcils à l'apparition de la haute et si belle jeune fille que leur amène leur fils, pour une première visite officielle. Certes, éduquée à

1. Aline Pépin-Lehalleur, comtesse de Ribes (1895-1986).

la perfection, elle exécute une impeccable révérence devant la mère d'Édouard. Mais il leur faut interroger leur fils au sujet de l'élue : quelle est son ascendance et quel est son milieu ?

Entendre par « milieu », mot qui ne se comprend plus guère, la sphère sociale à laquelle on appartient. Il y a les bons et les mauvais milieux : c'est non seulement une étiquette mais un jugement de valeur et un critère de sélection. Comte Henri de Vibraye, auteur d'ouvrages de chasse à courre : « Le milieu, c'est l'essentiel[1]. »

« Les Beaumont sont une bonne et ancienne famille, dit la mère à son fils. Mais ne sont-ils pas un peu *lancés* ? » (comprendre : un peu voyants, un peu jet-set). Nuance péjorative.

Par chance, Jacqueline de Beaumont répond aux trois critères de sélection auxquels doit répondre toute candidate à d'éventuelles fiançailles avec leur fils. Elle me les expose d'un air malicieux, tandis que je reste médusée :

1. la jeune fille ne doit pas avoir de sang juif ;
2. sa famille ne doit pas avoir voté la mort du roi ;
3. nul membre de sa famille ne doit s'être enrichi avec la vente des biens nationaux !

Côté Beaumont, l'accueil du futur fiancé n'est pas tellement plus chaleureux.

« Tu y vas un peu vite », dit Paule de Beaumont, surprise et même agacée de tant de précipitation. Jacqueline de Beaumont sort à peine de pension, elle a encore l'oral

1. Cité par Éric Mension-Rigau, *Aristocrates et grands bourgeois*, *op. cit.*

du bac à passer, et puis ces Ribes ne sont-ils pas un peu vieux jeu ?

Sa fille lui a raconté qu'après avoir dîné villa Molitor, à l'un de ces dîners glacés dits « de présentation » qui ont rendu malades des générations de jeunes gens amoureux, Édouard de Ribes s'est déclaré choqué par la présence de porte-couteaux sur la table !... Dans son monde, cela ne se fait pas. Traduire : il y a un maître d'hôtel pour passer les plats, on n'a donc pas besoin de garder son couteau à côté de soi au risque de salir la nappe !...

En fait, les Beaumont et les Ribes, malgré leur commune ascendance aristocratique, appartiennent à deux mondes très différents. Leurs valeurs, leurs façons de vivre sont radicalement opposées. Il n'y aura pas de confluence.

Les Ribes, royalistes légitimistes, vivent selon une morale janséniste, héritée de l'ère victorienne. Sourcilleux sur les usages, ce sont des gens corsetés, qui ont de solides principes et une vision figée de la société. Tous leurs amis leur ressemblent. Ils sont tous assez Ancien Régime. On peut trouver compassée leur unité de ton.

Les Beaumont sont plutôt Régence. Ils fréquentent des milieux ouverts, mélangés, amusants. Les questions d'étiquette ne les empêchent pas de dormir. Leur morale est souple, leurs mœurs le sont aussi. Résolument modernes, ils vivent dans leur temps, sans nostalgie. Et quoiqu'ils aient une haute conscience de leur ascendance, leurs amis ne sont pas forcément des aristocrates. Il y a de drôles de gens chez eux : des écrivains, des gens de théâtre, des artistes peintres.

Ces deux mondes dont la jeune Jacqueline sera l'unique lien ne sont pas faits pour s'entendre.

Jacqueline de Ribes réussit pourtant leur amalgame. Elle aime le côté strict, l'ordre et la discipline des Ribes, et elle a fini par se persuader que les quartiers de noblesse représentent encore quelque chose au XXe siècle. Mais elle est évidemment moderne, comme ses parents. Elle déborde d'énergies qu'il est impossible de canaliser. Sa fantaisie, ses excentricités n'en finiront pas de choquer les Ribes. Son humour arrange les choses : quand son mari lui reproche sévèrement d'être toujours en retard (et c'est vrai, où que ce soit, elle n'arrive jamais à l'heure), elle lui répond de haut, en faisant référence au fait que sa famille remonte aux Croisades : « J'ai quatre cents ans d'avance sur vous ! »

Paule de Beaumont n'est pas du tout favorable au mariage de sa fille avec ce prétendant qu'elle juge trop pressé et trop vieille France. En accord avec son époux, qui n'est guère emballé lui non plus, ils décident d'éloigner Jacqueline et, « pour son bien », de la renvoyer en pension. On l'expédie cette fois en Angleterre. Tant pis pour le bac ! Elle a de toute façon séché les épreuves de rattrapage pour passer l'après-midi de l'examen avec Édouard.

« Je savais que j'allais me marier, je n'avais pas besoin d'avoir un métier », me dit Jacqueline de Ribes, sans du tout se rendre compte de l'effet calamiteux de sa phrase sur une interlocutrice dont les grands modèles, de Berthe Morisot à Colette, ont toujours placé très haut le « métier ».

Poursuivons. Trois mois à Londres, dans une *finishing school*, des plus mondaines et des plus laxistes, « *The Three Wise Monkey Club* », dans Sloane Street, où sa mère bien sûr ne se rendra jamais, ni même pour y installer sa fille, ne réussiront pas à la séparer d'Édouard. Jacqueline s'émancipe. Elle a deux nouvelles amies charmantes qui partagent sa chambre, une Danoise et une Sud-Africaine. Elle n'a qu'à donner le nom de sa correspondante pour obtenir des permissions de sortie. C'est celui d'Odette Massigli, la grande amie de sa mère que celle-ci était allée retrouver à Ankara, dans un avion de la Luftwaffe envoyé par Franz von Papen.

Odette Massigli, dont l'époux, René Massigli, est l'ambassadeur de France, jouit à Londres d'une réputation de charme et de beauté. Duchesse d'Argyll : « *She was such a dream figure in London and friends thought her parties were tip-top*[1]. »

Par chance dans ce contexte de mondanités, Jean de Beaumont, plus généreux que son épouse, a alloué un petit pécule à leur fille pour qu'elle s'achète des robes chez Harrod's, le grand magasin londonien.

Édouard de Ribes vient la voir tous les quinze jours : ils sortent, dînent, vont visiter les beaux châteaux des environs dont ils sont les hôtes. Les Ribes, père et fils, tous deux diplômés d'Oxford et qui parlent couramment, avec le meilleur des accents, la langue de Shakespeare, ont des

1. Lindsy Spence, *The Grit in the Pearl: The Scandalous Life of Margaret, Duchess of Argyll*, The History Press, 2019. « Odette était une figure de rêve à Londres. Ses amis disaient que ses soirées étaient tip-top. »

amis de *high nobility* qui vivent dans des châteaux historiques à la mesure de l'ancienneté de leur nom. Édouard de Ribes l'emmène chez le marquis de Salisbury à Hatfield Palace, une imposante construction médiévale en briques où Elizabeth Ire, fille de Henry VIII et d'Anne Boleyn, a passé une enfance heureuse, et à Blenheim Palace, chez le duc de Marlborough, où naquit Winston Churchill – Jacqueline de Ribes se souvient d'avoir traversé quatorze salons. Elle me fait part de cette formule connue, semble-t-il, de tous les collégiens anglais : « Il n'y a que deux palais en Angleterre : Buckingham et Blenheim. »

Changement de décor. Au *Four-hundred*, un night-club de Londres que fréquente la jeunesse dorée, Édouard de Ribes, lors d'un slow très tendre, renouvelle sa demande en mariage. Et cette fois, c'est « oui », sur l'air de *La Mer* de Charles Trenet.

Engaged comme disent les Anglais : Jacqueline de Beaumont sort du *Four-hundred* fiancée.

Fiançailles officielles rue de la Bienfaisance, en janvier 1948. Elle porte une robe en taffetas grenat, commandée chez une modeste couturière en chambre dont l'atelier se trouvait derrière l'avenue Foch. Sa bague de fiançailles est une émeraude, de forme carrée, entourée de brillants.

Elle a voulu se maquiller pour ce grand jour, s'est poudrée, a mis du rouge à lèvres. Cela lui vaut une gifle magistrale de Paule de Beaumont qui lui enjoint d'aller se laver la figure ! Les jeunes filles de cette époque ne se maquillent pas.

« Ma mère ne me supportait pas physiquement, et puis elle n'avait pas envie de me voir femme. »

Le mariage est célébré le 3 février, un mois après les fiançailles, lors d'une froide journée d'hiver. Le lieu choisi est l'église Saint-Augustin, la paroisse des Ribes, qui entendent sonner ses cloches depuis chez eux. Œuvre de l'architecte Victor Baltard, l'église est d'ailleurs postérieure à la construction de leur hôtel.

Jacqueline – dix-huit ans – regrette encore aujourd'hui de ne pas avoir eu un vrai voile de mariée. Couronnée de fleurs d'orangers, elle le déplore : « Je ressemblais à une première communiante. »

Sa robe vient de la maison Maggy Rouff, 136 avenue des Champs-Élysées. Une excellente adresse et le fournisseur habituel de sa mère. Après avoir appris le métier chez Jeanne Paquin, Maggy Rouff qui a ouvert sa propre maison de couture en 1929 est devenue une grande prêtresse de l'élégance[1]. Elle habille encore après guerre beaucoup de femmes du monde et leurs filles. Je rêve en lisant ses mémoires illustrés par le peintre Dignimont. Elle y livre son premier commandement, à savoir que la robe s'« adapte parfaitement au corps qui doit la porter[2] ».

Sa robe de mariée, en grain de poudre, la jeune femme l'a choisie sans sa mère et essayée sans elle. Paule de Beaumont, qui portera pourtant elle aussi une toilette de

1. Maggy Rouff (1896-1971) a écrit une *Philosophie de l'élégance*, Éditions littéraires de France, 1942.

2. Maggy Rouff, *Ce que j'ai vu en chiffonnant la clientèle*, illustrations de Dignimont, Librairie des Champs-Élysées, 1938.

Maggy Rouff pour la cérémonie, n'a pris aucune part au choix ni aux ajustements de la robe de sa fille. « Ma mère n'a vu ma robe que le matin de mon mariage. »

Indifférence ? D'autres occupations plus urgentes ? Le jour venu, la mère et la fille découvrent mutuellement leurs tenues de Haute Couture. Paule est en satin caramel et étole de vison, chapeau assorti.

Jacqueline entre à l'église précédée de ses demoiselles d'honneur formant cortège : sa sœur Monique, ses deux cousines Rivaud, filles de René de Rivaud (un frère de son grand-père), Elvire de Brissac, qui sait à peine marcher, et une petite-cousine d'Édouard de Ribes dont la mère est née Polignac. Elle a été obligée au dernier moment de renoncer à ses escarpins de satin blanc, qui la faisaient paraître trop grande, plus grande que son père et plus grande que le marié. Elle porte des chaussures plates qu'elle cache sans difficulté : sa robe, dès lors trop longue et qui aurait mérité un nouvel ourlet, manque de la faire trébucher à chaque pas.

La cérémonie est suivie d'une réception au Cercle de l'Union interalliée. On y a reçu « tout le gratin » selon l'expression de Jacqueline de Ribes. « Tout le faubourg Saint-Germain était là, comme du temps de Proust, c'était très ennuyeux ! » Édouard de Ribes fréquente des Talhouet, des Ganay, des Mouchy, qu'elle va devoir apprivoiser.

Elle est en fait furieuse. Sa mère lui a refusé les 30 000 francs qu'aurait coûté le film du mariage. Alors que Paule de Beaumont a eu le sien, en 1928 – tout juste vingt ans avant sa fille –, et qu'il a été largement diffusé durant une semaine entière dans les salles de cinéma Pathé, Jacqueline doit se contenter de quelques classiques photographies.

Mais il y a pire : alors qu'elle s'attendait à ce que sa famille fasse broder du linge aux initiales B et R entrelacées, qu'elle en avait même imaginé le dessin, sa mère l'a rembarrée. « Tu ne vas quand même pas m'embêter avec ça ! » Elle se marie sans trousseau.

Paule de Beaumont se montre cependant généreuse en prêtant au jeune couple sa maison de Mareil, dans les Yvelines, sorte de garçonnière qu'il faudrait redéfinir au féminin. Un ancien presbytère, décoré avec le raffinement de la décoratrice Madeleine Castaing, coussins, pompons, velours. Ce refuge maternel secret sert d'écrin à la nuit de noces.

Quant au voyage du même nom, il est sans doute plus du goût d'Édouard de Ribes, qui en rêve depuis longtemps, que de sa jeune épouse. Destination, l'Égypte ! Après une escale à Athènes, les *happy mooners* arrivent au Caire en pleine épidémie de choléra. Ils logent au Sémiramis, hôtel fameux, découvrent le site des Pyramides et le Sphinx dans le climat délicieux de l'Égypte en hiver. À Gizeh, ils ont la surprise de croiser Jean de Beaumont ! Ravi de les voir, le père de Jacqueline de Ribes se montre pressé de poursuivre son périple de son côté. Expédition entre hommes : il est accompagné de ses amis Ladislas et Elliot du Luart, Alain de Solages et… Olivier de La Moussaye ! Ensemble, le groupe et les mariés descendent jusqu'à Louqsor, dînent au Winter Palace, visitent la Vallée des Rois et la tombe de Toutankhamon, fraîchement découverte par lord Carnarvon. Puis Jean de Beaumont et ses amis s'envolent à bord d'un bimoteur à sept places en direction de Khartoum.

Édouard de Ribes, saisi par le même démon de l'aventure qui pousse son beau-père par monts et par vaux, décide alors de gagner la Tunisie par les déserts, en faisant escale dans les oasis. Son épouse, que la perspective de cette expédition épuise par avance, n'ose pas le contrarier : elle a déjà envie de rentrer. Enthousiaste, Édouard de Ribes se procure un des vieux camions abandonnés par les armées allemandes de Rommel et les voilà à crapahuter de *chott* en *chott* dans la poussière, sur des routes improbables ou plus souvent sur des vagues de sable qui se déroulent à l'infini. Au terme de deux longues semaines, exotiques mais sans confort, les jeunes mariés rentrent sagement au 50 rue de la Bienfaisance. Jacqueline a un zona.

Ils vont habiter l'hôtel du comte et de la comtesse de Ribes, qui ont fait réaménager en leur absence l'appartement de leur fils, dans une aile au premier étage. Réaménager est un mot abusif : ils y ont fait monter, à côté de son lit d'enfant, un lit à peine plus grand, où l'on tient difficilement à deux et où Jacqueline aura du mal à contenir ses formes, quand elle se retrouvera enceinte quelques mois plus tard.

« Le gratin ». Jacqueline de Ribes, désormais vicomtesse, considère qu'elle n'en fait pas partie. Quand elle emploie cette expression, devenue désuète, c'est pour désigner le monde où évoluent ses beaux-parents. Une aristocratie établie depuis des lustres boulevard Saint-Germain ou plaine Monceau et qui ne se marie qu'entre elle, de peur des mésalliances. J'en trouvai par hasard une définition sous la plume d'Élisabeth de Gramont (marquise de Clermont-Tonnerre), une amie de Colette, qui connaissait parfaitement ce monde-là et s'en était émancipée. « Ce qui domine le gratin, écrit la duchesse de Gramont, c'est la certitude d'une supériorité qui subsiste malgré les apparences du contraire[1]. »

Elle remarque que les familles du gratin (*the upper crust*) se relient toutes les unes aux autres et forment « une masse compacte », régie par les mêmes codes. Ce serait d'après elle une création du XIXe siècle, sous l'influence de directeurs de conscience issus du haut clergé de la IIIe République, tels le père Didon ou Mgr Dupanloup, et « en opposition absolue avec le XVIIIe siècle, dont le gratin a banni la liberté d'esprit, la désinvolture, le goût du présent, le contact immédiat avec la vie et le discernement artistique ».

Les Beaumont sont XVIIIe : jouisseurs, libertaires, aimant le plaisir, la légèreté, les arts et la littérature.

Les Ribes sont de ce gratin XIXe : ils ont banni les plaisirs, respectent la morale, sortent rarement de chez eux, ne voient que les mêmes gens à longueur d'année dans des décors immuables où le temps paraît en lévitation. Une implacable et austère routine régit leur existence, où la seule lumière après Dieu et après le roi est cependant

1. Élisabeth de Gramont, *Au temps des équipages*, « Les Cahiers rouges », Grasset, 2017, p. 109.

l'amour qu'ils portent à leur fils unique, Édouard, objet de leur sollicitude et de leurs prières.

Jacqueline a eu beau grandir à l'écart de ses parents, c'est un air très XVIIIe qu'elle a respiré jusque-là. À peine a-t-elle eu le temps d'en goûter les prémices, juste avant de se marier, qu'il lui faut apprendre des codes contraignants et surannés. Se promener main dans la main avec son amoureux, sur l'avenue des Champs-Élysées ? Sur un élan de tendresse, elle tentait de passer son bras sous celui de son mari, quand celui-ci s'écarte brusquement : « *Don't be common !* »

Son geste lui a paru déplacé. Jacqueline de Ribes va devoir à nouveau subir le règne du « ça ne se fait pas ! », comme du temps de ses nurses anglaises. À dix-neuf ans, vingt ans, elle a l'impression de régresser dans le redoutable cercle des interdits d'une éternelle enfance.

À son retour d'Égypte, affligée d'un zona, maladie douloureuse où s'expriment souvent une angoisse, un profond malaise psychique, elle se heurte à l'atmosphère si bien décrite par Élisabeth de Gramont : « Le gratin se manifeste encore par ce fait qu'il n'est pas hospitalier. Je connais certaines familles du gratin qui, bien que très fortunées, n'ont jamais offert un verre d'orangeade à leurs contemporains ; leur faire entendre un violon serait un scandale. »

Avec sa fantaisie, ses pulsions vers une liberté et des désirs qui ne demandent qu'à triompher, Jacqueline voit se refermer sur elle des murs de cloître ou de prison. « J'étais murée vivante ! »

Chez les Ribes, la vie quotidienne est un cérémonial digne de la cour du Japon. Jacqueline doit se plier à ses rites et à ses horaires. Certes elle vit à l'écart de ses beaux-parents, dans l'aile de l'hôtel particulier où le jeune couple s'est installé et qu'on appelle « la petite maison » : tout y est plus petit que dans la grande. En plus des chambres, une salle à manger indépendante, un petit bureau et un petit salon composent son chez-soi. Mais la cuisine est commune, au rez-de-chaussée, et si l'on reçoit ses amis c'est forcément dans les belles pièces du bâtiment principal dévolues à cet usage, où vivent les beaux-parents : le salon rond contenant les vitrines aux reliques de Marie-Antoinette, un salon contigu décoré de tapisseries de Beauvais, puis de l'autre côté du hall d'entrée, la salle à manger, assez vaste pour contenir deux tables de douze personnes, l'immense verrière, dite la serre, à laquelle on accède par une envolée de marches de marbre et où se tiennent les dîners d'apparat, enfin un salon jaune, entièrement tendu d'un brocart vieil or, d'une chaude et éclatante couleur qui rend nostalgique du soleil – cette demeure est orientée de sorte qu'il n'y pénètre jamais.

Chaque fois que je suis venue de jour rue de la Bienfaisance, j'y ai été frappée par le manque de lumière. J'en ressentais une impression de tristesse et d'étouffement. Les murs me paraissaient plus étroits, les volumes amoindris, les salons lugubres. Hôtel musée, hôtel catafalque, tout m'y paraissait figé pour toujours dans la pénombre. Il faut que la nuit tombe et que s'y déroule un grand dîner pour que le morne décor s'éclaire et se métamorphose en paysage de féerie. Je me suis toujours étonnée que la serre, au cœur de la demeure, ne laisse passer aucun rayon de la lumière extérieure. Mais le soir, à la lueur des lustres, elle scintille comme par enchantement. Il n'en reste pas moins que l'impression première, due au manque de clarté, est assez sévère.

À l'époque où Jacqueline s'est mariée, on n'ouvrait la serre qu'une fois par an à l'occasion de la Vente de charité de « grand-mère Mimi » (la mère du comte de Ribes), donnée au profit des veuves de la guerre de 1914-1918.

Trois générations – bientôt quatre – habitent la Bienfaisance, chacun dans son aile, chacun à son étage, mais selon des circuits hiératiques et des horaires de repas immuables.

Dans cette atmosphère muséale, le moindre éclat de voix résonne comme une impolitesse.

Édouard de Ribes, invité par son beau-père dès le lendemain de son mariage à rejoindre le groupe Rivaud, travaille désormais avec lui – de Rivaud à Beaumont puis à Ribes, la succession s'opère par les gendres. Lorsque « Édouard » rentre du siège de la rue Notre-Dame-des-Victoires où il occupe un bureau proche de celui de Jean de Beaumont, « il passe embrasser ses parents », me dit Jacqueline de Ribes.

Puis, ce rituel affectueux accompli, il rejoint son épouse dans la petite maison, où il faut bientôt installer une nursery et des chambres d'enfants : Élisabeth naît le 17 février 1949, Jean, l'héritier du nom, baptisé du même prénom que son grand-père, le 4 août 1952.

Les week-ends, la famille se rend au château de Saint-Just, commune de Belle-Église, dans l'Oise. Une haute et grise bâtisse, redessinée selon une harmonie classique au XVIIe, mais toujours entourée de douves, dont les premières pierres ont été posées au XIIIe siècle. Le comte Jean y est né. Une avenue de platanes, qui ont remplacé les ormes d'autrefois, y conduit. Les Ribes veillent avec le plus grand soin à l'entretien du magnifique parc à l'anglaise, de la pièce d'eau, des goulettes et des bois attenants. Un ancien potager émerveille Jacqueline, pourtant peu portée à admirer des légumes, par sa profusion d'odeurs et de couleurs et par son agencement. « Le parc et le potager n'étaient pas en accord avec ce triste château », soupire-t-elle.

À Saint-Just, les repas se prennent à l'appel de la cloche : à midi et quart on se réunit au salon, à midi et demi on passe dans la salle à manger pour déjeuner. Le soir, même scénario, à sept heures et demie au salon et un quart d'heure plus tard on passe dans la salle à manger. Faut-il préciser qu'on se change pour dîner ? La belle-mère de Jacqueline porte de vieilles robes de chez Worth. Grand-mère Mimi, née Marie du Puget[1], qui suit ses enfants en vacances mais en est restée à la mode de la Belle Époque, se serre encore la taille dans un corset à lacets. On est, bien sûr, servi quotidiennement par un maître d'hôtel en gants blancs. À table, certains sujets tels que la politique, l'argent et l'amour, aussi tabous que « le cancer, la tuberculose ou les maladies vénériennes[2] », sont proscrits de la conver-

1. Marie du Puget (1872-1957), veuve de Charles Aimé, quatrième comte de Ribes (1858-1917), mort pendant la Grande Guerre.

2. Jean d'Ormesson, *Au plaisir de Dieu*, Gallimard, 1974, p. 23 : « L'argent, comme le cancer, la tuberculose, les maladies vénériennes, était l'objet d'un traitement qui consistait d'abord à le plonger dans le néant. Personne, jamais, n'aurait eu le front d'en parler. »

sation… « Pour éviter les commérages à l'office », m'explique Jacqueline de Ribes. « De sorte que nous ne parlions que des fermes de Saint-Just, du potager avec ses innombrables espèces de tomates dont ma belle-mère prenait un soin jaloux, et des ventes à Drouot. »

« En résumé, me dit-elle, Saint-Just c'était le château de Saint-Fargeau des Ormesson, en plus petit, mais avec le même esprit, jusqu'à la même manière de parler. Cela m'a frappée quand j'ai lu *Au plaisir de Dieu*. J'ai reconnu l'univers de mes beaux-parents. »

Après dîner, les deux couples Ribes regagnent le salon où brûle un feu de cheminée. Chacun y prend sa place habituelle, de soir en soir. Le comte de Ribes s'installe près de la cheminée pour lire ses journaux, la comtesse brode près d'une petite table ronde, tandis que Jacqueline et Édouard, qui ont aussi leurs fauteuils attitrés, lisent ou s'entretiennent à voix basse. Grand-mère Mimi, qui mourra dans la discrétion avant que le jeune couple ne fête son cinquième anniversaire de mariage, fait de la tapisserie en s'aidant d'un tambour. Quand la pendule à musique de Frappier, en cuivre doré, surmontée d'un Apollon jouant de la flûte, posée sur la cheminée, égrène dix heures, chacun se lève comme monté sur ressort, range son attirail et se dirige vers l'escalier en se souhaitant une bonne nuit.

« Bonsoir, mon père !

— Bonsoir, ma mère ! »

On ne s'embrasse pas, ni même sur le front.

Chacun regagne sa chambre.

Pas d'invités, pas d'amis.

« Des invités rompraient l'ensorcellement du silence », écrit Élisabeth de Gramont à propos du château dans la Loire où elle passait ses étés de jeune mariée. « L'ennui rayonnait. Je parvenais à le disséquer, puis à le savourer, enfin à l'aimer. Tant et si bien que si une visite arrivait inopinément, je ne sortais qu'avec répugnance de ma léthargie. » Comme elle, Jacqueline de Ribes aurait pu dire de ses séjours à Saint-Just qu'ils ressemblaient à « une plongée dans un bain tiède pour y sommeiller indéfiniment[1] ».

L'été, les parents Ribes déménagent dès le mois de juin, emportant par camion un matériel considérable dont l'argenterie au complet et la batterie de cuisine. Ils restent à Saint-Just jusqu'après la Toussaint, fidèles à cet immuable rituel. Jacqueline et Édouard n'y font que de rares apparitions avant le mois de novembre, l'idée d'une saison entière passée dans la solitude guindée de sa belle-famille est au-dessus des forces de la jeune mariée. D'autant qu'elle n'aime pas la campagne ! Mais elle le reconnaît : il y avait beaucoup plus d'affection et de gentillesse chez ces aristocrates d'Ancien Régime, au style des plus compassés, que chez ses parents, si modernes et décontractés, mais tellement égoïstes et peu aimants.

« Ils m'ont aidée à me structurer. Leur monde était solide et m'a servi de cadre, de référence. Il y avait une permanence, grâce à eux. Je savais qu'ils seraient toujours là pour moi. Que, quoi que je fasse, ils ne me trahiraient pas. C'était rassurant. »

1. É. de Gramont, *Au temps des équipages*, *op. cit.*, p. 214-215.

Son mariage l'enferme et la bride. Mais il met fin à son sentiment d'abandon. Son mari est très amoureux, très aimant. Et ses beaux-parents l'aiment eux aussi, à leur façon retenue et discrète. Les effusions sentimentales sont jugées vulgaires, l'amour ne se montre pas – *don't be common !*

10

Étienne de Beaumont : au galop dans les paillettes

Bals populaires, bals canailles, bals de villages ou de quartiers, bals du premier de l'an ou du 14 Juillet, bal des pompiers… dans les années 1920, déjà, tout le monde s'était mis à danser avec une frénésie qui peut étonner. Comme s'il fallait noyer dans les fêtes et dans la musique les chagrins et les horreurs de la Première Guerre.

Certains bals du grand monde sont entrés dans l'histoire et restés légendaires.

En juin 1928, la duchesse de Doudeauville, née princesse Radziwill, a donné une fête Régence dans son hôtel de la rue de Varenne : ses invités devaient se présenter vêtus comme l'avaient été leurs ancêtres à Versailles pendant la minorité du roi Louis XV. Il n'y avait là officiellement que des tenants de titres d'Ancien Régime. « On ne devait plus guère avoir pareille vision de l'ancienne France », écrit André de Fouquières qui fut chargé de présenter les entrées costumées. Les valets de pied portaient la livrée d'autrefois aux armes et aux couleurs de la Maison La Rochefoucauld-Doudeauville. On dansa des menuets.

L'atmosphère n'était pas toujours aussi guindée. Chez la princesse de Polignac, née Winnie Singer, de la famille des machines à coudre, qui aimait assez provoquer, les invités avaient été priés de s'encanailler ! On vit évoluer, sous les plafonds peints à fresque de son hôtel de la rue Cortambert, la poétesse Anna de Noailles en cocher, ses cousins Charles et Marie-Laure en Famille Fenouillard. La maîtresse de maison était en pocharde de la rue Quincampoix.

Animatrice incontestée des fêtes de l'entre-deux-guerres, Marie-Laure de Noailles déployait son génie dans l'organisation de soirées à thèmes où le Tout-Paris accourait. Son mari, le vicomte Charles, préférait l'horticulture depuis que le mécénat des amis de sa femme lui avait valu d'être radié pour un temps du Jockey Club. Bientôt la sulfureuse Marie-Laure donnerait le bal de Lune-sur-Mer, puis le bal des Artistes. Picasso, Balthus, Dalí, Giacometti, Max Ernst, Miró, Buñuel, Breton, Aragon, bientôt Lucian Freud et Francis Bacon, aucun ne fut membre du Jockey.

« Le bal est la fête par excellence », affirme Jacqueline de Ribes.

Interrompus pendant la drôle de guerre et les années noires de l'Occupation, les bals reprennent avec la même folie sitôt la paix revenue.

C'est étrange. La France, l'Europe se relèvent difficilement de quatre années de ruines et de deuils, de privations et de souffrances. Le climat social est lourd, la guerre se poursuit en Indochine. Rien pourtant n'empêche les gens de courir aux bals. Comme au lendemain de la Grande

Guerre, ils veulent oublier et ne pensent plus qu'à danser, danser et encore danser. Comme dans une scène fameuse du film de Max Ophüls, tiré du roman de Louise de Vilmorin, où l'héroïne (Danielle Darrieux) valse dans les bras de son amant, de salon en salon, d'une valse ininterrompue[1].

Le premier bal auquel Jacqueline de Ribes assiste est celui qu'a donné, en juin 1949, le baron de L'Espée : Robert Doisneau la photographie à cette occasion pour *Vogue*.

« Je refuse l'idée qu'il aurait dû y avoir une mauvaise conscience d'aller à ces bals costumés légendaires. Au contraire, ils m'ont laissé des souvenirs éblouissants, une forme d'expression de notre culture, et de belles histoires que je peux raconter à mes petits-enfants. »

Jacqueline de Ribes va s'y épanouir comme une plante dans un terreau naturel.

Ni les Beaumont ni les Ribes ne prisent les bals. Les Beaumont préfèrent les voyages, la chasse, la littérature américaine. Les Ribes ont leurs reliques, leurs porcelaines, leurs éditions rares et s'abstiennent des plaisirs trop voyants. Elle n'aurait sans doute jamais eu accès à cet univers parallèle, si un magicien ne lui en avait ouvert la porte et s'il n'avait guidé ses premiers pas.

« Archétype de l'élégance du monde d'hier[2] » selon un fin connaisseur, le comte Étienne de Beaumont, qu'elle appelle « mon oncle », de la branche des Beaumont-

1. *Madame de*, roman de Louise de Vilmorin (Gallimard, 1951), film de Max Ophüls (1953).

2. Alexis de Redé, *Souvenirs et portraits*, Éditions Lacurne, 2017.

Villemanzy, âgé de quelque vingt ans de plus que son père, va lui tenir lieu de parrain dans le royaume enchanté où il règne en maître.

Un nez « à la Beaumont », signe de reconnaissance familiale dont bénéficie Jacqueline de Ribes, c'est-à-dire de belle envergure, mais effilé et droit.

Une chevelure bleu argent, qui lança une mode parmi les élégants des années 1920. Une voix haut perchée et le ton excessivement snob, entrecoupé d'éclats de rire intempestifs. Une silhouette enfin, haute et maigre, « qui tenait de Polichinelle et du père noble du répertoire » aux dires du prince de Faucigny-Lucinge. Portant jaquette et pantalon serré, canne et chapeau haut de forme, Étienne de Beaumont est un parangon d'élégance mondaine.

En compagnie de son épouse, née Édith de Taisne, avec laquelle il forme un couple affranchi des règles bourgeoises et parfaitement harmonieux, il habite un hôtel particulier avec jardin, rue Masseran, non loin des Invalides. Bâti sous le règne de Louis XVI, jumelé avec l'hôtel des Boisgelin, qui leur sont apparentés (la mère d'Étienne de Beaumont est une Boisgelin), ce fut pendant l'Empire la résidence des ambassadeurs d'Espagne.

Le personnage est moins conventionnel qu'il n'y paraît. Des tableaux de Picasso sont accrochés aux murs de son hôtel, parmi les anciens maîtres. Le comte apprécie l'avant-garde en peinture et dans tous les arts. Amateur de jazz, il a organisé en 1918 un grand concert à Paris pour une troupe de musiciens afro-américains. Mélomane, librettiste à ses heures, il défend des compositeurs controversés, souvent moqués et chahutés, dont il se veut le généreux mécène :

c'est lui qui a financé *Salade*, le ballet de Darius Milhaud, dans des décors et costumes de Georges Braque, joué en 1924 au théâtre de la Cigale, à Montmartre. Fidèle soutien des ballets russes du temps de Diaghilev, il encourage les créations du danseur-chorégraphe Massine, qui a donné des ailes à *Mercure*, le spectacle d'Erik Satie.

De quoi inquiéter les Ribes, dont les horloges se sont arrêtées deux siècles avant ces folies modernes. Surtout, ils peuvent lui reprocher de mélanger les mondes, d'opérer des amalgames, de troubler l'ordre des choses en fréquentant des artistes – des gens qu'ils ne recevraient pas chez eux. En somme, résumé par Paul Morand, « de mêler chez lui Montparnasse et le faubourg Saint-Germain ». Jean Cocteau fait partie de son cercle le plus intime.

Mais ce n'est pas tout. Comme pour offenser le bon genre, Étienne de Beaumont et son épouse affichent l'un et l'autre ce que l'on nomme du bout des lèvres dans leur milieu « des goûts particuliers ». La rumeur parisienne rapporte que le comte a un faible pour les tenues de Cupidon et se montre volontiers, dans l'intimité, vêtu de collants roses et d'un tutu, avec des ailes de tulle dans le dos. Quant à son épouse, Édith, elle s'est attachée à traduire les poèmes de Sapho. Ils ont été publiés dans une édition illustrée par son amie Marie Laurencin. Le couple vit librement, sans rien cacher de ses penchants.

Si le comte a la (mauvaise) réputation d'être un excentrique, nul ne lui conteste le raffinement, l'élégance ni le talent de recevoir, qualités qui ne sont certes pas des vertus aux yeux de tout le monde, mais que cet aristocrate a élevées à un niveau de perfection difficile à égaler.

Selon un spécialiste de la *Café Society*[1], dont l'oncle de Jacqueline de Ribes fut en France un précurseur, les fêtes qu'il a données ont fixé une fois pour toutes les canons du genre.

Délicieux avec ses amis, hautain voire méprisant envers ceux qui ne le sont pas, il se montre très sélectif dans le choix de ses invités, quitte à fermer sa porte à une Coco Chanel au prétexte qu'« on ne reçoit pas ses fournisseurs » !

Étienne de Beaumont a donné des bals, parmi les plus mémorables des années 1920 et 1930, qui ont plongé le Tout-Paris dans la fièvre. Au point d'être considéré comme le maître du genre. Ils ont tous eu lieu chez lui, dans son « palais des muses » ainsi que les connaisseurs surnomment son hôtel de la rue Masseran. Bals à thème et costumés, les invités triés sur le volet devaient se montrer à la hauteur de l'imagination extravagante de leur hôte. Bal Louis XIV, ou bal colonial, bal des Entrées d'Opéra ou du Tricentenaire de Racine, bal des Tableaux célèbres ; le premier d'entre eux, au lendemain de la Première Guerre, en 1919, demandait que chacun exhibât la partie de son corps qu'il jugeait la plus intéressante.

Il est de notoriété publique que le bal « des Jeux » d'Étienne de Beaumont inspira à Raymond Radiguet son roman fameux *Le Bal du comte d'Orgel* : le comte d'Orgel fut aussitôt reconnu comme une copie conforme.

C'est Marcel Proust qui confère à l'oncle de Jacqueline

1. Thierry Coudert, *Café Society, mondains, mécènes et artistes, 1920-1960*, Flammarion, 2010.

de Ribes ses lettres de noblesse littéraire : le romancier se rendit rue Masseran lors d'une de ses dernières apparitions en public, pour le bal du nouvel an 1922. Les lecteurs peuvent aller trouver dans la scène de bal, au dernier tome de la *Recherche du temps perdu*, l'écho décalé de ce souvenir. Les hôtes, comme s'ils avaient voulu figurer un seul des « Âges de la Vie », y portent le masque de la vieillesse qui les rend méconnaissables aux yeux du narrateur. Lequel ne peut que constater à quel point « le Temps, le Temps qui d'habitude n'est pas visible, pour le devenir cherche des corps et, partout où il les rencontre, s'en empare pour montrer sur eux sa lanterne magique[1] ».

Pour le bal « de la Mer », en 1928, où Étienne de Beaumont a poussé le plus loin son exigence de maître d'œuvre, le carton d'invitation précisait que les costumes de bain, pourtant folkloriques, et les tenues de matelots étaient proscrits, ces deux options étant considérées comme « trop facilement adoptées par les fêtards paresseux ou dénués d'imagination[2] ».

Le bal, c'est l'esprit du jeu. La joie de se travestir. Le vertige d'être un autre.

Le but en est moins le faste, encore qu'il soit loin d'être interdit, que de créer un monde illusoire et magique. Pendant un soir, pendant une nuit, l'illusion devient la seule réalité. L'autre monde, le prétendument vrai, n'a jamais existé.

1. Marcel Proust, *Le Temps retrouvé*, Gallimard, « Folio », 1990, p. 293.
2. A. de Fouquières, *Cinquante ans de panache*, *op. cit.*

Jacqueline de Ribes ne peut assister au bal « des Rois et des Reines » qui rouvre la saison au palais des muses au lendemain de la guerre. Elle vient de mettre au monde son premier enfant, Élisabeth.

Quand elle participe, deux ans plus tard, en juin 1951, à celui des « Cent Ans d'élégance 1800-1900 », qui sera le dernier donné par les Étienne de Beaumont, elle entre en figure de mode dans le cercle très fermé des amateurs de masques et autres prestidigitateurs de l'apparence, pour lesquels l'existence n'est jamais trop folle, ni trop festive.

« L'esprit dominait, c'était un mélange d'humour anglais et d'esprit cinglant à la française : nous savions rire et par éclats », me dit Jacqueline de Ribes.

Le comte Étienne a un faible pour cette « nièce » ravissante qui flatte son sens de l'esthétique. Il voudrait la voir s'épanouir au soleil alors qu'elle n'est qu'une rose à peine éclose. À vingt-deux ans, Jacqueline de Ribes est encore timide et réservée. Mais elle est déjà éprise de perfection et toute prête à apprendre comment on y parvient. Quand elle n'avait que seize ans, pas encore fiancée, Étienne de Beaumont l'avait présentée à l'un de ses amis, Christian Dior, peu de temps après l'ouverture de la maison de couture de l'avenue Montaigne. Dans son uniforme de pensionnaire, elle s'attendait à être éblouie par le spectacle de la collection dont les magazines ont reproduit les modèles. Quelle n'a pas été sa surprise de découvrir les ateliers où les seules robes exposées sont d'austères toiles grèges, bâties à gros points ! Cette visite l'a marquée : un travail d'artisan, auquel elle est sensible, est le passage obligé, celui du labeur, avant la féerie des soies ou des lainages chatoyants, leurs drapés, leurs plissés, leurs broderies. Rien ne s'obtient sans effort.

Aux « Cent Ans d'élégance », elle porte une robe caramel et violet, ornée d'un bijou Lalique, des branchages de lierre entremêlés dans la chevelure. Elle a beaucoup d'éclat au bras de son mari. La plupart des femmes, plus âgées qu'elle, dans des toilettes signées de grands couturiers, la regardent du coin de l'œil en se demandant si ce n'est pas Dior qui par hasard l'aurait habillée, mais non, c'est son secret… elle n'ose pas dire qu'elle l'a faite elle-même, ni qu'elle sait coudre et piquer.

Édouard de Ribes, en frac, se promène dans les salons en enfilade, passe en revue les tableaux, les meubles, les objets : il faut bien l'avouer, leur hôte a du goût pour ce qui est beau. En revanche, les buffets sont peu fournis : « grenadine et biscuits secs[1] », selon Paul Morand, un habitué des lieux.

Jacqueline de Ribes, elle, voudrait danser toute la nuit. Des valses, des tangos, des madisons ou des *cheek-to-cheek*, elle peut tout danser. Vite repérée comme une des grâces de ce palais des muses, d'autres invitations lui viendront par la suite et en cascade après cette initiation.

Son premier grand bal costumé est un véritable choc, comme une rencontre amoureuse. Une excitation inhabituelle, une frénésie parcourt la jeune vicomtesse des pieds à la tête. Pieds qui touchent à peine les parquets cirés de

1. Paul Morand, *Journal inutile*, Gallimard, 2001.

la rue Masseran, tête parmi les étoiles. « Je rêvais, je rêvais vraiment… »

Plus tard, dans une préface à un livre sur les bals, elle reviendra sur ces sensations qu'ils lui ont laissées :

« La fête pour moi c'est le merveilleux éphémère qui doit rester gravé dans nos mémoires… C'est la rupture avec l'habituel, avec le quotidien.

« Avant la fête on rêve, pendant la fête tout peut arriver, et après la fête c'est la tristesse de n'avoir pu arrêter le temps, le souvenir inoubliable ou les espoirs déçus[1]. »

Apparence sublimée. Masques où l'identité se perd et se change. Mise en valeur d'une personnalité, qu'on réinvente, qu'on exagère, qu'on adapte à ses fantasmes. Le bal libère et euphorise.

Elle le confesse : « Il faudrait pouvoir vivre de bal en bal. »

Illusion ? Artifice ? Refus des réalités ? Mais pour mériter cette joie, pour jouir totalement de cette parenthèse enchantée, il faut savoir « se donner du mal ».

Jacqueline de Ribes, qui a conservé tous ses costumes de bal, comme pour s'assurer qu'ils ne s'évanouiraient pas au dernier coup de minuit selon la malencontreuse aventure de Cendrillon, est très ferme sur ce point : « S'amuser n'est pas obligatoire, la somptuosité non plus, mais l'imagination, la fantaisie toujours exigées. »

Ce que confirme la princesse Bibesco, une habituée des raouts d'Étienne de Beaumont. Comme elle l'interrogeait

1. Texte de Jacqueline de Ribes à propos des bals. Archives de la Bienfaisance.

sur les raisons du succès de ses bals, le comte lui fit cette réponse assurée : « J'ai découvert que les gens aimaient à se donner de la peine. »

De la peine, Jacqueline de Ribes va s'en donner beaucoup au cours des années suivantes, dans ce domaine marginal où se mêlent la danse, les masques et la frivolité, mais aussi l'oubli de tout, le désir d'être une autre, celui d'échapper au carcan familial et d'exprimer librement sa personnalité. Étienne de Beaumont ne s'est pas trompé : sa nièce, d'une nature passionnée et volontaire, va déployer ses dons dans cet univers qui le grise lui-même – univers généralement qualifié de futile et considéré avec désapprobation sinon avec mépris par les esprits grincheux : le divertissement. Elle va s'y consacrer avec ferveur, comme un artiste travaille à la perfection d'une œuvre.

Les bals de cette époque, les derniers bals d'une civilisation en voie de disparition, semblent sortis tout droit des contes de fées. Aux gens d'aujourd'hui, ils paraissent irréels à force de féeries. On peut les trouver décalés, absurdes, parfaitement inutiles, sinon scandaleux par l'étalage des richesses. Péché capital, ils ne profitent qu'à quelques-uns. Mais avant de s'effacer comme des mirages, il faut bien reconnaître qu'ils offrent à ceux qui y participent, mais aussi à ceux qu'ils font rêver, un cadeau de prix : une démesure romanesque à la vie, trop souvent mesurée et qui n'est jamais un conte de fées.

11

Beistegui : le Mexicain de Venise

Venise s'apprête à vivre le Bal du Siècle. En costumes d'époque, bien sûr. Elle s'y prépare depuis des mois, consciente de l'enjeu et fière de voir se rallumer la flamme de son glorieux passé. Les fantômes des doges et des dogaresses, du cardinal de Bernis, de Casanova, de leurs belles amies qui dorent leurs cheveux au soleil des altanas vont pouvoir revivre. C'est la fin de l'été, dans la chaleur encore torride, des orages menacent. Une fièvre inhabituelle en cette saison, si loin du Carnaval, s'est emparée de la ville où d'un avis unanime règne un climat électrique. Chacun, comme au théâtre, attend avec impatience « la fête des fêtes ».

Elle doit se dérouler au palais Labia, en bordure du Grand Canal. Construit au XVIIᵉ siècle pour les Labia qui l'ont habité fastueusement avant de s'en défaire quand ils ont été ruinés par Napoléon, il est connu pour contenir, quelque part parmi ses dix-huit salons, des fresques de Tiepolo. Revendu, délabré, au lendemain de la guerre et en réfection depuis lors, il s'apprête à rouvrir ses portes, en renouant avec ses siècles d'or. Son nouveau propriétaire, un non-Vénitien tombé amoureux de son architecture, tient à faire de son inauguration un événement digne de figurer parmi les annales de Venise. Charles de Beistegui – « don Carlos » pour les Vénitiens et « Charlie » pour les intimes – a l'intention de surpasser tous ses prédécesseurs, princes ou bateleurs, dans l'art d'émerveiller.

Mexicain, héritier de mines d'argent qui assurent son patrimoine, ce milliardaire de lointaine origine basque dont le père fut ambassadeur du Mexique à Madrid aime à se faire passer pour un Grand d'Espagne. Il en a l'allure et la morgue. Ses gondoliers, car il en a plusieurs, ont pour consigne de l'appeler monsieur le Baron.

Célibataire et homme à femmes, il mène sa vie selon son bon plaisir, ne tolérant aucune contrainte. Partout chez lui de l'Europe à la Chine, plusieurs mois par an en voyage, traînant avec lui une cour d'amis empressés qu'il mène à la baguette, ce séducteur, à la fois autoritaire, charmeur et colérique, est avant tout un esthète.

À Paris, il a habité d'étonnants appartements, dont l'un sur le toit d'un immeuble des Champs-Élysées, dessiné par Le Corbusier, fut conçu comme une immense salle de bal. Décor d'avant-garde, par lequel « Charlie » a voulu concurrencer ses amis Charles et Marie-Laure de Noailles, les audacieux propriétaires de la villa bâtie par Mallet-Stevens qui porte leur nom à Hyères. Lui-même songe moins à suivre des modes qu'à les inventer. « Un homme qui pense moderne est démodé », assure-t-il aux tenants du mouvement Moderne.

Don Carlos vit rue de Constantine, quand il n'est pas en voyage, à deux pas des Invalides, dans l'hôtel particulier qui fut celui de ses parents et même de ses grands-parents, aux murs couverts de toiles de maîtres – les Beistegui ont toujours été des collectionneurs. Un de ses oncles, Carlos de Beistegui, a même fait don de sa collection au Louvre. Lui-même est un fou de chine : deux fois par semaine, il court les brocantes à la recherche de trésors avec son meilleur ami, Charles de Noailles. Il lui arrive d'acheter chez des antiquaires tableaux ou meubles de prix, mais il n'a pas peur de les mélanger à des babioles qui l'amusent, voire à des faux qu'il commande sur mesure, n'hésitant pas à faire reproduire à l'identique une commode Boulle en sa possession, parce qu'il voulait une paire pour un de ses salons... Cette lubie l'amuse et il la revendique comme une preuve de son anticonformisme : « Mes copies me coûtent souvent plus cher que l'original. »

D'une demeure à l'autre, il a fini par créer un style et par lancer son goût : ce « goût Beistegui », pas toujours du meilleur goût, que son ami Cecil Beaton, son condisciple à Eton College durant les *Roaring Twenties*, définit avec indulgence comme « essentiellement masculin, hardi, imprévu [1] », mais que certains ont trouvé tantôt « baroque », tantôt « surréaliste » et, dans tous les cas, d'un éclectisme à donner le tournis. Mélange de Grand Siècle et de rococo flamboyant, avec abondance de tentures, de passementeries, de dorures, il ne pouvait que se trouver heureux à Venise, dans ce palais de noble lignage, marqué selon Paul Morand par « un demi-siècle de puissance

1. Cecil Beaton, *Cinquante ans d'élégances et d'art de vivre*, Séguier, 2017.

outrageante et de vaisselle d'or jetée par les fenêtres ». Le Labia flatte ses rêves aristocratiques et lui permet de porter au zénith, dans un style inimitable, son faste de (pseudo) Grand d'Espagne.

Paul Morand, toujours : « Reconstituer un palais, c'est dire non au gouffre, c'est comme d'écrire le *Temps perdu*[1]. »

Jacqueline de Ribes, Charles de Beistegui l'a repérée rue Masseran, au dernier bal du comte Étienne de Beaumont, car il a un œil aussi pour discerner les jolies femmes. Il veut la compter au Labia parmi ses mille invités. Le chiffre paraît extravagant pour une réception privée mais la liste va pourtant créer un nombre fou de frustrations parmi ceux ou celles qui rêvaient d'en être et resteront à la porte. La jeune élue a reçu son carton d'invitation, un an auparavant. Carton peint aux quatre couleurs d'un costume d'arlequin.

Conviés au palais à dix heures et demie du soir, ce 3 septembre 1951, les vicomte et vicomtesse de Ribes sont priés de s'y présenter « en costumes d'époque XVIIIe, masques et dominos ». Arrivés trois jours auparavant avec leurs malles et installés à l'hôtel Regina, ils attendent le moment fatidique, lui avec sa patience coutumière, elle dans un état d'extrême excitation, comparable au trac des grandes actrices avant d'entrer en scène.

Ces trois derniers jours, Venise connaît un regain d'activité. Elle vient tout juste de fêter ses Régates. Les touristes mêlés aux autochtones ont pu admirer ses gondoles du

1. Paul Morand, *Venises*, Gallimard, 1971.

XVIIe et du XVIIIe siècle, dans un défilé chamarré de couleurs éclatantes et de bois dorés. Le maire, Angelo Spanio, un démocrate-chrétien, loin de trouver à redire aux millions de lires que va coûter la fête, se montre soucieux de son lustre. Il a personnellement tenu à mettre à la disposition de « don Carlos », qui les a réparties entre ses invités les plus prestigieux, deux barques de cérémonie. Trop jeunes, débutants dans le monde, Jacqueline de Ribes et son mari ont dû louer leur propre gondole, d'envergure plus modeste, et c'est un bel Emilio qui va les conduire au bal.

Les mille invités sont une manne pour la ville, qui se relève difficilement d'années de guerre et de privations. Les nouveaux venus vont en quelques jours dépenser des fortunes en hôtels, en restaurants, en locations de barques, en achats de souvenirs coûteux : une aubaine pour ses habitants. La plupart des invités se connaissent. Des groupes se forment, arpentent les rues, s'adressent de joyeux saluts, prennent des verres le soir au Harry's Bar. Charles de Beistegui, assailli de malheureux qui n'ont pas reçu de cartons mais sont venus quand même et font le siège devant sa porte dans l'espoir d'en obtenir un, se cache dans une suite du Grand Hôtel, qu'il a pris soin de choisir sans ligne téléphonique, tandis que l'une de ses plus chères amies, Aude de Mun – « une des femmes les plus belles que j'aie connues », selon Jacqueline de Ribes, impitoyablement lucide quant à la concurrence –, est chargée des négociations. Il paraît, selon le baron de Redé, que Beistegui, inflexible, à chaque nom que la belle Aude lui soumettait pour tenter de l'infléchir, tapait le sol de sa canne en criant : « La réponse est non, non et non ! »

Jamais Venise n'a vu débarquer sur ses quais autant de volumineux et élégants paquets étiquetés de maisons de Haute Couture, expédiés notamment depuis l'avenue Montaigne, l'avenue George-V, la place Vendôme ou la rue Cambon, car Christian Dior, Cristóbal Balenciaga, Elsa Schiaparelli et Coco Chanel ont œuvré pour le bal. Ni autant de boîtes à chapeaux estampillés Caroline Reboux, en provenance de chez la reine des modistes parisiennes, au 9 avenue Matignon (aujourd'hui l'adresse de la maison Christie's).

Un jeune couturier, ancien premier tailleur chez Christian Dior, a dessiné plusieurs costumes, qui seront très remarqués : Pierre Cardin. Né en Vénétie, à Sant' Andrea di Barbarana, à quelques kilomètres de Trévise, il a pu se sentir particulièrement impliqué dans cette aventure – il est plus vénitien qu'aucun des invités ce soir. Christian Dior qui apprécie son travail lui a offert une édition originale d'*Orphée* de Jean Cocteau pour son départ et, dès que le jeune Cardin a créé sa propre enseigne, lui a envoyé ses premières clientes. Tout juste un an avant le bal Beistegui, Pierre Cardin a racheté la maison Pascaud, rue Richepanse, spécialisée dans les costumes de scène. Et c'est ainsi qu'il a habillé, et très bien, bon nombre de ceux et de celles qui s'apprêtent à faire leur entrée au palais Labia.

Dès la fin de l'après-midi, on a pu voir courir dans les rues, d'un hôtel à l'autre, le célèbre Alexandre, prince de la coiffure et coiffeur des reines, maître incontesté du chignon artistique. Ses assistants galopent derrière lui, avec des mallettes contenant ses précieuses brosses, de la laque à cheveux, de la poudre à perruques. Même s'il a l'habitude de coiffer les stars – rien que des stars –, il doit ce soir se surpasser.

À l'intérieur du palais, la tension monte aussi. Le seigneur du Labia a fait suspendre dans la cour des tapisseries de Beauvais, qu'il a fallu rentrer en hâte lorsque l'orage a éclaté. On les a ressorties à la première éclaircie. Puis, re-rentrées. Puis, re-sorties. Par chance, le ciel de Venise qui menaçait de gâter la fête s'est mis de la partie. Escorté de serviteurs qui s'agitent en tous sens, Beistegui passe en revue les derniers détails. Les dalles de la cour semblent recouvertes d'un antique tapis de la Savonnerie, mais c'est un faux tapis, peint à même le sol par des artisans habiles, qui reproduit le vrai avec une extraordinaire minutie. Illusion digne des *Mille et Une Nuits*, c'est un tapis des songes qui va accueillir dans quelques instants les pieds chaussés de vair ou de satin des invités.

Dès la tombée du jour, les Vénitiens sont rassemblés autour du palais. Pour ne rien manquer du spectacle, certains ont pris place dans des gondoles ou sur les ponts et guettent les premières arrivées à l'angle du Grand Canal et du Cannarcggio où se dresse la magnifique façade baroque. Les ruelles avoisinantes sont déjà pleines de gens qui espèrent apercevoir les masques. C'est bientôt une foule compacte qui s'amasse sur le campo San Geremia. Une estrade, construite pour la soirée et couverte d'un chapiteau, selon le vœu de Beistegui, est prévue pour accueillir quatre mille spectateurs, mais tout autour les gens sont aussi agglutinés que pour un match de foot. Sur la place, des jongleurs, des acrobates, des marionnettistes circulent pour divertir la foule. Charlie a commandé des feux d'artifice et des mâts de cocagne. Les musiciens de l'orchestre, qui s'apprête à jouer hors les murs, accordent leurs instruments.

Le maire est ravi : Beistegui a beau être riche comme Crésus, il n'oublie pas le populus. Des bans ont été affichés dans toute la ville pour convier les Vénitiens à danser jusqu'au bout de la nuit. Des buffets ont été dressés à leur intention, fournis en vins et en nourriture. On verra au petit matin des dominos s'échapper du palais Labia pour aller s'encanailler au bal populaire et des perruques XVIIIe s'envoler dans des accès de joie.

Vers le soir, l'impatience gagne la foule. Des cris fusent : « Beistegui ! Beistegui ! »

« Don Carlos ! Don Carlos ! »

La nuit tombe, enfin. Le maire, décidément sous le charme malgré ses convictions politiques, a accédé à la prière expresse du nouveau prince de Venise qu'on n'allume aucun des réverbères du quartier. C'est un millier de torches qui éclairent les rues. Le palais a lui aussi coupé son électricité, afin de recréer dans ses salons l'atmosphère propre à l'ère des bougies et des chandelles de cire. D'innombrables lustres en cristal de Murano déploient un éclat mobile et caressant. Sur le chemin et sur les quelques marches qui mènent à la porte par laquelle vont se faire les fameuses « entrées », soixante-dix valets de pied, habillés de la même livrée que les valets de la duchesse de Richmond lors du bal qu'elle avait donné à Bruxelles la veille de Waterloo et auquel ont assisté tous les officiers de l'armée de Wellington, servent de porte-torches. Ils vont y passer la nuit.

Les premières gondoles sont acclamées. Les autres, formant un embouteillage sur le Grand Canal, attendent leur tour d'accoster. Il en sort d'extraordinaires silhouettes qui vont s'avancer sur le quai, monter les marches et franchir la porte avant de disparaître aux yeux des curieux venus les admirer. Robes de damas chamarré, tout ornées de dentelles, manteaux de brocart parés de fourrures, bijoux qui scintillent et se mêlent aux reflets des feux dans les eaux. Baron de Redé : « Comme chacun sait, à Venise, les eaux du Grand Canal viennent clapoter sur les façades des palais, donnant l'impression que le tumulte de la cité pénètre dans l'intérieur des maisons. » Cachés sous leurs masques, de mystérieux personnages jaillissent successivement de leurs barques : des ambassadeurs de Chine ou de Turquie, des princes romains et des maharadjahs, des marquises et des dogaresses, escortées d'esclaves ou de petits pages, un perroquet ou un singe juché sur leur épaule, mais aussi des géants, des nains, des oiseaux de nuit, et puis des Casanova, des Leporello, un Commandeur tout vêtu de noir, portant les insignes du Temps. Venus aussi honorer le nouveau maître des lieux, Mozart avec ses parents, Catherine II de Russie avec ses amants et Cagliostro avec ses sortilèges.

Cléopâtre, en version blonde, accompagnée de sa suivante, est ovationnée : grâce aux lumignons qui brillent depuis les fenêtres du Labia et dont la lueur se reflète sur son visage, contre ses perles et sa perruque dorée, lady Diana Cooper[1] réussit une entrée spectaculaire. Sa robe,

1. Lady Diana Cooper (1892-1986).

créée par Cecil Beaton, est la copie à l'identique de celle de la reine d'Égypte telle que l'a peinte Tiepolo sur la fresque la plus vaste et la plus célèbre du palais, *Antoine et Cléopâtre*. Son amant pour ce soir, Antoine, interprété par Fred de Cabrol, la suit à quelques pas. Il porte sur sa cuirasse une immense cape en léopard. Le baron de Cabrol et son épouse, née Marguerite d'Harcourt, ne manquent pas une fête, comme s'ils étaient l'un et l'autre venus au monde dans ce seul but. Ce soir, la baronne fait partie d'un autre tableau. En revanche, l'époux de lady Diana, Duff Cooper, (réel) ambassadeur de Grande-Bretagne en France, figure parmi l'escorte d'Antoine et Cléopâtre.

Selon le baron de Redé auquel nul détail n'échappe, Duff Cooper, prévoyant, a cousu sous son costume une bourse contenant sa réserve personnelle de whisky – « Il avait suffisamment fréquenté les soirées de Charlie pour savoir que l'alcool n'y était pas servi très généreusement. Il s'était douté que les entrées seraient longues et qu'il faudrait patienter des heures avant de pouvoir pénétrer dans le Labia. »

Un aboyeur annonce les masques qui s'avancent l'un après l'autre en direction de leur hôte : dix-huit mètres à franchir sous les vivats.

— « Mozart ! »

C'est Barbara Hutton [1], l'héritière de la chaîne de magasins Woolworth, les *five and dime* où l'on vend tout à cinq ou dix cents. En Mozart, si menue, si fragile, elle est émouvante. Bientôt Porfirio Rubirosa, le play-boy

1. Barbara Hutton (1912-1979).

sud-américain, va mettre le grappin sur elle pour un mariage de cinquante-trois jours.

— « Le Roi-Soleil ! »

Le couturier Jacques Fath [1], qui crée des jupes en forme de corolles de fleurs – sa collection Lys a émoustillé New York –, a beaucoup moins de succès. Son apparition, scintillant d'or avec son épouse, Geneviève, qui fut et reste son mannequin préféré, est jugée aussi indigeste qu'« un dessert trop sucré ».

— « La Reine de l'Afrique ! »

L'aboyeur s'est trompé de casting, Daisy Fellowes [2] est en « Allégorie de l'Amérique » ! Baptisée Marguerite, d'un prénom que tout le monde a oublié, Daisy, née Decazes, est la fille du duc Decazes et d'Isabelle Singer, de la richissime famille américaine des machines à coudre. Sa mère s'étant suicidée très jeune, elle a été élevée par sa tante, Winnaretta Singer [3], musicienne et mécène d'exception. La belle Daisy, veuve en premières noces de Jean de Broglie dont elle a eu trois filles, circule dans le monde sous le nom de son second mari, Reginald Fellowes, un banquier anglais, cousin de Winston Churchill. Nul n'ignore que cette beauté titrée et ultra-chic dont le peintre John Sargent a laissé un portrait évanescent, éditorialiste au *Harper's Bazaar* et romancière, est l'auteure des *Dimanches de la comtesse de Narbonne*. Malade depuis plusieurs jours, « Daisy » est restée alitée tout l'après-midi pour mieux

1. Jacques Fath (1912-1954).
2. Daisy Fellowes (1890-1962).
3. Winnaretta Singer (1865-1943).

ressusciter ce soir. De l'avis général, elle est sublime. « Elle avait le style dans la peau », dira le baron de Redé.

— « Le Lion de Venise ! »

Marie-Laure de Noailles[1]. Une arrivée très attendue : elle règne en mécène sur le monde des modernes, son hôtel particulier de la place des États-Unis qu'elle a hérité de ses ancêtres Bischoffsheim est le point de rendez-vous des artistes d'avant-garde. On comptait sur une Marie-Laure saugrenue, audacieuse, renversante. Surréaliste. Mais elle est plus simiesque que royale, vraiment hideuse ce soir, avec ses petits yeux de charbon. Sa crinière tiendrait plutôt d'une tête de méduse. Cornaquée par le beau Ned Rorem, un ancien quaker, compositeur américain de mélodies et d'opéras, « à la beauté si exceptionnelle que Ned lui-même la contemplait avec émotion[2] », la « vicomtesse du bizarre », descendante du marquis de Sade, rate complètement son entrée.

En revanche, Elizabeth de Breteuil-Chavchavadze[3] – « Cha-Cha » – fait sensation en opulente Catherine II de Russie. Un défi pour une Américaine, mariée à un prince d'origine géorgienne ! Son visage poupin serti de mètres et de mètres de velours noir, telle une musaraigne, elle apparaît escortée d'un nombre inouï d'amants et de domestiques choisis pour leur physique, tels Chips Channon[4], Américain anti-américain, devenu député conservateur

1. Marie-Laure de Noailles (1902-1970).
2. James Lord, *Cinq Femmes exceptionnelles*, Plon, 1996, p. 118.
3. Elizabeth de Breteuil-Chavchavadze (1904-1962).
4. Henry Channon, dit Chips (1897-1958).

britannique – il est impossible d'être plus snob que Chips –, et Peter Coats, dit Petticoats, paysagiste de renom, son compagnon dans la (vraie) vie.

Comme je peinais un peu à m'y reconnaître parmi le Gotha, Jacqueline de Ribes, levant les sourcils d'un air réprobateur, indignée de mon ignorance, condescendait rarement à me présenter ces inconnus qu'elle connaissait si bien. Agacée par mes questions, elle préférait plus souvent me renvoyer aux livres ou à Google : « Vraiment, vous m'étonnez ! »

Orson Welles est venu en smoking, à visage découvert mais la tête couverte de plumes comme un indigène d'Amazonie.

Leonor Fini, ainsi qu'une ribambelle de silhouettes ailées, elle en noir et or, eux en blanc et or, sont en « Oiseaux de nuit ! »

Le vieil Aga Khan, enveloppé dans un sinistre costume de soie noire, brandit la faux qui est l'insigne du Temps.

Quatre figures de proue de l'aristocratie romaine, dont on ne sait comme au tribunal des dieux qui est la plus belle, semblent sorties tout droit d'un tableau de Botticelli représentant les Quatre Saisons : la princesse Colonna (printemps), la princesse Hercolani (été), la princesse Ruspoli (automne) et la comtesse Crespi (hiver).

Les princes romains ne sont pas en reste, ni les grands noms de Milan ou de Palerme. Tel Fulco Santostefano della Cerda, duc de Verdura, cousin du prince de Lampedusa, l'auteur du *Guépard*. Il dessine des bijoux pour Chanel.

Je ne suis pas parvenue à savoir si le prince George Chavchavadze, le compositeur et pianiste de renom, auteur du ballet *L'Aigrette* et mari de « Cha-Cha », a pris place dans la suite de Catherine II, incarnée par son épouse.

Les Beaumont ne font pas partie des invités au bal Beistegui. Jacqueline de Ribes du bout des lèvres : « Mon père n'était pas du genre bal… Quant à ma mère, elle a assisté à un bal chez les Noailles, mais c'était avant la guerre… »

Les photographes ne manquent pas de vedettes à mitrailler – la nuit est constellée de célébrités. Aucun paparazzo à l'intérieur du palais. Seuls trois photographes de grande réputation ont été autorisés à prendre des clichés de l'événement, à la fois *outdoor* pour ne pas manquer l'arrivée des gondoles et *indoor* pour ne rien perdre de la fête. Cecil Beaton, Horst P. Horst et Robert Doisneau. Le *Harper's Bazaar* et *Vogue* attendent leurs reportages avec impatience. « À la porte d'eau des maisons de Venise, on expose sa vie en posant le pied sur le seuil[1]. »

Au tableau des absentes que chacun regrette, Louise de Vilmorin, malade. Marie-Hélène de Rothschild, l'amie d'enfance de Jacqueline de Ribes, sa meilleure amie de toute la vie, est encore aux États-Unis où sa famille s'est réfugiée pendant la guerre. « Mary et Alain de Rothschild étaient là mais Marie-Hélène n'était pas encore *on the map* », précise Jacqueline de Ribes : à l'origine de la création du Mémorial de la Shoah en France, Alain et Mary sont ce soir les seuls représentants de l'illustre famille au bal.

1. P. Morand, *Venises*, *op. cit.*

Voici maintenant que s'approche un groupe époustouflant. Au-dehors, la foule enthousiaste acclame Salvador Dalí[1]. Il a gardé ses moustaches, ce soir elles sont anachroniques. Avec Gala son inséparable épouse, mais aussi avec Christian Dior et quelques autres, tous montés sur des échasses, ils figurent en effet des Géants de la mythologie. Conduits par un nain, ils ont l'air d'être parfaitement à l'aise, esquissent quelques pas de danse, véritable numéro d'équilibristes ! Christian Dior arbore pour une fois un costume dessiné par un autre artiste que lui-même – Salvador Dalí ! Le peintre a conçu non seulement les costumes mais la chorégraphie de son tableau vivant, et répété l'après-midi avec ses partenaires sous l'œil critique de Boris Kochno, l'ancien secrétaire de Diaghilev et librettiste de ballet, amant de Christian Bérard.

Au fond de la cour, telle une statue du Commandeur, Charles de Beistegui, juché lui aussi sur échasses, attend que chacun à son tour s'avance pour le saluer. Vêtu d'un volumineux manteau de cour en damas cramoisi, il est en Procurateur de Venise. Sans masque, une perruque blanche et bouclée, semblable à celle de Louis XIV, lui descend jusqu'à la taille. Au moment de s'incliner devant lui, on a envie de lui dire : « Votre Majesté ! »

Ses yeux bleus pétillent de bonheur : il a tenu ses promesses, le Rêve est assuré.

Un peu plus tard dans la soirée, il va descendre de ses échasses, troquer sa perruque contre un simple masque et

1. Salvador Dalí (1904-1989).

revêtir un cotillon bleu et jaune, plus souple, plus léger, avec lequel il va pouvoir danser – en « Cagliostro », le rôle de l'Enchanteur lui va comme un gant.

C'est alors que l'aboyeur annonce, en italien : « *Le Tre Signore bianche !* »

Jacqueline de Ribes fait la grimace : elle voulait qu'il dise « Les Trois Dames blanches ».

Elle a vingt-deux ans. De loin la benjamine, elle pourrait être la fille ou la petite-fille de chacun des invités qui se pressent au palais Labia. Presque tous sont nés avant, ou bien avant, la guerre de 1914.

« Je savais que j'avais une chance folle d'être là, sans réaliser qu'une nuit comme celle-ci ne peut jamais être revécue. »

C'est elle qui a inventé son rôle pour cette soirée inaugurale, à la fois baptême mondain et performance personnelle, digne d'un concert de Queen au Madison Square Garden. « Comment me mesurer avec la sophistication des groupes qui étaient prêts à dépenser des millions pour ceux qui les avaient, les autres dépenseraient leurs économies, les autres encore seraient prêts à s'endetter. Avant tout, je voulais montrer à notre hôte que je comprenais son monde et son message. Je voulais être à la hauteur, malgré mon couvent très proche et mon air réservé. »

Elle a décidé d'être « trois fois moi » !

Deux superbes créatures joueront ses reflets dans le miroir. Toutes trois de même taille, de même minceur, et habillées, coiffées, masquées à l'identique : rien ne doit les différencier. Le choix fut vite fait : 1,77 mètre sans talons n'est pas précisément dans la moyenne. Invitées à être ses sœurs siamoises, elles ont, toutes deux, plus ou moins l'âge de sa mère mais qu'importe ? les masques ne permettront pas de débusquer l'anachronisme. Ce sont la princesse italienne Cora Caetani[1], une passionnée de musique, veuve de Michelangelo Caetani, grand érudit, spécialiste de Dante, dont la famille a donné deux papes à Rome, et la comtesse italienne, d'origine russe, Tatiana Colonna di Paliano[2], épouse d'un diplomate italien, Guido Colonna di Paliano, dont la mère descend de Michel-Ange… j'abrège ici les ascendances. Quant à leur descendance : la princesse Caetani est la mère de donna Topazia[3] qui héritera du palais familial à Rome, au pied du Quirinal, et la grand-mère du chef d'orchestre Oleg Caetani[4]. Et la comtesse Colonna di Paliano, pour ceux que la généalogie passionne, est la mère de Cristina, future épouse du comte Patrice de Vogüé, propriétaire du château de Vaux-le-Vicomte, l'un des amis d'enfance de Jacqueline de Ribes.

Cora et Tatiana acceptent avec enthousiasme le partenariat que leur propose Jacqueline contre la promesse d'être déchargées de tout souci… et de tout frais. Jacqueline de Ribes s'occupe de tout ! Elle a dessiné les longues robes à paniers, bouffantes, en a choisi la soie, la dentelle et les

1. Cora Caetani (1896-1974).
2. Tatiana Colonna di Paliano (1916-2009).
3. Topazia Caetani (1921-1990).
4. Oleg Caetani est né en 1956. Il est le fils de donna Topazia et du chef d'orchestre Igor Markevitch (1912-1983), qui sera soupçonné bien à tort, en raison de ses sympathies communistes, d'être impliqué dans l'affaire Aldo Moro (1978). La voiture contenant le cadavre de l'homme d'État sera retrouvée dans la rue Caetani, garée juste en face du palais.

broderies, et a trouvé un costumier à coût raisonnable pour les réaliser. À charge pour lui de les récupérer après le bal, pour les louer à des metteurs en scène de théâtre ou de cinéma. On limite ainsi les frais.

Les trois robes sont blanches, de même que les perruques : couleur virginale que souligne la perle, attachée par un velours noir autour du cou. Décolleté à même hauteur, talons des fines sandales réglés au centimètre près pour que les trois silhouettes soient alignées, boucles des perruques reproduites à la mèche près, les éventails sont dans la main droite : les spectateurs ahuris ont bien la vision de trois fois la même !

Leurs visages se dissimulent sous un masque noir rigide, en carton bouilli, comme on en voit sur les tableaux de Longhi, de Guardi ou de Tiepolo. Contraste éblouissant de la touche noire sur tout ce blanc du tableau.

Cora est veuve, mais ses deux « sœurs » ont exigé de leurs maris, Guido et Édouard, qu'ils fassent gondole séparée : ils ont été priés de se tenir à distance, afin de ne fournir aucun indice à ceux qui seraient tentés d'identifier les Dames blanches. Édouard de Ribes est en habit, un simple loup sur le visage.

Arrivées sans escorte, comme échappées d'un rêve, les trois silhouettes condensent tout à coup la lumière. Leur grâce légère, fragile, va frapper les mémoires. Comment Jacqueline de Ribes aurait-elle oublié sa plus magnifique « entrée » ? Aujourd'hui encore, quand on lit un récit du bal Beistegui ou quand on en regarde les photographies, les *Tre Signore bianche* gardent l'attrait du mystère. Le

Les Trois Dames blanches, photographiées au palais Labia par Robert Doisneau. 3 septembre 1951. Jacqueline de Ribes est au centre, entourée de la comtesse Colonna (à gauche) et de la princesse Caetani (à droite).

peintre Serebriakoff, dans une série de gouaches d'après le bal, les croque au moment où elles vont franchir le fameux portail. Puis ce sont les dix-huit mètres qui conduisent au Procurateur de Venise. Au moment de faire la révérence devant Beistegui, « Charlie » ne la reconnaît pas. Mais plus tard, en la faisant danser, il lui murmure tendrement à l'oreille : « Bravo, petite Ribes ! »

« Petite Ribes », ce sera son surnom, sa récompense.

Hélas, tout juste après les Dames blanches, si vivement applaudies, vient le clou de la soirée : le dernier tableau vivant. Le plus théâtral, le plus spectaculaire, il va balayer tous les précédents.

« Son Excellence, l'ambassadeur de Chine et sa suite ! »

Arturo López Willshaw[1], le milliardaire chilien, mécène et collectionneur, « *el rey del guano* », vient d'accoster. Tout au long de la lagune, des vivats ont salué le passage de l'immense gondole, drapée de rouge et éclairée de lanternes, qui semble arriver directement de Pékin. Mais dès qu'il surgit de sa jonque, aux yeux émerveillés du public, c'est un tonnerre d'applaudissements. Porté par deux esclaves sur un fauteuil à roues d'or surmonté d'un dais de soie, « Arturito » semble avoir trouvé sa véritable identité. Absolument méconnaissable, dans un habit brodé par les meilleurs artisans de Paris, il campe à la perfection le faste et la somptuosité de la Chine des Ming. Le visage figé, maquillé de blanc, paré de moustaches et d'une barbe effilée qui lui descend jusqu'à la ceinture, les mains prolongées d'immenses ongles d'or croisées sur la poitrine, il ne

1. Arturo López Willshaw (1900-1962).

bouge pas le plus petit muscle de son corps. Son épouse, Patricia López Huici, conduite dans un second fauteuil à roues d'or, tout aussi époustouflante dans sa robe de soie brodée de fleurs de lotus, le suit à une distance protocolaire. Puis viennent les dignitaires en habit de cour, de grands sabres passés dans la ceinture, et les esclaves chargés des présents que Son Excellence va remettre à leur hôte : coffrets avec des épices ou de l'encens, jarres de fruits exotiques et autres perroquets. Le baron Alexis de Redé, coiffé d'une couronne mandchoue, compagnon d'Arturito auquel il est tout aussi officiellement lié qu'à son épouse, fait partie du mirobolant cortège, ainsi que leur ami le décorateur Georges Geffroy[1], qui a décoré l'hôtel particulier des López à Neuilly ainsi que leur yacht, le *Gaviota*. Il compte ici ce soir dix clients par mètre carré.

Tout le tableau est la copie exacte d'une suite de tapisseries de Beauvais, *L'Histoire de l'empereur de la Chine*, dont il reproduit le moindre détail.

« Arturo López nous a coupé le souffle, dira Jacqueline de Ribes, par une surabondance de recherche, de minutie, de richesse. »

La nuit dès lors n'est plus que divertissement. Tout est permis avec un masque.

Quoique… selon Cocteau, « le masque démasque ».

Il dévoile les fantasmes secrets de chacun.

Il cache les visages, dissimule les corps, mais il dénude les âmes.

1. Georges Geffroy (1905-1971).

Le marquis de Cuevas a envoyé son corps de ballet : des jeunes gens et des jeunes filles habillés de soie pastel et perruqués vont interpréter des menuets sur des airs de Lulli, dans la cour du Labia.

Les pompiers de Venise, que Beistegui a invités, apparaissent en Arlequins, aux couleurs du carton d'invitation. Ils vont bientôt former une pyramide humaine, comme dans les foires de jadis ou sur les peintures de Carpaccio.

Des musiciens en costumes brun et gris jouent Monteverdi et Rameau, tandis que les couples s'enlacent pour danser jusqu'au bout de la nuit.

Les Trois Dames blanches se sont séparées. Elles tourbillonnent, toujours masquées, passent de bras en bras, se croisent et se décroisent sous les lustres aux mille et une bougies. Un domino en habit de don Juan enlace Jacqueline de Ribes : Henri de La Tour d'Auvergne. « Un authentique don Juan du XXe siècle en habit du XVIIIe », qui la serre d'un peu trop près jusqu'à ce qu'il s'aperçoive qu'il tient dans ses bras la fille de son ami Jean de Beaumont et qu'il a l'âge d'être son père. Les flirts incognito sont les délices des bals.

Il est six heures du matin. Les laquais porteurs de torches sont rentrés se coucher. Le palais et les gens sont moins beaux dans l'aube grise. Jacqueline de Ribes, épuisée et mélancolique, remonte dans sa gondole. Emilio le gondolier la reconduit à l'hôtel Regina où son mari, qui n'aimera jamais les fêtes autant qu'elle, s'est depuis longtemps endormi.

12

La Bienfaisance : le couvent du mariage

La vie quotidienne, en comparaison, n'en est que plus morne avec son impitoyable rappel aux réalités. La robe de bal remisée sous housse, les bijoux serrés au coffre, la poésie enfuie, la routine reprend ses droits.

Jacqueline de Ribes aura toujours vécu entièrement décalée vers le soir. Levée très tard déjà à cette époque, on aurait tort de croire qu'elle se prélasse jusqu'au déjeuner. Une boisson chaude, de type tisane, au réveil, une toilette tonique sans s'attarder devant le miroir. Elle est vite prête à affronter ses obligations : menus à planifier avec la gouvernante, listes d'achats soumises à son accord, occupations des enfants à régler avec la nurse, détails d'intendance. Le personnel forme une petite entreprise qu'il faut gérer.

Pas moins de six à sept personnes sont dévolues au service de « la petite maison », l'aile de l'hôtel particulier de la Bienfaisance où Jacqueline de Ribes a vécu avec son mari et ses enfants jusqu'à la mort de ses beaux-parents, dans les années 1980. Habitée autrefois par la grand-mère d'Édouard de Ribes, qui la leur a cédée à leur mariage pour s'établir au rez-de-chaussée de la « grande maison », elle comporte salon, salle à manger et plusieurs chambres dont celles des domestiques qui logent au dernier étage. La cuisine est commune aux deux parties de la maison.

Femmes de chambre, cuisinière – bientôt remplacée par un chef –, maître d'hôtel, chauffeur, nurse (puis gouvernante) des enfants. Il y a la question des gages, les rapports parfois difficiles à arbitrer entre les uns et les autres, les vacances à répartir. C'est ainsi depuis si longtemps ! À la jeune épouse incombe le soin du foyer. C'est elle qui embauche le personnel, donne les ordres, assure la bonne harmonie familiale : on peut lui reconnaître cette qualité de ne s'être entourée que de gens compétents mais surtout de confiance, dévoués au point de demeurer une vie entière au service de la même maison.

Sa femme de chambre, Jeanne, engagée au lendemain de son mariage, devient « une confidente » pour laquelle Jacqueline de Ribes n'a pas de secret. Le père de Jeanne était cocher chez les Fould[1]. Employée à ses débuts chez la princesse Sixte de Bourbon et pourvue des meilleures références, « je n'ai pas eu à la former, elle connaissait toutes les techniques et, d'instinct, le bon goût ». C'est Jeanne qui habille « Mme la vicomtesse », l'aide à choisir ses tenues dont elle change jusqu'à trois fois par jour.

Jeanne repasse les robes, les classe par saison, par style et par couleur dans la garde-robe, avec du papier de soie dans les manches et des aiguilles aux emmanchures pour éviter qu'elles ne glissent du cintre. Elle peut non seule-

1. Jacques Fould (1892-1959), banquier et administrateur de la Compagnie française des chemins de fer de l'Indochine et du Yunnan.

ment recoudre un bouton ou une agrafe mais participer aux transformations que Jacqueline de Ribes imagine. Des après-midi entiers se passent à réinventer des robes ou à « faire des répétitions », selon la formule de Jacqueline de Ribes. L'exercice consiste à porter à la maison les toilettes neuves avant de les sortir dans le monde.

Plus de trente ans plus tard, dans les années 1980, quand Jacqueline de Ribes créera sa maison de couture, Jeanne sera toujours là.

Côté cuisine, la cuisinière déjà en place est vite remplacée par un chef choisi par Jacqueline de Ribes. Nommé Carmine, car il est italien, il a fait ses classes de deuxième chef chez Anténor Patiño, le roi de l'étain bolivien, figure de la jet-set et des mondanités parisiennes. Carmine restera vingt-cinq ans à la Bienfaisance et ne quittera les Ribes que pour se rapprocher de sa mère vieillissante à Rome. Il sera embauché comme chef au palais Borghese.

Lui succède Massimo, italien lui aussi, qui n'a que dix-huit ans à ses débuts chez les Ribes. Entré comme apprenti et formé par Carmine, il va rester quarante-sept ans, jusqu'en 1966, à leur service.

Engagé comme « maître d'hôtel et valet de chambre de M. le comte », Dominique, l'actuel majordome, devenu depuis intendant de la maison, car ses charges n'ont cessé de s'accroître, avait vingt-sept ans à son premier contrat. Formé à l'école hôtelière du Touquet Paris-Plage, puis dans un Relais et Château en Loir-et-Cher, il est passé en coup de vent au service de Christina Onassis, dans un appartement de l'avenue Foch où la maîtresse de maison était la femme invisible. Les Ribes l'ont engagé sur la recommandation de Mme Baron, directrice de la meilleure agence d'employés de maison.

« C'est la comtesse de Ribes qui m'a tout appris, même à plier les serviettes. » Un processus si complexe qu'il faut sans doute plus de cent essais pour y parvenir.

Dominique me rappelle que « le comte et la comtesse ont dîné chez eux en smoking et robe longue jusqu'au milieu des années soixante-dix », y compris en tête à tête.

Ses fonctions ? Servir à table, midi et soir, en gants blancs. Mais aussi s'occuper de l'argenterie : il passe deux heures chaque jour à astiquer couverts, plateaux, bougeoirs. La chambre et le linge de M. le comte sont de son rayon, de même que le ménage dans les salons. Il me montre l'armée de plumeaux de toutes tailles à sa disposition à l'office.

Le comte lui confie ses précieux livres à dépoussiérer une fois par an. C'est dire la confiance où on le tient.

Pour les réceptions, qui requièrent une préparation de quatre à cinq jours, le rituel est toujours le même. Il m'en énumère les étapes. D'abord, il déménage les meubles, ce qui lui prend tout un jour. Puis, il installe tables rondes et chaises dorées louées chez Catillon, le spécialiste de ce type de matériel, ce qui occupe le deuxième jour. Il les habille de leurs nappes (placées sur molletons), tantôt bleu pâle et tantôt rose selon les consignes de la maîtresse de maison. Les rouges damassées, que j'ai pu voir, ne datent que des années 1990 : « Autrefois, c'était ou bleu ou rose, et plus souvent rose. »

Au troisième jour, il dispose le couvert. Assiettes en porcelaine de Sèvres (ou en Berlin quand les invités sont plus de douze), verres Harcourt de Baccarat, argenterie monogrammée aux armes des Ribes (deux lions ailés surmontés de la couronne comtale à neuf perles), qu'il manipule avec des gants. Il plie enfin les serviettes, comme la maîtresse de maison elle-même le lui a appris. Elles sont immenses, en lin blanc. Brodées aux chiffres d'alliance – BR (Beaumont Ribes) –, elles seront placées au centre de l'assiette. On y glissera le pain.

Au quatrième jour, il sort les plats en argent (massif) de leurs housses et les dispose dans l'office avec une étiquette pour qu'en cuisine on n'aille pas mettre le rôti dans le plat à poisson ou les asperges dans le légumier. Il m'explique au passage la répartition des housses en feutrine selon les plats. Elles sont vertes pour le service « lauriers » (bordé d'un liseré de feuilles de laurier), marron pour les plats « coquille » (festonnés comme une coquille Saint-Jacques), rouges pour le Biennais[1] (le service signé de l'orfèvre de Napoléon Ier), grises pour le service Art nouveau qui porte la griffe de Louis Aucoc[2].

Le jour de la réception, Dominique dirige l'équipe de maîtres d'hôtel engagés en renfort : un par table. Deux autres sont affectés au buffet lors des grands dîners. Le majordome-maître d'hôtel veille au café, aux liqueurs, aux rafraîchissements d'après-dîner, tout en s'assurant qu'en

1. Martin-Guillaume Biennais (1764-1843), orfèvre établi rue Saint-Honoré. Il a eu dès 1802 l'exclusivité des fournitures pour la table de l'empereur.

2. Louis Aucoc (1850-1932), orfèvre phare de l'Art nouveau. René Lalique fut son apprenti, dans la boutique de la rue de la Paix.

coulisses la remise en ordre ne traîne pas. Il n'ira se coucher qu'au départ du dernier invité et une fois la cuisine rangée.

Aucun service ne passe au lave-vaisselle à la Bienfaisance. Après chaque repas, tout est lavé à la main.

Jacqueline de Ribes à son majordome, le soir du dîner d'anniversaire de ses quatre-vingt-dix ans : « Vous n'êtes pas le maître de maison, vous êtes le maître de la maison. »

Compliment suprême pour un homme demeuré trente-quatre ans au service des Ribes. Pendant les trois jours hebdomadaires de repos du maître d'hôtel, la femme de chambre sert les repas sur un plateau. « Il est inconcevable que M. et Mme la comtesse puissent ne pas être servis. »

Quand le majordome évoque la femme de chambre, il dit : « Mme Jeanne ».

Les deux chauffeurs se nomment Victor et Edmond. Le premier est celui du comte qu'il conduit chaque jour à la banque, où il fait office de maître d'hôtel quand Édouard de Ribes décide d'y rester déjeuner pour ses affaires. Le second, celui de la comtesse, fait aussi les courses de la maison, selon une liste établie par le majordome. Edmond n'est pas le vrai prénom du chauffeur de la comtesse. À son baptême il s'appelait malencontreusement Édouard ! On a préféré le débaptiser.

Éric Mension-Rigau, dans un livre qui m'a beaucoup secourue, rappelle que le mot *domestique* vient du latin *domus*, la maison, et désigne étymologiquement non seulement la maison mais l'ensemble des gens qui y habitent : la maisonnée. « Le sens de *bonne à tout faire* n'existait que dans la petite bourgeoisie. Chez les aristocrates, on préférait le terme générique de *domestiques*, ou les termes spécialisés de *femme de chambre*, *cuisinière*, *valet de pied* ou *cocher* », ce dernier mot remplacé après guerre par celui de *chauffeur*. Comme dans *Downton Abbey*, le feuilleton bien connu qui se déroule dans un château anglais entre les deux guerres, chacun jusqu'à une époque récente remplissait une tâche spécifique, selon une habitude cloisonnée et fortement hiérarchisée. Au maître d'hôtel revenait la charge la plus importante : « Homme de toute confiance à qui pouvaient éventuellement être confiées des tâches délicates, il exerçait son autorité sur l'ensemble du personnel, transmettait les ordres de "Monsieur" ou de "Madame" au cocher et au cuisinier[1]. »

Mais le temps de *Downton Abbey* n'est plus, même dans les grandes familles : « Nos tâches ne sont plus aussi spécialisées, me dit le majordome de Jacqueline de Ribes. Aujourd'hui, il faut savoir tout faire. »

Le courrier est un autre rituel : on téléphone moins qu'aujourd'hui dans les années 1950 et 1960 mais on écrit encore de longues lettres à ses amis. Et on en reçoit beaucoup, qu'on peut lire à haute voix pour en partager les informations, ou bien qu'on cache quand elles contiennent des confidences indiscrètes. Il y a aussi de courts billets, pour lancer une invitation, ou remercier d'une autre. Et les factures des fournisseurs : à transmettre à son mari, qui signe les chèques.

1. É. Mension-Rigau, *Aristocrates et grands bourgeois*, *op. cit.*, p. 41.

Une secrétaire, bientôt assistante personnelle de la vicomtesse, apporte son aide et gère l'agenda. Mais c'est Jacqueline de Ribes qui prend son téléphone pour inviter ou remercier personnellement ses amis. Mme Mouly que j'ai connue en charge de ce poste est une figure charmante, qui entend les doléances, règle les problèmes et réserve billets de train ou d'avion, places de théâtre ou rendez-vous avec une efficacité jamais prise en défaut.

Pour les fleurs, celles que Jacqueline de Ribes envoie ou celles qui ornent sa demeure, le choix lui est toujours soumis. Les Ribes se fournissent avenue Friedland chez Paule Dedeban, qui est déjà la fleuriste de Dior. « Christian Dior et vous avez été mes deux idoles », écrira Mme Dedeban au moment de prendre sa retraite, en 1998 – sa lettre a été conservée dans les archives de la Bienfaisance. Lorsque Christian Dior meurt en 1957, elle crée une extraordinaire gerbe aux couleurs du couturier pour recouvrir son cercueil : rouge et blanc, ponctuée de muguet.

À la Bienfaisance, ce sont des roses blanches pour la chambre de la vicomtesse, des bouquets ronds pour le salon et la salle à manger. Mais pour les somptueux dîners qui ont lieu dans la serre – la pièce centrale de l'hôtel avec son toit en verrière –, ce sont d'immenses créations cathédrales de deux mètres cinquante de haut. Mme Dedeban les dresse grâce à du fil de fer invisible, dans un vase en porphyre de cinquante centimètres. Un défi aux lois de l'équilibre.

Jacqueline de Ribes a une prédilection pour le lis oriental Stargazer blanc et rose, au parfum puissant, associé à des branches et à du feuillage. Ils rappellent le blason des Beaumont, « d'argent à une fleur de lys d'or ».

Déjeuner servi par le maître d'hôtel à une heure et demie. Il se déroule dans la petite salle à manger, en tête à tête avec son mari, quand il ne déjeune pas à la banque. Ses beaux-parents déjeunent à midi et quart, horaire immuable, dans la salle à manger de la « grande maison ». En l'absence de son mari, Jacqueline de Ribes prend son déjeuner seule dans sa chambre, sur un plateau. Les enfants ont déjà pris le leur de leur côté avec la nurse, mais viennent l'embrasser avant de repartir pour l'école.

L'après-midi, la promenade au parc Monceau ou dans les allées du Bois était agréable autrefois. Jacqueline de Ribes, en tailleur ou en manteau selon la saison, est toujours élégante même sous la pluie. La presse s'attache à reproduire ses toilettes.

Je relève au hasard parmi les *scrapbooks* ce numéro d'un *Femina* de décembre 1949 où, jeune mariée, elle apparaît déjà photographiée dans la rubrique des personnalités. « La vicomtesse de Ribes et lady Cranborne ravies de voir de beaux Renoir à la galerie Bernheim », commente la légende. Elle porte un long manteau pied-de-poule de Maggy Rouff, chapeau de Jean Barthet. Pour ceux et celles qui n'auraient pas de Bottin mondain sous la main, lady Cranborne, née Marjorie Wyndham-Quin, épouse du sixième marquis de Salisbury, est connue pour sa passion des jardins : d'une élégance classique, portant dentelles et colliers de perles, elle fut une écologiste avant l'heure qui bannit les pesticides de ses deux domaines, parmi les plus anciens et les plus réputés d'Angleterre, Cranborne Manor et Hatfield House. La presse l'appelle la « marquise verte [1] ».

Le *shopping*, comme on l'appelle déjà, n'est pas négligeable. La recherche des accessoires, sacs, chaussures, foulards ou étoles, exige du temps. Le but ? Toujours améliorer l'allure d'un vêtement, toujours parfaire ses tenues et sans cesse les renouveler.

Les rendez-vous chez Dior ou Saint Laurent occupent moins d'après-midi que ceux passés à coudre à la maison, pour modifier ou arranger des tenues anciennes, leur donner ce petit quelque chose en plus, qui s'appelle le style. Raccourcir ou rallonger un ourlet, transformer une emmanchure ou le plongé d'un décolleté, rajouter une pince dans le dos ou sur la hanche, modifier la ceinture, ce minutieux travail d'artisan l'occupe de longues heures. Il lui arrive de s'attaquer aux rideaux ou à la soie d'un fauteuil, quand ils ne répondent pas à sa conception de l'esthétique, de plus en plus exigeante à mesure que passent les jours.

Chez ses beaux-parents, tout changement effraie. Toute innovation est une faute de goût. Aussi se sent-elle brimée dans ses désirs et dans ses mouvements, interdite d'une liberté à laquelle elle aspire. Comment respirer, enfermée à la Bienfaisance ?

Grâce à Hervé Mille [2], rencontré à un dîner en ville, qui dirigera jusqu'à la fin des années 1950 le groupe de presse de Jean Prouvost, dont son principal fleuron *Paris Match*,

1. « *The Grande Dame of Green* », *W Magazine*, 1er novembre 2008.
2. Hervé Mille (1909-1993).

le magazine *Marie Claire* lui entrouvre ses pages. Elle va s'y faufiler, incognito, sans en informer ses beaux-parents, qui n'aimeraient vraiment pas apprendre que leur belle-fille travaille… L'idée de déroger en exerçant un métier autre que militaire (pour les garçons) est encore très ancrée dans l'esprit de ces aristocrates d'Ancien Régime, convaincus que seules les femmes dans le besoin sont justifiées de travailler. Jacqueline de Ribes, par crainte de les choquer, ne signe donc aucun de ses articles.

Mais c'est bien elle qui les écrit. Stéphane Goriau, l'archiviste, me tend le dossier où sont conservées les pièces de cette fabuleuse collection privée : des bulletins de paye au nom et à l'adresse de Jacqueline de Ribes ! J'ai eu du mal à en croire mes yeux. À en-tête de *Marie Claire*, domicilié à l'époque 51 rue Pierre-Charron, près des Champs-Élysées, Jacqueline de Ribes reçoit 5 000 francs mensuels (rien de mirobolant) pour sa collaboration aux pages pratiques du magazine.

Sa rubrique ? « Comment être chic pour trois francs » !

La nouvelle styliste court les boutiques à la recherche de tissus, de rubans, festons ou ganses, et donne aux lectrices de *Marie Claire* des idées « pour être plus jolie » sans se ruiner, juste pour trois francs six sous…

Je rêve sur cette « ceinture gilet » coupée dans un tissu écossais acheté aux Galeries Lafayette : « Il faut 0,50 mètre de zéphir ou vichy écossais, on coupe en biais deux morceaux égaux en laissant les pointes qui forment gilet, une petite poche sur le côté droit pour y mettre une chaînette, trois boutons dorés forment la fermeture devant. » Ou sur ce pantalon prune et chandail vert absinthe, sur lequel la nouvelle *fashionista* conseille « une longue écharpe dans le biais, très facile à draper et pouvant aussi servir de ceinture, qu'on obtient en reliant par la pointe deux carrés de mousseline mauve ».

Très inspirante, la « cordelière en passementerie » peut métamorphoser une blouse ordinaire et permet d'« être élégante pour aller dîner au restaurant ou recevoir quelques amis chez soi »... Ci-joint la fiche technique :

– Point jersey aiguille n° 12.

– Bordure chaînette crochet – crochet n° 5, cousue sur envers.

– 18 écheveaux de ganse.

– 1,20 m taffetas de soie.

Tout cela chiffré au centime près et ne dépassant pas les trois francs.

« Col en ruban tricoté », qui prendra le volume d'une fourrure et sera à la fois plus original et moins cher qu'un col en vison ou en hermine. « Manteau intelligent », à porter par tous les temps, à la ville comme à la campagne. « À la fois léger et chaud, attrayant, nouveau, jeune, facile à mettre et étonnamment peu fragile », il tentera toutes celles qui savent tricoter.

À l'occasion de Noël, la rédactrice pigiste déborde de la rubrique mode et s'immisce dans l'art de vivre, en proposant un sapin entièrement comestible. Décoré de boules en bonbons, de guirlandes en guimauves, de sucres d'orge et d'angélique en guise de branches et d'une étoile en chocolat, son merveilleux sapin tout droit sorti du conte *Hansel et Gretel* lui vaut les félicitations de la rédaction, mais ce commentaire beaucoup plus réservé d'Hervé Mille :

« Ce n'est pas à *Marie Claire* que vous devez apporter vos idées. Plutôt à *Connaissance des arts* ! »

Sa collaboration est interrompue.

La voilà rendue à son oisiveté de femme au foyer super-assistée et à l'enfermement rue de la Bienfaisance.

Elle se distrait en transformant le décor de la petite maison : rideaux, tapis, soie des fauteuils. Des tissus jaunes, pour apporter le soleil, des sofas moelleux, des coussins accueillants, le luxe d'un tapis ancien aux chaudes tonalités d'automne… Sans toucher toutefois aux beaux objets du XVIIIe siècle qui sont l'âme de la Bienfaisance.

Elle refait en revanche sa chambre de fond en comble : plus rien n'y restera du décor classique d'autrefois. Une moquette de Madeleine Castaing, des stores peints de motifs de fleurs et d'oiseaux. Son acquisition la plus spectaculaire est un lit à baldaquin d'époque gothique isabélin, « Reine Isabelle » – l'équivalent espagnol de notre Napoléon III.

« Mais c'est le Chabanais ici ! » s'écrie son beau-père en comparant la chambre de sa belle-fille à l'une de celles du célèbre bordel parisien de la Belle Époque. Ce lieu de plaisirs situé au 12 rue Chabanais était fréquenté par de nombreux aristocrates et même par des princes du sang, tels le roi Charles Ier du Portugal, le maharadjah de Kapurthala, ou Édouard VII, le futur roi d'Angleterre[1]. Le comte de

1. Marc Lemonier et Alexandre Dupouy, *Histoire(s) du Paris libertin*, La Musardine, 2003.

Ribes semble bien informé. Il doit avoir lu des descriptions du Chabanais dans les gazettes, quand le décor a été vendu aux enchères, en 1951 – l'année du bal Beistegui. Une vente très médiatique[1]. Tous les meubles furent dispersés, jusqu'à la baignoire en cuivre d'Édouard VII dite sa « baignoire à champagne ».

Et les enfants dans toute cette histoire ?

Jacqueline de Ribes a-t-elle été « une maîtresse de maison avant d'être une mère », chose courante dans son milieu ainsi que voudrait nous le faire croire Éric Mension-Rigau dans une étude générale sur l'aristocratie et les grandes familles[2] ?

Sa vie déborde d'obligations mondaines. Elle n'est pas souvent à la maison et quand elle y est se livre à mille activités. L'affection, pour être retenue, selon les règles d'un savoir-vivre très codifié, n'en est pas moins réelle. Elle insiste sur ce point. « Le climat familial a toujours été chaleureux, *cosy* », me dit Jacqueline de Ribes qui m'assure comme si je risquais d'en douter qu'« on s'embrassait beaucoup ». Élisabeth et Jean vouvoient leurs parents et leurs grands-parents, mais me dit-elle il faut voir là une tradition et non la marque d'une absence de tendresse, dont le tutoiement aurait le monopole. « On peut s'aimer en se disant vous. »

Il n'en demeure pas moins que la vie des enfants, soi-

1. Maurice Rheims, alors au tout début de sa carrière, en fut le jeune commissaire-priseur.

2. É. Mension-Rigau, *Aristocrates et grands bourgeois*, *op. cit.*, p. 496.

gneusement cloisonnée, se déroule à l'écart de celle des adultes et la recoupe rarement.

Confiés à des nurses dès la naissance, puis à des gouvernantes anglaises qui assurent une discipline sévère, des règles indiscutables, et leur enseignent un anglais parfait qu'ils parlent l'un et l'autre couramment, Élisabeth et Jean prennent leurs repas à part, sans leurs parents. Leur mère ne les conduit pas à l'école, comme le font la plupart des mères qui ne travaillent pas. Élisabeth est inscrite à l'Institut de la Madeleine, rue du Général-Foy, puis au cours Clouet d'Orval, rue Alfred-de-Vigny, Jean au cours Hattemer, rue de Londres, pour les petites classes – des établissements privés du 8e arrondissement, proches de la rue de la Bienfaisance. Jacqueline de Ribes souligne que ses enfants n'ont jamais été pensionnaires. Gardant de trop mauvais souvenirs de son séjour en pension, elle s'est toujours opposée à ce qu'ils le soient.

Elle concède que sa belle-mère, la comtesse Jean, s'est beaucoup occupée d'eux lorsqu'ils étaient petits : en particulier de leurs études à l'école primaire. « Je n'étais pas la mère parfaite, qui emmène ses enfants à l'école ou chez le docteur, mais j'étais tendre avec eux, et surtout préoccupée de leur donner cet amour maternel que je n'ai jamais reçu. Alors que ma mère ne m'a jamais fait un seul compliment de sa vie, au contraire relevait mes défauts, remarquait mes maladresses et me complexait, j'ai voulu leur donner confiance en eux. »

Le samedi, sauf exception, le déjeuner réunit la famille autour de la table où la conversation peut enfin s'établir. Les parents interrogent leurs enfants sur leur vie en dehors de la maison, les font parler, tâchent de répondre à leurs questions s'ils en ont.

Les vacances sont strictement planifiées. Noël se fête à la Bienfaisance, autour du sapin et de la crèche, dont la décoration est un prétexte à réunir les enfants autour du maître d'œuvre, Jacqueline de Ribes. Elle choisit avec eux les boules et les guirlandes selon des thèmes et des couleurs qui varient tous les ans, et construit pour eux, en aidant leurs doigts maladroits, le décor de papier montagne où seront placés l'étable, les ponts et la rivière, les étoiles, puis tous les santons, du berger aux Rois mages. Les enfants savourent l'occasion si rarement offerte de jouer avec leur mère. On part ensuite en famille pour Diebolsheim, où la neige est souvent au rendez-vous pour créer un petit supplément de joie dans l'austère et rigide emploi du temps des enfants, le plus souvent seuls dans la nursery, sous l'œil scrutateur de la gouvernante anglaise qui jamais ne relâche sa surveillance.

Pour les vacances de février, ils accompagnent leurs parents aux sports d'hiver, à Saint-Moritz. Les enfants ne skieront jamais aussi bien que leur mère, l'aînée est plutôt craintive quoique élégante sur la neige, le petit Jean souvent distrait oublie de lacer ses chaussures ou manque chuter d'une falaise. Leur mère prolonge ses séjours, tandis qu'ils rentrent à Paris pour reprendre l'école.

Au mois de juillet, Jacqueline et Édouard de Ribes emmènent leurs enfants à La Baule, où ils séjournent à l'hôtel de la Plage et du Golf, un hôtel familial qui donnait directement sur le sable et la mer aujourd'hui détruit et remplacé par un immeuble de béton. En août, Élisabeth et

Jean rejoignent leurs grands-parents au château de Saint-Just, tandis que leurs parents prennent des vacances avec leurs amis. « Avec maman, nous jouions au jeu de la canne sur la pelouse ovale en face du château. Elle devait nous toucher avec une canne mais sans courir, tandis que nous cherchions à lui échapper, ce qui était impossible à cause de ses longues jambes… Mais cela ne survenait que lorsqu'elle était là, et elle ne venait pas souvent à Saint-Just, où mes grands-parents passaient six mois de l'année. » La mère, si souvent absente, laisse un sillage poétique et ludique, d'autant plus frustrant.

Retour aux rituels de la Bienfaisance, où le dimanche matin les enfants encore dans l'âge tendre ont le droit de rejoindre leur mère dans sa chambre. Le petit Jean, me dit-elle, aime cette atmosphère raffinée où la musique en provenance du pick-up maternel lui prépare un avenir de mélomane. Il s'installe sur le lit Isabelino, se blottit parmi les oreillers et écoute sa mère lui raconter des histoires. Elle invente pour eux un feuilleton à épisodes inépuisables, qui aurait mérité d'être édité et illustré, mais qui est resté dit, non écrit, comme dans la tradition du plus ancien folklore : le conte de *Perla et Gouttelette*.

Jacqueline de Ribes m'en a résumé les « saisons ». Perla et Gouttelette sont deux gouttes d'eau qui regardent la terre depuis un nuage et décident d'y descendre à la prochaine pluie. L'une, Perla, audacieuse, un peu folle, et l'autre, Gouttelette, timide et en retrait, toujours raisonnable, doivent combattre la rosée matinale ou les petites bêtes dans l'herbe d'un pré. Elles croient mourir dans l'eau de Vichy, se solidifient en cubes de glace dans un whisky, font de la Résistance et, je saute des épisodes, finissent dans de la vapeur en Chine.

Je demande à Jacqueline de Ribes si ces deux caractères n'étaient pas chez elle le reflet d'une dualité : la fantaisie, le goût de la liberté, et celui de l'ascèse et de l'autodiscipline ?

« Je ne me suis jamais fait psychanalyser. »

Elle a aimé ces moments trop rares partagés avec ses enfants, dit s'en souvenir comme d'une enclave de bonheur.

Eux, en réponse, ont inventé un conte pour leurs parents, l'histoire de Julot et Marcelline. Deux enfants à la Jacques Tati, rêvant d'indépendance. Chaussés de sandales en plastique et coiffés d'un bob, anti-*fashion* et anti-glamour ainsi que les définit leur mère, ils ont tenu à lui dire sur le mode romanesque et avec beaucoup de drôlerie toute la fantaisie de leurs rêves impossibles.

Quand elle était prête pour sortir dîner, elle allait les embrasser à tour de rôle dans sa belle robe du soir. Son fils en témoigne bien des années après : « Quand j'étais enfant, j'étais pénétré d'importance quand ma mère se tournait vers moi et, avec le plus délicieux des sourires, me disait : "Mon chéri, est-ce que tu aimes ça [1] ?" »

Élisabeth de Ribes, elle, goûte l'esprit de fantaisie de sa mère, son imagination qui lui a toujours paru inépuisable : « Avec maman », dit-elle sur un ton où je ne sais ce qui

1. Discours de Jean de Ribes, le soir de l'exposition au Metropolitan Museum, à New York : « *When I was a child, I was "pénétré d'importance" when my mother used to turn to me and, with the kindest of all smiles, used to offer : "Darling, do you like it ?"* »

l'emporte, de la résignation ou de l'admiration, à moins que ce ne soit celui d'un timide reproche, « avec maman on ne savait jamais quand on prenait un billet pour la Corse si on n'allait pas se retrouver en Amérique. »

Autant Élisabeth de Ribes a pris le temps de me confier quelques souvenirs d'enfance, autant Jean de Ribes a refusé tout entretien à ce sujet. Parler de leur mère est pour tous les deux difficile, sinon douloureux.

À ma question : « Comment faire pour grandir près d'une idole, l'image même de la perfection ? », aucun d'eux ne me répond.

13

Voyez comme on danse

« Au moins, connaissez-vous Noureev ?… »

La nuance d'ironie ne pouvait m'échapper. Combien de fois en effet Jacqueline de Ribes ne devait-elle pas m'éclairer sur les têtes célèbres ou couronnées qui faisaient leur apparition dans son récit ? Cette fois, oui, comme tout le monde, je connaissais Rudolf Noureev. J'étais cependant étonnée de le voir surgir tout à coup, d'un de ces bonds prodigieux qui l'ont rendu célèbre, parmi les aristocrates et les banquiers d'affaires, les couturiers et les femmes du monde qui étaient ses habituelles fréquentations.

Ce Tatare au tempérament de feu et au cou de taureau, né dans un wagon de troisième classe du Transsibérien, que sa mère devait porter sur son dos pour l'accompagner à l'école parce qu'il n'avait pas de chaussures, ce Faune plus sexuel que gracieux, aussi puissant et indomptable qu'un tigre, cet être sauvage et musical, qui portait la danse au sommet des arts et ne vivait que pour danser, me paraissait échapper à ses codes comme à ses privilèges.

Le danseur était venu à Paris avec l'ensemble de la troupe du Kirov au printemps 1961, à l'occasion d'une tournée inaugurale – c'était la première fois que le Kirov, quittant Leningrad, se produisait en Europe – et il avait aussitôt conquis la capitale. Paris ne jurait plus que par le « nouveau Nijinski[1] ». Dans *La Belle au bois dormant* et dans *Le Lac des cygnes*, on ne lui avait pas tout de suite donné les rôles phares, mais comme on dit au cinéma il crevait l'écran.

Le public ovationnait ses pas de deux auxquels il donnait une ampleur jamais vue et ses sauts vertigineux qui défiaient la pesanteur. Surtout, cette jeune étoile apportait au ballet traditionnel qui en était encore à la mode de Marius Petipa bien autre chose que des performances de virtuose. Avec Noureev, l'esprit du ballet changeait du tout au tout. Le drame de la vie, la folie de l'amour, le face-à-face avec la mort, voilà ce que jouait, ce que vivait, sur la scène de l'Opéra Garnier, cet étonnant danseur de vingt-trois ans, devenu immédiatement populaire. Le Kirov, inquiet de ses débordements et qui avait déjà éprouvé à Moscou ses coups d'éclat et son indiscipline, avait beau essayer de le garder au second plan, ne lui accorder que des rôles discrets, Noureev avait imposé sa présence, si chaude, si violente que Garnier faisait salle comble et entrait en délire à chacune de ses apparitions. Les officiels soviétiques, sur le qui-vive, ne parvenaient plus à contrôler la star. En scène comme hors de scène, Noureev échappait aux sbires du KGB chargés de le surveiller. Émerveillé par Paris, il voulait tout voir, le Louvre, le musée Rodin, la Sainte-Chapelle, mais aussi les bistrots,

1. Rudolf Noureev (1938-1993).

les magasins de jouets, les clubs de Saint-Germain-des-Prés, et sortait tous les soirs après le spectacle en compagnie d'une bande de jeunes Français de son âge, éperdus d'admiration pour lui. Ayant refusé de rentrer en URSS au terme de son contrat, malgré la menace des autorités soviétiques, il choisit de rester en France quand le Kirov quitta Paris. C'était le 16 juin 1961, date historique de son rocambolesque « saut vers la liberté[1] ». Jacqueline de Ribes était aux premières loges pour y assister.

Devenir ballerine est un de ses rêves qu'elle n'a jamais pu réaliser : les jeunes filles de son milieu ne faisaient pas carrière à l'Opéra. Ses bras, ses gestes, son port de tête, sa souple démarche pourtant l'y prédestinaient. Les bals, avec leurs costumes scintillants, leurs décors de théâtre, ont toujours été pour elle une merveilleuse occasion de s'adonner à la danse. Valses, tangos, fox-trot ou cha-cha-cha, et bientôt twists ou jerks, elle peut danser sur tous les rythmes. Dans les années 1970, elle sera inépuisable sur la piste des boîtes de nuit de Marbella ou d'Ibiza. J'ai pu en voir la démonstration sur un film d'amateur datant de 1955, en consultant les archives de la Bienfaisance. C'était lors d'une croisière en Grèce sur le yacht de Niárchos, le *shipping tycoon*, l'armateur milliardaire. Elsa Maxwell, la commère américaine, amie des Windsor, avait organisé cet événement, financé par Niárchos pour promouvoir le tourisme en mer Égée. La Grèce traversait des difficultés économiques et politiques et cette luxueuse

1. Pour Noureev, je suis redevable à la belle biographie d'Ariane Dollfus, *Noureev l'insoumis*, Flammarion, 2007.

croisière était la participation du *golden Greek* pour la relever. Les passagers formaient une liste impressionnante de *rich and famous*, il n'y avait à bord que des altesses, des ducs et des duchesses, des hommes politiques de premier rang ou des vedettes glamour de Hollywood, de Paul Reynaud aux Argyll ou aux Brissac, en passant par l'actrice Olivia de Havilland ou le chanteur lyrique Cesare Siepi.

Cet après-midi-là, plein soleil sur la Méditerranée, quelqu'un a mis un disque sur le pick-up. La très jeune Jacqueline de Ribes (vingt-six ans) se lance spontanément dans un *one-woman-show*. Chacun sur le pont fait cercle autour d'elle. Pieds nus, cheveux défaits, la ballerine est en bikini ! Noureev qui, le premier, a dansé dans des maillots moulants au point de paraître nu, aurait sûrement apprécié ce corps de sylphide. Filiforme et musclée, malgré deux maternités, elle enchaîne les entrechats, les tourbillons, les grands écarts. Sa souplesse quand elle lève haut ses longues jambes, le pied tendu comme si elle portait des chaussons de danse, montre une belle pratique de ce genre d'exercice. Elle ne semble pas du tout intimidée de s'offrir en spectacle, au contraire. Elle vit à fond ce moment plein de désirs frustrés d'une autre forme d'existence, évolue d'une rambarde à l'autre comme si elle était sur une scène, les planches de bois de l'*Achilleus* reproduisant assez bien le plancher en pente de l'Opéra Garnier. Sens du rythme, amour du mouvement, joie d'exister : comment n'aurait-elle pas admiré Rudolf Noureev ?

Depuis le milieu des années 1950, Jacqueline de Ribes est liée à une des figures de la société parisienne qui mérite bien son titre de « roi du ballet », le marquis de Cuevas[1]. Ce Chilien, aristocrate d'opérette, anobli dans les années 1930, que ses amis d'Amérique du Sud appelaient affectueusement « Cuevitas », se présentait lui-même tel « un petit métèque » à son arrivée à Paris au début du siècle. Il avait exercé toutes sortes de métiers pour survivre et fut notamment employé par la *Maison Irfé* – la maison de couture créée rue Duphot, à Paris, par le prince *Fé*lix Youssoupov et son épouse *Ir*ina (petite-nièce du tsar Nicolas II).

Jorge Cuevas ou de Cuevas, dont toute la personnalité exigeait la lumière, avait fini par satisfaire la double vocation qui lui tenait à cœur depuis l'enfance : il était devenu riche, par son mariage avec Margaret Strong, la petite-fille de John D. Rockefeller, le fondateur de la dynastie. Une originale qui teint ses cheveux en rouge et parle couramment grec et latin. Puis, ayant racheté le périclitant Nouveau Ballet de Monte-Carlo grâce à la fortune de sa femme, il avait fondé la compagnie qui depuis 1951 portait son nom et ses couleurs.

Les Ballets du marquis de Cuevas étaient d'une haute tenue artistique, par la qualité de la troupe mais aussi celle des décors et des costumes. Animé de la volonté d'être le meilleur dans un domaine où il aurait pu rester un simple amateur, Jorge Cuevas engageait les meilleurs professionnels. C'est ainsi que Robert Helpmann ou Bronislava Nijinska, sœur de Nijinski, chorégraphes de réputation internationale, ont pu diriger des danseurs aussi exception-

1. Jorge Cuevas (1885-1961).

nels que Rosella Hightower, André Eglevsky ou Serge Golovine.

Lui-même adorait la danse – c'est chez lui une passion sincère. Il l'adorait presque autant que les dix-huit pékinois dont il ne se séparait jamais et qu'il nourrissait exclusivement de violettes.

Personnage loufoque, à la limite du ridicule, qui venait à l'Opéra accompagné de « Monsieur », le préféré de ses toutous, il avait l'habitude de recevoir ses amis chez lui en robe de chambre, et le plus souvent au lit comme Louis XIV, dans un somptueux appartement du 7 quai Voltaire qui avait été celui de Cécile Sorel, l'une des comédiennes adulées de la Belle Époque.

Jacqueline de Ribes, amusée : « Georges de Cuevas avait sa cour. J'ai vu les gens attendre en file indienne sur le palier avant d'être reçus ! »

Elle-même n'attendait pas : il lui suffisait de se montrer. Le marquis de Cuevas, charmé par ses apparitions aux bals dont il était un invité assidu, réputé pour son art de se costumer, avait fait d'elle la marraine du ballet, sa conseillère ès raffinements et sa chargée de relations publiques (*public relation*). Il l'appelait tout simplement « Pharaonne » !

Il était si entiché de sa pharaonne qu'un jour il lui offrit une broche de la maison Cartier : une main en corail tendant une marguerite en diamants.

« Pas vraiment mon style ! » me dit Jacqueline de Ribes. D'autant que la phrase qui accompagne le cadeau n'était pas du meilleur goût : « La main, lui dit Cuevas, parce que c'est moi qui vous l'offre, la marguerite, parce que c'est Margaret qui la paye ! »

Le marquis, quels que soient ses mérites, peut se montrer goujat (le mot est faible). Un soir que Jacqueline de Ribes dîne quai Voltaire, elle remarque en bout de table une petite dame discrète, qui n'ouvre la bouche que pour manger ce qu'on lui apporte. Elle s'étonne qu'on ne lui adresse pas la parole et demande qui elle est. Cuevas : « C'est notre cuisinière. Par contrat, elle dîne à notre table une fois par semaine, ce qui me permet de la payer moins cher… »

Avec des traits odieux de caractère, il pouvait irriter, sinon exaspérer son entourage. Fâché à mort avec Serge Lifar à la suite d'un différend sur le plagiat d'un ballet, en 1958, les deux hommes se sont battus en duel, au sabre de cavalerie – arme choisie par Cuevas !

Au terme de deux assauts, Cuevas avait blessé Lifar, « au mou du bras » selon les termes du danseur. Ils s'étaient réconciliés dans la voiture qui les ramenait à Paris (le duel avait eu lieu dans l'Oise, pour dérouter le préfet de police de la Seine). Les témoins de Cuevas méritent d'être cités : José Luis de Vilallonga, l'acteur-écrivain, figure de la jet-set, et Jean-Marie Le Pen, alors jeune député ! José Luis de Vilallonga a fait de ce duel un récit désopilant dans ses mémoires[1]. Il y mentionne au passage Jacqueline de Ribes, présente dès cette époque dans l'entourage du « divin marquis ». Avec Marthe Bibesco, la romancière, elle était au chevet de Cuevas la veille du duel, dans l'effervescence et la panique qui régnaient quai Voltaire. Toutes deux avaient

1. José Luis de Vilallonga, *Ma vie est une fête*, Olivier Orban, 1988.

revêtu, d'après Vilallonga, des voiles de deuil qui lui avaient paru de mauvais augure.

J'y vois plutôt un signe de fantaisie. Sûre de sa beauté, de son statut social, Jacqueline de Ribes cultive déjà son apparence. Son jeu est théâtral. Le vêtement qu'elle choisit en fonction des circonstances fait partie du rôle. Le marquis de Cuevas ne pouvait qu'apprécier cette actrice capable de jouer un jour les veuves éplorées et d'être le lendemain une amie légère, complice de ses aventures loufoques.

Le « divin marquis » venait de mourir au mois de janvier de cette même année 1961 où Noureev choisit la liberté. Sa dernière apparition quelques mois auparavant au Théâtre des Champs-Élysées, où il s'était fait conduire en chaise roulante, avait été un triomphe. Le marquis ne manquait jamais la représentation d'un seul de ses ballets. Sa *Belle au bois dormant* était pour lui « un clin d'œil à la mort et au fisc ». Les spectateurs, dos à la scène, avaient applaudi à tout rompre l'entrée de ce petit homme frêle et blafard, si visiblement diminué par la maladie, qui serrait son pékinois dans ses bras et qui, d'après les nombreux journalistes présents ce soir-là, jetait autour de lui des regards courroucés. Il voulait prononcer un discours, mais ne pouvait déjà plus parler.

Sa veuve hésita d'abord à continuer de financer l'œuvre de son mari, qui avait toujours été une entreprise coûteuse. Mais un beau jeune homme croyait à l'avenir du ballet et elle se laissa convaincre. D'origine chilienne, comme Cuevas dont il prétendait être le « neveu », Raimundo Larraín partageait avec ce prétendu « oncle » le goût des noms à rallonge : il se faisait appeler Raymundo *de* Larraín[1]. Il lui servait de secrétaire mais, doué d'un indéniable talent artistique, c'est lui qui dessinait les fastueux décors et costumes des ballets. Il s'était ensuite mêlé de la mise en scène et, au grand dam des chorégraphes du marquis de Cuevas qui entretenaient avec lui des rapports conflictuels, il avait des idées très arrêtées sur leur art. Au point que Bronislava Nijinska se brouilla avec lui et finit par quitter la troupe. Dès le lendemain de la mort de Cuevas, il eut tout le ballet en main. « Il était exceptionnellement doué, inventait des décors étonnants, mais ne voulait pas se donner trop de peine », me dit Jacqueline de Ribes.

Noureev, à la sortie d'une des représentations de *La Belle au bois dormant* au Théâtre des Champs-Élysées, entièrement revue et corrigée par Larraín : « Votre *Belle* ce n'est pas de la danse, c'est du music-hall[2] ! »

De six ans plus jeune que Jacqueline de Ribes, le nouveau directeur est un homme complexe et séduisant. Séduisant, par son physique de jeune premier, son allure de dandy, ses manières raffinées qu'on peut d'ailleurs trouver trop affectées et précieuses. Complexe, parce que cet homosexuel qui courtise les femmes et les séduit sans peine cache habilement son jeu. Sa politesse, exquise au premier abord, est une des formes de son cynisme. Il y a chez lui quelque chose de vulgaire dans son obsession à ne

1. Raymundo de Larraín (1935, Santiago du Chili – 1988, Paris).
2. A. Dollfus, *Noureev l'insoumis*, *op. cit.*, p. 49.

fréquenter que des gens susceptibles de l'entretenir sur un grand pied.

Le baron de Redé le décrit comme « un type sans foi ni loi » et a laissé de lui un portrait assez cru. « C'était tout bonnement un gigolo chilien et l'un des petits amis de Cuevas, rôle qui n'avait d'ailleurs aucun caractère d'exclusivité ni pour l'un ni pour l'autre. Il était assez nerveux, avec un nez proéminent et des mains finement manucurées, sa tête dodelinait sans cesse quand il parlait[1]. »

Quelques lignes plus loin dans ses mémoires, Redé ajoute que Larraín « avait l'habitude de soutirer de l'argent aux riches » et que « l'argent était la seule chose qui l'intéressait ». Jugement dicté par une rancune personnelle : le baron de Redé était exaspéré de voir Larraín courtiser son amant, Arturo López (encore un Chilien, encore un milliardaire, et le fameux empereur de la Chine qui avait remporté la palme d'or au bal Beistegui). Mais jugement non dénué de fondement. Raymundo de Larraín est un esthète, prêt à tout pour vivre selon ses exigeants critères : beauté, luxe, raffinement, volupté sans limites. Jacqueline de Ribes tombe immédiatement sous son charme interlope.

Au physique, leur ressemblance est frappante. De même taille et d'une minceur stupéfiante, dénués de la moindre graisse, élancés, félins, avec de grands bras qui effectuent des mouvements admirables, ils ont de surcroît le même fin profil, avec un grand front et un nez qu'on remarque, ce nez « à la Beaumont » qui est dans la famille

1. A. de Redé, *Souvenirs et portraits*, *op. cit.*, p. 144.

de Jacqueline de Ribes un véritable sceau de naissance au même titre que le blason.

Deux êtres nerveux, de santé fragile, Raymundo de Larraín et Jacqueline de Ribes se ressemblent tant qu'on les croirait sortis du même œuf tels les enfants de Léda, Castor et Clytemnestre, Pollux et Hélène : jumeaux mythologiques, amants incestueux.

Richard Avedon saisit cette ressemblance et cette attirance réciproque dans une série de photographies du couple pour le *Harper's Bazaar*, en 1961. Véritable jeu de miroirs, l'un et l'autre (à moins que ce ne soient l'une et l'autre) se regardent comme deux reflets du même être, masculin-féminin ou féminin-masculin. Lui en smoking, cravate noire, elle, les cheveux tirés en chignon et retenus par d'authentiques clips de brillants, en robe du soir de chez Guy Laroche (qui sera déclarée de Dior !). Aussi beaux l'un que l'autre, lui Apollon, elle Artémis – autres jumeaux de légende –, ils offrent le spectacle d'une gémellité parfaite.

Pour Avedon, ces modèles exceptionnels sont le prétexte d'une étude sur le narcissisme et la mise en abyme de soi. « *The creation of the goddess* », en septembre, reprend le thème du double, le photographe n'en finit pas d'être fasciné par ces deux prodiges mythologiques.

Larraín et Jacqueline de Ribes ont en commun bien plus que l'apparence physique. Solaires par le caractère, qu'ils ont tous deux très affirmé, et par leur vocation à vivre dans la lumière, leurs goûts, leurs penchants les rapprochent. Ils aiment la vie raffinée, luxueuse, et pour atteindre leur idéal ne reculent devant aucun défi. Aussi perfectionnistes l'un que l'autre, ils sont épris d'une Beauté poétique qui évoque les splendeurs de la Renaissance italienne mais étend son emprise, résolument moderne, jusqu'aux gratte-ciel de Manhattan.

Larraín est moins un Pygmalion qu'un maître dans l'art du paraître, une sorte de *coach* pour une jeune vicomtesse qui en est encore à se chercher une image. Il prêche le maintien, l'assurance, l'audace. Jacqueline de Ribes prend des leçons de narcissisme et apprend à se sublimer, même dans la vie de tous les jours. Il ne doit y avoir aucune frontière dans l'art d'être belle, les efforts commencent au saut du lit. Autoritaire et sûr de lui, Raymundo de Larraín lui fait changer sa coiffure, son maquillage, et la conseille pour ses robes. Il veut faire d'elle une étoile sur la scène du grand monde.

Elle opte pour un chignon stylisé, moins conventionnel que précédemment, et pour le fameux trait noir sur la paupière qui souligne sa parenté avec une reine d'Égypte. Le mascara n'est pas encore au point : elle utilise de la vraie peinture en guise d'*eye liner*. Et, la toute première, lance la mode de l'œil étiré. On se maquille à la manière de Jacqueline de Ribes quand on souligne son regard de noir… Au fond, sans les conseils de Larraín elle ne serait peut-être pas allée au bout de son personnage. Il l'a encouragée à développer ce dont se méfient tellement les Ribes : le culte du moi.

Ce Sud-Américain, aux origines improbables et à l'ambition baroque, a réveillé la Belle au bois dormant.

Jacqueline de Ribes me le déclare solennellement : « J'ai eu trois passions dans ma vie, et un grand amour. »

Le grand amour, me dit-elle, c'est son mari, Édouard de Ribes.

Raymundo de Larraín quant à lui est la première de ses trois passions avouées.

Elle n'a pas peur de compromettre sa réputation. À Paris, les rumeurs vont vite. Il se dit partout qu'elle a un « chevalier servant ». Tout le monde à Paris, et pas seulement dans le milieu de la danse, sait que Larraín et « la petite Ribes », devenus inséparables, forment un couple. Un couple assorti et très en vogue. Charles de Beistegui, qui voit sa petite Jacqueline lui échapper, se montre plus jaloux que son mari.

Rudolf Noureev fascine Larraín, qui l'a vu danser avec le Kirov à Garnier puis au Palais des Sports. Dès avant son spectaculaire saut vers la liberté qui a déclenché une tempête politique et médiatique, il a été du cercle de ses admirateurs. Avec la ravissante Clara Saint, fiancée malheureuse d'un fils Malraux qui vient de se tuer dans un accident de la route, et avec Pierre Lacotte, ancien premier danseur de l'Opéra de Paris, fondateur de la compagnie des ballets de la tour Eiffel, il a vite fait partie de la garde rapprochée du danseur. Après la défection de Noureev, il a fallu cacher le dissident salle Pleyel puis chez des proches, à des adresses tenues secrètes : menacé des foudres du régime soviétique, Noureev a vécu ses premiers jours de liberté dans un climat de terreur. Larraín, opportuniste, lui a alors proposé ce que n'a pas fait l'Opéra de Paris, de rejoindre la troupe du Ballet du marquis de Cuevas et de danser le prince aux côtés de Nina Vyroubova[1] dans *La Belle au bois dormant*.

Le 23 juin 1961, au Théâtre des Champs-Élysées, sept jours après avoir échappé au KGB, l'ex-étoile du Kirov déclenche un triomphe qui restera dans les annales de la danse : le ballet est interrompu quatre fois par un tonnerre d'applaudissements. Et quand le rideau tombe au dernier acte, la *standing ovation* confine au délire. Il y a jusqu'à vingt-huit rappels ! Larraín peut se féliciter mais aussi s'inquiéter au sujet de sa nouvelle recrue : le fauve Noureev n'est pas facile à apprivoiser.

Jacqueline de Ribes : « Caractère difficile, très autoritaire. C'était impossible de lui imposer quoi que ce soit. »

Elle est dans la salle, tous les soirs, pour le voir danser. Elle se lève avec le public pour l'applaudir. Mais elle est présente aussi, le 30 juin 1961, quand au troisième acte, alors que l'Oiseau bleu bondit sur scène pour son pas de deux, le Théâtre des Champs-Élysées retentit tout à coup de cris et d'insultes hurlés des balcons par des partisans communistes : « Traître ! », « Vendu ! », « À Moscou, à Moscou ! ». Tandis que les perturbateurs bombardent Noureev de boules puantes et de pièces de monnaie que tout le monde prend pour des éclats de verre, il poursuit sa variation, imperturbable, sans même pouvoir entendre la musique que le chahut domine. Car le reste de la salle, d'abord choqué, applaudit à tout rompre en acclamant « Noureev ! Noureev ! » aux cris de « Vive la liberté ! ». La police appelée sur les lieux met fin au désordre, embarque

1. Nina Vyroubova (1921-2007).

quelques récalcitrants, et Noureev reçoit l'ovation due aux vainqueurs.

Jacqueline de Ribes : « Ce n'était encore rien. La violence nous suivait partout. »

Le 5 novembre, alors que Larraín a convaincu Noureev d'accompagner la troupe en tournée pour danser *La Belle* à Hambourg, c'est en effet encore pire. Juste avant le lever du rideau, devant la foule des spectateurs éberlués, une trombe d'eau jaillit des cintres et, dans un bruit épouvantable, s'abat sur la scène et les décors. Cause accidentelle ? Ou criminelle ? La presse allemande de même que l'opinion penchent plutôt en faveur de la deuxième hypothèse. Le ballet du 5 est annulé mais Noureev, que rien ni personne ne peut décourager de danser, est bel et bien de retour sur scène, le lendemain, pour son rendez-vous avec Tchaïkovski.

Puis il met fin à son contrat. Incompatibilité d'humeur entre Noureev et Larraín, comme on l'a souvent dit, à la suite d'un conflit de vues concernant les costumes ? Ou désir de Noureev de s'éloigner de Paris qui l'a traité en héros mais où l'Opéra ne lui propose toujours pas de rôle ? Le danseur rejoint le Royal Ballet à Londres, sur la proposition de sa directrice, Ninette de Valois. Le 21 février 1962, il danse *Giselle* à Covent Garden, avec Margot Fonteyn[1] : début d'une longue et belle histoire d'amitié amoureuse et sacre du couple le plus extraordinaire de l'histoire de la danse. Son aînée de près de vingt ans, Margot Fonteyn, si équilibrée, si calme et élégante, est la partenaire idéale du Faune.

1. Margot Fonteyn (1919-1991).

C'est le moment que choisit Margaret Strong, la veuve de Cuevas, pour stopper son financement à la troupe de feu son mari. Elle préfère acheter des maisons – elle en a un peu partout dans le monde – et songe à s'installer à Palm Beach.

Larraín et Jacqueline de Ribes décident ensemble de sauver le Ballet. Larraín a un nouveau projet, il veut monter le *Cendrillon* de Prokofiev. Et puisqu'il n'y a plus de mécène pour financer les spectacles, il confie à sa toute-pareille la mission de trouver les fonds nécessaires. N'est-elle pas riche après tout ? Avec un père et un mari banquiers, elle devrait pouvoir l'aider… D'ailleurs rien n'est jamais trop cher, quand on est au service de l'Art.

Jacqueline de Ribes, que ces arguments ont vite convaincue, trop heureuse de servir l'Art et de faire plaisir à son chevalier servant, trouve là un nouveau prétexte pour sortir de sa « cage dorée » – autre nom de la prison cinq étoiles de la Bienfaisance. Métamorphosée en manager et femme d'affaires, la voilà officiellement nommée directrice-administratrice de l'International Ballet. Elle commence par créer « la Société du ballet Cendrillon » et se démène pour trouver des actionnaires. En six mois, alors qu'elle n'a aucune expérience de ce genre d'entreprise, elle va réussir à lever cent trente millions de francs.

Elle a exploité à fond son carnet d'adresses et converti en généreux mécènes une douzaine de ses amis. Mais son mari est furieux ! « La seule fois où Édouard s'est mis en colère contre moi, mais vraiment très en colère, c'est à ce moment-là. Il ne comprenait pas pourquoi je me donnais tant de mal ! »

Sans doute ne comprend-il que trop bien ce qui relie son épouse à ce Chilien baroque, assoiffé de succès et de reconnaissance.

Larraín en revanche est satisfait : ainsi qu'il le dira souvent, il a enfin trouvé avec Jacqueline de Ribes une âme sœur, pareillement éprise de merveilleux et d'extravagances, « quelqu'un d'aussi fou que moi ».

Avec les cent trente millions, Larraín peut louer le Théâtre des Champs-Élysées, engager un orchestre, recruter cinquante-deux danseurs, dont Galina Samsova qui sera Cendrillon et Viktor Rona, le Prince. Il s'offre un chorégraphe d'exception, Wazlaw Orlikovsky, dont le choix fut d'ailleurs conseillé par Noureev. Il va enfin donner libre cours à ses goûts luxueux pour les décors et les costumes (au nombre de deux cent cinquante et qu'il aura tous dessinés), domaines où il ne laisse personne s'immiscer, à l'exception de Jacqueline de Ribes bien sûr. Mais c'est un malin. Pour attirer le public, à des fins publicitaires, il a l'idée d'engager une danseuse de dix-sept ans, brune et piquante, dont ce seront les débuts sur scène : Géraldine Chaplin, la petite-fille de Charlie Chaplin. Il a pu l'aborder facilement : Jacqueline de Ribes connaît bien Charlie Chaplin – lors d'une folle soirée sur la Riviera, chez Paul-Louis Weiller, elle lui a même appris à danser le twist !

Pendant six mois, Jacqueline de Ribes travaille quinze heures par jour. Un chapeau de chez Dior vissé sur la tête, car elle n'a plus le temps d'aller chez le coiffeur, elle assiste Larraín dans son travail d'homme-orchestre. À la fois directeur, costumier, décorateur, éclairagiste et chorégraphe, il porte un œil acéré et maniaque sur les moindres détails du spectacle et aura finalement tout réglé, des mouvements des danseurs aux nuances des lumières ou au bombé d'un tutu, dans cette *Cendrillon*.

Présente à chacune des répétitions, assise à toutes les places du théâtre, tantôt à l'orchestre et tantôt aux balcons pour étudier la scène sous tous ses angles, Jacqueline de Ribes donne son avis, et Larraín l'écoute – ils sont animés du même et torturant désir d'offrir un spectacle parfait. Le soir de la première, le 4 décembre 1963, somptueuse à son habitude mais le visage tiré par l'émotion, elle vit chaque instant du ballet comme si elle était elle-même sur la scène avec les danseurs. « *Cendrillon* m'a permis d'exprimer une part de moi-même. J'y ai mis toute ma passion. Toute mon ambition. »

C'est un incontestable succès. Le ballet, conçu comme une féerie, enchante le public. Le Théâtre des Champs-Élysées est plein tous les soirs. Les critiques les plus sévères fondent littéralement devant un spectacle « d'une perfection inouïe » (*Le Figaro*), « Un cadeau de Noël de grand luxe » selon *Combat*, « un éblouissement » selon *Arts*, « *a somptuous spectacle* » selon le *New York Herald Tribune*. « Cendrillon a fait rêver le tout-Paris », proclame *L'Aurore*. La presse est unanime à saluer « l'Enchanteur Larraín » dont la gloire rejaillit sur Jacqueline de Ribes – « la fée que Cendrillon n'attendait plus ! ».

Elle triomphe. Les inquiétudes des Ribes sont balayées. L'argent investi ne sera pas perdu. Le théâtre fonctionne à guichets fermés. Elle a vraiment gagné la partie le jour où son beau-père, si réticent sur ses activités artistiques, lui demande de lui trouver des places pour *Cendrillon*. Il veut les offrir à son médecin, à son homme d'affaires et même à son fiscaliste ! Ce qui ne l'empêche pas de trouver le style de sa belle-fille « trop peu comme il faut ». Mi-amusé, mi-agacé, il lui déclare : « Vous êtes un mélange d'impératrice de Russie et de danseuse des Folies Bergère. »

Elle répond à des interviews, passe même à la télévision. C'est la première fois qu'elle sort de son cercle aristocratique et mondain pour s'adresser au grand public. Elle franchit un pas, sinon tout à fait le Rubicon. Les journalistes se bousculent à la porte de la Bienfaisance. Elle se fait attendre et désirer. L'une des étoiles du Ballet, avec Géraldine Chaplin et Galina Samsova, c'est elle.

« La fée Jacqueline a bien mérité d'entrer toute vivante dans la mythologie moderne du merveilleux », écrit la journaliste Sylvie de Nussac.

Elle assiste à chacune des vingt-huit représentations de cette *Cendrillon* qui est en partie son œuvre ! Élisabeth de Ribes se souvient que sa mère lui a rapporté le programme, signé par Géraldine Chaplin. La jeune fille collectionne les autographes. Sa mère pouvait en obtenir facilement pour elle des célébrités qu'elle croisait dans sa vie mondaine – les Beatles et Liz Taylor ont signé l'album d'autographes d'Élisabeth. Mais ce *Cendrillon* avec Géraldine Chaplin a valeur de trophée personnel.

Un jour pourtant, le rêve se défait. Dans le conte de Perrault, au douzième coup de minuit, la princesse retrouve ses haillons, son carrosse redevient citrouille, ses chevaux des chats de gouttière, son laquais une souris. Mais le Prince charmant vient vite la chercher près de l'âtre, pour la prendre dans ses bras et vivre une vie heureuse avec elle.

La réalité est bien différente. Jacqueline de Ribes reste très attachée à son mari, à sa famille, à son cadre de vie. Elle revient sur ces années de ballets en répondant aux questions d'une journaliste de *Vanity Fair*, en septembre 2010 : « J'ai toujours eu envie de m'évader de ma cage. Mais une fois que j'étais dehors, où ce n'est pas toujours facile, j'étais contente de revenir à la maison ("*I was very happy to come back home*") – même si c'était quand même comme retourner à l'école. »

La passion amoureuse se prolonge encore trois ans. Raymundo et Jacqueline, couple de magazine, séduisent les photographes. Mais l'image se fissure. Édouard de Ribes admoneste son épouse. Il veut et obtient qu'elle cesse de jouer les collectrices de fonds auprès de leurs amis et qu'elle quitte toute responsabilité dans la compagnie des ballets de Cuevas. Raymundo de Larraín devra chercher ses soutiens financiers auprès d'autres mécènes. Délaissant Jacqueline, il se met alors à courtiser Douce François, une jolie brune au sourire gourmand qui a pour principal mérite à ses yeux d'être la nièce d'Arturo López. Elle habite chez lui, à Neuilly, dans son palais des *Mille et Une Nuits*, l'hôtel Rodocanachi.

Raymundo de Larraín croit avoir affaire à une milliardaire. Ou au moins a-t-il l'espoir, grâce à elle, de se rapprocher d'« Arturito » qui pourrait se révéler un investisseur potentiel.

Mais Arturo López est sous la garde du baron de Redé, qui n'a pas l'intention de laisser Larraín approcher.

Quant à Douce François, elle est follement amoureuse de Noureev. Elle rêve même d'épouser le danseur. De 1969 jusqu'à la mort de Noureev en janvier 1993, elle sera son amie fidèle et sa confidente.

Apollon et Artémis se séparent. Il y a de la mélancolie dans les yeux de Jacqueline de Ribes, dans le son de sa voix, lorsqu'elle me parle de Raymundo de Larraín, la première de ses trois passions. Leurs vies ne se rejoindront plus.

Devenu photographe à New York, Larraín qui ne manque pas de talent photographie Jimi Hendrix pour *Life Magazine*, en octobre 1969. Clichés sublimes, en bleu glacier. Une des photos fera le tour du monde et reste à ce jour le portrait phare du chanteur psychédélique.

Purple haze, all in my brain…
Lately things they don't seem the same
Actin's funny, but I don't know why
Excuse me while I kiss the sky.

Le coup de maître final est un peu moins poétique. En 1977, à quarante-deux ans, Larraín épousera à Washington la veuve du marquis de Cuevas qui en a quatre-vingts et qu'il continue d'appeler « tante Margaret », comme autrefois. À sa mort, en 1985, elle lui léguera sa fortune, spoliant ainsi de leur héritage les deux enfants de feu le marquis. Larraín mourra du sida, trois ans plus tard.

14

Une brassée de jeunes femmes à la parade

« Nous étions une brassée de jeunes femmes à la parade, titrées le plus souvent, demandées, requises même, car stratégiquement indispensables à la réussite d'une soirée et qui ajoutaient à la munificence des réceptions. Également et très différemment belles les unes des autres, nous avions Paris à nos pieds », raconte Françoise d'Origny, alors vicomtesse d'Harcourt, l'une des amies de Jacqueline de Ribes. Son époux, Amaury, préférant la chasse et les aventures en Afrique, elle court les bals. Quelques années plus tard, cet aristocrate chasseur, se croyant sans doute au-dessus des lois, sera condamné à neuf ans de prison pour complicité de meurtre.

Brune au visage mutin, à la silhouette de mannequin, le plus souvent habillée par Lanvin qui lui prête les robes de ses collections et a fait d'elle une des ambassadrices de la marque, Françoise d'Origny a, elle aussi, grandi dans des châteaux et reçu l'éducation parfaite pour devenir une « femme du monde ». Avec Jacqueline de Ribes elle partage non seulement le goût des toilettes et des fêtes, mais les souvenirs douloureux d'une enfance mal aimée. Sa mère, la redoutable Gilonne, comtesse d'Origny, l'a élevée à la dure, d'ailleurs plus dressée qu'élevée. Elle montrait plus d'affection à ses deux lévriers, Farouk et Farida – « la perle des yeux de notre mère » – qu'à ses enfants, Françoise et son frère Henri. Françoise d'Origny a connu la solitude dans des pensions où on l'oubliait souvent aux vacances. Mariée très jeune pour échapper à la terrible tutelle maternelle, elle ne se doutait pas qu'elle allait retomber sous l'autorité non moins redoutable d'une belle-famille – les Harcourt –, dont les rigoureuses règles de vie ne sont pas éloignées de celles des Ribes.

Un nom aristocratique, un titre de vicomtesse ou de baronne habillent mieux que les toilettes d'un grand couturier. Victoire et Véronique, les deux sœurs Montesquiou-Fezensac, de la famille de d'Artagnan, mousquetaire du roi. Rosamée de Brantes, fille d'un officier de cavalerie mort à Mauthausen, héros de la Résistance, et de la princesse de Faucigny-Lucinge ; elle est la sœur d'Anne-Aymone, future Mme Valéry Giscard d'Estaing. Chita de Gontaut-Biron, dont toute l'enfance s'est déroulée sur l'île de Cuba où sa famille possédait des domaines. Françoise de Langlade, future épouse d'Oscar de la Renta, ou encore Francesca Chandon de Briailles, née Sanjust di Teulada, mariée au descendant de la maison de vins de Champagne Moët et Chandon, les amies de Jacqueline de Ribes sont toutes de noble lignage. Dans le monde qu'elles fréquentent, le nom compte autant que la beauté, le charme ou l'intelligence – qualités qu'elles possèdent souvent toutes à la fois.

Elles ont en commun un autre atout : elles sont toutes immensément riches. Leur fortune est une part de leur séduction. L'argent, dont tant de gens manquent, coule ici à flots.

La vie de ces jeunes femmes – une poignée d'élues – n'est grâce à lui, pour l'essentiel, qu'une succession sans fin de déjeuners en ville, dîners, cocktails et bals, soirées à l'Opéra. La plupart d'entre elles se font coiffer par Alexandre[1]. Le Sphinx de la coiffure, ainsi que le surnomme Jean Cocteau qui a décoré son salon de la rue Marbeuf, est surtout réputé pour son art du chignon. Les grands soirs, il vient souvent à domicile fixer des tiares et des bijoux sur ces édifices que Jacqueline de Ribes trouve trop compliqués. Elle optera dans quelques années pour le « chignon Laurent », du nom d'un jeune coiffeur, ancien de chez les sœurs Carita, qui va bientôt ouvrir son propre salon rue de la Paix. Il prône le naturel dans le style, ce qui convient mieux à Jacqueline de Ribes, dont la masse de cheveux peut se passer d'ornements. Laurent Gaudefroy restera son coiffeur attitré et viendra souvent la coiffer pour les grandes soirées jusqu'aux heures tardives qui sont les siennes. Mais la plupart du temps, elle se coiffe elle-même.

« Quelle que soit l'occasion, raconte Laurent Gaudefroy en se souvenant de ces années cinquante où le Tout-Paris sortait chaque soir, les femmes ne sortaient pas sans être apprêtées. Les Parisiennes qui avaient les moyens

1. Louis Alexandre Raimon, dit Alexandre (1922-2008). Longtemps associé des sœurs Carita, il ouvre son salon en 1957, dans la même rue du Faubourg-Saint-Honoré que ses concurrentes. Alexandre exerce au 120, les sœurs Carita au 11.

n'hésitaient pas à le montrer en portant d'incroyables bijoux. C'était à celle qui serait la plus spectaculaire, la plus élégante, la plus remarquée[1]. »

Rivales sur le théâtre d'une société qui leur demande de se surpasser, elles nouent cependant de vraies complicités, de solides amitiés. À l'appui, ce tendre témoignage de Françoise d'Origny : « La reine de nous toutes, c'était Jacqueline de Ribes, la plus époustouflante et la plus élégante qui soit, gentille, gaie, intelligente, qui menait sa vie mondaine avec des robes fracassantes et un professionnalisme sans faille. Elle était la preuve vivante que la légèreté assumée est une vocation qui exige discipline, pertinence et application et que la vie mondaine oblige à des efforts poursuivis sans relâche au mépris d'autres considérations[2]. »

Jacqueline de Ribes admire Daisy Fellowes, qu'Elsa Maxwell qualifie de « femme la plus élégante de son temps[3] ». Jacqueline de Ribes se souvient de sa beauté, de son allure originale dans des robes de Schiaparelli, de l'éclat de ses bijoux signés Suzanne Belperron, qui est aussi la joaillière préférée de la duchesse de Windsor. « Daisy » est une des rares personnes capables de lui en imposer.

1. Laurent Gaudefroy, *Les Secrets d'un coiffeur de stars*, Calmann-Lévy, 2016, p. 49.

2. Françoise d'Origny, *Ces jours qui ne sont plus*, Fauves Éditions, 2017, p. 149.

3. Daisy Fellowes (1890-1962), « la femme la plus élégante de son temps », p. 288 dans *J'ai reçu le monde entier*, souvenirs d'Elsa Maxwell, traduit et adapté par le duc de Noailles, Club du Livre du Mois, 1955.

« À un de mes premiers dîners chez Beistegui, Daisy Fellowes, qui en était l'invitée de marque, n'a pas eu un mot, pas un geste, ni le moindre sourire pour encourager la débutante que j'étais. Elle était glaciale, terrifiante. » À moins qu'à son âge avancé, Daisy Fellowes n'ait eu à redouter la fraîcheur d'une jeune invitée et choisi de l'ignorer ?

Jacqueline de Ribes et ses amies, qui sont pour la plupart « du gratin » comme on dit chez les Ribes, c'est-à-dire issues de l'aristocratie, sont en concurrence dans leur génération avec des beautés venues d'autres horizons. La compétition est rude et s'ouvre à l'international. Il faut compter avec les Italiennes, les Grecques, mais aussi les Américaines et les Sud-Américaines. La plupart sont encore titrées – la noblesse reste un critère de choix jusqu'aux années 1960.

À classer parmi les plus remarquables spécimens qui associent le nom, la classe et la beauté, se détachent Marina Cicogna, en tête de liste, la jeune vicomtesse vénitienne, fille du comte et de la comtesse Volpi, ainsi que les sœurs Agnelli, de la famille propriétaire de la firme automobile Fiat : Clara, princesse Furstenberg, Susanna dite « Suni », comtesse Rattazzi, Maria Sole, épouse d'un cavalier d'exception, Ranieri Di Campello, qui a participé aux Jeux olympiques de 1936, et la plus jeune, Cristiana, comtesse Brandolini d'Adda. De même que Marina Cicogna, les sœurs Agnelli, tout particulièrement Suni et Cristiana, sont étroitement liées à Jacqueline de Ribes qui éprouve une passion incurable pour l'Italie, s'y rend souvent, est reçue chez elles à bras ouverts, à Venise ou dans leurs propriétés du Piémont ou de Toscane.

Dans le cercle des beautés internationales propres à faire de l'ombre à Jacqueline de Ribes, les sœurs Livanós, Eugenia et Athina[1], occupent elles aussi une place de premier plan : elles passent pour être les deux plus belles femmes d'Athènes et sont assurément les plus riches. Filles de Stávros Livanós, le patriarche des armateurs grecs – cette aristocratie de la mer Égée –, elles ont épousé les deux pires rivaux de leur père, l'une (Athina) Aristote Onassis et l'autre (Eugenia) Stávros Niárchos, deux *tycoons*, deux barons des mers. La tribu n'est pas harmonieuse mais vit ensemble, selon des liens d'amour-haine difficiles à démêler. Pas exactement le genre de relations qu'encouragent les beaux-parents de Jacqueline de Ribes. Niárchos, après la mort d'Eugenia d'une overdose de barbituriques qui ressemble à un suicide, épousera Athina, divorcée d'Onassis.

L'exceptionnelle beauté des sœurs Livanós, leurs robes de prix, leurs bijoux dignes des impératrices de Byzance, leur vie entre yachts fabuleux et Rolls-Royce étincelantes, n'illuminent pas leur visage. Elles ont le triste avantage d'être délaissées par leurs maris, trompées d'abondance, humiliées sinon battues, et de pleurer sans cesse « des larmes de champagne[2] », selon l'expression d'un fin observateur de leurs mœurs décadentes. Sorties tout droit d'une pièce de Sophocle ou d'Euripide, elles traînent derrière elles une sombre nuée d'Érinyes qui leur préparent un

1. Eugenia Livanós (1927-1970). Tina Livanós (1929-1974). Voir le roman de Stéphanie des Horts, *Les Sœurs Livanós*, Albin Michel, 2018.

2. Gilles Martin-Chauffier, *Paris Match*, 17-12-2018.

destin tragique – trahisons, morts d'enfants, coups et blessures conjugales, suicides.

Frivole, infiniment plus légère que les deux sœurs grecques, l'Américano-Anglaise Pamela Digby Churchill[1], fille de baron, belle-fille de Premier ministre, peut prétendre quant à elle descendre d'Aliénor d'Aquitaine. *Noblesse oblige*. Sa peau de rousse, sa présence magnétique et sensuelle lors des grands bals provoquent l'ébullition chez tous les mâles, parfois aussi chez leurs compagnes. Au début des *fifties*, elle a quitté Randolph, le fils de Winston Churchill, pour vivre librement sa nouvelle passion avec l'Italien le plus séduisant de sa génération, Giovanni Agnelli, l'héritier de l'empire Fiat. Il la couvre de cadeaux, l'installe dans son appartement parisien de l'avenue de New York qu'il lui léguera en cadeau de rupture et aurait pu, si elle l'avait voulu, lui faire un enfant.

Dans ces années 1950 qui voient se déployer tant de fêtes, une créature étonnante va tourner la tête du beau « Gianni » et le séparer de la descendante d'Aliénor d'Aquitaine. D'une très ancienne famille de princes napolitains établie à Florence, Marella Caracciolo di Castagneto[2] surgit dans le circuit mondain à l'occasion de son mariage en 1953 et ne quittera plus la scène internationale. Quoique pudique, assez secrète pour se brouiller avec son ami Truman Capote quand il la décrit parmi ses femmes

1. Pamela Churchill, née Digby (1920-1997), plus tard Mrs Harriman et, sous ce nom, future ambassadrice des États-Unis en France. Stéphanie des Horts a écrit le roman de sa vie, *Pamela*, Livre de poche, 2019.

2. Marella Agnelli (1927-2019).

cygnes dans un ouvrage qu'elle essaiera de faire condamner, les paparazzi la poursuivent de Turin à New York et à la Riviera. Cecil Beaton puis Richard Avedon photographient cette authentique princesse, au cou étonnamment long de femme girafe et à l'exquis visage de vierge du Quattrocento. Un visage « que Botticelli aurait pu peindre si Botticelli avait eu suffisamment de talent », écrit Truman Capote. Sa silhouette hiératique, son élégance d'une sobriété exemplaire, ses tuniques qui lui donnent l'air d'une goélette fendant les flots : cet être singulier, à part, est éclairé d'une douce lumière. Toujours selon Truman Capote, tout dans l'attitude de Marella Agnelli trahissait la timidité et l'hésitation car « elle n'était jamais sûre d'être à sa place malgré sa richesse phénoménale et son extrême beauté[1] ».

Marella Agnelli et Jacqueline de Ribes se ressemblent étrangement. Elles ont en commun, physiquement, la haute taille et la silhouette élancée, le port de tête impérial, l'élégance spectaculaire. Elles sont en outre animées du même désir d'affirmer leurs caractères dans les familles qui les ont adoptées. Le clan Agnelli est bien différent du milieu très conservateur où s'est mariée Jacqueline de Ribes : modernes, sportifs, internationaux, les Agnelli semblent jouir de la vie avec une volupté tout italienne. Mais ils imposent aussi leurs contraintes. Pour Gianni Agnelli, la vie s'écoule à deux cents à l'heure, à la vitesse de ses dangereux bolides. L'épouse doit suivre le rythme et

1. Melanie Benjamin, *Les Cygnes de la Cinquième Avenue*, trad. de l'anglais (USA) par Christel Gaillard-Paris, Livre de poche, 2018.

s'habituer à voir apparaître et disparaître de ses luxueuses maisons le mari courant d'air, notoirement infidèle, dont toute la presse relate les aventures.

De même que Jacqueline de Ribes apporte dans l'univers des siens, fait de rites et de lenteur, ses engouements pour le ballet, la couture, la décoration et tout ce qui peut bousculer l'ordinaire, Marella Agnelli s'adonne à deux passions qui lui assurent un jardin secret au sein de la famille. La photographie, d'abord. Avant son mariage avec l'« Avvocato », elle a été à New York l'assistante d'Erwin Blumenfeld, le spécialiste de « l'œil de biche », et elle a publié à titre occasionnel des photos dans *Vogue*. Elle demeure inséparable de son Leica, ne cesse de photographier la vie autour d'elle et, en premier lieu, les jardins. Car elle est férue de botanique, sa seconde passion. Elle transformera en chef-d'œuvre, avec l'aide de Russell Page, le Paganini des jardiniers, le parc de la maison familiale, à Villar Perosa.

Les deux femmes sont très liées. Mais elles n'en sont pas moins rivales quand elles se retrouvent ensemble à une même soirée. En 1959, Jack et Drue Heinz – propriétaires du Ketchup, la fameuse sauce tomate – donnent un bal au Corviglia Club, à Saint-Moritz. « *Come as your suppressed desire* », stipule le carton d'invitation. Autrement dit, « Venez, incarné dans votre plus secret désir ».

Jacqueline de Ribes a passé des heures à coudre de ses mains son propre déguisement. Drapée dans un drap de lit et coiffée d'un hennin qui tient sur un cintre en fer, elle est en Héloïse, la malheureuse et tragique amante d'Abélard. Pour son Abélard, elle a choisi Reinaldo Herrera

Guevara, un beau garçon à la réputation de play-boy, dont le père, le marquis de Torre Casa, possède des plantations de canne à sucre au Venezuela. Il épousera dans quelques années la couturière américaine, d'origine elle aussi vénézuélienne, Carolina Pacanins y Niño, qui lancera une maison de couture à son nom, Carolina Herrera.

Jacqueline de Ribes a utilisé de vieux rideaux en velours marron pour fabriquer la robe de moine d'Abélard. Reinaldo Herrera, un crucifix autour du cou, y est aussi chic que dans un smoking. Au dernier moment, leur jeune amie vénitienne, Marina Cicogna (née Volpi), en quête d'un personnage, se joint à eux. Déguisée à la hâte en Ange, avec une paire d'ailes en fleurs et un cercle de laiton pour auréole, ce qui ne lui ressemble guère – c'est un fort tempérament de femme –, elle a réservé une petite surprise aux invités des Heinz. Marina Cicogna a le goût des provocations. Formant un groupe de trois avec « Jacqueline » et « Reinaldo », elle porte en bandoulière un large ruban, sur lequel elle a écrit le titre-programme de leur tableau : « *The Heavenly Partouze* » – la Partouze céleste.

Scandale. La rumeur s'est répandue jusqu'à la rue de la Bienfaisance que Jacqueline de Ribes participait à une partouze… Il s'en fallut de peu que le vicomte de Ribes, comme le vicomte de Noailles avant lui à cause de ses amis surréalistes, ne fût exclu du Jockey.

Quant à Marella Agnelli, ce soir du bal des Heinz, elle avait choisi sans hésiter son « désir le plus refoulé ». On la vit apparaître… *suppressed desire*… déguisée en Jacqueline de Ribes ! Perruque noire, mascara noir étiré en trait épais sur les yeux, des bracelets et des bagues en forme de serpents sur ses bras minces, elle a emprunté à Jacqueline de Ribes une des robes les plus fameuses de son vestiaire, la « Byzance » de Dior. Une robe tubulaire, en soie rouge, entièrement caparaçonnée de cabochons en pierreries. Dessinée en 1958 par le jeune assistant de Dior, Yves Mathieu Saint Laurent, « Byzance [1] » est une des premières robes du soir courtes.

Ce *suppressed desire* de Marella Agnelli a surpris tout le monde, et d'abord Jacqueline de Ribes. Il était pour le moins étrange de la part d'une femme qui est une véritable reine en Italie. Cette reine éprouvait-elle un complexe à vouloir tant ressembler à une autre femme du monde ? Complexe d'une Italienne à l'égard d'une Parisienne, alors qu'elle est elle-même un modèle d'élégance et d'allure, que les Italiens applaudissent dans la rue quand ils la voient passer ? Ou le fait de se glisser dans la soie d'une robe, n'était-ce pas plutôt un jeu ? Le désir caché d'échanger pour un soir son identité avec celle d'une amie proche ?

Autre amie, autre style, Maria Callas [2]. Contrairement à la plupart des figures magnétiques de ce bouquet de femmes, elle a connu une enfance pauvre à New York entre des parents immigrés et sans le sou et ne l'a jamais oublié. Dans le monde de paillettes où évolue Jacqueline

1. « Byzance » figure aux archives de la maison Dior. Elle a en revanche disparu du vestiaire de Jacqueline de Ribes, qui l'a probablement donnée à une association de charité. À moins qu'elle ne l'ait perdue. La robe n'a pas été exposée au Metropolitan.

2. Maria Callas (1923-1977).

de Ribes, cette prima donna, qui n'est ni comtesse, ni marquise, concentre sur elle les projecteurs. C'est la *diva assoluta*, à la voix qu'on dit d'or et parfois de cristal, si pure que les amateurs ne lui trouvent aucune égale, mais c'est aussi Médée, Tosca, Violette, Norma en une seule personne adulée et adorée.

Dans le cercle des amies de Jacqueline de Ribes leur ressemblance physique est à ce point frappante qu'elle abuse souvent les paparazzi. Les deux femmes ont le même profil au nez droit et prononcé de reine d'Égypte, qui conduit des journalistes à des erreurs de casting dans leurs commentaires.

Maria Callas est entrée de plain-pied dans la jet-set au tournant de ces années 1950-1960 au bras d'Aristote Onassis. Petit, trapu, avec la peau sombre, l'œil noir et le sourire étincelant, si l'on en croit un narrateur du *Gold Gotha*, « il traitait les femmes comme les bergers de son pays traitent les chèvres. Et les hommes, souvent, comme des chiens[1] ». Ce qui n'empêche nullement son redoutable charisme d'agir sur les unes comme sur les autres. Ne dit-on pas de lui qu'il fascine car il est « beau comme Crésus[2] » ?

Il a abandonné pour Callas (sans se défaire de quelques autres liaisons) son épouse Athina, peu avant que son beau-frère Niárchos n'abandonne Eugenia pour la sulfureuse Pamela Harriman, elle-même abandonnée par Agnelli au profit de Marella Caracciolo di Castagneto, puis

1. José Luis de Vilallonga, *Gold Gotha*, Seuil, 1972, p. 130.
2. Le même, citant Marie-Hélène de Rothschild.

que Niárchos ne puisse se remarier avec Athina. Feuilleton rocambolesque en plusieurs saisons.

Maria Callas devenue la maîtresse officielle d'Onassis n'est pas plus heureuse que le fut Tina Livanós. Mais amincie, parée de robes de Haute Couture et coiffée par Alexandre, quoiqu'elle ne chante plus guère et que sa voix se soit prématurément usée, elle reste la figure de proue d'une fête d'exception. Selon Jacqueline de Ribes, elle se mêle peu à la conversation, se contente d'être là. Cette tragédienne-née, silencieuse quand elle n'est pas sur scène, a une présence immédiate, souveraine.

Aucune intimité n'est possible avec une reine. Jacqueline de Ribes le reconnaît, il n'y aura jamais de confidences échangées avec cette majestueuse diva. Maria Callas demeure drapée dans sa solitude. Trop amoureuse d'« Ari » – Aristote Onassis – pour chercher ailleurs la chaleur d'une amitié, elle parle peu et seulement de la musique, qui reste avec l'amour son domaine enchanté. Les babils de femmes du monde lui sont étrangers. Jacqueline de Ribes ou Marella Agnelli, qu'elle fréquente, n'ont jamais pu casser la glace, ni pénétrer dans le cœur de Callas. Elles n'ont jamais échangé le moindre secret sur leurs vies de femmes, où les déceptions et les chagrins sont aussi leur lot. De sorte que le trio ne vaut que pour les magazines people, où elles campent en effet dans l'objectif des photographes trois portraits de femmes, comblées en apparence de tous les bonheurs.

La meilleure amie de Jacqueline de Ribes, amie de toujours, amie d'enfance, amie de toute la vie, s'appelle

Marie-Hélène. Née van Zuylen, deux ans avant Jacqueline de Ribes, elle est la fille du baron belge Egmont van Zuylen van Nyevelt van de Haar et d'une très belle Égyptienne, Marguerite Nametalla. Blonde, le teint clair, la bouche pleine et bien dessinée que le baron de Redé qualifie de « négroïde », d'étonnants yeux en amande, d'un vert translucide, elle mêle dans sa personnalité « les mirages de l'Orient et les rêves du Nord », selon son second et définitif mari, Guy de Rothschild.

Chaleureuse, impulsive, avec un fabuleux appétit de vivre, une émotion toujours au paroxysme. « Excessive, violente, elle ignorait la nuance, la retenue, le contrôle. Si elle adoptait c'était à vie ; si elle condamnait c'était à mort », se souvient Guy de Rothschild[1]. Elle voyait tout en noir ou en blanc, au point de lui faire oublier, dira-t-il, l'existence même du gris.

La fougue est un héritage du côté paternel : il paraît que le grand-père, Étienne van Zuylen, conduisait lui-même les huit chevaux de son attelage pour se rendre à l'Automobile Club, dont il fut le premier président et l'un des membres fondateurs. Il traversait la place de la Concorde, où se trouve le cercle, chaque jour à la même heure et à bride abattue !

Quant à l'entêtement, qui la conduit à pousser les sentiments jusqu'à leur paroxysme, il est aussi inscrit dans ses gènes. La grand-mère paternelle, Hélène, épouse d'Étienne van Zuylen, était née Rothschild. Quand elle annonça aux siens qu'elle allait épouser un catholique, ses parents

1. Guy de Rothschild, *Contre bonne fortune...*, Belfond, 1983, p. 386.

refusèrent de donner leur accord et d'assister à la cérémonie, elle fut bannie et déshéritée : aucune Rothschild n'avait jusque-là épousé un homme d'une autre religion que la sienne. Sa propre mère, pour signifier qu'Hélène était morte à ses yeux, n'a plus porté en ville jusqu'à son dernier jour que des robes de deuil.

Depuis ce mariage d'amour, en 1887, les van Zuylen et les Rothschild quoique désormais apparentés ne se fréquentaient pas.

L'extravagance, la gaieté, le goût effréné de la vie la conduisent à des débordements. « Un de nos amis préféra garder secrète l'annonce de son mariage à venir de peur de lui déplaire », raconte le baron de Redé qui pourtant l'adore. Ses éclats étaient connus du Tout-Paris : « Un jour, elle alla jusqu'à gifler quelqu'un au Fouquet's[1] ! »

Sa mère, Maggie, la belle Égyptienne, lui a donné l'exemple de ses extravagances. Enceinte de son premier enfant, alors qu'elle n'était pas encore mariée, elle avait accouché clandestinement à New York de Marie-Hélène, mais sortait tous les soirs avec un gros coussin sous sa robe pour faire croire que la grossesse était encore en cours et, par ce trucage, atteindre la date convenable. Un soir, à l'occasion d'un dîner à l'ambassade, le coussin était tombé, à la stupeur générale. Guy de Rothschild : « Elle avait été la première à rire, et la moins gênée[2]. »

Sa fille aînée a le même naturel excentrique et flamboyant. Elle est d'ailleurs un Scorpion ascendant Scorpion,

1. A. de Redé, *Souvenirs et portraits*, *op. cit.*, p. 211.
2. G. de Rothschild, *Contre bonne fortune…*, *op. cit.*, p. 379.

signe voluptueux et volcanique, tandis que Jacqueline de Ribes, Cancer ascendant Cancer, affiche un caractère à l'opposé, une sensibilité sous contrôle, le rêve de permanence et de protection. Leurs différences astrologiques ne les empêchent pas d'être liées par une affection sincère, et de s'entendre à merveille, depuis leur enfance.

Elles ont sept ou huit ans quand elles jouent ensemble tantôt à Paris, tantôt à la campagne, au château du grand-père Rivaud. L'hiver, on les emmène toutes les semaines à la patinoire Molitor où elles virevoltent en se tenant la main. Marie-Hélène est petite, un peu ronde, mais d'une énergie à faire fondre la glace. Jacqueline, qui a déjà la taille d'une jeune fille, admire son costume de patineuse en velours bleu bordé de fourrure blanche (du renard argenté).

Quand la France perd la guerre et que les Allemands occupent une partie du pays, les Egmont van Zuylen regagnent l'Amérique. La fillette poursuit ses études à New York, au Marymount College, sous la férule des religieuses du Sacré-Cœur de Marie. Elle parle couramment anglais, comme Jacqueline de Ribes, mais au point d'en perdre le français. Il lui en restera des expressions maladroites qui amusent ses amis. Elle dit, par exemple, qu'il ne faut pas « mettre le feu aux poutres » ou qu'elle va essayer de « se faufiltrer » dans la foule.

Les deux amies ne se reverront que dix ans plus tard, Jacqueline mariée au vicomte de Ribes. Mais elles se retrouvent comme si elles ne s'étaient jamais quittées et garderont jusqu'à la fin les liens d'une affection inaliénable que le monde, pourtant méchant, ne parviendra pas à entamer. Rivales sur la scène de théâtre des mondanités, elles le sont dans l'âpre jeu du paraître quand, vêtues de robes concurrentes aux dîners et aux fêtes, tous les invités les regardent, pour jauger, mesurer, évaluer et risquer un classement, un *top ten* entre les jeunes beautés présentes. Comment font-elles pour rester amies ? Le soir, passé minuit, parfois davantage, elles prolongent au téléphone des conversations qui peuvent durer jusqu'au bout de la nuit. Il y a entre elles une intimité, tissée de confidences et de secrets, un accord de deux cœurs, que le monde ignore.

Pas encore mariée, Marie-Hélène van Zuylen vient souvent à la Bienfaisance. Elle admire la bague de fiançailles que Jacqueline de Ribes porte au doigt. Elle la lui emprunte un jour à l'occasion d'un bal ! Et se pavane avec l'émeraude carrée entourée de diamants, si bien assortie à son regard vert de sirène.

« On ne prête pas sa bague de fiançailles ! » s'indigne Édouard de Ribes.

À un déjeuner à la Bienfaisance, auquel assiste la jeune fille à peine rentrée d'Amérique, le vicomte, une fois les invités partis sauf elle, reproche à son épouse d'avoir fait servir un soufflé en entrée et des œufs à la neige au dessert – soit deux fois des œufs dans le même repas –, ce qui constitue à la fois un désastre diététique et une faute impardonnable de goût !

« Mais que vous a-t-on appris dans votre pensionnat ? » lui lance-t-il d'une voix sévère avant de tourner les talons, vivante image de désapprobation.

On ne plaisante pas chez les Ribes avec les règles du savoir-vivre.

Marie-Hélène van Zuylen, se retrouvant seule avec la jeune maîtresse de maison : « Tu sais, Jacqueline, si tu divorces, je serai toujours avec toi. »

Jacqueline de Ribes assiste au mariage de Marie-Hélène avec le comte François de Nicolaÿ[1], en 1950, dans la chapelle du château du Haar, le fief de la famille van Zuylen en Hollande.

L'époux, descendant des Talhouët, est le tout jeune maire du Lude, dans la Sarthe, où son oncle et ses cousins possèdent un château monumental, avec donjon, reconstruit à la Renaissance sur des vestiges du Moyen Âge. Ce château du Lude, le plus au nord des châteaux de la Loire, qui contenait le fameux Ange du Lude, vendu aux Américains, est entouré d'un parc, classé depuis parmi les plus beaux de France. Propriétaire exploitant agricole et forestier, ainsi qu'il se définit lui-même, François de Nicolaÿ s'occupe activement d'un élevage de chevaux, dans ce département auquel il est très attaché et dont il sera un jour sénateur. La jeune épousée, élevée en Amérique, découvre la campagne profonde. Et contracte aussitôt la passion des courses. Sa mère jouait aux cartes, sans reprendre souffle. Marie-Hélène met la même fièvre à voir concourir ses champions. Ce qui l'amène dès ce premier mariage à connaître l'univers assez fermé des éleveurs et des entraîneurs, et à pouvoir se repérer aussi bien qu'un turfiste parmi les couleurs des casaques sur tous les hippodromes où se déroulent Prix de Diane et de l'Arc-de-

1. François de Nicolaÿ (1919-1963).

Triomphe. « Dans ce monde où il est de bon usage de modérer les manifestations de ses joies ou de ses déceptions, sa nature étonna. En Angleterre en particulier, les gentlemen distingués d'Epsom regardèrent comme un étrange animal cette propriétaire venue d'ailleurs et qui, soudain, cédant à son tempérament volcanique, passait par-dessus la barrière des loges, encourageait de la voix et du geste son cheval et son jockey comme s'ils l'entendaient, exultait de joie ou ne pouvait retenir ses larmes[1]. »

De son union avec François de Nicolaÿ, naît un fils, Philippe – premier enfant de Marie-Hélène van Zuylen. Il épousera une princesse de Ligne.

Dans la famille van Zuylen, septembre est un mois sacré qui réunit parents, enfants, oncles, tantes et cousins, alliés et amis au château du Haar. Un étonnant château ! Plus récent que le Lude, rebâti sur des ruines au XIXe, mais par un architecte qui aurait survécu aux croisades, il arbore tours et donjon, pont-levis, mâchicoulis et gargouilles. Les parents de Marie-Hélène, réputés pour leur sens de l'hospitalité, ont coutume d'y recevoir tout au long du mois. Les uns y vont, les autres en viennent, telle Louise de Vilmorin au bras d'André Malraux, et sur place c'est un joyeux brouhaha. Répartis entre les trente-six chambres, escortés d'une escouade de serviteurs, les invités vaquent librement à leurs occupations préférées, il y en a pour tous les goûts : on peut jouer aux cartes ou au golf, chasser ou pêcher à la ligne, monter à cheval, aller se promener le long des canaux d'Amsterdam ou rester à discuter au

1. G. de Rothschild, *Contre bonne fortune…*, *op. cit.*, p. 387.

fumoir ou à lire dans la bibliothèque, encore que l'inverse ne soit pas interdit – au Haar, l'espace ne manque pas. « Il fallait un plan pour se situer ! » selon Jacqueline de Ribes. La décontraction est de mise. Au Haar, on pourrait presque se croire chez le comte de Beaumont, sous la bannière alsacienne des Chevaliers du Mets-toi-à-l'aise.

Jacqueline de Ribes se souvient d'un bal des années 1950 au château du Haar. Un bal masqué, bien sûr, mais original dans la mesure où chacun devait créer son propre déguisement, avec les moyens du bord et – code du jeu – sans dépenser plus d'un dollar.

En dame du Moyen Âge, Jacqueline de Ribes a étonné tout le monde dans un costume qu'on aurait pu croire sorti des ateliers de Sommier ou de Marie Gromtseff. Sa robe ? Elle a décroché les rideaux de sa chambre, décousu les anneaux et les a fixés grâce à des épingles et des élastiques sur sa chemise de nuit, gardée pour ses dentelles. Le hennin ? Un cintre en fer soutient une serviette de toilette. Elle reprendra l'idée pour son rôle d'Héloïse au bal des Heinz en 1959. Le résultat ? Une de ces dames à la Licorne, qu'on peut voir au milieu de fleurs et d'oiseaux sur les célèbres tapisseries du musée de Cluny. Déguisement réussi. Devinez qui fut la reine de la soirée ?

Pour Jacqueline de Ribes, Marie-Hélène van Zuylen est la compagne de jeux parfaite, toujours prête à s'amuser : généreuse, fidèle, « une véritable amie ». Elle se montre toutefois tatillonne sur le sujet des fêtes car, me dit Jacqueline de Ribes, « elle n'aimait pas la compétition dans ce domaine où elle entendait régner en monarque absolue ».

En 1956, à vingt-neuf ans, elle divorce pour se remarier un an plus tard avec le baron Guy de Rothschild, un passionné de chevaux lui aussi, rencontré sur la tribune d'un champ de courses, à l'occasion d'un Grand Prix de Deauville. Coup de foudre réciproque. Près de vingt ans de plus qu'elle, marié depuis presque autant d'années à la très belle Alix Schey von Koromla dont il a un enfant, David, les obstacles ne manquent pas pour qu'ils puissent s'aimer librement. Le scénario qui avait provoqué la brouille des deux familles, Rothschild et van Zuylen, soixante-dix ans plus tôt, se reproduit presque à l'identique, sinon que c'est une catholique qui cette fois épouse le président du Fonds social juif unifié, de surcroît son cousin, et au prix de deux divorces ! Ils décident donc, comme leurs parents, de sceller leur union en Amérique, « par-delà les interdits et les pressions » selon les propres termes de Guy de Rothschild. Et d'y passer le temps suffisant pour que les esprits se calment.

Un fils, Édouard, futur grand cavalier, de niveau olympique, naît un an plus tard. À peine de retour à Paris, le couple s'installe au 10, rue de Courcelles, non loin de chez les Ribes, dans un hôtel particulier qui a appartenu à la princesse Mathilde. Figure mondaine et intellectuelle du second Empire, la princesse Mathilde servira de modèle à la nouvelle maîtresse des lieux.

Jacqueline de Ribes, au cœur du tourbillon, tisse des liens de cœur. Les amies sont importantes pour son bonheur, pour sa survie.

15

Déballage de bals

« *Let's have fun !* » : la devise de Marella Agnelli pourrait être celle de la haute société qui, dans ces années 1950 et 1960, s'amuse sans freins et sans remords. Les soirées, d'une richesse à couper le souffle, ont demandé à ses ressortissants, qui semblent n'avoir aucun souci d'argent et s'y ruinent parfois sans que personne y trouve à redire, un vrai travail à plein temps. À ceci près que ce travail, qui exige des efforts et impose des contraintes, s'il coûte cher, ne rapporte rien. Maurice Rheims explique le phénomène : « Pour être réussi, un bal devait être une manifestation à la fois raffinée, singulière et gratuite. Aux yeux de ces gens obsédés par l'argent, par le pouvoir, par le snobisme, cette notion de gratuité apparaissait fondamentale. C'est-à-dire que celui qui offrait un bal devait le faire uniquement pour son plaisir et celui de ses hôtes, sans qu'il fût question, du moins apparemment, de promotion sociale ou de publicité[1]. »

Recevoir, considéré à cette époque non plus seulement comme un devoir social mais comme le huitième art,

1. Maurice Rheims, *Haute Curiosité*, Robert Laffont, 1975, p. 252.

répond à la définition que l'on donne quelquefois du génie : « un pouvoir infini de se donner de la peine ».

Rue Vieille-du-Temple, dans le Marais, l'ancien hôtel Amelot de Bisseuil, dit l'hôtel des Ambassadeurs de Hollande dont il fut l'ancienne résidence, est un de ces lieux étonnants où les fêtes semblent n'avoir jamais de fin. Louis XIII puis Louis XIV y cachèrent, dit-on, leurs amours ; Germaine de Staël y fut baptisée en 1766 ; Beaumarchais y écrivit *Le Mariage de Figaro* (1778). Il appartient depuis 1951 au commandant Paul-Louis Weiller[1], as de l'aviation de la Première Guerre mondiale et riche industriel, fondateur de Gnome et Rhône qui deviendra la SNECMA, mais aussi d'Air France, qui porte toujours son emblème, l'hippocampe ailé. Greta Garbo surnomme l'hôte des lieux « Paul-Louis XIV ». On danse dans les salons dorés de son hôtel, sous des plafonds vertigineux et peints à fresque par Michel Corneille l'Ancien ou Joseph-Marie Vien, sur le même parquet que celui de la Galerie des Glaces, au château de Versailles. Mais dans la cour principale, les autres jours, le commandant fait servir des soupes populaires.

Charles de Beistegui tient toujours le haut du pavé, non pas seulement au palais Labia où, dans les décors qui furent ceux du Bal du Siècle, il continue de recevoir ses amis avec magnificence. Don Carlos a acheté avant guerre, presque en même temps que sa demeure vénitienne, un château proche de Montfort-l'Amaury, dans les Yvelines :

1. Paul-Louis Weiller (1893-1993).

le château de Groussay. Construit pour la duchesse de Charost en 1815, il a entrepris, à grands frais, de le restaurer ; depuis que les travaux sont finis, il y donne fête sur fête. Pourquoi sinon se lancer dans des dépenses extravagantes ? Jacqueline de Ribes garde le souvenir précis du décor, mélange éclectique et détonnant de Grand Style, de confort à l'anglaise et de détails baroques – signature du seigneur des lieux.

Il faisait bon vivre à Groussay, me dit-on. Seuls les chagrins d'amour pouvaient voiler de quelques nuages l'atmosphère si parfaitement raffinée, conçue pour le bien-être de ses hôtes. Avec l'aide d'Emilio Terry, décorateur franco-cubain qui avait plutôt le goût de la simplicité grecque et devait passer outre, Beistegui a ajouté deux ailes au château, pour donner plus d'ampleur aux réceptions et plus de chambres aux amis. Il a meublé de chefs-d'œuvre ou de copies de chefs-d'œuvre les salons, couvert les parquets de magnifiques tapis de la Savonnerie, éventré plusieurs étages pour offrir à ses hôtes une bibliothèque monumentale en boiseries d'acajou, où les amis viennent fumer ou faire la sieste sur des canapés blancs. Il a affiné les détails des vestiaires, des couloirs, des salles de bains, des cages d'escalier, et fait monter une verrière, dans une recherche insatiable et maîtrisée de perfection.

Dans le parc de Groussay, selon le vœu du propriétaire, un temple de l'Amour et un théâtre de verdure ainsi que des « folies » créent une sorte d'enchantement : pagode chinoise, tente berbère, pyramide, pont palladien… Beistegui ne conçoit la vie qu'à l'échelle du vaste monde et en convoque les paysages dans son château en Île-de-France.

Le clou de Groussay, à porter au crédit de Beistegui, demeure le théâtre intérieur. Un vrai théâtre, pouvant contenir trois cents personnes. Il en a confié la réalisation au sculpteur Papachristopoulos, dit Costi, un des collaborateurs d'Emilio Terry. Inauguré en 1957, lors d'une soirée mémorable, on y joua devant un public choisi *L'Impromptu de Groussay*, écrit pour l'occasion par Marcel Achard, et *La Fausse Suivante* de Marivaux avant d'aller tournoyer sur la musique et danser, danser, danser.

« Petite Ribes » ainsi que Beistegui nomme amoureusement Jacqueline de Ribes est de tous les bals de Groussay. Elle pose en robe de Jean Dessès devant l'objectif d'André Ostier, le photographe choisi pour immortaliser ces moments éphémères, qui paraissent quelques semaines plus tard dans *L'Officiel de la couture et de la mode de Paris* (*L'Officiel*). Elle paraît épanouie, parfaitement à l'aise, à Groussay dont la magnificence et les folies tranchent avec le sévère univers de la rue de la Bienfaisance.

Grâce à Beistegui, elle fréquente maintenant une société où figurent des acteurs de cinéma, des milliardaires désenchantés et d'ex-*bright young people* qui ont une peur bleue de vieillir : Orson Welles ou Noel Coward, Barbara Hutton, lady Diana Cooper, Daisy Fellowes parmi les têtes d'affiche.

En juin 1959, Charlie prête son château à la dynamique baronne Daisy de Cabrol, qui y organise une fête de bienfaisance au profit de « l'Essor », association qui vient en aide aux jeunes en difficulté. En vue d'obtenir des fonds ils montent ensemble une soirée théâtrale aux très coûteuses entrées.

Jacqueline de Ribes est très belle à son habitude sur les photographies de l'incontournable André Ostier, publiées en septembre dans *L'Officiel* – la revue qui fait autorité.

D'autres maestros tâchent de concurrencer le Mexicain prodigue. Les fêtes parisiennes dont le rythme est lancinant se déplacent en des lieux toujours féeriques, que le commun des mortels n'a pas l'occasion de fréquenter. Charles de Beistegui y prend encore part, en monarque fatigué de régner, quoiqu'il n'ait à aucun moment passé sceptre ni couronne.

Voici Arturo López Willshaw : Louis XIV aurait ordonné de l'embastiller pour crime de lèse-majesté car il ne rêve que d'imiter Versailles. Héritier d'une fortune colossale bâtie sur le guano, ces excréments d'oiseaux présents à profusion sur certaines îles au large des côtes chiliennes, il offre à ses amis des dîners où l'on sert des mets exquis dans de la vaisselle d'or ou dans des porcelaines anciennes très rares, qu'il collectionne en connaisseur. Il léguera au Louvre ses précieux services, ainsi que des ensembles d'orfèvrerie qu'il aura mis une vie entière à recomposer et dont certains valent des millions. L'un d'eux, en vermeil, fut un cadeau de Catherine II de Russie à son amant le comte Orloff.

L'hôtel Rodocanachi, rue du Centre, à Neuilly, est un palais de mégalomane qui se prend pour un Roi-Soleil. Écrin pour ses collections, show-room de la réussite qui s'étale sans complexes, il est si riche et si étonnant avec son salon en rocaille, ses chinoiseries et ses meubles signés de maîtres ébénistes, que Philippe Jullian, pourtant très exigeant en matière de styles, accepta d'en écrire la description minutieuse dans une édition hors commerce, tirée à trois cents exemplaires[1]. Il est vrai que le commanditaire de la plaquette, le maître de maison en personne, s'était montré généreux pour ses droits d'auteur.

Quand Arturo López a désossé l'ancien hôtel qu'il venait d'acheter à son ami (ou petit ami) Paul Rodocanachi, son architecte et premier constructeur, et qu'il y a lancé des travaux pharaoniques, son père, arrivé du Chili pour constater l'état du chantier, lui a aussitôt coupé les vivres. Avant de les lui réallouer, une fois passé l'élan de colère : ce milliardaire, devenu actionnaire du métro parisien et des Galeries Lafayette, ne refusait jamais rien à « Arturito ». Lequel, en bon héritier, dira Roger Peyrefitte, « jetait l'argent par les fenêtres mais choisissait bien ses fenêtres ».

Son épouse et cousine, Patricia López Huici, dont on dit qu'il l'a épousée parce qu'il était amoureux de son frère, reçoit à ses côtés, dans des robes de Balenciaga ou de Dior, mais avec une simplicité de cœur qui paraît anachronique. Elle entrera dans l'Histoire en tant que toute première cliente d'Yves Saint Laurent, quand celui-ci ouvrira sa maison de couture : elle achète la robe n° 00001. À Neuilly, les « petits dîners » réunissent quelque cent personnes. Pour les fêtes, les invités se comptent par milliers. Et le luxe atteint pour eux des sommets, sans cesse renouvelés.

Figure inséparable de López, Alexis de Redé, né Rosenberg ou von Rosenberg (particule incertaine),

1. Philippe Jullian, *14 rue du Centre*, Jaspard, Polus et Cie, Monaco, 1961.

descendant d'un banquier juif austro-hongrois qui s'est suicidé en ne laissant que des dettes à son fils unique, est à la fois l'amant officiel et le gestionnaire de la fortune des López. Notoirement homosexuel, López vit pour moitié à Neuilly avec son épouse et pour l'autre sur l'île Saint-Louis avec Redé.

L'hôtel Lambert, au 2 rue Saint-Louis-en-l'Île, actuelle demeure d'un émir du Qatar, est un chef-d'œuvre de l'architecture classique. Construit sur une rive de la Seine, face au pont Sully, par Louis Le Vau, l'un des architectes du château de Versailles et celui de Vaux-le-Vicomte, Mozart est venu y jouer ses mélodies et Voltaire l'a habité. Ce dernier, qui y a été heureux avec Mme du Châtelet, le décrit comme « la maison d'un souverain qui voudrait être philosophe ».

Redé n'en est que le locataire. C'est Arturo López qui règle le loyer à la famille polonaise des princes Czartoryski, propriétaire de l'hôtel depuis le milieu du XIXe siècle. Le baron de Redé occupe le premier étage, qu'il a fait entièrement redécorer par Georges Geffroy, et peut se vanter de dormir dans la chambre qui fut celle de Voltaire et de Mme du Châtelet. L'immense galerie d'Hercule, ainsi nommée parce que son plafond peint par Le Brun représente les douze travaux du héros, s'avance comme la proue d'un navire au-dessus des eaux de la Seine. Elle préfigure la Galerie des Glaces de Versailles. Un prince Czartoryski y a donné jadis des fêtes éblouissantes, où l'on pouvait croiser Lamartine et Balzac, George Sand, Liszt et Chopin – ce dernier aurait composé nombre de ses « polonaises » pour le Carnaval de 1846 où se pressèrent en ses murs peints à fresque par Le Sueur plus de trois mille cinq cents personnes. Le faste sud-américain vaut bien les folies Czartoryski : Alexis de Redé entend surpasser ces seigneurs.

Dandy à l'allure frêle d'adolescent, réputé pour sa collection de souliers Cleverley dont il possède, dit-on, cinq cents paires, mais homme d'affaires avisé (il peut prétendre que tout ce qu'il touche se transforme en or), Redé a meublé son petit chez-soi dans le même style époustouflant que son protecteur son hôtel de Neuilly.

En 1956, le baron de Redé donne un bal des Têtes, au cours duquel un premier prix sera décerné à Jacqueline de Ribes. Tenue prescrite : smoking et robe du soir. Mais tête de circonstance : à parer et à masquer avec le plus de fantaisie. Ce fut dans la galerie d'Hercule un concours de plumes, de paillettes, de (faux ou vrais) diamants montés sur pyramides, de fonds de teint outranciers, de coups de pinceaux et de coups de peigne extravagants. Raymundo de Larraín a fabriqué pour Jacqueline une somptueuse tiare de plumes, perles et tourmalines, saluée par tous les participants comme la plus belle création de la soirée. Sa tendre muse l'arbore sans presque aucun maquillage, sauf le trait noir qui souligne son regard sous la scintillante couronne de reine amazonienne. Elle éclipse sans difficultés toutes les autres têtes de la soirée, y compris Marie-Hélène de Rothschild ou la duchesse de Windsor dont les parures ont pourtant été dessinées pour Dior par Yves Mathieu Saint Laurent. Le tandem Raymundo de Larraín/Jacqueline de Ribes est un duo que nul ne peut alors égaler : la photo d'André Ostier, publiée dans *Vogue*, où la ravissante tête primée surgit comme une apparition entre Larraín et Beistegui, fera le tour du monde.

Dans le jury, pour décerner le prix, le baron de Redé, la duchesse de Windsor et Charles de Beistegui siègent avec Elsa Maxwell, venue exprès de New York pour départager les finalistes. La redoutable « *columnist* » de la presse américaine, indéboulonnable dans son rôle de commère internationale, ferait bien d'imiter quelques-unes des jeunes femmes que son jugement péremptoire a éliminées sans pitié. Même une robe de Molyneux n'arriverait pas à la rendre élégante dans une réunion de vieilles filles évangélistes : le mot est d'elle[1]. Elle a l'humour ravageur. La seule présence de miss Maxwell a le don de dérider le gratin. Magistrate du goût, organisatrice de fêtes où l'on ne s'ennuie pas, Elsa Maxwell a une drôlerie contagieuse et le don de répandre la bonne humeur. « Elle avait une réputation d'excentrique et un art très savoureux de tirer parti du luxe des autres », dira André de Fouquières[2].

Trois semaines par an à Paris lui suffisent pour être au courant de tous les ragots. Personne ne peut avoir de secrets pour elle. Chez Laurent, le restaurant des jardins des Champs-Élysées où elle donne chaque année un dîner dansant, elle place les gens selon leurs affinités cachées, de sorte, raconte Jacqueline de Ribes, que « plus personne ne peut ignorer qui est le petit ami ou la petite amie de qui ». Perversités. Les chasses au trésor et les *murder parties*

1. Elsa Maxwell, *J'ai reçu le monde entier*, *op. cit.*, p. 28.
2. A. de Fouquières, *Cinquante ans de panache*, *op. cit.*, p. 218.

qu'elle organise pour animer les soirées trop sages dégénèrent assez souvent en catastrophes, comme la fois où la police faillit passer les menottes au duc de Marlborough, (faux) assassin présumé d'une jeune beauté, lors d'un de ces jeux de dupes.

Les antennes de miss Maxwell ne se relâchent pas même en mer, quand les fêtes se déplacent sur les yachts, le *Sister Anne* de Daisy Fellowes, le *Warrior* de Mona Bismarck, le *Créole* de Niárchos (66,5 mètres), le *Christina O.* d'Onassis (99 mètres), et le plus rococo de tous, le palace flottant des López Willshaw, le *Gaviota* (58 mètres), souvent à quai à Monaco, « mieux meublé que bien des appartements de mes amis », dira Alexis de Redé. Le *Gaviota* a été décoré intérieurement avec un luxe renversant, dû à Georges Geffroy. Amis et amies, toujours les mêmes, y embarquent pour des croisières très privées sous le soleil de la Méditerranée ou des Caraïbes. Jacqueline de Ribes y est souvent invitée. Des photos la montrent sur le pont du *Créole*, en maillot de bain deux pièces ou en pantalon corsaire.

Charles de Beistegui se lasse vite des décors qu'il a créés. L'ennui est son démon familier : dès qu'il est venu à bout d'un projet, il passe à autre chose. Rien ne dure, tout est éphémère, aux yeux de ce seigneur qui fuit sa solitude dans des demeures successives. Il met un point d'honneur à les embellir et à les partager. Mais quand elles sont fin prêtes, qu'il y a donné fête sur fête et que l'exceptionnel menace de se fondre dans la routine, il s'en défait, il s'en détache, comme d'une maîtresse passionnément aimée dont il découvrirait un beau matin qu'il a fini de l'aimer. Ses maisons ne le retiennent qu'un temps. Ainsi en 1964, à la stupéfaction et aux vifs regrets de tous ses amis, décide-t-il de vendre le palais Labia, qui a bâti sa légende. Et de vendre aux enchères tout ce qu'il contient.

Le Labia vendu, Groussay se referme sur son hôte, fatigué du monde.

Charles de Beistegui y vit ses dernières années en ermite, au point que certains le croient à juste titre devenu misanthrope.

Quand il meurt, en 1970, entouré de ses serviteurs et tenant la main d'Aude de Mun, sa plus constante maîtresse, toute une époque semble mourir avec lui.

Le regard de Jacqueline de Ribes s'assombrit. Comment ne pas regretter la légèreté, la fantaisie, de ces temps révolus ?

Jacqueline de Ribes trouvait tout naturel ce monde luxueux qui finirait bientôt, « relégué dans les brumes en marge de l'Histoire[1] ».

Mais la nostalgie dans ses yeux n'est que passagère. Le roi est mort ? Vive le roi ! La fête continue.

Les bals se bousculent tout au long du calendrier. Ils permettent de dater les années. J'avoue que j'en perds le compte parmi les albums-souvenirs où se succèdent invitations à dîner, à danser, à se déguiser. Depuis le bal de la comtesse Rochambeau à Saint-Brice en juin 1964, au pavillon Colombe, au dîner chez le duc et la duchesse de

1. *Ibid.*

Windsor (« Edward » et « Wallis ») de décembre 1965, dans leur résidence du bois de Boulogne où Jacqueline de Ribes et la duchesse se retrouvent habillées dans la même robe de Dior, jusqu'au trentième bal des Petits Lits blancs (juillet 1964) dans les ruines de Baalbek, au Liban, combien en ai-je oublié ou négligé ? Je n'ai gardé dans ce récit que les pépites.

Bal Oriental à l'hôtel Lambert. Le baron de Redé reçoit ses amis le 5 décembre 1969, à partir de vingt-deux heures. Les cartons ont été envoyés au printemps, pour que chacun ait le temps de préparer son costume. L'heure venue, les invités découvrent le plus extravagant des décors. Il est l'œuvre du maître de maison assisté de son nouveau décorateur, Jean-François Daigre, qui a failli plus d'une fois prendre ses cliques et ses claques tant le maître s'est montré exigeant.

Deux éléphants en papier mâché, grandeur nature, attendent à la porte de l'hôtel Lambert, transformé en palais des *Mille et Une Nuits*. Caparaçonnés d'or et de soie, ils portent chacun sur leur dos, sous un baldaquin doré, un cornac enfant, en tunique et turban.

Au pied de l'escalier de pierre qui mène à la cour d'honneur, deux musiciens hindouisés jouent l'un de la cithare, l'autre des cymbales indiennes. Des parfums de myrrhe et de jasmin, vaporisés à haute dose, contribuent à ce théâtre oriental.

Seize gaillards torse nu, supposés représenter des esclaves nubiens, exhibent des muscles saillants : ils ont été recrutés dans des salles de sport. Des invités n'hésiteront pas à les toucher du doigt pour vérifier qu'ils sont authentiques. Nancy Mitford, qui n'a pas été invitée mais s'est fait raconter la soirée, écrit le lendemain à une amie : « Si Redé vivait en Angleterre, il aurait été poursuivi pour relations interraciales. La cour du Lambert était en effet remplie de nègres totalement nus portant des torches et qu'on avait obligés à rester là toute la soirée. L'un d'eux qu'on avait surpris à enfiler un gilet fut aussitôt tancé par le chef de la bande qui le pressa de le retirer sur-le-champ ! Il y avait même des enfants noirs, nus eux aussi, juchés sur des éléphants. Tout cela vous avait un côté très "bon vieux temps jadis[1]". »

On a oublié de lui rapporter qu'un danseur cambodgien, juché sur l'une des cheminées, s'est contorsionné savamment durant toute la soirée.

En haut des marches, le baron de Redé accueille ses hôtes, en costume de guerrier moghol. Habillé par Pierre Cardin, tel un prince de tribu, il arbore toque de fourrure et pantalons bouffants de couleur bleu nuit. Un aboyeur lui présente les visiteurs.

Marie-Hélène de Rothschild, en danseuse de Siam, s'avance toute en or, le ventre et les pieds nus. Son mari, Guy, est en zouave : pantalons bleus, chéchia rouge.

L'Aga Khan et son épouse, ainsi que la bégum douairière arrivent ensemble dans des atours grandioses, sortis de malles qui doivent remonter aux origines du clan.

La princesse Margrethe et le prince Henrik de Danemark, né Monpezat, sont de jeunes mariés amoureux dont la saga

1. *Love from Nancy, The Letters of Nancy Mitford*, edited by Charlotte Mosley, Hodder & Stoughton, 1993.

a fait le tour du monde. Elle porte un drôle de chapeau conique, un voile transparent, et fume d'innombrables cigarettes, sous le regard de son très séduisant mari, en fakir.

Désormais, « ce n'est plus la naissance qui fait le monde, écrit Thierry Coudert, mais un goût commun, un certain snobisme, une extravagance partagée[1] ». Vedettes du sport et du cinéma entrent dans la danse. Une atmosphère interlope, due à ce grand mélange tant redouté du gratin, flotte sur les réceptions. Le parfum à l'acide de Truman Capote décape les civilités.

Quand deux déesses nues, nouvelles venues dans le cercle qui s'élargit sans cesse des mondanités, font successivement leur entrée. Qui des deux est la plus érotique ? Ce sera le débat le plus controversé de la nuit.

Brigitte Bardot[2], alors épouse de Jacques Charrier qu'elle a rencontré sur le tournage de *Babette s'en va-t-en guerre*, apparaît d'abord, seule et tout sourire, dans un bikini doré (pour le haut) et un bout de chiffon noir (pour le bas) qui révèlent ses formes parfaites. La suit Odile Rubirosa[3], née Rodin, ancienne petite amie d'Alexandre Onassis et veuve du play-boy dominicain Porfirio Rubirosa, qui s'est tué il y a moins de quatre ans dans un accident de voiture au bois de Boulogne. Ses cheveux blonds dénoués, elle porte comme un croisé une cotte de mailles métallique, mais le métal est d'or et laisse voir sa chair nue entre les mailles.

1. Th. Coudert, *Café Society*, *op. cit.*, p. 30.
2. Brigitte Bardot, née en 1934.
3. Odile Rubirosa (1937-2018).

Évoluent sur les parquets cirés Salvador Dalí en costume de velours rouge, accompagné d'Amanda Lear, en collants de soie – Gala n'est pas venue –, quand paraissent à leur tour Mme Vincente Minnelli, troisième épouse du réalisateur d'*Un Américain à Paris*, ou encore l'habituel Serge Lifar, figure récurrente dès qu'il s'agit de bals. Déguisé en guerrier tatare, il règle les entrées et assure les pas de celles qu'il fait tournoyer dans ses bras.

Comment Jacqueline de Ribes parvient-elle à se distinguer parmi cette scintillante cohorte ?

« Je me doutais que toutes les femmes auraient le nombril découvert et qu'elles seraient emberlificotées de voiles transparents. J'ai donc décidé de m'habiller en fourrure. »

Son apparition, littéralement féerique, est saluée par une salve d'applaudissements. En sultane des contes des *Mille et Une Nuits*, elle s'est parée pour affronter une nuit d'Orient en hiver. Toute de soie et de velours rose fuchsia, avec un éventail en plumes d'autruche du même rose et des chaussons dorés à bouts retournés, elle porte des pantalons bouffants, une veste en brocart, une toque en zibeline, avec un rappel de la fourrure au milieu des manches. L'ensemble est extraordinairement élaboré. Personne ne peut se douter qu'elle a entièrement imaginé son costume ni qu'elle l'a fabriqué de ses mains : elle a désossé trois robes de Haute Couture qu'elle ne porte plus, de Jean Dessès (1962), de Guy Laroche (1961), de Dior (1958), pour en utiliser les divers éléments. Elle les a mixés, juxtaposés et accessoirisés.

Les pantalons bouffants sont taillés dans un tissu doré acheté au Marché Saint-Pierre. La veste en brocart est à l'origine une cape que lui a offerte le marquis de Cuevas. Elle provient d'un des costumes du Ballet. Ainsi vêtue de bric et de broc, le résultat est à couper le souffle. Elle a fait faire l'éventail en plumes par la Maison Lemarié. Et c'est Gripoix[1], le parurier de la place des Victoires, qui a réalisé ses lourds colliers en suivant ses indications.

Édouard de Ribes, en sultan tout de soie rose vêtu et couvert de perles lui aussi, suit son épouse à quelques pas. Est-ce pour se protéger de son éclat qu'il arbore des lunettes de soleil sous son turban ?

Le bal Oriental se voulait une apothéose. Et c'est ainsi qu'il restera sur les aquarelles saisies sur le vif d'Alexandre Serebriakoff. Les musées du Costume, du Metropolitan à Galliera, en accueilleront un jour les plus beaux spécimens. Tout y fut grandiose, à la hauteur des ambitions d'Alexis de Redé. Des voix discordantes se sont pourtant fait entendre ici ou là. Des adeptes de la mesure en toutes choses ont jugé le bal plutôt clinquant et dispendieux. Reproches qui ne furent jamais adressés à Charles de Beistegui, maître de l'harmonie et du bon tempo.

« Trop, c'est trop », l'indigestion suit vite les excès de table. Un peu trop riche, un peu trop léché, et beaucoup trop cher, des invités eurent rétrospectivement une crise de foie. Les jours suivants, des chroniqueurs de presse ne se privèrent pas dans leurs pages de piques assassines. On

1. Spécialiste du bijou fantaisie, en émaux ou pâte de verre, depuis 1869, établi rue Vide-Gousset, près de la place des Victoires.

ne les avait pourtant pas invités, par souci de rester entre soi.

Que célébrait-on ce soir-là à l'hôtel Lambert, avec un faste qui aurait paru naturel à Versailles au temps du Roi-Soleil ? La décadence d'un monde ? Ou ses derniers soupirs ?

Mais il a des ressources, le monde, et n'en finit pas de mourir. Voilà qu'à Ferrières, au château familial des Rothschild, la frénésie le reprend. Il faut encore se hisser aux sommets de ce théâtre de Cour.

Ambiance Napoléon III dans un château XIXe, de style néo-Renaissance, que les Allemands ont occupé et dévasté pendant la Deuxième Guerre. Guy et Marie-Hélène de Rothschild l'ont restauré et en ont profité pour le moderniser, avec un grand souci des détails. Flanqué de quatre tours carrées, il est l'œuvre vers 1860 de Joseph Paxton, l'architecte du Crystal Palace à Londres où fut couronnée la reine Victoria, et ressemble au château de la Belle au bois dormant dans le dessin animé de Walt Disney. Clos de murs, entouré d'un parc de quatre cents hectares, où Paxton a mis tout son génie et qui se confond avec la forêt alentour, on y pénètre comme dans un lieu magique, sous l'emprise de quelque Merlin. Une immense allée y conduit, bordée d'arbres aux hautes cimes alignés comme des sentinelles.

Le premier étonnement passé, on n'en est pas moins oppressé dès le portail franchi. Cage d'escalier monumentale, salons successifs, dont un entièrement tapissé de cuir de Cordoue, salles à manger multiples, corridors où courir des marathons, l'intérieur est obscur, le château n'a pas été conçu pour recevoir la lumière. Ou alors, tamisée, adoucie, au travers d'une verrière, comme dans « le grand hall » – ainsi qu'on appelle le principal salon de Ferrières, semblable à une nef de cathédrale. Les murs tendus de velours émeraude supportent une collection d'œuvres de Gainsborough, de van Dyck, de Hals, et le magnifique portrait de l'arrière-grand-mère Rothschild, « Betty », par Ingres (1848).

Tout ce décor, hallucinant et décalé, se prête aux festivités où Marie-Hélène de Rothschild déploie son énergie solaire, sa modernité, et la chaleur très van Zuylen de son amitié. Pour Jacqueline de Ribes, les soirées données à Ferrières demeurent inoubliables. Par des jeux de lumières, néons et projecteurs, chacune a eu sa propre couleur. En 1959, pour le bal inaugural du château, qui peut enfin, après des années de travaux, accueillir les invités avec le meilleur confort (salles de bains aux baignoires en zinc pour chaque chambre – un luxe inouï à cette époque), ce fut la douceur d'un brouillard artificiel : toute la façade a été recouverte de bandes de tulle de deux mètres de large pour recréer le palais de la Belle au bois dormant.

Ce sera du vert et de l'argenté pour le bal Proust, en décembre 1971, fête du centième anniversaire de la naissance de l'écrivain. Combien parmi les huit cents invités ont lu *À la recherche du temps perdu* ? Le thème est déjà éculé : les Noailles, les Faucigny-Lucinge l'ont largement utilisé dans l'entre-deux-guerres pour des fêtes au bois de Boulogne ou avenue de La Bourdonnais qui ont marqué les esprits. Mais qu'importe, chacun s'est emparé d'un rôle et l'interprète comme un comédien en scène jusqu'à se confondre avec lui. Les Swann, les Odette, les Charlus, les Norpois, les Cambremer continuent d'être une source d'inspiration tandis que les générations se succèdent. Ils défilent dans le grand hall décoré d'orchidées mauve pâle et de catleyas d'un mauve sombre. Marie-Hélène de Rothschild, toute en perles, porte une robe en satin ivoire signée Yves Saint Laurent. Hélène Rochas, qui préside au destin des parfums Rochas, dans une robe de velours noir au décolleté plongeant orné de trois catleyas blancs – YSL aussi –, figure Odette de Crécy.

L'actrice Marisa Berenson, héroïne viscontienne – elle a tourné il y a quelques mois dans *Mort à Venise* –, aime les décadences. Habillée de soie noire et plumetée d'aigrettes, cette petite-fille de la couturière Elsa Schiaparelli a choisi d'être la marquise Casati. D'une main gantée jusqu'à l'épaule, elle brandit un long fume-cigarette comme si c'était un revolver. Il lui manque les serpents vivants que la marquise portait autour du cou et des poignets en guise de bijoux.

La princesse Grace de Monaco, « beauté pure et classe dure[1] », s'est déplacée sans Rainier. Elle est escortée d'un couple qui fait fureur, venu tout droit d'Amérique pour le bal : ses amis, Richard Burton et Liz Taylor. En empereur François-Joseph et impératrice Sissi, ils semblent ne pas pouvoir se défaire de la légende impériale qui les habille depuis qu'ils ont figuré sur grand écran Antoine et Cléopâtre.

Le jeune couple que forment Jane Birkin, en long jupon de macramé, et Serge Gainsbourg, étonnamment

1. Elizabeth Gouslan, *Grace de Monaco, La glace et le feu*, Grasset, 2013.

élégant en cravate blanche, semble sorti d'un vieil album de famille.

Une silhouette rachitique, au visage emplâtré de maquillage jaune, se révèle être Andy Warhol. Marie-Hélène de Rothschild, dont il fera bientôt le portrait, aime le mélange des genres qui offusquait tant les Ribes autrefois. Le peintre, lui, est fasciné par les célébrités qu'il traque à la manière sautillante d'un chasseur de papillons. Bob Colacello, l'écrivain journaliste d'*Interview magazine* et de *Vanity Fair*, cornac de Warhol dans une société qui lui paye ses Polaroid des fortunes, ne doit pas être loin.

Le dîner fut évidemment somptueux, accompagné de château-lafite, je passe sur les détails du menu jusqu'au dessert : on y servit des pièces montées qui, au lieu des choux conventionnels, étaient en madeleines. Les invités purent ensuite danser jusqu'à l'aube.

Dans un cabinet de curiosités dévolu à cet usage, Cecil Beaton les a photographiés les uns après les autres, comme dans une chambre noire avec un appareil sur pied. Sur un vœu de la maîtresse de maison, qui ne transige pas avec la discrétion, ses photos, les seules autorisées, furent publiées dans *Vogue*, lors d'un reportage exclusif. Il ne manquait que « la présence ectoplasmique[1] » de Proust et de Reynaldo Hahn, et l'illusion aurait été parfaite de voir poser devant l'objectif de Beaton les personnages en chair et en os de la *Recherche*.

1. Expression employée par Truman Capote dans *Prières exaucées* publié à titre posthume en 1986, à propos d'un précédent bal Proust, chez Marie-Laure de Noailles (Le Livre de poche, p. 66).

Jacqueline de Ribes connaît son rôle : elle est en duchesse de Guermantes. Mais elle paraît si naturelle que chacun en la regardant a l'illusion de voir non pas Jacqueline de Ribes déguisée en Oriane de Guermantes, mais Oriane de Guermantes réincarnée en Jacqueline de Ribes.

Elle porte une robe du soir rose abricot de Valentino Garavani, le couturier italien. De la collection Haute Couture, automne-hiver 1967-1968. Jackie Kennedy avait la même en bleu-vert, assez pâle.

Loin de choisir des falbalas Belle Époque, cette robe réactualise le personnage, le place au goût du jour. Jacqueline de Ribes en a revu la coupe, stylisé l'allure et l'a accessoirisée pour lui donner le style Guermantes. Elle a fait teindre l'étole, la minaudière et l'aigrette dans le même ton abricot. Le Metropolitan Museum de New York, quand il exposera le costume, y verra une nuance « tangerine » – mandarine… Longs colliers de perles de sa propre facture, en provenance de la maison Gripoix, et gants de chevreau blancs qui montent jusqu'à ses épaules nues complètent l'apparition.

16

Un kaléidoscope d'engouements éphémères

En juin 1953, à un gala au Cirque d'Hiver, Jacqueline de Ribes fait son entrée à cheval, habillée en Grande Mademoiselle – la cousine germaine du Roi-Soleil – par un Pierre Balmain qui a travaillé à sa demande le strass et le velours. Toute sa vie, elle n'aura cessé de se déguiser. Encore le mot est-il maladroit. Disons plutôt qu'elle n'aura jamais cessé de se démultiplier, tout en restant elle-même dans les costumes les plus élaborés ou les plus fantaisistes. Jacqueline de Ribes a traversé les bals d'hier en Iseut ou Oriane, en Sultane ou en Dame à hennin, et la tête parée de plumes d'oiseaux de paradis. Dans son enfance, elle s'est imaginée en Tahitienne, habillée en toile à sacs de pommes de terre et coiffée de fleurs du jardin. Le déguisement lui permet de s'exprimer librement. Elle signe d'ailleurs elle-même chacun de ses costumes, les invente de bout en bout. Mais elle est capable de leur donner forme : en habile « petite main », comme les couturiers appellent leurs ouvrières, elle découpe, coud, brode, ajuste. Ni Balmain, ni Dior, ni Saint Laurent, qui l'habillent dans la vie civile, ne créent ses déguisements. Balmain et la Grande Mademoiselle sont l'exception. La plupart du temps, une couturière ou un tailleur de quartier se chargent sur ses avis d'assembler les pièces, de coudre ensemble les tissus qu'elle aura elle-même chinés. Y compris pour ses enfants quand ils sont invités à des goûters costumés. Élisabeth se souvient d'avoir été transformée, vers l'âge de sept-huit ans, en Perce-Neige, avec un col en feutrine verte et une jupe à pétales d'organdi blanc – d'après une idée et une réalisation de sa mère.

Il arrive à Jacqueline de Ribes de faire appel à une costumière russe réputée, Marie Gromtseff. Laquelle a étudié son métier avec Erté, le fameux dessinateur de costumes de théâtre, et s'est illustrée ensuite en habillant les personnages de *La Ronde* (1950) et du *Plaisir* (1952), les films de Max Ophüls. Jacqueline de Ribes a parfois recours à son talent mais cette grande professionnelle doit elle aussi obéir à ses consignes et refaire à sa demande la silhouette, quand sa difficile cliente ne s'attaque pas elle-même à la monture d'une manche. Aucune des robes, aucun des costumes de Jacqueline de Ribes ne se fait sans qu'elle y mette à la fois l'esprit et la main.

Avec Raymundo de Larraín, dont elle partage les passions esthétiques, elle atteint à une sorte de perfection dans ce domaine. Ce qui répond à ses élans profonds, à des désirs qu'elle ne sait pas encore bien définir et qui dépassent le simple registre de l'amusement, c'est de construire le personnage. Et d'abord, l'écrin le contenant, le vêtement, l'image dont elle a l'obsession.

Son déguisement le plus original, selon moi le plus artistique, celui qui met en valeur ses dons pour l'invention et pour la mise en scène, elle l'invente en 1965 pour le bal « My Fair Lady ». Donné par Hélène Rochas à la Grande Cascade, mythique relais de chasse de Napoléon III en plein cœur du bois de Boulogne, ce bal se voulait un hommage au film musical de George Cukor, qui avait remporté un immense succès en salles l'année précédente. Avec les inoubliables Audrey Hepburn et Rex Harrison dans les rôles d'Eliza Doolittle et du professeur Higgins. Costumes de Cecil Beaton.

Jacqueline de Ribes a assisté à la première à New York, en octobre 1964, et à la première à Paris, en décembre, au cabaret du Lido.

I could have danced all night : l'une des chansons du film figure au programme du bal d'Hélène Rochas.

De magnifiques yeux saphir, une silhouette d'ancien mannequin, une aura de mystère qui accompagne chacun de ses pas : la « belle Hélène » ainsi que tout le monde appelle Hélène Rochas, y compris ses enfants, est une des femmes les plus courtisées et admirées de sa génération. Veuve à vingt-huit ans de Marcel Rochas qui l'avait rencontrée dans le métro et a créé pour elle le parfum *Femme* en 1943, elle a refusé le rôle de Casque d'Or que jouera Simone Signoret. À peine plus âgée que Jacqueline de Ribes, quoiqu'elle ait sans doute triché sur sa date de naissance, c'est une femme d'affaires avisée, qui suit avec attention les comptes et la gestion de l'entreprise que lui a léguée son mari, une femme d'un nouveau style qui gagne sa vie et assume des horaires de bureau. Ne dit-elle pas détester le mot *jet-set* car « il définit de riches oisifs. Moi, je travaille[1] ! ».

Son abord exquis, sa douceur de manières lui confèrent un charme comparable à celui qui émane des roses anciennes, de couleur blanche, qui ornent son jardin de la rue Barbet-de-Jouy. Ce soir, elle pourrait être un peu triste : elle se sépare de son second époux, André Bernheim. Mais les hommes ne manquent pas pour lui faire la cour, cet empressement autour d'elle est peut-être l'une des raisons du départ d'André Bernheim. Hélène Rochas qui plaît infiniment aura séduit des personnalités aussi diverses que Porfirio Rubirosa ou Stávros Niárchos.

Pour son bal, elle a choisi la fin du mois d'août, quand chacun rentre de vacances. Il fait une chaleur de plein été. Les invités suffoquent sous leurs masques. Jacqueline de Ribes parvient à créer la sensation dans une atmosphère d'étuve. Comme un ouragan, soudain entré par la porte de la Grande Cascade.

La voici en « Folle de Chaillot », l'héroïne de Jean Giraudoux, sous une perruque hirsute de couleur mauve, et couverte de haillons.

Marguerite Moreno – une grande amie de Colette – qui a créé le rôle au théâtre de l'Athénée, en 1945, laisse le souvenir d'une apparition hallucinée. Le visage enfariné et les yeux fiévreux cernés de gouffres noirs, comme Jacqueline de Ribes ce soir, elle avait une laideur royale. Aucune actrice n'égalera jamais son art de dire les phrases

1. Loïc Sellin et Denis Taranto, « Hélène Rochas, l'éternelle amoureuse », *Vanity Fair*, n° 37, juillet 2016.

Jacqueline de Ribes en Folle de Chaillot, au bal « My Fair Lady »
donné le 30 août 1965 par Hélène Rochas.
Photographie de Dominique Paoli.

de Giraudoux, légères et d'une nostalgie poignante, pleines d'un amour franciscain de la vie, sous le masque de la pauvreté.

C'est évidemment ce qui rend le rôle de Jacqueline de Ribes si intéressant. Elle, belle et riche, une image insolente de tout ce que la chance peut vous donner à la naissance, la voilà grimée en pauvresse. Enlaidie, barbouillée de suie, confrontée au poids de la vie. Sous sa coiffure violine et rose en poils de yack, elle porte le masque avec panache et humour. Qu'en aurait pensé Marguerite Moreno ?

Raymundo de Larraín a dessiné le costume, cherché l'effet « *destroyed* ». Il a assuré le maquillage, très contrasté – poudre blanche et cernes noirs –, et dessiné lui-même la mouche sur la pommette gauche de sa muse. Ces oripeaux, tout en pompons, passementerie et tissu chenillé, sont un chef-d'œuvre de déconstruction.

Jacqueline de Ribes en Aurélie la clocharde ! Qui l'eût cru ? Elle assume la composition. Comme au théâtre, les invités ont cru à l'illusion : la Folle de Chaillot est parmi nous, ce soir.

En retard de deux heures, selon l'irritante habitude qui a le don d'exaspérer son mari mais lui permet d'arriver comme une apothéose, elle est stupéfiante de réalisme et de poésie. La duchesse de Guermantes, c'était tout elle : avec son aristocratie, sa beauté, sa luxueuse robe, ses airs hautains. Là, personne ne reconnaîtrait Jacqueline de Ribes si elle n'était annoncée.

Vogue Paris et *Vogue* US publient sa photo au bal, dans leurs numéros du mois de septembre. Cheveux crépus, embroussaillés. Cernes noirs dans un visage passé au blanc. Haillons couleur de crépuscule du soir, longues mitaines déchirées, elle est si parfaitement grimée qu'il n'y a plus un seul millimètre entre elle et elle. Cette créature de Giraudoux, c'est sa sœur, son sosie dans les miroirs de la Grande Cascade.

John Galliano, devenu le couturier de la maison Dior, y trouvera en 1997 l'inspiration d'une collection « anarchic », conçue à base de chiffons et de tissus délavés, mais sulfureuse et exubérante comme l'était Jacqueline de Ribes au bal d'Hélène Rochas.

Le goût du théâtre, Jacqueline de Ribes l'a toujours eu. Enfant, elle a écrit et interprété un divertissement en plusieurs tableaux pour tenter de faire sourire son grand-père malade. Elle a convoqué le maître d'hôtel et les femmes de chambre, les a déguisés et mis en scène, leur a dicté leurs dialogues pour étoffer la distribution et les faire entrer, avec sa sœur Monique et son petit frère Marc, sur la scène imaginaire de son théâtre vivant. Elle le manifeste aussi, ce goût pour la scène, dans sa façon de marcher, de se déplacer, de prendre des poses, à chaque instant de sa vie quotidienne, et puis, on le sait, elle a l'art des entrées. En bref, elle agit consciemment ou non comme si le public était là, tout le temps là, pour la regarder.

Le costume, c'est le premier acte théâtral, la manifestation du personnage. Jacqueline de Ribes soigne ses apparitions. Quand elle s'apprête, c'est pour affronter le public qui l'attend et qu'elle ne veut pas décevoir. Elle entre chaque jour dans sa propre vie comme sur une scène.

Mais elle aime aussi travailler les décors, les éclairages. Ce sont des préoccupations de metteur en scène. Enfin, elle sait le pouvoir des mots, qu'elle aime choisir et ordonner. Elle a le goût des envolées. Les belles répliques l'amusent. Tient-elle ce talent de sa mère, la talentueuse traductrice que fut Paule de Beaumont ? Elle possède son propre style, vif, efficace. De même qu'elle préfère porter des robes épurées, sans ornements excessifs, elle s'exprime sans préciosité, avec une franchise qui peut quelquefois surprendre. Quand elle trouve que vous n'employez pas le mot juste, elle vous le fait remarquer. Elle corrige volontiers.

Le théâtre l'attire. Comme le roman pour sa mère, il restera une vocation manquée. Elle aurait aimé non pas écrire pour le théâtre comme Paule de Beaumont, mais plutôt s'occuper de la mise en scène – choisir le décor et les costumes, régler le mouvement des acteurs, leurs gestes, leurs voix, la moindre de leurs intonations, et même veiller aux lumières que projettent sur eux les éclairagistes, ces artistes méconnus. Elle sait que rien ne doit être négligé pour que le spectacle soit parfait de bout en bout. Le désir de perfection est le principal tourment de cette âme exigeante.

Faute de trouver le moyen d'exprimer son talent théâtral, elle décide en 1958 de passer à la production – une voie qui permet d'approcher au plus près la création artistique. Ce sera *Lorsque cinq ans seront passés* (*Así que pasen cinco años*) de Federico García Lorca, traduit par Marcelle Auclair, pour le Théâtre Récamier. Un Récamier qui rouvre ses portes après de longs travaux. Laurent Terzieff,

Jean-Marie Serreau et Pascale de Boysson sont mis en scène par Guy Suarès.

Son mari ayant refusé de lui allouer un budget spécial pour ce qu'il considère sans doute comme une nouvelle impasse financière, elle produit la pièce avec son argent de poche. Un argent de poche suffisant pour lui autoriser pareille folie.

Ne la commet-elle pas aussi par amour ? Le choix prestigieux de Lorca, dont *Lorsque cinq ans seront passés* est une des œuvres marquantes, celui d'excellents acteurs et d'un théâtre renommé, dont Jean Vilar fera dès l'année suivante la deuxième salle du TNP, étaient des arguments propres à la décider. Mais la présence de Raymundo de Larraín, pour les décors, l'a convaincue mieux que tous les autres. La pièce est hélas « un flop », selon ses propres mots. Flop financier, propre à irriter la famille de banquiers à laquelle elle appartient. Les entrées furent insuffisantes pour la rembourser.

Ce sont alors cinq années dévolues aux Ballets du marquis de Cuevas, évoquées dans un chapitre précédent.

Elle récidive courageusement en 1966, sans l'aide de mécènes cette fois, en produisant *Mouche*, au Théâtre de la Porte Saint-Martin. Adapté d'un spectacle qui avait très bien marché à Broadway sous le titre *Carnival*, c'est l'histoire d'un trapéziste, handicapé après une chute, devenu montreur de marionnettes. La vedette de la comédie musicale n'est autre que Jean-Claude Drouot, tout juste émancipé de Thierry la Fronde – le feuilleton en soixante épisodes, diffusé chaque vendredi soir, pendant plus de deux ans[1], sur la première chaîne de l'ORTF. Un immense succès public. Le rôle de Thierry de Janville dit Thierry la Fronde menaçait cependant d'étouffer cet excellent comédien, ancien élève du cours Charles Dullin, appelé à une belle carrière théâtrale, qui jouerait bientôt Arrabal, Shakespeare, Claudel, Genet et même Tennessee Williams, l'auteur chéri de Paule de Beaumont et dans sa traduction, encore en 1974, dans *Un tramway nommé Désir* mis en scène par Michel Fagadau.

Pour lors, Jean-Claude Drouot a bien du mal à se défaire du rôle encombrant qui lui colle à la peau. *Mouche* lui en offre l'occasion. Pour que les spectateurs puissent oublier la ravissante Céline Léger qui jouait Isabelle à ses côtés – le grand amour de Thierry la Fronde –, il aura sur scène deux partenaires tout aussi ravissantes, Christine Delaroche, qui épousera l'année suivante l'éditeur Olivier Orban, et Magali Noël. Des mélodies sont restées de ce spectacle rafraîchissant, pour lequel Jean-Claude Drouot a pris des cours de chant, *L'amour fait tourner le monde* chanté par Christine Delaroche, ou *Toi, toujours toi* chanté par Magali Noël.

Le nom de Jacqueline de Ribes n'apparaît pas sur l'affiche. Il y est dit seulement « Raymundo Larraín présente ». Cet homme-orchestre a signé à la fois la mise en scène, la chorégraphie, les décors et les costumes. Il a dirigé les acteurs, comme jadis les danseurs de *La Belle au bois dormant*. Mais les temps changent : Larraín a supprimé sa

1. Du 3 novembre 1963 au 27 mars 1966.

particule, y compris sur la pochette de disque dont l'édition suivra.

En 1975, Jean-Claude Drouot, qui vient de jouer le personnage de Stanley Kowalski, précédemment incarné par Marlon Brando, dans *Un tramway nommé Désir*, la pièce de Tennessee Williams, rencontre sa traductrice, Paule de Beaumont. Elle l'invite aussitôt à passer des vacances en Corse, dans sa maison de Saint-Florent. Il le raconte dans ses mémoires[1]. À bord du pointu de la comtesse, en compagnie d'Octave, son régisseur, ils partent à la découverte de l'île. Sur le flanc du désert des Agriates, l'acteur découvre un *pailler* – un abri de berger, perdu dans le maquis –, où il reviendra à l'invitation de Paule passer deux étés avec sa famille. Il y vivra en Robinson, loin de la petite société qui se presse chez les Beaumont : des écrivains, des journalistes, des couples plus ou moins officiels mais toujours politiques, littéraires ou médiatiques, et aimant la mer.

Jacqueline se tient à l'écart de sa mère, mais il arrive que sa route croise celle de Paule de Beaumont et l'amène bien malgré elle sur des territoires où la concurrence des deux femmes poursuit sa lutte sans fin.

La télévision est un de ces territoires. Paule de Beaumont signe en effet à partir de 1967 l'adaptation et le scénario de nombreux téléfilms. *Bon week-end, monsieur Bennett !*, qu'elle a fait jouer au théâtre de la Gaîté-Montparnasse en 1959, remporte un nouveau et franc

1. Jean-Claude Drouot, *Le Cerisier du pirate, de Thierry la Fronde à Jean Jaurès*, L'Archipel, 2015.

succès sur le petit écran, dans l'émission de Pierre Sabbagh, « Au théâtre ce soir [1] ». Elle travaille pour Jean Kerchbron, Roger Iglésis, Raymond Rouleau ou Jean-Paul Carrère, qui apprécient son talent. *L'Ensorcelée*, *Le Tour d'écrou*, *Le Cœur cambriolé*, *Les Eaux mêlées*, *Un homme dans la maison*... On la voit apparaître régulièrement au générique.

Le modèle maternel place la barre très haut.

Un an après *Mouche*, Jacqueline de Ribes poursuit la production de spectacles, cette fois elle aussi pour la télévision. *Fugue à Rome*, en 1967, est un film documentaire en trois volets de Dominique Reznikoff. Tiré d'un livre de Luigi Barzini intitulé *Les Italiens* [2], c'est le portrait sans concessions de l'Italie contemporaine à travers une série de témoignages. Le négatif a malheureusement disparu.

C'est aussi l'année du premier téléfilm auquel prend part Paule de Beaumont, pour « Au théâtre ce soir ». Mère et fille ne seront jamais coscénaristes, ne rêvons pas.

Jacqueline de Ribes ne se contente pas de produire *Fugue à Rome*. Elle y prend part activement en passant de l'autre côté de la caméra et réalise elle-même plusieurs entretiens, avec Alberto Sordi, Gina Lollobrigida et Virna Lisi. Puis, Dominique Reznikoff l'envoie interviewer Luchino Visconti. Elle connaît bien, déjà, le réalisateur de *Senso* et du *Guépard*. Dans les années 1960, elle a

1. Diffusée en alternance sur la 1re et la 2e chaîne, puis sur TF1, de 1966 à 1986.

2. Traduit en français et publié chez Gallimard en 1966.

Jacqueline de Ribes et Luchino Visconti à Tripoli. Juin 1967.
Photographie Marina Cicogna.

loué plusieurs étés de suite au mois d'août une villa proche de la Colombaia, l'étonnante propriété de Visconti à Ischia. Une espèce de château mauresque, blanc et bleu, qui domine la mer Adriatique et où les cendres du cinéaste seront un jour dispersées.

Jacqueline et Luchino ont dîné et même dansé ensemble, non seulement à Ischia mais aussi à Venise comme cette année-là, lors du bal de charité organisé à la suite des inondations de la cité lacustre. Elle portait une extravagante coiffe à plumes d'oiseau de paradis. Lui, un masque blanc sur le visage, enveloppé dans une cape blanche, forme un duo à l'identique avec Francesco Rosi. Un photographe a saisi le moment où la tête de Jacqueline de Ribes s'intercale entre les deux cinéastes – qui est qui sous le masque ?

En 1967, Visconti tourne *L'Étranger* de Camus, en Algérie, avec Marcello Mastroianni, Anna Karina, Bernard Blier, Georges Wilson et Bruno Cremer. Le premier scénario, co-écrit avec Georges Conchon qui prévoyait de transposer le roman pendant la guerre d'Algérie, a été débouté par la veuve de l'écrivain. Il a fallu réviser entièrement le point de vue et revenir à une transposition littérale. Visconti accablé d'innombrables soucis, comme si *L'Étranger* transportait son malheur avec lui et le communiquait à toute l'équipe, devra affronter dans quelques mois l'accueil glacial de la critique, puis l'opposition des ayants droit au renouvellement de sa sortie en salle. La voix off de Mastroianni, qui joue Meursault – « Aujourd'hui, maman est morte » –, en ouverture du film retombera dans un silence de près de quarante années.

C'est dans cette Algérie de *L'Étranger* que Jacqueline de Ribes interviewe Visconti pour la télévision française. Et c'est à la suite de cet entretien que Visconti demande à Jacqueline de Ribes d'être son Oriane de Guermantes dans le film qu'il projette de tourner d'après l'œuvre de Marcel Proust. « J'aime votre manière de bouger. J'aime votre manière de rire. »

Il est hélas malade. Le film, qui aurait dû être son dernier chef-d'œuvre, ne se fera pas.

« Il aurait de toute façon choisi Silvana Mangano » : Jacqueline de Ribes en est persuadée.

À Ischia, ou était-ce à Spoleto en Ombrie, à l'occasion du Festival des Deux Mondes[1] – Visconti, présent depuis sa création, y signe chaque année la mise en scène d'opéras de Verdi, de Donizetti, de Strauss… –, elle se souvient d'un dîner où elle était la seule femme invitée. « Luchino » n'avait convié autour de sa table que des garçons. Quatorze garçons ! Il voulait qu'elle préside avec lui, chacun à un bout de la longue table.

« Mais non ! Il n'en est pas question. Je ne suis pas venue pour dîner avec ces jeunes hommes. C'est avec vous que je veux parler. » Elle s'était assise, d'autorité, à côté de lui.

« Année bizarre », me dit Jacqueline de Ribes.

1. Festival de musique classique créé en 1958 par le compositeur et librettiste américain Gian Carlo Menotti (1911-2007). Visconti y a mis en scène *Macbeth* en 1958, *Il Duca d'Alba* en 1959, *Salomé* en 1961, *La Traviata* en 1963.

Elle se retrouve un beau matin en Libye, à Tripoli. Elle y est invitée par l'une de ses amies italiennes, Marina Cicogna[1], qui fait une carrière de productrice de cinéma. Elle a produit le *Belle de jour* de Buñuel, Lion d'or au Festival de Venise en 1967. Et c'est elle qui produit *L'Étranger* de Visconti.

Fille d'Anna-Maria Volpi et du comte Cesare Cicogna Mozzoni, cette belle Vénitienne est la petite-fille du comte Giuseppe Volpi, richissime homme d'affaires de Venise, ministre des Finances de Mussolini à la fin des années 1920 et gouverneur de la Tripolitaine, quand la Libye était encore une colonie italienne. C'est cet illustre grand-père qui a fondé en 1932 (deux ans avant la naissance de Marina) le premier festival de cinéma de l'histoire, la Mostra. Marina Cicogna a grandi dans un univers de sons et lumières. Durant toute son enfance, pendant le festival, sa gouvernante l'emmenait plusieurs fois par jour au Lido voir les films projetés en plein air, devant la piscine de l'hôtel Excelsior – propriété de son grand-père.

À Misurata, à quelques kilomètres à l'est de Tripoli, elle peut se sentir chez elle, tandis qu'elle ouvre à Jacqueline de Ribes le palais de marbre blanc, construit au XVIIIe siècle pour sa famille en plein cœur du désert libyen. *La mia Libia*, c'est le livre qu'un jour Marina Cicogna écrira. Giuseppe Volpi, anobli en 1925 par Victor-Emmanuel III, ayant reçu le titre héréditaire de comte *di Misurata*, la Libye est pour sa petite-fille un paysage intime et une sorte d'héritage familial.

1. Marina Cicogna, née en 1934.

Marina Cicogna photographie Jacqueline de Ribes en bikini sur fond de ruines. La photographie est une autre des passions de la jeune comtesse Cicogna, avec le cinéma. « Ma ravissante et surprenante amie, Jacqueline... », écrira-t-elle au dos de la photo de Jacqueline de Ribes en bikini.

Les deux jeunes femmes sont arrivées en Libye au moment où éclate la guerre des Six-Jours (juin 1967)[1]. Elles se retrouvent prisonnières du blanc palais, assaillies par des hordes rebelles comme dans un épisode de *Caroline chérie*. Un jour, ces rebelles se nommeront Daech et prendront pour base Misurata. Elles s'enfuient du palais dans la nuit, à bord d'une limousine où s'entassent leurs malles Goyard.

La télévision accapare Jacqueline de Ribes. Dans les années 1970, elle produit des *shows* en Eurovision – vocabulaire de l'époque –, dont les bénéfices sont destinés à l'UNICEF (United Nations International Children's Emergency Fund), organisme qui vient en aide aux enfants dans le monde. Elle reprend sa tournée pour recueillir des fonds, comme du temps du marquis de Cuevas, contacte ses amis, ses relations, des gens susceptibles de signer des chèques généreux.

Son carnet d'adresses est son outil de travail. Son téléphone, un emploi à plein temps.

Forte de son expérience précédente, elle a acquis de l'entregent, n'hésite pas à contacter des VIP qu'elle ne

1. Du 5 au 10 juin 1967. Le conflit opposa Israël à l'Égypte, la Jordanie et la Syrie.

connaît pas encore. « Allô, ici la vicomtesse de Ribes… » Tandis que Dominique Reznikoff, devenue une amie, produit les spectacles qui seront enregistrés au palais de Chaillot, Jacqueline de Ribes, coproductrice, se démène pour attirer une distribution brillante, à la hauteur des profits qu'elle espère amasser. C'est sur son nom, grâce à son charme et à son culot, qu'elle persuade les stars du showbiz d'offrir leur participation gratuite. Elle réussit à amener sur le petit écran les acteurs les plus populaires : Richard Burton et Liz Taylor, Marlon Brando, Peter Ustinov, Ravi Shankar, Johnny Hallyday et… les Chœurs de l'Armée rouge. Après quoi, elle les invite à dîner chez elle, pour les remercier. Elle a conservé dans ses archives les cartes que le couple légendaire Burton-Taylor lui envoie en retour, sur papier à en-tête de l'hôtel Plaza Athénée. « *Dear Jacqueline, we love you very much and are very proud of you. You did such a marvellous job. Love, Elizabeth and Richard.* »

Toujours avec la complicité de Dominique Reznikoff, Jacqueline de Ribes produit le premier spectacle de Liza Minnelli en France, pour la première chaîne de télévision.

Le budget de production est si serré qu'elle a dû elle-même poser les fameux faux cils de l'actrice de *Cabaret*, lui porter ses plateaux repas, l'aider à s'habiller avant l'entrée en scène – tout l'argent économisé sur la production renfloue les dons à l'UNICEF. L'association devient sa cause, pour plusieurs années. Elle s'y dévoue sans limites : quand elle s'engage, cette femme ne le fait jamais à moitié.

« Je n'ai jamais supporté qu'un enfant soit malheureux. »

« *Hello, this is Jacqueline de Ribes...* »

L'engagement caritatif la mobilise depuis 1959, date du premier gala qu'elle organise aux États-Unis au bénéfice des enfants handicapés. « L'Amérique est généreuse », me dit-elle. Elle parle en connaissance de cause. Au pays des grosses fortunes, les fêtes, splendides, ont le plus souvent des buts de mécénat. Les places sont payantes, soit qu'on achète son entrée ou sa table, soit qu'on mise une somme importante sur une tombola, soit qu'on se montre assez généreux pour financer tout à la fois. Plus la fête est somptueuse, plus gros sont les gains. Présidente du comité international de l'Embassy Ball, en 1959 et en 1961, elle participe activement à l'organisation des galas et à la levée des fonds. La presse américaine salue ses efforts et témoigne du rayonnement de ses prestations.

Ce ne sont pas des missions de tout repos. Il lui faut rassembler les énergies et affronter les obstacles que ne manquent pas de soulever des projets ambitieux, des rêves à grande échelle. Mais les activités caritatives font partie du programme de Jacqueline de Ribes. Elle aura recueilli beaucoup d'argent à redistribuer aux enfants du monde, tant pour l'UNICEF que pour l'Embassy Ball.

Elle apportera son aide à Mme Valéry Giscard d'Estaing, en 1974, en co-présidant pendant deux ans, avec le duc d'Édimbourg, l'Alliance européenne contre le cancer, créée pour soutenir la recherche médicale dans ce domaine. Elle organisera à Paris en 1979 l'avant-première du film de Roman Polanski *Tess*. Le réalisateur la lui a accordée en exclusivité. La soirée sera une manne pour l'Alliance.

En 1980, elle figure parmi les lauréates du Gala Award for Women of Achievement, lors de sa cinquième édition, à Birmingham (Alabama). Elle monte sur le podium parmi d'autres « femmes remarquables », l'actrice Bette Davis, l'archéologue Iris Love, la philanthrope Ann Getty, l'hépatologue Sheila Sherlock et la femme politique Jessie M. Rattley pour y recevoir son diplôme. Sa présence sur le podium est justifiée par le fait qu'elle a œuvré à souligner et à défendre la Beauté dans le monde – « *enhancing and defending Beauty in the world* », ainsi que le proclamera le président de l'université de Birmingham.

De toutes ces initiatives généreuses, qui sont le contrepoint des privilèges de naissance, la plus touchante est venue de ses beaux-parents qui ont insisté pour qu'elle fasse don de ses robes, usagées mais en bon état, à une œuvre de charité de la noblesse : l'ANF – Association d'entraide à la noblesse française. Ils en étaient membres bienfaiteurs.

Or, Jacqueline de Ribes aime ses robes, comme un collectionneur ses timbres ou ses papillons. Quand elle les a portées, elle les laisse dormir dans son vestiaire pour les ressortir autrement, plus tard, en révisant leur coupe ou en les accessoirisant. Au début de son mariage, Jean Dessès l'habillait. Un peu oublié aujourd'hui, ce couturier qui avait sa boutique au 1 de la rue Rabelais, à l'angle de l'avenue Matignon, avait inventé les manteaux réversibles et les cols amovibles. Son style à la confluence du classique et du moderne plaisait. C'est en ajustant sur elle les créations de Jean Dessès qu'elle a pris la mesure de leur perfection.

Il lui a fallu cependant, sous la pression familiale, les abandonner au profit de l'ANF. Elle le regrette : ces pièces historiques, signées d'un couturier qui a marqué l'histoire de la mode et exercé une influence sur les années 1950, manquent aujourd'hui à sa collection.

Le goût de leur belle-fille pour les toilettes, qui leur paraît d'une frivolité coupable, ses beaux-parents le désapprouvent. Ils ont horreur des dépenses ostentatoires. La modestie, la discrétion, la parcimonie sont des valeurs qu'ils respectent. Quant à leurs privilèges de naissance ou d'héritage, le nom, la fortune, ils en ont pleine conscience mais en assument la contrepartie : les devoirs inhérents à l'aristocratie. L'aide aux plus faibles est un de ces devoirs.

Fondée en 1932 par trois comtes et un marquis[1] et toujours présidée depuis par un des grands noms de son comité, l'ANF continue de récolter aujourd'hui le don des vêtements usagés, qu'elle revend à un prix dérisoire aux membres désargentés de la noblesse. Ce n'est qu'une de ses activités, la principale étant de répertorier les familles nobles et d'authentifier les titres. L'ANF prévoit l'assistance aux personnes âgées dépendantes, aux veuves et aux orphelins, aux jeunes en difficulté qui ont besoin d'une bourse d'études ou d'un logement, à toute personne dans le besoin, à condition, en effet, que celle-ci puisse justifier ses quartiers de noblesse (arborer une particule ne suffit

1. Le comte Costa de Beauregard, le comte de Neufbourg, le comte de Sugny et le marquis Henri Dugon.

pas pour bénéficier de ses bienfaits). Par statut, cette association charitable, à laquelle il est fort bien vu de cotiser, entend apporter appui moral et secours financier afin d'« éviter la chute de nos familles et les aider à tenir leur rang ».

Jusqu'au milieu des années 1960, les plus belles robes de Jacqueline de Ribes, à l'état neuf car elle ne les portait que peu de fois, ont échoué dans ce vestiaire Emmaüs chic.

17

Le délicieux esclavage des vacances mondaines

L'hiver, tous les hivers depuis qu'elle est enfant, Jacqueline de Ribes a rendez-vous avec la neige. Son grand-père l'emmenait skier à Saint-Moritz quand ce sport en était encore à ses prémices. Elle avait cinq ou six ans à ses premières descentes. Restée fidèle à la station de l'Engadine, jadis surtout fréquentée par des Anglais amateurs de cresta ou de bobsleigh, elle y passe un ou deux mois chaque année avec le même bonheur qu'enfant, lorsque son grand-père que son pied bot empêchait de skier la suivait sur les pistes dans une voiture montée sur chenilles. Le Kulm Hotel où ils séjournaient en famille n'a pas changé. À plus de 1 800 mètres, la vue y est spectaculaire sur les montagnes alentour mais aussi sur le lac gelé et sur la fameuse Cresta Run – première piste au monde conçue pour les fous de vitesse sur glace. Le grand-père Rivaud en fut un.

Devenue dans les années 1950 la station de la jet-set internationale, rendez-vous mondain si incontournable que le roi des coiffeurs, Alexandre, y a ouvert un salon, Saint-Moritz déploie un domaine skiable généreux mais propose aussi un après-ski plein de charmes. « Tout le monde se connaissait, raconte Cristiana Brandolini. À cette époque, on descendait tous au même hôtel. On se croisait sur les pistes de ski et on se retrouvait sur les pistes des boîtes de nuit. On déjeunait et on dînait dans les mêmes restaurants. On était entre nous. Tandis qu'aujourd'hui dans ces grands hôtels, plus personne ne se connaît. »

Jacqueline de Ribes est une championne. Elle slalome et godille, dévale tout schuss les pentes neigeuses, skis serrés, avec des mouvements du buste et des plantés de bâtons aussi sûrs que gracieux. Elle applique la méthode de ski autrichienne : le corps tourné vers l'aval, le ski de l'amont toujours un peu devant l'autre, dans un savant équilibre de dynamisme et d'élégance. À Megève, où règne Émile Allais, à Chamonix, à Val-d'Isère, les skieurs n'ont ni l'allure ni la silhouette de ceux formés en Suisse ou au Tyrol, à l'école de l'Arlberg. Jacqueline de Ribes skie comme elle danse.

Elle a deux moniteurs en alternance, jeunes et beaux l'un et l'autre : Toni et Rudi. Elle s'élance sur leurs traces et quand elle stoppe net au terme de la course, dans un grand jet de neige, « on avait envie de l'applaudir », me dit la comtesse Brandolini.

À en croire Truman Capote, qui n'est pas du genre sportif mais admire les performances de ses amies, Marella Agnelli, Eugénie Niárchos et Doris Brynner, l'épouse de Yul Brynner, sont elles aussi d'excellentes skieuses[1]. Jacqueline de Ribes porte un fuseau, un anorak de couleur

1. T. Capote, *Prières exaucées*, *op. cit.*, p. 126.

vive et des lunettes noires. Elle ose les tons acidulés, le contraste du rose et du vert, ses tenues de ski sont joyeuses, éclatantes.

À la mi-journée, pause obligatoire au Corviglia Club – un relais d'altitude, où l'on déjeune en compagnie choisie, avant de redescendre à skis. On peut y accéder par hélicoptère. C'est une adresse aussi privée qu'un club anglais, à cette réserve près que les femmes y sont agréées. Toute la jeunesse aristo-fortunée-chic est là. Anglais, Américains, Belges, Espagnols, Allemands, Portugais… Truman Capote dit « les Grecs, les Perses, les Boches, les Ritals[1] », au nombre desquels les Agnelli, les Patiño, les Heinz (propriétaires de l'empire agroalimentaire du Ketchup), les Niárchos, les Embiricos, Soraya Esfandiari, l'ex-épouse du Shah d'Iran… Qu'importent les nationalités quand domine l'esprit de famille ? Beaucoup d'entre eux, comme les Agnelli, y font construire de somptueux chalets. Créé en 1930, le Corviglia Club n'admet que les grands noms – célébrités blasonnées ou membres du « gold gotha ». C'est l'heure du vin chaud (pas pour Jacqueline de Ribes, qui ne boit que de l'eau), des éclats de rire, des flirts esquissés. Ils se poursuivront le soir, à l'heure des cocktails, et plus tard encore jusqu'à l'aube dans les boîtes de nuit de la station, aussi réputée pour ses pistes nocturnes que diurnes.

Dans la boîte du Badrutt's Palace, Jacqueline de Ribes se déchaîne.

Un concours s'organise. Chaque saison, les *night-*

1. *Ibid.*

clubbers élisent la « Glamour Girl ». Beauté, élégance, panache. Elle gagne trophée sur trophée.

Les beaux garçons ne manquent pas à Saint-Moritz. Comment rester fidèle quand tant de tentations se présentent ? Jacqueline de Ribes aime plaire, elle plaît, son corps de sportive cherche d'autres bonheurs. Son mari requis par ses affaires ne l'escorte pas toujours en vacances. Et puis, « Édouard » ne skie pas bien. Au début de leur mariage, il goûte peu les plaisirs de la neige. Pourtant, que ne ferait-il pas pour elle, il veut apprendre. Ni Toni ni Rudi ne seront ses professeurs. Il s'exerce tout seul à la bonne posture, devant le miroir de sa chambre, en suivant les conseils d'un manuel de ski. Le livre à la main, il plie les genoux, s'essaye au chasse-neige, plante un bâton imaginaire sur le tapis et tente un premier virage, avant demain de s'élancer pour de vrai.

Dans quelques jours, il skiera avec son propre moniteur. Et il attendra l'arrivée superbe de « Jacqueline », au bas des pistes. Il finira par devenir lui aussi un skieur émérite et par aimer ses vacances à la montagne. « Ma mère a réussi à le convertir au ski », me dit leur fille.

En juillet 1963, il escalade le mont Cervin depuis Zermatt avec un guide. Et chaque soir, de son campement, il allume un feu pour que Jacqueline puisse suivre sa progression du balcon de l'hôtel.

Les enfants et leur gouvernante rejoignent leurs parents aux vacances de février et on skie alors en famille à Saint-Moritz. Sans oublier de fêter l'anniversaire d'Élisabeth, qui tombe en février. Pour ses dix ans, elle s'en souvient, sa mère a organisé un goûter d'enfants à l'hôtel. La petite fille avait à sa droite Alexandre Onassis, à sa gauche Christina Onassis – même les goûters d'enfants étaient placés. Quant au gâteau, il était fourré d'un sorbet à la fraise et surmonté d'un cygne en meringue blanche.

Non loin de Saint-Moritz, le vieux village autrichien de Sankt Anton est cher au cœur de Jacqueline de Ribes. Elle le préfère à la très huppée station suisse, parce que l'atmosphère y est « plus gaie, plus jeune » – l'anti-Saint-Moritz, dit-elle, on s'y amusait davantage, de manière plus décontractée, plus naturelle !... C'était, selon son expression, « le camp retranché de la jeunesse dorée ».

Le train traversait alors le village. Il s'arrêtait devant le bar du Post Hotel, qui avait une pleine vue sur la gare et le chemin de fer. Lorsqu'il accompagne son épouse, Édouard de Ribes apporte draps et couettes, pour assurer un confort jugé ici plus rustique qu'en Suisse.

La Kandahar est une piste noire, de niveau olympique qu'il n'a jamais tentée, tandis que Jacqueline de Ribes en fait son défi permanent. La Coupe du slalom géant est alors remise au champion par la princesse régnante du Liechtenstein. Karl Schranz[1], l'un des meilleurs skieurs autrichiens, né à Sankt Anton, est une légende : *der goldene Adler*, l'aigle de Sankt Anton. Autre champion autrichien fameux et médaillé olympique : Leo Gasperl[2]. Il entraîne Jacqueline de Ribes à la descente, sur les glaciers de Cervinia, en Italie, l'été. Sur l'une des photos de ski, prise

1. Karl Schranz, né en 1938.
2. Leo Gasperl (1912-1997).

par un photographe de la station qui suivait toujours Jacqueline de Ribes sur les pistes, Leo Gasperl est en chemise de cow-boy à carreaux, elle en fuseau et fin pull à col roulé turquoise de Lola Prusac[1] rentré à la taille. Elle porte un foulard rose vif sur les cheveux et des boucles d'oreilles dorées. *Schnee, Sonne und Stars* titre un magazine. Pas d'année sans sports d'hiver, pour Jacqueline de Ribes : à la montagne, à condition de pouvoir skier, son énergie ne connaît pas de limites. La neige l'euphorise et lui donne des ailes.

À Sankt Anton, elle se laisse séduire par un jeune homme très en vue, Peter Salm[2]. « Pas très beau, m'assure une jeune amie de Jacqueline de Ribes qui a beaucoup fréquenté la station. Mais une allure folle, une grande distinction[3]. » Il est le fils d'un champion de tennis autrichien qui a concouru pour la Coupe Davis, le comte Ludwig von Salm-Hoogstraeten, et d'une figure de la jet-set américaine, la belle Millicent Rogers[4], muse du couturier Charles James – le plus exclusif, élitiste et mégalomane de tous les créateurs de mode, il habille aussi Patricia, l'épouse d'Arturo López.

Par sa mère, Peter Salm descend d'un des fondateurs de la Standard Oil (SO), Henry Huttleston Rogers – c'est dire qu'il n'a pas de soucis d'argent. Sportif, raffiné,

1. Lola Prusac (1895-1985), styliste de mode spécialiste du « sport-tricot » dont la maison se trouvait 93 faubourg Saint-Honoré.

2. Peter Salm (1925-1994).

3. Cette amie souhaite rester anonyme.

4. Millicent Rogers (1902-1953), d'après sa biographie *Searching for beauty* par Cherie Burns, St. Martin's Press, New York, 2012.

élégant – adjectifs qui finissent ici par paraître galvaudés –, il est le compagnon idéal pour briller sur les pistes de ski ou de danse. Moins baroque que Raymundo de Larraín, cet authentique aristocrate, qui a fait de brillantes études à Princeton et servi le Département d'État, a le bon goût d'être encore célibataire. Son grand-père lui a légué sa propriété de Long Island, à Southampton – avec ses mille deux cents acres (485 hectares), l'une des plus vastes propriétés de la presqu'île qui n'en compte pourtant pas de petites, destination des familles américaines huppées à la belle saison. Mais à Sankt Anton, l'hiver, « Peter » est vraiment chez lui : il y a passé toute sa jeunesse, en enfant du pays.

Millicent Rogers lui a laissé en héritage, au bout d'une allée de sapins qu'il a contribué à planter quand il était enfant, un beau chalet nommé la « Shulla House ». Au milieu de ses meubles Biedermeyer, de ses tapis orientaux, de ses poêles typiques en faïence, Peter Salm y entretient un culte œdipien. Il adresse souvent à Jacqueline de Ribes ce qui est pour lui le compliment suprême : modèle d'élégance et de féminité, elle ressemble à sa mère, la belle Millicent !

Autour des Ribes, peu de Français. Ce sont plutôt les vieilles familles belges, allemandes et autrichiennes qui fréquentent cette station dont l'aristocratie a fait l'un de ses lieux de villégiature. Des Borgrave, des Limburg Stirum. Le baron et la baronne de Wertheimer. Henri du Chastel de La Howarderie et son épouse, née del Merito, proche parente des Patiño. C'est le baron de Bessermann, dit Bessy, qui du bar du Post Hotel orchestre les mondanités. Le prince Orsini – prénommé Raimondo, comme Larraín –, « la coqueluche de Sankt Anton » selon l'avis de tous, d'une des plus anciennes et puissantes familles d'Italie, qui fut un temps l'amant de Soraya[1], fait chavirer les cœurs. Peu de femmes résistent à son allure de jeune premier. Jacqueline de Ribes n'échappe pas à son emprise. Tous ces gens habitent des chalets ou vivent au Post Hotel durant les mois de février et mars, considérés comme la meilleure saison pour le ski à cause de l'ensoleillement et de la lumière. Car on ne vient pas ici pour huit jours. Les vacanciers moins fortunés logent chez l'habitant. Des jeunes filles de bonne famille, assez sportives pour participer aux longues journées de ski, Isabelle Le Maresquier (qui sera la première femme jockey à l'arrivée du Tiercé) ou Claude de Clermont-Tonnerre, habitent la maison du garde-barrière, la Haus Angelika. Il n'y a pas de boîtes de nuit à Sankt Anton, du coup on s'invite et on se reçoit chez soi à tour de rôle. Parfois à la fortune du pot : du vin blanc et des noisettes grillées. Pour garder le Grüner Veltliner au frais, on remplit les baignoires de glace et on s'en sert comme d'un bar.

Je m'étonne de l'atmosphère exclusivement aristocratique de cette station de montagne, où les *rich and famous* ont tous des noms à tiroirs. Autour de Jacqueline de Ribes, où que l'on regarde, il n'y a que des décors de rêve et dans ces décors, hiver comme été, des hommes et des femmes de la *very high society* qui cumulent les avantages :

1. Soraya Esfandiari (1932-2001), reine d'Iran de 1951 à 1958.

beaux, élégants, le plus souvent de noble lignage, et fabuleusement riches pour la plupart.

L'été, le troupeau se déplace selon le principe implacable de la transhumance. Jacqueline de Ribes préfère éviter les maisons de la famille Beaumont et la fréquentation de ses parents : ni le mas de la Galine à Cogolin, la belle maison des Beaumont qui domine la Méditerranée, ni la Corse où Paule de Beaumont a acquis après guerre le château de Fornali et les maquis qui l'entourent au cap Corse, face à Saint-Florent, ne la retiennent. Elle fuirait plutôt les ancrages maternels. Sauf exception, elle ne partage pas non plus ses amis. « Ma mère ne m'a jamais invitée en Corse ni dans le Midi. Elle avait sa vie », me dit Jacqueline de Ribes.

Ce que confirme le livre d'or de Fornali, conservé parmi les archives de la Bienfaisance, que Paule de Beaumont faisait signer à ses invités en leur demandant de composer un poème. Nulle trace dans ses pages de Jacqueline ni d'Édouard de Ribes. Les petits-enfants, Élisabeth et Jean, parvenus à l'âge de l'adolescence, fréquentent pourtant ce coin de paradis, où Paule est une aïeule d'un genre émancipé.

Les Ribes séjournent plusieurs étés à La Baule, au mois de juillet, avec leurs enfants, qui y apprennent à nager et sont inscrits à des clubs sportifs sur la plage. En août, Élisabeth et Jean retrouvent leurs grands-parents paternels au château de Saint-Just. Les Ribes gardent ce mois d'été entièrement pour eux. Jacqueline de Ribes loue une villa à Ischia, voisine de celle de Visconti. Puis, quelques années plus tard, elle louera la maison de Suni, la seconde des quatre sœurs Agnelli, à Porto Santo Stefano, au sud de la Toscane. Ou bien séjourne-t-elle chez Gianni et Marella Agnelli, dans leur propriété proche de Villefranche-sur-Mer, la villa Leopolda, avec ses huit hectares de jardin d'Éden et ses cinquante jardiniers pour l'entretenir.

À La Reine-Jeanne, la villa de Paul-Louis Weiller, à Bormes-les-Mimosas, où se côtoient grands notables, belles filles et têtes couronnées, de Jean Seberg à Richard Nixon (qui fut l'avocat du commandant Weiller avant d'entrer en politique), en passant par le roi Juan Carlos d'Espagne ou le prince Charles d'Angleterre, Georges Pompidou et Paul Getty, Karajan, Onassis, Elizabeth Taylor… C'est là que Jacqueline apprend à Charlie Chaplin à danser le twist !

À ces destinations raffinées s'ajoutent les confins de l'Andalousie. Dans les années 1950, Marbella n'est encore qu'un village. Aucun immeuble ne défigurait le front de mer, ni même le mythique Don Pepe, son premier cinq étoiles, n'obstruait l'horizon. Seules quelques villas, dans des jardins de palmes fleuris de bougainvillées pourpres, étaient alors éparpillées sur les collines environnantes. À quelques kilomètres du détroit de Gibraltar qu'on aperçoit de la plage, Marbella était le bout du monde, le confin des confins. Le prince de Hohenlohe eut l'idée d'y construire à deux pas de la plage une sorte de pension de famille, pour y faire venir ses amis du monde entier. Les premiers clients furent d'anciens étudiants de Californie où le prince avait fait ses études.

Alfonso de Hohenlohe – Alfonso Maximiliano Victorio Eugenio Alejandro María Pablo de la Santissima Trinidad y Todos los Santos von Hohenlohe-Langenburg, pour l'état civil – portait pour premier prénom celui de son parrain sur les fonts baptismaux, le roi d'Espagne Alphonse XIII. Né à Madrid, sa mère, doña Maria de la Piedad de Yturbe y von Scholtz Hersmendorff, marquise de Las Navas, était d'origine basque, son grand-père maternel fut ambassadeur du Mexique à Vienne et à Saint-Pétersbourg. Son père, prince autrichien, d'une des plus anciennes familles d'Autriche, dut fuir la Bohême, envahie par les troupes soviétiques, à la fin de la Seconde Guerre mondiale. Alfonso von Hohenlohe, dont la généalogie embrasse tant d'horizons qu'il peut se sentir chez lui partout dans le monde, a fait ses études aux États-Unis. Polyglotte, parlant couramment anglais, allemand, espagnol et italien, il est connu pour aimer les femmes, dont s'enrichit sans cesse son palmarès de don Juan. La vie ne lui était supportable que dans la séduction, le jeu, le sport, et les surprises-parties : il ne l'envisageait que sous l'angle de la fête. Skieur, golfeur, pilote automobile, il lui manquait un lieu pour rassembler ses énergies et ses amitiés. Ce fut une *finca* de dix-huit hectares, couverte de champs d'oliviers, qu'il découvrit sur cette Costa del Sol, alors totalement méconnue, où il était venu prospecter des terrains pour le compte des Rothschild et des Thyssen. Loin des terres familiales de Bohême et du Mexique, Hohenlohe avait besoin d'appuis financiers. Il les obtenait facilement grâce à son grand nom et à la non moins formidable sympathie qu'il suscitait chez tous ses interlocuteurs – et interlocutrices.

En 1954, sur son initiative personnelle, le Marbella Club ouvre ses portes. Conçu dans le « style Acapulco », tout blanc, ouvert aux quatre vents pour que chacun puisse vivre en liberté sur la plage, rustique et même dénué de confort – il n'y eut longtemps ni eau courante ni électricité –, on y veillait la nuit autour de feux de camp, au son des guitares. Mais très vite Hohenlohe convoque de Londres un premier DJ et fonde une discothèque : le Beach Club, que tout Marbella nomme « le Beach ». Des stroboscopes dans les arbres, des phares pour éclairer les vagues : on danse jusque sur la plage, toutes les nuits, jusqu'au lever du jour.

Jacqueline de Ribes apprécie l'heureux équilibre du sport et des mondanités. À Marbella elle connaît tout le monde. Chacun se tutoie à l'espagnole, s'appelle par son prénom. Elle loge dans l'une des chambres d'amis du Marbella Club.

Le prince épouse en 1955 une nièce d'Agnelli, Ira von Furstenberg (fille de Clara Agnelli, l'aînée des quatre sœurs de l'Avvocato, et du prince von Furstenberg) : la jeune mariée, née altesse royale, n'a que quinze ans. Le mariage se déroule à Venise, la fête dure seize jours entiers. Alfonso et Ira – grands amis de Jacqueline de Ribes – deviennent les piliers de la Costa del Sol : un monde secret, ultra-privé, où se pressent les mêmes figures d'aristocrates, de milliardaires, d'artistes décadents et de fortunes déchues qu'à Paris, Venise, Londres ou Saint-Moritz. On y retrouve Maria Callas et l'Aga Khan, Marie-Hélène de Rothschild et Audrey Hepburn, le duc et la duchesse de Windsor, le roi Siméon II de Bulgarie, José

Luis de Vilallonga, Salvador Dalí, ou encore le marquis et la marquise de Villaverde – fille et gendre du général Franco. Ce que les beaux-parents Ribes appellent « le grand mélange ».

Je passe sur les tenues d'été de Jacqueline de Ribes – bikinis en maille, paréos tahitiens, longues chemises d'hommes blanches ou tuniques de sirène. Les photographies témoignent, innombrables, de sa présence spectaculaire. Le prince de Salm-Salm, dont les ancêtres remontent au Saint-Empire romain germanique (et dont l'arbre généalogique n'est pas celui du beau Peter Salm), lui lancera un jour ce compliment en songeant aux années festives de Sankt Anton et de Marbella :

« *You were the star of stars in an assembly of stars !* »

L'hiver est toujours aussi doux à Marbella, la mer bleue et la nuit étoilée. Mais de hauts immeubles bétonnent aujourd'hui le front de mer, qu'une promenade en dur permet à chacun de longer à pied ou à vélo. La plage n'est plus l'exclusivité d'une minorité. La petite ville qui comptait dix mille habitants en 1950 et en compte cent quarante mille depuis 2020 est devenue une capitale du tourisme intensif. J'y ai retrouvé Jacqueline de Ribes pour quelques jours, en janvier, dans une villa qu'elle loue chaque année pour la saison. Un chauffeur, venu me chercher à l'aéroport, m'y a conduite. Cachée dans la colline, enfouie dans la verdure, *El Huerto del baron* – « le verger du baron », c'est son nom – ressemble à ces haciendas qu'on peut voir dans les films d'Hollywood. Patio rose, jardin tropical, lourds chandeliers d'argent sur le piano, palmiers en pots, murmures de fontaines. Une gouvernante corse qui avait été autrefois au service des parents de Jacqueline m'a conduite à ma chambre qui donne sur une terrasse d'où je pouvais voir la mer et, tout proche, au sud-ouest, le détroit de Gibraltar. Le matin, j'avais le temps d'aller marcher dans les alentours avant de retrouver Jacqueline pour le déjeuner, vers trois heures de l'après-midi. Les personnages dont les noms revenaient en litanie dans ses souvenirs, Danielle Darrieux, Gunter Sachs, Vittorio Emanuele… avaient presque tous disparu, le paysage ne gardait pas de trace de leur passage. L'horizon, vers Gibraltar, offrait le tableau d'une réalité radicalement différente : des gens perdus et sans bagages, des familles rescapées du naufrage, de la famine et de la guerre mais pas de la misère, confluaient à quelques kilomètres vers des frontières aux promesses trompeuses. Les hôtes du petit cercle de privilégiés marginaux, souverains déchus, golden boys et vieilles actrices que Jacqueline de Ribes faisait revivre pour moi à Marbella, prenaient des allures de fantômes surgis d'une lointaine légende, d'une Atlantide dont elle avait tout à fait conscience d'être la dernière mémoire vivante.

18

New York, New York

21 West - 52e rue : Jacqueline de Ribes déjeune au Twenty-One, l'un des restaurants fameux de Manhattan, un ancien bar clandestin du temps de la Prohibition. Un curieux défilé de statues de jockeys miniatures surplombe le porche d'entrée. Classé parmi les meilleures tables de New York dans les années 1950 et 1960, en concurrence avec le Quo Vadis, La Grenouille, Le Lafayette, La Caravelle ou La Côte basque, le Twenty-One – l'un des rares encore ouverts [1] – était déjà à l'époque un endroit assez luxueux et l'on était sûr de pouvoir y croiser Paulette Goddard, Frank Sinatra, Jack Nicholson, Andy Warhol ou Truman Capote.

C'est son premier voyage à New York, au printemps 1953. Jacqueline de Ribes a vingt-trois ans.

Elle est venue avec son mari, pour répondre à l'invitation de « April in Paris », un gala de bienfaisance dont la réputation a traversé l'Atlantique. Il prendra place dans quelques

1. De ces tables mythiques, seuls le Twenty-One et La Grenouille existent encore. Le Lafayette a fermé en 1972, le Quo Vadis en 1984, La Caravelle et La Côte basque dans les années 2000.

jours à l'hôtel Waldorf Astoria. Le vieux palace est en effet pourvu d'une magnifique salle de bal. Les Ribes font partie des rares Français, triés sur le volet avec quelques-uns de leurs amis, qui y assisteront. Ce gala annuel, récemment créé, vise à promouvoir les relations franco-américaines. C'est un privilège d'y assister. Les organisateurs – Elsa Maxwell, associée à Claude Philippe, l'un des directeurs du Waldorf (*banquet manager*) – l'ont claironné partout : leur gala ne s'adresse qu'aux « *very very high class people* ».

Jacqueline de Ribes n'a pas hésité une seconde à faire le voyage et a réussi à convaincre son mari de l'accompagner. Ses malles sont pleines à craquer d'innombrables toilettes de jour, de soir et de grand soir pour affronter ce séjour à New York.

Édouard de Ribes a d'importants rendez-vous d'affaires à Wall Street, aussi l'a-t-il laissée déjeuner en tête à tête avec leur cher Charlie, Charles de Beistegui, évidemment invité lui aussi à l'« April in Paris Ball ».

À une table voisine de la leur, une femme dans un sobre tailleur qui doit valoir une fortune, émaciée, les cheveux curieusement plaqués par de la brillantine et les lèvres rouge carmin, porte vers eux son regard d'aigle. Puis elle se lève et se dirige droit vers leur table. Est-elle habillée par Chanel ou par Mainbocher[1] ? Charles de Beistegui, qui la

1. Main Rousseau Bocher – Mainbocher (1890-1976) a créé sa maison de Haute Couture à Paris en 1929 et déménagé sa marque à New York en 1940, à l'angle de la 57e et de la Cinquième Avenue, à côté de chez Tiffany. C'est lui qui a dessiné la robe de mariée de Wallis Simpson quand elle a épousé l'ex-roi d'Angleterre, le duc de Windsor.

connaît – ne connaît-il pas tout le monde ? –, les présente l'une à l'autre. C'est ainsi que Jacqueline de Ribes rencontre l'une des plus fameuses *socialites*[1] américaines, Diana Vreeland.

Diana donc est une de ces personnes exigeantes qui jugent autrui sur l'apparence – elle a tout particulièrement horreur de la banalité dans l'allure et la façon de s'habiller : « Étonnez-moi » est sa phrase favorite. Le physique original de Jacqueline de Ribes, son élégance si parfaitement parisienne ont attiré son œil.

Elle est en effet « la » rédactrice de mode du *Harper's Bazaar*, le plus ancien des magazines de mode, fondé en 1867, mais aussi le plus avant-gardiste – il distance le *Vogue* US, alors complètement désuet, en termes de *fashion leadership*. Précisons que le *Harper's Bazaar*, au contraire de *Vogue*, n'a pas d'édition française mais est quand même distribué en France et possède des bureaux au 15 rue de la Paix.

Quoiqu'elle prétende être née à Paris[2], où elle a l'habitude de venir plusieurs fois par an, Diana Vreeland ne parle pas du tout français. À demi écossaise par son père, personne n'est plus qu'elle White Anglo-Saxon Protestant. Ultra-distinguée, cette Wasp originale voire excentrique affiche un snobisme hors compétition. Très mince, elle

1. Le terme de *socialite* vaut pour chacun des deux sexes, n'indique aucun parti politique et désigne a contrario une personnalité mondaine, chic et snob, faiseuse de goût.

2. Diana Vreeland (1903-1989). Dans son livre *Empress of Fashion*, HarperCollins Publishers, 2012, sa biographe, Amanda MacKenzie Stuart, souligne la part d'invention, voire de mythomanie.

porte admirablement la toilette et bien qu'elle ne soit pas belle, puisse même être taxée de laide à cause d'un nez proéminent qui lui donne l'aspect d'un toucan, elle possède une autorité à rejeter dans l'ombre des beautés parfaites.

La vraie patronne du *Harper's Bazaar*, depuis les années 1930, c'est en vérité Carmel Snow[1], la très francophile amie de Jean Cocteau et de Christian Bérard, de Jean et Valentine Hugo, de Jean-Michel Frank, auxquels elle a ouvert ses pages. Une personne aussi réservée dans ses manières que Diana Vreeland est loquace et extravertie. Le ton si particulier que Carmel Snow a donné au magazine est très Saint-Germain-des-Prés, quand Paris accueillait les artistes du monde entier. Elle aime établir des ponts entre l'Europe et l'Amérique et, ce qui est alors très original, tient à relier la mode aux arts et à la culture. Si la peinture est largement représentée sous son influence dans le *Harper's Bazaar*, la partie texte est importante et la littérature une part non négligeable de son succès. Colette et Virginia Woolf, Dorothy Parker et Carson McCullers, ainsi que D. H. Lawrence, Faulkner, Nabokov et Malraux entre autres ont écrit dans le *Harper's Bazaar*. Une touche intellectuelle ne nuit pas à la frivolité. *Harper's* propose une vision globale de la Beauté. Avec un goût affirmé pour les dernières tendances, sa directrice stylée et lettrée anticipe souvent les bouleversements. C'est elle qui en 1947 a trouvé l'expression New Look pour désigner, avec la for-

1. Carmel Snow (1887-1961).

tune que l'on sait, la collection de Christian Dior, ses robes et ses tailleurs aux tailles serrées, aux jupes en corolles. À Paris, Carmel Snow trône en papesse à la place d'honneur lors des défilés de la Haute Couture et n'en manque jamais un seul. « Un magazine peut et doit prendre tous les risques [1] », affirme cette personnalité charismatique qui a su s'entourer des meilleurs collaborateurs.

Rien n'altère l'assurance de Diana Vreeland. Il est vrai qu'elle possède des atouts de poids : non seulement la maîtrise des codes sociaux, acquise dans sa jeunesse sur le Vieux Continent, ce qui est fort utile dans un magazine destiné aux élites aristocratiques et bourgeoises, mais une imagination débridée et une dose de folie que Carmel Snow apprécie. Dans sa chronique intitulée « Why don't you ? » (« Pourquoi ne le faites-vous pas ? »), qui est une des plus lues du magazine, elle est capable de recommander aux mères de laver les cheveux de leurs petits garçons au champagne, pour préserver leur blondeur, ou d'affirmer : « Le bikini est l'invention la plus importante depuis la bombe atomique. »

Il lui arrive de prendre ses désirs, parfois loufoques, pour des impératifs d'actualité. « Si quelque chose manque, imaginez-le ! » a-t-elle l'habitude de dire [2]. Par exemple, elle se targue un jour d'imposer le rouge magenta à tout le

1. « *A magazine can and should take chances that a merchant can't* », dans Carmel Snow and Mary Louise Aswell, *The World of Carmel Snow*, McGraw-Hill, 1962, p. 196.

2. « *If it is not there in fashion, fantasize it !* », dans *New York Magazine*, 17-12-1973.

numéro, couverture comprise – c'est sa couleur fétiche, celle de son appartement dans l'Upper East Side, entièrement laqué dans la couleur de son rouge à lèvres. Carmel Snow, avec un pragmatisme à la mesure de ses petits chapeaux, tempère sa décision. Sachant que le lectorat du magazine est plus conservateur que Diana Vreeland, elle ne lui concédera finalement que cinq ou six pages en rouge magenta, et pas davantage, au lieu de l'entier numéro.

Elles sont si pittoresques toutes les deux qu'elles inspireront des films, où elles contribuent l'une et l'autre à une caricature de la rédactrice de mode, tel celui de Stanley Donen *Funny Face* (1957) avec Audrey Hepburn et Fred Astaire.

Carmel Snow - Diana Vreeland composent le duo gagnant de la presse magazine de mode, dans ces années d'après-guerre qui voient exploser à New York une nouvelle génération de photographes et de designers exceptionnels. Un directeur artistique choisi par Carmel Snow, Alexey Brodovitch, a donné après guerre à la maquette un nouveau dynamisme, allégé le graphisme et la typographie, et fait en sorte que les anciens photographes et dessinateurs attitrés, Erté ou Adolph de Meyer, jugés obsolètes, soient remplacés par des talents neufs. De son côté, en parfait accord avec Brodovitch, Diana Vreeland décide de renouveler l'image de la Femme que diffuse le magazine : elle sera plus sportive, spontanée et dynamique, en un mot plus conforme aux canons d'aujourd'hui. Les mannequins, jadis aussi anonymes qu'inexpressives, elle les choisit désormais parmi les femmes du monde, les mieux à même de son point de vue de représenter la Femme telle qu'elle la conçoit, toujours sophistiquée mais en mouvement, et tirée des sphères qui font rêver. Sous son influence, la mode épouse le Bottin mondain. Le vedettariat a de longues et fastes années devant lui.

Diana Vreeland, pourtant issue de la bourgeoisie moyenne, fréquente la haute société. Sa mère, qui était encore plus snob qu'elle ne l'est, lui a donné la meilleure des éducations en l'inscrivant dans les écoles et les cours de danse qui vous assurent un bon départ dans la vie. Diana Vreeland, aussi policée et au fait des usages que la baronne Staffe[1], y a eu pour amies quelques aristocrates anglaises auxquelles elle est restée liée et qui l'ont aidée à ses débuts. Car elle a vécu à Londres aux débuts de son mariage avec le beau Reed Vreeland, l'un des beaux gosses de l'époque, vaguement banquier et assez intelligent pour laisser sa femme tenir les rênes du ménage. Comme la grande vie coûte cher, elle a eu l'idée d'ouvrir une boutique de lingerie près de Berkeley Square : grâce à ses relations, ne s'y fournissait que l'élite de la gentry, à de rares exceptions près. Pour titre de gloire, elle rappelle volontiers que la future duchesse de Windsor venait acheter chez elle ses déshabillés de soie, quand elle ne s'appelait encore que Wallis Simpson. Ils furent peut-être décisifs dans la demande en mariage du duc… Les anciennes clientes de Diana Vreeland lui demeurent fidèles : Edwina d'Erlanger, Mrs Harrison Williams (future Mona Bismarck), la

1. La baronne Staffe est l'auteure française de *Usages du Monde : règles du savoir vivre dans la société moderne*, V. Havard, Paris, 1889.

duchesse de Windsor ou la princesse de Faucigny-Lucinge, pour n'en citer que quelques-unes, l'adorent. À New York, comme à Londres ou Paris, cette figure de proue peu commode et sans aucune indulgence n'est pas seulement reçue par le grand monde. Elle y baigne comme une naïade dans un bassin de nénuphars. Ses cheveux gominés ont d'ailleurs toujours un aspect mouillé.

Un simple coup d'œil sur la jeune femme qui déjeune à quelques tables d'elle, au Twenty-One, suffit à la décider : cette ravissante inconnue au long cou fera un excellent modèle pour « Dick ». Son photographe préféré, le jeune Richard Avedon [1].

Elle invite la jeune femme à poser au studio, dès le lendemain.

Dick est le *nickname* d'Avedon pour ses amis. Tous savent que sa vocation lui est venue à l'âge de dix ans quand son père lui a offert son premier Kodak Brownie. Il a couru prendre le cliché d'un voisin qui habitait l'appartement juste au-dessus de celui de ses grands-parents, sur Riverside Drive, à Manhattan : c'était le compositeur Sergueï Rachmaninov.

Depuis 1947, à peine libéré du service militaire qu'il a effectué dans la marine marchande en réalisant les photos d'identité de l'équipage mais aussi celles des cadavres dans la salle des autopsies, il travaille en exclusivité pour le *Harper's Bazaar* dont il illustre la majorité des pages de mode et la plupart des couvertures. Il accompagne Carmel Snow à Paris pour prendre les clichés des défilés de Haute Cou-

1. Richard Avedon (1923-2004).

ture. Il aime aussi photographier les mannequins dans la rue, sur le pont Alexandre-III ou place de la Concorde, à la sortie de chez Maxim's ou du Moulin-Rouge. Ses mises en scène minutieuses, réglées comme un ballet, attirent les badauds presque autant que la splendeur de ses modèles.

Bien que son style se signale déjà par le minimalisme et la luminosité, il n'a pas encore acquis la haute notoriété qui sera bientôt la sienne. Elle lui viendra en 1955 avec une photo prise au Cirque d'Hiver et restée depuis dans les annales de la mode, *Dovima with elephants*. Sur la piste jonchée de paille du cirque, il a mis en scène la *model* américaine Dovima[1], encadrée par deux (vrais) éléphants. Leur masse grise contraste avec la silhouette gracieuse et fragile de la jeune femme, comme un défi à l'équilibre sur les deux clichés, presque identiques, qui diffèrent par un imperceptible déplacement de la pose des protagonistes. Dovima porte une robe de la collection automne-hiver de Christian Dior, « Soirée de Paris ». Un fourreau noir, orné d'une ceinture en satin drapé de couleur ivoire ou peut-être champagne, il a été dessiné par Yves Mathieu Saint Laurent dont c'est une des premières créations. *Dovima with elephants* marque une date dans l'histoire de la photographie : des critiques chevronnés y voient le même coup d'éclat que *Le Déjeuner sur l'herbe* de Manet dans l'histoire de l'art. L'un des clichés d'Avedon sera racheté en 2010 par la Maison Dior pour la somme considérable de 841 000 euros[2] – prix record pour une photographie.

1. Dorothy Virginia Margaret Juba (1927-1990).
2. 719 000 livres, en 2010, lors d'une vente aux enchères Christie's.

En 1953, Diana Vreeland en est encore à chercher des muses pour Dick. Elle veut un visage, un corps moins stéréotypés que ceux des mannequins professionnels. Avedon travaille l'émotion, l'intensité, le caractère. Jacqueline de Ribes correspond si bien à son idéal que l'affaire est réglée en quelques minutes. Timide mais très au fait des choses de la mode, la jeune femme n'ignore pas le pouvoir du *Harper's Bazaar*. Paris tremble devant ses verdicts et attend ses jugements comme les fidèles catholiques les lois du Vatican. C'est un privilège, un honneur même d'apparaître dans ses pages.

Son excitation est telle que le matin du rendez-vous, elle se lève à l'aube. Alors qu'elle a l'habitude de se coiffer elle-même, elle se rend chez le coiffeur. Pas n'importe lequel. Un coiffeur qu'on lui a recommandé bien qu'il ne soit pas encore célèbre, Kenneth Battelle[1]. Il coiffera bientôt Marilyn Monroe, à partir de *Certains l'aiment chaud*, et inventera la coiffure bouffante de Jackie Kennedy. Ce jour-là, chignon, bouclette, crêpage, il n'a pas été au mieux de sa forme. Elle se fait hélas aussi maquiller. On lui pose des faux cils.

Quand Diana Vreeland la voit apparaître, c'est tout juste si elle la reconnaît.

« *Whaaat have you done to yourself? I wanted you like yesterday*[2] *!* » Elle défait le chignon, retire les faux cils, la démaquille et récupère enfin le visage de Jacqueline de

1. Kenneth Battelle (1927-2013) ouvrira son célèbre salon sur la 54e en 1963.

2. « Mais qu'est-ce que vous avez fait ? Je vous voulais comme hier. »

Ribes – ce visage sans apprêt qui l'avait frappée au Twenty-One. Elle brosse elle-même les cheveux de « Jacqueline » pour les lisser et les tresse au final en une longue et lourde natte. Ce sera son unique parure. Les épaules sont nues.

La voilà devant l'objectif de Richard Avedon. Une grande feuille de papier blanc sert de toile de fond. En face d'elle, l'appareil de photographie est posé sur pied. L'artiste, comme aux temps jadis, se couvre la tête d'un drap noir. Il en émerge à chaque prise pour bondir autour d'elle à la manière d'un elfe ou d'un lutin. Ce perfectionniste acharné a imprimé des repères à la craie sur le sol, pour que son modèle sache où se tenir. La pose est millimétrée.

Avedon lui demande de ne pas sourire mais de regarder devant elle avec fermeté. Il l'encourage : « *Marvelous !* », « *Wonderful !* », « *Once more !* », « *Once again !* »... Un jeune assistant remplace les plaques noires ou vient à sa demande corriger une mèche, un reflet, une ombre sur son visage. Avedon se donne le plus grand mal pour atteindre à la simplicité sublime. Aucun accessoire. Aucun effet. L'image doit être minimale et juste. Mais chargée d'émotion, de vérité cachée.

« Je photographie les symboles de ce que les gens sont », dira-t-il quand il aura élaboré dans quelques années son propre discours sur l'esthétique.

La mode n'est pour lui qu'un prétexte. Ce qui l'intéresse, c'est le portrait. Le portrait comme un art.

Formats carrés. Fonds lumineux, très blancs. La personnalité jaillit dans un éclair de flash.

« The most important ingredient for beauty is the art of

suggesting more than there is... a certain mystery... making us want to know her inner life», commente l'artiste[1].

Chaque photo d'Avedon raconte une histoire. Chacune est un roman.

Pour « Dick », le roman de Jacqueline de Ribes possède cet ingrédient fondamental : le mystère. D'où vient, quand on regarde sa photographie, qu'on pense à une reine d'Égypte ? Les yeux en amande ? La majesté du port de tête ? La natte de princesse orientale ? En total décalage avec la chronologie, Avedon a photographié Néfertiti.

Le nez surtout le fascine. Son ami Truman Capote, avec lequel il publiera un livre, le fait remarquer : « *Jacqueline de Ribes has the perfect nose*[2]. » Et Capote ajoute : « *I feel sorry for near-beauties with small noses* » (« Les beautés approximatives, affligées d'un petit nez, me navrent »).

Du moment où il photographie Jacqueline de Ribes, Avedon trouve non seulement un modèle à sa mesure, mais les principes fondamentaux de son art. Jacqueline de Ribes posera cinq fois, au total, pour lui. Il lui offrira le portfolio de ses treize portraits – seules Marella Agnelli, Audrey Hepburn et Jacqueline de Ribes possèdent le leur.

Ses photos signées Avedon, devenues des archétypes, seront toutes publiées par le *Harper's Bazaar*, depuis celle, inaugurale, « à la natte » qui paraît dans ses pages en avril

1. *Newsweek* – « La beauté suggère plus qu'elle ne souligne... elle est mystère... elle nous donne envie d'en savoir plus sur la vie secrète du modèle. »

2. *Observations*, Richard Avedon, Truman Capote, Alexey Brodovitch, Simon and Schuster, New York, 1959.

1956, sous le titre « *New Focus on Familiar Faces* ». Elles seront reprises dans *Life* en octobre 1959.

En avril 1960, Jacqueline de Ribes est immortalisée en Sphinx : les cheveux dénoués, le buste reposant sur les avant-bras, dans la pose du monstre millénaire. Sur cette photo-là, « *The Sphinx Within* », un des chefs-d'œuvre d'Avedon, seul le mystère l'habille.

En septembre de la même année, dans la série « *Profile of Paris* », restée parmi les *collectors* de l'histoire de la mode, elle offre un duo parfait avec Audrey Hepburn. Avedon a tenu à les percher à tour de rôle sur des cubes en plastique de hauteur inégale, où elles semblent l'une et l'autre très à l'aise malgré leurs escarpins à talons. Elle est en tailleur Dior, Audrey en Givenchy – depuis 1954, Hubert de Givenchy crée toutes les tenues d'Audrey Hepburn, de ses pyjamas à ses robes du soir, à la ville comme au cinéma. Jacqueline de Ribes soutient largement la comparaison, par l'éclat, par l'élégance, avec l'actrice oscarisée[1], qu'elle dépasse pieds nus de sept centimètres. Le *Harper's Bazaar* la présente comme « *The Magical Vicomtess de Ribes* ». Les photos seront reprises en décembre dans le magazine français *Réalités*.

En septembre 1961, Avedon a une nouvelle idée. Il la photographie en duo avec Raymundo de Larraín, pour une série intitulée « *The Creation of the Goddess* » (« La création d'une déesse »). Les photos seront reprises en novembre dans *The New Yorker* sous un autre titre, au parfum freudien, « *Narcissism* ».

1. Pour *Vacances romaines* (1953).

Il a saisi d'emblée une des clefs de Jacqueline de Ribes. Le narcissisme, qu'elle développe sous l'influence de Raymundo de Larraín, l'entraîne à une approche artistique originale : l'élaboration de son Moi. Mieux que le culte de la personnalité auquel souvent on le réduit, le narcissisme est plutôt un voyage au cœur du sujet, une exploration des tendances qui le composent, enfin le choix d'une attitude. Elle rejoint par là les pionnières du *body art* telle Marina Abramović qui déclare : « Dès que vous pénétrez dans l'espace de la performance, vous accédez à un niveau de Moi supérieur, et ce n'est plus vous. C'est autre chose. [...] J'étais devenue une Marina que je ne connaissais pas encore[1]. »

Enfin, en septembre 1962, ce sont les trois dernières photos de la vicomtesse, pour une série qu'Avedon a placée sous le signe de l'amour : « *The Hug* » (« L'étreinte »). Jacqueline de Ribes, définie comme « *an enigmatic contemporary beauty*[2] », porte sur l'une un manteau de Dior bordé de chinchilla, sur la deuxième une robe de soie noire de Saint Laurent, enfin sur la troisième une blouse normande de satin gris du même Saint Laurent. Dans quelques années, elle fera don de la blouse normande au musée Yves Saint Laurent[3].

Avedon a l'habitude de photographier ses mannequins la nuit. Le jour, les robes doivent être en boutique, à la disposition des clientes. Mais les personnalités qu'il

1. Marina Abramović, *Traverser les murs*, Mémoires, Fayard, 2017, p. 77.

2. « Une énigmatique beauté contemporaine ».

3. 5 avenue Marceau, Paris 16e.

choisit savent prendre la lumière. Car bien plus que la grâce ou l'élégance, la lumière est ce que recherche passionnément cet artiste.

« Avedon a fixé la mémoire d'une époque glorieuse de la mode », me dit Jacqueline de Ribes.

« Je travaille à partir de "non", déclarera le photographe. Non à la lumière, non aux compositions, non à la séduction de la pose. Et tous ces "non" créent un oui. J'ai un fond blanc, j'ai la personne qui m'intéresse et ce qui se passe entre nous. »

Dans la galerie des portraits de stars, toutes générations confondues, qu'il a contribué à immortaliser, elle entre dans une catégorie à part, un groupe homogène aux caractéristiques bien définies que Truman Capote a baptisées « *a gathering of swans* ». Les « Cygnes ». Ainsi l'écrivain définit-il ces beautés des années 1950-1960 qui ont porté au plus haut les valeurs de la mode et ont en commun non seulement un physique longiligne, aérien, royal, mais d'être toutes des *swans* avedonisées. Ce sont Jacqueline de Ribes, Marella Agnelli, et tout un long cortège de Cygnes américaines, C.Z. Guest[1], Lee Radziwill[2], Slim Hayward[3], Babe Paley[4], Gloria Vanderbilt[5]... Cortège de *very very happy few*.

1. C.Z. Guest (1920-2003).
2. Lee Radziwill (1933-2019).
3. Slim Hayward (1917-1990).
4. Barbara Paley (1915-1978).
5. Gloria Vanderbilt (1924-2019).

Babe Paley habite la Cinquième Avenue, à deux pas de chez Tiffany, son joaillier préféré, et de chez Mainbocher qui l'habille quelquefois, à l'angle de la 57e. Cette fashionista, toujours chaussée d'escarpins Ferragamo, est une croqueuse de diamants. D'où le nom qu'on a par la suite attribué à ses consœurs : « Les Cygnes de la Cinquième Avenue ». Que Gloria Vanderbilt, autre Cygne magnifique, loge Gracie Square, une jolie adresse dans l'Upper East Side où elle donne des fêtes très courues, ne change rien à l'affaire.

Babe et Gloria inspireront à leur ami et meilleur ennemi, Truman Capote, son personnage fragile et parfaitement décadent de femme du monde, Holly Golightly, dans une nouvelle emblématique du petit monde des *socialites*, *Breakfast at Tiffany's – Petit déjeuner chez Tiffany* (1958). Cette héroïne est un mélange d'elles deux avec des pincées de quelques autres, mais c'est Audrey Hepburn qui lui donnera un visage en 1961 dans le film que Blake Edwards adaptera du livre et qui sortira en France sous un titre détourné, *Diamants sur canapé*. On l'y voit dans la scène fameuse du début, en robe du soir de soie noire à l'heure du petit déjeuner, une tasse de café à la main, grignoter une viennoiserie le nez collé sur la vitrine de Tiffany. « Un petit déjeuner chez Tiffany est un rêve d'enfant. Des tartines au milieu des diamants. Du chocolat au milieu des émeraudes, des cookies et des perles. Cette tranquillité, ce cadre. Il ne peut rien vous arriver de mal là-bas… et cette merveilleuse odeur d'argenterie et de portefeuilles en alligator[1]. »

1. T. Capote, *Petit déjeuner chez Tiffany*, Gallimard, « Folio », 2009, p. 7.

Dans la famille Cygne, Jacqueline de Ribes et Marella Agnelli sont les seules Européennes, et chacune y est l'unique représentante de son vieux pays. Leur culture est celle de l'ancien monde, même si elles aiment fréquenter le nouveau et se griser de ses parfums. Il y a du tonus et de la liberté dans l'air en Amérique et beaucoup plus de contrastes. Dans un climat demeuré puritain on y divorce beaucoup plus qu'en Europe, les balises paraissent beaucoup plus souples quand ce ne seraient que celles des conventions sociales. Plus jeune (de quinze ans) et plus sportive que Babe Paley, Jacqueline de Ribes ne cumule pas les maris et a une vraie vie de famille. Gloria Vanderbilt, qui a à peu près son âge, s'est déjà mariée deux fois et envisage une troisième union. Même Audrey Hepburn [1], avec sa silhouette de ballerine et son sourire malicieux, qui garde dans ses robes de Givenchy l'air sage d'une jeune fille de bonne famille, aura plusieurs maris. Jacqueline de Ribes, par contraste, développe un style classique, intemporel. Elle a, comme Marella Agnelli, de solides racines et reste très attachée à son nid.

Il appartenait à un Vilain Petit Canard d'écrire un éloge du Cygne. Gros, gras, myope et doté d'une voix de chou de Bruxelles (selon l'écrivain Gore Vidal, son compatriote qui d'ailleurs se brouillera à mort avec lui), Truman Capote tel un ornithologue a le mieux fait observer les différences du bel oiseau. Du Cygne, Jacqueline de Ribes a le long col, la grâce, les somptueuses plumes que les simples moineaux ou perruches peuvent lui envier, et

1. Audrey Hepburn (1929-1993).

l'exceptionnelle allure, cet air de glisser en majesté sur la vie.

Grâce à Diana Vreeland et à Dick, la jeune Française est désormais lancée. La presse américaine suit ses allées et venues entre l'Europe et l'Amérique, où elle se rend en moyenne une ou deux fois par an. Elle la photographie à la descente du paquebot ou de l'avion, dans son hôtel, sur la Cinquième Avenue, chez Bonwitt Teller ou Neiman Marcus, mais surtout elle scrute ses bagages. Elle détaille ses tenues. Jacqueline de Ribes n'a pas trente ans qu'elle incarne déjà l'élégance pour une population qui ne jure que par les magazines de mode et ne songe qu'à imiter ces déesses sur papier glacé.

D'innombrables reportages reproduisent les scènes de sa vie privée tant à New York qu'à Paris, à la Bienfaisance ou au bois de Boulogne, à Groussay, à Venise, aux sports d'hiver. Elle ne déçoit jamais son public : son vestiaire est original, abondant, coloré, joyeux. Et sa façon de le porter stupéfiante. Je pense à cette photo prise à Cervinia, dans les Alpes italiennes, où en fuseau et en pull glissé dans son pantalon, et vraiment sans aucun autre accessoire que ses lunettes de soleil (elle skie au printemps sur un glacier), elle est une simple ligne – un impeccable trait de pinceau japonais sur la page. Qui ne voudrait avoir ce *sleek chic* ?

Les photographes la traquent de lieu en lieu. Elle accepte les reportages des meilleurs. En cette même année 1953 où Avedon la propulse vers la célébrité dans le *Harper's Bazaar*, *Vogue* ne veut pas être en reste et dépêche vers elle le jeune Horst P. Horst pour son magazine version US, puis Henry Clarke pour le *Vogue* Paris.

Irving Penn, Ronny Jaques, Mark Shaw, pour ne citer que les photographes américains ou travaillant principalement pour l'Amérique[1], se mettent de la partie.

Life, *Vanity Fair*, *Holiday*, *Town and Garden*... Aucune saison ne passe sans que soient publiées dans les organes les plus prestigieux de la presse d'outre-Atlantique des photos de Jacqueline de Ribes – « *One of the most elegant and parisian women in the world* », titre l'un d'eux. En tenue d'après-midi ou du soir, escortée d'une amie, parfois de son mari, à l'heure du goûter avec ses enfants, les journaux détaillent sa garde-robe, principal souci de la rubrique mondaine. Ils passent au crible son agenda : toutes ses sorties sont suivies, observées, annotées.

« *Everyone wanted to dress like Jacqueline and look like her* » (« Tout le monde voulait s'habiller comme Jacqueline et lui ressembler »), dira son amie Jayne Wrightsman[2], épouse d'un industriel du pétrole, collectionneuse de mobilier XVIIIe et de tableaux à pedigree – Vermeer, La Tour, Monet... –, la plus généreuse donatrice du Metropolitan Museum.

Jacqueline de Ribes incarne en fait une figure qui fait rêver les Américains : non seulement le type de la

1. Seuls de tous ceux cités, Ronny Jaques (1910-2008) est britannique. Horst P. Horst (1906-1999), Henry Clarke (1918-1996), Irving Penn (1917-2009) et Mark Shaw (1921-1969) sont tous beaucoup plus âgés qu'Avedon.

2. Francesca Stanfill, *Jayne's World*, *Vanity Fair magazine*, janvier 2003.

Française, qui sait être élégante avec naturel. Mais parmi les Françaises, la nec plus ultra : la Parisienne, née comme chacun sait avec le goût de s'habiller. Un goût érigé, sans exagérer, en savoir universel.

De son côté, l'Amérique, c'est une histoire d'amour. Elle l'a aimée dès son premier voyage. Elle aurait pu y ancrer sa vie. Faute de quoi, elle s'y rend souvent, le plus souvent possible. Elle y aura vite des amis, fidèles, solides, dont elle parle la langue *as if she was a native born American*. Cette Parisienne réussit le prodige de ne pas se limiter à un cercle des amitiés et de la culture européennes, mais de se faire aimer de l'Amérique. Elle y évolue aussi à l'aise que dans son milieu d'origine.

« *The Magical Vicomtess* » – ainsi l'Amérique voit-elle Jacqueline de Ribes – devient une célébrité. Ce qui dans le Nouveau Monde remplace avantageusement un titre nobiliaire ou un diplôme manquant et tient lieu de fonction enviée.

De la célébrité comme tête d'affiche, Earl Blackwell[1] a inventé le concept. Ancien acteur de seconde zone à Hollywood et à Broadway, il s'est reconverti en une sorte d'agent ès mondanités. Il a eu l'idée, le premier, de répertorier les gens célèbres, et en a fait sa principale activité. Le *Celebrity Register* qu'il a créé en 1939 et republie chaque année, revu et corrigé selon des mises à jour scrupuleuses, est un annuaire qui fait beaucoup d'envieux. Earl Blackwell le présente comme *an irreverent*

1. Earl Blackwell (1909-1995).

compendium of quotable notables (mot à mot, « un relevé irrévérencieux de notables qui méritent d'être cités »). « *Irreverent* » : ainsi désigné, cet annuaire héritier du *High Life* français et du vieux *Who's Who*[1] britannique est un Bottin mondain américain, à l'échelle internationale. Un instrument très utile pour se repérer dans les profondeurs du microcosme.

En contrepoint, Blackwell a conçu un *Celebrity Service* qui enregistre les allées et venues des personnalités citées dans le *Register*. *Who is in town to-day*, déjeune, dîne, où et avec qui, les galas, les cocktails, tout ce qui remplit l'agenda des *people* – mot encore inusité. Avec des bureaux à New York, Hollywood, Londres, Paris et Rome, Blackwell est fort occupé. Il voyage tout le temps. C'est que les célébrités sont animées d'un mouvement perpétuel : non seulement elles ne tiennent pas en place mais leurs itinéraires changent au gré de leurs incessants caprices. Elles méritent bien le titre d'*international nomads*[2] (nomades internationaux) que leur a trouvé le comte Lanfranco Rasponi, descendant d'une famille italienne illustre depuis le XVe siècle mais américain par sa mère, et qui est un des leurs. Le comte Rasponi partage leur style de vie, connaît chacun par son petit nom. Y compris « Jacqueline », « Édouard », ou… « Earl ». Dans son livre de souvenirs, il les répertorie d'ailleurs à leur seul prénom dans le glossaire, quitte à regrouper ceux et celles qui portent le même !

1. Le *High Life* a été fondé en France en 1879, le premier *Who's Who* en Angleterre en 1849. Le *Who's Who en France* date de 1953.

2. Lanfranco Rasponi, *The International Nomads*, Putnam's Son, 1966.

Jacqueline de Ribes trouve sa place en Amérique. À vingt-cinq ans, elle entre dans le Registre des Célébrités.

Earl Blackwell, avec son œil de chasseur de têtes, a tout de suite repéré son dynamisme et ses qualités d'organisation. À Paris, en décembre 1954, elle a été membre du « Comité des divertissements et entrées » du bal d'Hiver, au Palais des Glaces – son nom figure au programme. Ce fut sa toute première expérience dans le *management* de ce genre d'événements. Earl Blackwell a l'idée de la propulser présidente (« *chairman* », on ne dit pas encore « *chairwoman* ») du Comité international de l'Embassy Ball. Une association qui s'occupe de lever des fonds au bénéfice des enfants handicapés du monde entier. En dépit de son nom, l'Embassy Ball n'est patronné par aucune ambassade. Et n'est pas non plus un bal à proprement parler. C'est un gala de bienfaisance, qui se tient à New York en hommage à un pays différent chaque année. Quatorze ans après Hiroshima, Jacqueline de Ribes, en 1959, assume la charge du « *Salute to Japan* ».

Sayonara, un film de Joshue Logan, avec Marlon Brando, a raflé tous les Oscars deux ans auparavant et a sans doute plus fait pour la réconciliation des deux pays que la diplomatie internationale. Les Américains réunis à l'Embassy Ball fêtent moins un adieu qu'un bonjour, un « *salute* » – un salut, un hommage. Le choix du mot a donné lieu à des discussions passionnées au sein du Comité.

La Ball Room du Waldorf Astoria va accueillir un millier d'invités, qui paieront cent dollars la place, soit presque neuf cents dollars d'aujourd'hui, pour assister à un spectacle de ballet : *Snow Bird*, une fantaisie sur une musique de Tchaïkovski. La troupe du marquis de Cuevas est mise à contribution, avec Violette Verdy et Erik Bruhn en étoiles. Raymundo de Larraín a non seulement écrit la chorégraphie mais à son habitude créé aussi les décors, les costumes et la mise en scène. Comme toujours avec ce maître de cérémonie, le raffinement est poussé jusque dans ses extrêmes détails.

Un industriel japonais fournit les six kilomètres de soie *shocking pink* (« rose shocking », une couleur inventée par Elsa Schiaparelli) que Jacqueline de Ribes a choisie pour tapisser les murs de la Ball Room. Elle y fait accrocher des papillons, eux aussi en soie. Une immense pagode qui tient par des cordages dorés ajoute à l'exotisme. Le directeur de l'établissement, M. Burns, s'arrache les cheveux : les ouvriers dépassent les horaires syndicaux. Du coup, Jacqueline de Ribes et Larraín s'occupent personnellement de finir les travaux.

Le clou du spectacle, ce sont les invraisemblables coiffures de plumes, importées de Paris, mais elles sont malheureusement bloquées à la douane. Le marabout, l'aigrette et l'oiseau de paradis sont en effet interdits de séjour sur le territoire américain, même à l'état de plumes. La *chairwoman* a dû courir aux douanes et se montrer convaincante pour débloquer le précieux chargement. Elle vaque à toutes les spécialités. Tapissière, cousette, assistante chorégraphe, costumière et décoratrice, ouvrière en chef, la voilà en négociatrice, amenée à des pourparlers avec les autorités.

Mais son rôle principal, entre tractations douanières ou consulaires et jobs de dernière minute, est avant tout de recueillir des fonds. Elle démarche personnellement les mécènes éventuels, ses amis mais aussi les gens fortunés qu'elle ne connaît pas et dont elle espère qu'ils se montreront généreux pour la cause des enfants. Elle ne quitte plus son téléphone, obtient des rendez-vous, court à travers New York en sautant d'un taxi à un autre. Des marques de luxe acceptent de passer des publicités, à haut coût, dans le programme de la soirée. Estée Lauder, Elizabeth Arden, Air France et Panamerica, Cartier et Jean Patou, Van Cleef et Harry Winston, sans oublier le coiffeur Alexandre (« Pour faire plaisir à la vicomtesse... »). Des banquiers, des chefs d'entreprise signent des chèques : la collecte est impressionnante. Elle a brillamment rempli son contrat.

Elle récidive deux ans plus tard, toujours au Waldorf, avec un « *Tribute to Italy* » donné à l'occasion de l'anniversaire de la réunification italienne. Venise a inspiré le décor. La soie rose japonaise du précédent bal est réutilisée dans un esprit baroque, or et blanc, avec des motifs en cellophane qui imitent le verre filé. Raymundo de Larraín offre un spectacle inédit, qui sera très applaudi ce soir, « Entre chats ». Sur scène, des danseurs en costumes de chats racontent la vie des chats. Musique de jazz adoucie d'airs de valse romantique et la *Marche nuptiale* de Mendelssohn en finale. Variétés. Les invités en tenue de soirée, scintillants de bijoux, sont parfois interloqués, à en croire le correspondant du *Figaro* à New York. « Si Marc Bohan et Elsa Schiaparelli y ont puisé une idée pour leur prochaine collection, leur regard ne le disait pas. » Un drôle de personnage en costume Louis XIV dirige les danseurs, on ne comprend pas bien pourquoi.

Le maire de New York, Robert Wagner Jr, était dans la salle, de même que Mme Joseph Kennedy, la mère du président tout juste élu[1].

Jacqueline de Ribes, imperturbable, très digne dans son rôle de présidente de l'Embassy Ball, a étonné tout le monde en proposant une tombola.

Elle s'est donné un mal fou pour obtenir gratuitement des lots somptueux, qui sont tirés au sort et vont récompenser les gagnants – lesquels auront payé très cher leur participation. Les sœurs Fontana, célèbres couturières romaines, qui ont habillé Ava Gardner dans *La Comtesse aux pieds nus* et habilleront Anita Ekberg dans *La Dolce Vita* de Fellini, ces trois « Sorelle » Fontana qui ont aussi pour clientes fidèles Marella Agnelli et Jackie Kennedy, sont parmi les mécènes qu'elle a démarchés. Elles offrent une longue robe du soir brodée, avec le long manteau de satin et le sac assortis. Le joaillier Bulgari offre, lui, une broche en diamants et rubis. Mais le lot le plus convoité ce soir-là est un cadeau d'Agnelli : la toute nouvelle Fiat spider 1500, en version cabriolet, carrossée par Pininfarina, attend le gagnant. En lots de consolation, pour les moins chanceux : trois Vespa aux couleurs de l'Italie. Une rouge, une blanche, une verte.

« Bravo, Jacqueline ! » lui assurent ses amis.

1. En janvier 1961.

Même Elsa Maxwell est impressionnée. Elle lui envoie le soir même un télégramme de félicitations dans son style ronchon :

« *Not bad !* »

De grandes entreprises italiennes parmi lesquelles les pâtes Barilla, Martini Rossi, Pirelli, le *Corriere della Sera* et d'autres, furent mises à contribution et envoyèrent leurs chèques, tandis qu'Air Italia ou des maisons de couture et de parfum acceptaient de passer des pages de publicités dans le programme. Méthode bien réglée désormais, mais où Jacqueline de Ribes a dépensé une énergie à la hauteur des sommes qu'elle décrochait. Elle a un agenda de *wonder woman* alors qu'elle ne travaille pas. Enfin, pas vraiment.

« Je me serais suicidée si ma vie n'avait pas été un peu utile. »

Je l'interroge à ce sujet : « Comment se fait-il qu'une femme comme vous, née pour ne pas travailler, travaille autant ? »

Réponse : « J'étais dans une cage. Je déteste être prisonnière. Quand j'ai des projets, quand je crée… des robes, des maisons, des dîners, des événements, je m'évade. Je suis libre. »

Le montant de l'Embassy Ball fut un très prospère « *tribute* ». Jacqueline de Ribes se rendit à Florence pour le remettre solennellement au directeur de l'*Ospedale* Meyer, le premier hôpital pédiatrique d'Italie. Le jeune professeur Cocchi y est mondialement réputé pour ses travaux sur les méningites infantiles. Le don allait permettre d'ajouter une aile supplémentaire au bâtiment.

En remerciement, la ville, en la personne de son maire, Giorgio La Pira, un véritable saint laïque que l'Église a d'ailleurs songé depuis à béatifier, déclara Jacqueline de Ribes Citoyenne d'honneur. Au cours d'une cérémonie officielle au Palazzo Vecchio, Giorgio La Pira lui remet la fleur de lys d'or, emblème de Florence. En strict tailleur bleu marine et chemisier blanc, elle la reçut comme un graal, et ne put s'empêcher d'y voir un rappel à ses propres armes – le lys d'argent des Beaumont.

En Amérique, on aime le succès. Et on aime le célébrer. Une personnalité du domaine du luxe et de la beauté, qui a beaucoup œuvré pour le développement de la marque de parfum Coty, Eleanor Lambert, a créé en 1940 un classement des dix femmes les mieux habillées du monde : la Best-Dressed List. Publié chaque année dans *Vanity Fair* au début du mois de janvier, ce palmarès qui fait autorité est toujours très attendu. Être citée dans la Best-Dressed List équivaut pour une femme du monde à un couronnement.

Parallèlement, Eleanor Lambert, qui a le génie des relations publiques, a créé la New York Fashion Week, longtemps nommée Press Week, pour attirer l'attention vers le nouveau continent, où la mode bat là aussi son plein. À se demander s'il n'en deviendra pas bientôt la future capitale. Et elle est à l'origine du New York Fashion Institute – un institut de la Mode – en passe de devenir le mausolée de la Haute Couture internationale.

Jacqueline de Ribes est nommée dans la Best-Dressed List en 1956, à l'âge de vingt-sept ans, et y reviendra tous les ans (avec une exception en 1958) jusqu'à sa consécration définitive au palmarès, en 1962.

L'y ont précédée Babe Paley et la duchesse de Windsor notamment, ce qui est un peu normal étant donné leur âge, mais aussi C.Z. Guest, Grace de Monaco ou la princesse Margaret. Mais Marella Agnelli n'apparaît dans la liste qu'en 1963, soit un an après elle – l'amitié n'élimine pas la compétition –, Jackie Kennedy ou la reine Sirikit de Thaïlande y font leur entrée en 1965.

En 1962, en hommage à ses performances d'élégance qui se renouvellent d'année en année, Jacqueline de Ribes a l'honneur d'être citée au Hall of Fame – le Temple de la Renommée. Une sorte d'Olympe pour les déesses qui font l'actualité. Les places y sont comptées.

Est-il facile d'avoir une épouse aussi belle et aussi célèbre ? Une épouse réputée pour être l'une des « *most publicized women of our times*[1] » (« l'une des femmes les plus en vue de notre époque ») ?

C'est la question que les magazines posent à Édouard de Ribes. Il aimerait, dit-il, quand il accepte d'y répondre, pouvoir mener une vie normale. La présence de photographes l'exaspère quand il se promène avec « Jacqueline ».

« *He thinks I have made enough fuss about me* » (« Il est d'avis que je me suis rendue suffisamment intéressante »), confie-t-elle à Paul Tanfield, la commère du *Daily Mail.*

Cet homme discret, élevé selon les stricts principes de la retenue et de la pudeur, souffre de voir tous les regards

1. L. Rasponi, *The International Nomads*, *op. cit.*, p. 329.

converger vers son épouse et la suivre quand elle marche dans la rue ou entre dans un restaurant.

Il la voudrait plus exclusivement à lui, alors qu'elle est en train de devenir un personnage public, un tant soit peu tapageur. Il a le sentiment qu'elle lui échappe.

19

Initiations romaines

Avec sa petite moustache à la Clark Gable et son sourire de séducteur hollywoodien, il est le plus américain des Italiens qui habitent New York. Mais aussi le plus russe par ses origines et le plus français par son style, c'est dire que son charme est un melting-pot et que les femmes le trouvent en général irrésistible. Oleg Cassini [1], né à Paris, d'une famille d'aristocrates russes d'origine italienne exilés en 1917, a été élevé à Florence, où sa mère copiant l'exemple des Youssoupov à Paris a ouvert une boutique de mode et créé sa propre ligne de vêtements. Des comtes et des marquis (de Capirucci, de Bologne, de Cassini) figurent dans son ascendance maternelle – son grand-père maternel a été ambassadeur de Russie auprès des États-Unis d'Amérique, du temps de Theodore Roosevelt. Son père, Alexander Loiewski, dont il n'a pas gardé le nom, était également diplomate. Mais Oleg Cassini est le héros de sa propre vie.

Lauréat de plusieurs prix de couture en Italie, puis apprenti chez Jean Patou, il n'a pas vingt ans qu'il ouvre

1. Oleg Cassini (1913-2006).

une boutique à son nom à Rome. Il aurait dû en toute logique y ancrer sa destinée. Mais une affaire de cœur prend mauvaise tournure, l'entraîne dans un duel et, pour éviter la prison, il s'enfuit aux États-Unis en 1936, ainsi qu'il le raconte dans une autobiographie aussi distrayante qu'un roman de cape et d'épée[1]. À peine débarqué à New York, avec dans ses bagages un smoking et deux raquettes de tennis (il est champion junior en coupe Davis), la chance le sert : il est embauché pour dessiner des robes à l'étiquette de miss Copeland, la New-Yorkaise Jo Copeland[2], créatrice du tailleur sexy à porter sans la blouse. Deux ans plus tard, il fonde sa propre marque, prend le temps d'ouvrir sa boutique *uptown*, sur la Septième Avenue – le quartier de l'industrie de la mode –, puis file à Hollywood pour habiller les stars. C'est sa passion de toujours : draper les femmes les plus belles dans des vêtements de soie et de velours.

Sous contrat avec la Paramount puis avec la 20th Century Fox, Oleg Cassini habille Ava Gardner, Marilyn Monroe[3] avec laquelle il aurait eu une liaison, Rita Hayworth, Joan Crawford ou Katharine Hepburn. Il habillera bientôt Anita Ekberg, Ursula Andress, Natalie Wood, Renée Zellweger ou Kim Basinger. Quels modèles !

À force de vêtir les stars, Oleg Cassini a quand même fini par en épouser une : Gene Tierney[4], la brune héroïne

1. Oleg Cassini, *In my Own Fashion, an Autobiography*, Simon and Schuster, 1987.

2. Jo Copeland (1899-1982).

3. Marilyn Monroe (1926-1962). *Les hommes préfèrent les blondes* (1953), *Certains l'aiment chaud* (1959).

4. Gene Tierney (1920-1991).

d'Otto Preminger, de Mankiewicz et de Fritz Lang. Leur union fut compliquée et tragique – nul n'ignore qu'ils ont eu une petite fille lourdement handicapée. Mais il est divorcé et, quand il rencontre Jacqueline de Ribes, vit une romance qui est de notoriété publique avec l'actrice Grace Kelly[1] : elle porte ses robes, peut-être vont-ils se marier. Elle préférera devenir une vraie princesse, en disant oui au prince Rainier de Monaco (1956).

Jacqueline de Ribes est à New York en 1955, pour le Knickerbocker Ball donné cette année-là à l'hôtel Ambassador, événement typiquement new-yorkais, et l'un de ces bals fastueux dont la répétition à l'international finit par donner le vertige.

Oleg Cassini est non seulement un personnage à la Dumas, léger et talentueux, mais une de ces figures pittoresques de la jet-set (ex-Café Society) qui font les délices des *columnists* du *New Yorker* ou du *New York Journal-American*, fleuron du groupe de presse Hearst. Son frère Igor Cassini – Ghighi, pour les intimes – est l'un de ces *columnists* : sous le pseudonyme de Cholly Knickerbocker, il entretient ses lecteurs de toutes les rumeurs de la haute société. Il est tellement en cour parmi les *rich and famous* qu'Earl Blackwell a fait de lui un de ses rédacteurs pour le Registre des Célébrités. Bien qu'il ait créé un Club à Manhattan, où toute la jet-set aime se retrouver, « Ghighi » est un personnage qui se révélera peu fréquentable et un véritable boulet pour son frère : en 1963, il sera accusé d'avoir été un espion au service du défunt dictateur de la

1. Grace Kelly (1929-1982).

République dominicaine Rafael Trujillo, et devra rendre des comptes à la justice. La jet-set compte quelques subversifs véritables.

Ce frère est d'autant plus gênant pour Oleg Cassini qu'il a lui-même ses entrées à la Maison-Blanche en tant que couturier de la première dame des États-Unis. Le style Jackie Kennedy, le « Jackie Look », c'est lui.

Il dessinera pour elle plus de trois cents robes et la conseille pour les tenues à adopter. « J'étais son secrétaire de style », dira-t-il. De toutes les stars qu'il habille, c'est bien elle, l'aînée des sœurs Bouvier, qu'il préfère. « *I dressed Jackie to be a star in a major movie film, which she was*[1] » (« J'ai habillé Jackie comme si elle était la vedette d'un film de cinéma, et elle l'était en vérité »).

Cela ne l'empêche pas de garder un œil sur toutes les créatures sublimes qui passent. Elles stimulent son inspiration. Frappé par l'allure de Jacqueline de Ribes, en robe de Jean Dessès ce soir du Knickerbocker Ball, il en éprouve un choc qu'il traduit ainsi : « *I found her elegant to the point of distraction*[2] » (« Je l'ai trouvée élégante à en devenir idiot »).

Sur une impulsion, il lui propose de dessiner pour lui des modèles qui ressemblent à ceux qu'elle porte avec une si grande classe. « *I feel you are a frustrated designer*, dit-il à Jacqueline de Ribes. *Would you do things for me ?* » (« J'ai l'impression que vous êtes une créatrice qui s'ignore. Voudriez-vous créer pour moi ? »)

1. O. Cassini, *In my Own Fashion*, *op. cit.*
2. *Vanity Fair*, septembre 2010.

Le mot trouve un écho immédiat.

De retour à Paris, Jacqueline de Ribes s'enferme dans le grenier de la Bienfaisance, avec de la toile bon marché achetée au mètre qui va lui servir à fabriquer ses patrons. On appelle techniquement *muslins* ces toiles un peu raides (pas du tout du genre mousseline) qui permettent de tailler grossièrement une robe, de la monter à gros points dans une sorte de brouillon préparatoire, avant de passer à la coupe et au tissu définitifs. Armée d'une paire de ciseaux et d'épingles, Jacqueline de Ribes est à son affaire. Rien ne la réjouit plus que de « construire » un vêtement, d'en imaginer la ligne, le volume, l'effet, et jusqu'au moindre détail. Comme elle déteste l'amateurisme, envisage tout sous l'angle du travail et de la maîtrise, elle en vient à demander conseil à de véritables professionnels et engage pour quelques jours une ancienne « première » de chez Patou, c'est-à-dire une première d'atelier, qui a l'habitude de diriger les ouvrières et d'assurer la réalisation technique des vêtements.

Mais elle en reste à ce stade de la toile. Elle n'investit pas dans la soie : elle m'assure qu'elle n'en avait pas les moyens. De toute façon, Cassini n'attend pas d'elle des robes toutes prêtes à être vendues, disposées sur un cintre ou sur les épaules d'un mannequin. Ce qu'il souhaite c'est qu'elle lui communique l'air et le parfum de Paris, en même temps que sa propre idée du style. Qu'elle lui expédie par la poste le *sleek chic* – formule qui lui vient naturellement dès qu'il s'agit d'élégance –, l'essence même du style parisien.

Au grenier de la Bienfaisance, les toiles brutes, découpées et cousues de ses mains sous l'œil sévère d'une « première », ne représentent pas seulement un coup d'essai. Elles ouvrent une porte magique. De l'autre côté de la porte, il y a des artistes. Des artisans de la mode comme disait Chanel. Dans les deux cas, il y a le monde merveilleux auquel elle rêve d'appartenir.

Une fois le travail de couture terminé, elle emballe donc les toiles dans des boîtes en carton pour les envoyer à New York, à l'intention d'Oleg Cassini. Mais au moment de les fermer, elle s'aperçoit qu'il lui manque une étape : un dessin. Le dessin de ce que chaque robe sera, dans sa version finale.

Or, si Jacqueline de Ribes sait coudre, elle ne dessine pas.

Elle n'est d'ailleurs pas le seul couturier dans ce cas. Si Dior, Saint Laurent ou Lagerfeld dessinent leurs robes, ni Chanel ni Balenciaga n'ont laissé de croquis des leurs, ou alors de simples ébauches pour guider leurs assistants. Ces couturiers qui ne dessinent pas préfèrent palper le tissu, le draper directement sur le corps du mannequin, corriger la silhouette aux ciseaux et aux épingles, de sorte que la robe se fait sous leurs doigts, sans recours au crayon ni au papier. Pour Jacqueline de Ribes, le style prime tout. Et ce style est dans le secret d'une étoffe autant que dans les proportions et les multiples détails de son architecture.

Pour qu'Oleg Cassini puisse apprécier son travail, il lui faut absolument quelqu'un qui puisse « croquer » ses créations de tissu. Quelqu'un qui sache dessiner… et qui accepte de le faire sous sa direction. Elle confie ce souci au couturier dont elle est alors le plus proche et qui l'habille le plus souvent, Jean Dessès. Il lui recommande un jeune

Italien qui travaille pour lui depuis peu : Valentino Garavani.

Le futur Valentino !

C'est lui qui va croquer les robes qu'elle a imaginées. Les séances de dessin ont lieu dans le grenier de la Bienfaisance, en cachette des beaux-parents de Jacqueline de Ribes qui trouveraient inconvenants les tête-à-tête de leur belle-fille avec un jeune homme.

Parfois Valentino interprète à sa façon le style si sobre de Jacqueline de Ribes. « Il ajoutait un nœud, un volant, une fleur…, toujours quelque chose en trop, et je le lui faisais enlever. »

Valentino a le même âge que Jacqueline de Ribes, à trois ans près. Né en 1932, en Lombardie, il n'a presque pas étudié la couture sinon pendant un an à Paris, à l'École de la chambre syndicale. Il est tellement doué que Jean Dessès n'a pas hésité une seconde avant de l'embaucher. À un poste modeste il est vrai, mais il le laisse déjà dessiner – le reste du temps, Valentino accueille les acheteurs, donne un coup de main aux vendeuses et parfois livre lui-même les robes aux clientes. Mal payé, il loge dans une chambre de bonne, me raconte Jacqueline de Ribes, avec les toilettes au bout du couloir. Il mène une existence plus qu'étriquée, avec des fins de mois difficiles qu'il compensera dans quelques années en faisant fortune et en habitant, en propriétaire, l'immense palais Gabrielli-Mignanelli à Rome ou le non moins imposant château de Wideville en Île-de-France.

Les honoraires que lui alloue Jacqueline de Ribes lui permettent de vivre un peu moins mal. Une amitié se scelle entre eux deux, sous les doubles auspices d'Oleg Cassini et de Jean Dessès, et dure encore aujourd'hui. Ils sont restés liés, bien qu'ils aient pris des routes différentes.

Valentino passe chez Guy Laroche, dont il devient le bras droit – étape cruciale dans sa carrière. Il continue pourtant de dessiner pour son amie Jacqueline les robes dont elle envoie les *muslins* à Oleg Cassini – une aventure de deux ou trois ans. Mais un jour, en 1960, Valentino lui fait part en secret de son intention de retourner en Italie. Il veut ouvrir sa propre maison de couture, à Rome.

Jacqueline de Ribes : « Mais quelle idée absurde ! Tu ne dois pas partir. La mode, c'est Paris ! »

Elle raconte, en riant d'elle-même, que trois ans plus tard Valentino avait non seulement créé sa maison avec le concours de Giancarlo Giammetti, mais il avait conquis sa place au royaume de la Haute Couture. Alors qu'elle en était encore à son atelier clandestin de la rue de la Bienfaisance, en manque à la fois d'un dessinateur, d'un ami, d'un complice.

« J'étais verte de jalousie, me dit-elle. Mais je suis allée à Rome pour lui acheter des robes. »

Elle assiste, admirative, à son succès foudroyant, tandis qu'il lance des collections à ses couleurs fétiches, le rouge coquelicot ou le pétale de rose, signées du V majuscule de son nom, la même initiale que le mot Victoire.

Confirmation de cette trajectoire victorieuse : c'est Valentino – et non plus Oleg Cassini – qui habillera bientôt Jackie Kennedy. Un an après la mort du président, en 1963, l'ancienne Première Dame change de couturier. Et c'est Valentino qui créera sa robe de mariée en guipure beige, quand elle épousera Aristote Onassis (1968).

C'est dans ce climat de frénésie et de compétition couturières que Jacqueline de Ribes rencontre en 1955, à Sankt Anton, le troisième grand couturier italien de sa vie, le marquis Pucci di Barsento[1]. Emilio Pucci.

Un champion de ski : à dix-sept ans, il a fait partie de l'équipe italienne aux Jeux olympiques de Lake Placid, aux États-Unis (1932). On ne peut que le remarquer sur les pistes de Sankt Anton et pas seulement par sa virtuosité à skis. Quand la plupart des skieurs portent encore des pantalons informes, de gros pulls et des anoraks gris ou noirs en forme de sacs, lui arbore des tenues moulantes et colorées qu'il dessine lui-même. Il habille d'ailleurs toute l'équipe italienne de ski dans ce style personnel. C'est lui qui invente la combinaison – vêtement d'une seule pièce, qui s'ajuste parfaitement aux mouvements des sportifs.

Ce précurseur du tout-en-un et de la ligne filiforme l'est aussi dans les matières qu'il utilise : il est l'un des premiers à avoir eu recours au « stretch », matériau révolutionnaire et très sexy qui offre des qualités d'élasticité et de confort mais permet aussi d'ajuster le vêtement au plus près du corps des athlètes et des jolies filles.

Héros de la Seconde Guerre mondiale, dans l'aviation italienne en tant que bombardier, Emilio Pucci a été très lié à Edda Mussolini, la fille aînée du Duce. Une très belle femme douée d'une forte personnalité, capable de tenir

1. Emilio Pucci (1914-1992).

tête à la fois à son père et à son mari, Galeazzo Ciano – ministre des Affaires étrangères du dictateur italien. Elle s'est engagée dès 1940 au service de la Croix-Rouge et a traversé plusieurs fois la Méditerranée sur des navires-hôpitaux pour porter assistance aux blessés. L'un des bâtiments où elle se trouvait embarquée a d'ailleurs été torpillé par un sous-marin anglais et a fait naufrage. Elle a pu regagner le rivage à la nage. Elle a assisté, impuissante, à l'affrontement des deux hommes de sa vie, en désaccord sur la politique à mener vis-à-vis d'Hitler à partir de 1942 – une année marquée pour l'Italie par plusieurs défaites.

Partisan d'une paix séparée avec les Alliés, le comte Ciano avait espéré évincer Mussolini du pouvoir et, avec l'appui du roi Victor-Emmanuel III et du Vatican, prendre sa succession. Le complot échoua, faute de temps et d'accords entre les divers opposants au régime. Ciano fut exécuté à la suite d'un procès exigé par les Allemands, au terme duquel son beau-père refusa sa grâce.

Emilio Pucci sauva la vie de la belle Edda et de ses enfants, en leur faisant franchir les Alpes suisses, en janvier 1944. Ce qui lui valut à son retour d'être arrêté, emprisonné à Milan, et torturé par la Gestapo qui voulait lui faire avouer où se trouvait la famille de Ciano.

Ce héros italien est un parfait gentleman, devenu dans les années 1950 un compagnon apprécié de la jet-set. Sportif accompli, aussi bon joueur de tennis et de golf et pilote de voitures de course que skieur émérite, il a un hobby que certains pourraient trouver étonnant chez un ancien bombardier : il dessine des vêtements. Pour lui, pour ses amis :

des tenues de sport mais aussi des smokings ou des spencers de croisière. Et pour ses amies : des pantalons amusants et des foulards imprimés de motifs géométriques très colorés.

L'une de ces amies qu'il habille, photographiée à Zermatt par la photographe américaine Toni Frissell, fait la couverture du *Harper's Bazaar* en 1947 – l'année de la collection « Corolle » de Dior. La jeune femme descend une piste dans une combinaison moulante et vive qu'il lui a imaginée. « New Look sur la neige », titre Carmel Snow. Le héros décoré se voit propulsé dans la sphère de la mode. En 1948, il ouvre sa première boutique à Capri, à la Canzone del Mare qui est déjà l'un des spots les plus chauds de l'île. On y vend ses foulards qui donnent du peps aux toilettes féminines. L'après-guerre veut oublier la guerre, dans une fringale de gaieté et de choses légères.

Jacqueline de Ribes est une femme Pucci. Élégante et sportive, elle porte des vêtements graphiques et de couleur sexy. Mais c'est elle qui s'habille. Et elle n'a pas attendu de connaître « Emilio » pour adopter fuseau moulant et anorak rose shocking.

Dialogue sur les pistes de Sankt Anton :

Emilio Pucci : « De grands magasins américains me demandent de leur dessiner une collection de robes. »

Jacqueline de Ribes, sans hésiter : « Je sais faire des robes. »

Quelques semaines plus tard, elle est à Florence, d'abord à l'hôtel, puis « quand c'est devenu trop cher », me dit-elle, au Palazzo Pucci, via dei Pucci – l'imposante résidence des Pucci depuis le XVe siècle. L'histoire de cette famille, l'une des plus puissantes d'Italie, se résume à celle d'alliances éphémères et de complots sanglants avec les Médicis. Leur généalogie est une longue liste de cardinaux et de politiciens où figurent aussi quelques abbés et des architectes. Le couturier est un marquis toscan. Jacqueline de Ribes assiste, en juin 1956, sur la Piazza di Santa Croce, au fameux défilé du Calcio, où en tant que représentant de la première famille de Florence, « Emilio » a le privilège de conduire le cortège. Le tournoi de *calcio* (le vieux football florentin) aura lieu après la parade. Monté sur un cheval blanc et lui-même revêtu d'une armure blanche forgée par Benvenuto Cellini en personne, « il ressemblait à un vrai prince de la Renaissance », m'assure Jacqueline de Ribes.

Au Palazzo Pucci, elle loge dans l'aile gauche que s'est réservée l'aîné de la fratrie. Puccio, le frère cadet, occupe la partie centrale. Elle travaille comme une couturière en chambre. Elle coupe et elle coud. En quelques semaines, ses toiles sont fin prêtes : elle a imaginé une collection de robes du soir, suprêmement élégantes, mais en noir et blanc. Esprit de contradiction ? Ou volonté d'être toujours différente ? En 1956, on peut opter pour le style Pucci sans pour autant s'habiller de couleurs bonbons.

Quand elle rentre à Paris, épuisée d'avoir tant travaillé, Emilio Pucci lui écrit une longue lettre qu'elle a gardée. Elle est en anglais – langue internationale. À la date du 8 décembre 1956, il lui donne toutes sortes de renseignements sur l'évolution des modèles en atelier, le prix des tissus, les problèmes divers qu'il doit affronter seul. Il s'en plaint. « *I am so happy to know that you will be here soon to work with me again* » (« Je me réjouis que tu puisses revenir vite travailler avec moi »). « *In a way I have grown so accustomed to discussing plans and ideas with you, that I miss it very much since I have left you* » (« Je me suis tellement habitué à discuter plans et idées avec toi que, depuis ton départ, tu me manques énormément[1]. »)

La collection, fruit d'une collaboration officieuse de Pucci avec Jacqueline de Ribes, sa petite V. comme il l'appelle, sera vendue dans tous les Neiman Marcus des États-Unis. Un magnifique prétexte à offrir à Édouard de Ribes pour partir en voyage ! Jacqueline de Ribes accompagne Emilio Pucci à New York, à Dallas, à Chicago. Il est certain que la présence à la fois raffinée et spectaculaire de cette Parisienne de noble ascendance, qui porte ses robes avec un chic incomparable, fut sa meilleure publicité auprès des Américains.

À Chicago, ils en profitent pour rendre visite à un as de la fabrication de lingerie : M. Kunstatter, industriel d'origine hollandaise, propriétaire de la marque Formfit. L'une de ses usines fabrique des culottes et des soutiens-gorge, hautement techniques. M. Kunstatter est l'inventeur du « push-up » – système de balconnet rembourré qui donne du volume aux poitrines les plus modestes et permet de faire pigeonner les décolletés. Emilio Pucci, qui prévoit de lancer au plus tôt une ligne de maillots de bain, laisse Jacqueline de Ribes en stage dans l'une des usines Formfit. À charge pour elle d'étudier la question.

1. Archives de la Bienfaisance.

Quand M. Kunstatter découvre dans le *Vogue* américain la photo signée Irving Penn de cette stagiaire qui ne craint pas de partager le travail de ses ouvrières à la chaîne et qui essaie ses prototypes, il est stupéfait et l'invite à dîner au milieu de sa collection de peinture contemporaine.

À Dallas, Stanley Marcus reçoit Emilio Pucci en grande pompe. « Mr Marcus » est le propriétaire de la chaîne de magasins de luxe du même nom, fondée au tout début du siècle par son père, Herbert Marcus, et sa tante, Carrie Marcus Neiman. Emilio Pucci a reçu, en 1954, le Neiman Marcus Award, sorte de Dé d'or du monde de la mode et promotion prestigieuse pour ses magasins. Stanley Marcus attend beaucoup de sa nouvelle collection. Mais, un peu maladroitement, il semble placer Jacqueline de Ribes, qu'il prend pour le co-créateur, sur le même pied que le descendant des Pucci de Florence. Il n'a que des compliments à adresser à cette « assistante » d'allure éclatante et lui attribue une grande part du mérite. Une trop grande part au goût d'Emilio Pucci.

« Emilio était furieux contre moi. Il a fini par me dire qu'il n'y avait pas de place pour deux ! »

« Nous nous sommes quittés en excellents termes. Il m'a conservé le surnom qu'il m'a donné dès le premier jour et qu'il a été le seul à utiliser : *Giraffina* – baby Girafe ! »

Elle portera du Pucci, des blouses pop et des foulards flashy, quelques pantalons très *sleek*, mais à petites doses. Elle n'aimera jamais être habillée des pieds à la tête par quelque couturier que ce soit. Elle aime mélanger les marques et refait en général tout ou partie de ce qu'elle achète dans les plus grandes maisons. Pucci, galopant lui aussi vers le succès, compte déjà des inconditionnelles aussi en vue que Jackie Kennedy ou Marilyn Monroe. C'est en Pucci que cette dernière apparaît, dans tout son éclat de blonde rehaussé par les couleurs acidulées du couturier, sur ses dernières photos (par George Barris[1]).

Pour Jacqueline de Ribes, par-delà les années, Emilio Pucci reste celui qui a le mieux mesuré ses compétences et en a tout de suite déduit les applications. À son départ, guidé par on ne sait quelle intuition, il lui dit ces mots qui auront sur elle une influence prophétique :

« *You must step in the shoes of Dior*[2]. »

1. George Barris (1922-2016).
2. « Tu dois marcher dans les pas de Dior. »

20

Ibiza, mon amour

La petite île de la Méditerranée catalane était encore sauvage et isolée quand Jacqueline de Ribes, menée là depuis Madrid par des amis de longue date, a été tentée d'y demeurer. Protégée par des côtes rocheuses, couverte de maquis et de cailloux d'où émergent des moulins à vent, avec une vieille citadelle fortifiée en guise de capitale, Eivissa semblait fermée au monde et figée de toute éternité. Il y avait bien un hôtel sur les Ramblas, le Montesol, d'un ancien style colonial, mais sans téléphone dans les chambres. Les rares touristes y laissaient des messages sur un tableau, à la réception – la seule manière de communiquer entre eux. Les pêcheurs de sardines, gardiens de moutons et de chèvres, paysans éleveurs de porcs qui cultivaient leurs légumes sur de petits lopins de terre assuraient la nourriture des Ibicencos. L'eau manquait, l'électricité était chichement distribuée. Quant au téléphone, que Jacqueline de Ribes avait partout ailleurs à portée de main sur sa table de nuit, il fallait aller à la poste pour en trouver un.

Majorque, à quelques kilomètres à vol d'oiseau, recevait le roi d'Espagne. Une haute société cosmopolite venait y jouer au golf, pratiquer la voile et s'amuser le soir dans les rues de Palma. Une vraie capitale, celle-là, avec une cathédrale et des restaurants, un palais royal et des théâtres. Eivissa était si pauvre en comparaison ! Ses collines couvertes de pins rachitiques, ses étiques champs d'oliviers ou de caroubiers, et ici ou là quelques amandiers en fleur durant de trop courtes semaines, lui conféraient moins la géographie d'un éden que celle d'une terre abandonnée.

Dès le milieu de l'été, la végétation est calcinée. Un vent chaud, venu d'Afrique, telle une caresse dangereuse, rend l'air étouffant et plonge l'île dans une torpeur de siestes écrasantes. De midi au crépuscule, mieux vaut se calfeutrer derrière ses volets. À Marbella, il y a des fleurs et des fruits, de l'ombre fraîche même en été sous les palmiers du Beach. Il y a la foule des amis, venus des quatre coins du monde, il y a la musique et la danse, les fêtes sur la plage, les nuits en robes du soir. Ici, le ciel ne connaît pas de nuances au bleu – à moins de revenir à Eivissa l'hiver. Je n'imaginais pas Jacqueline de Ribes dans ce désert, dans cette solitude qui lui feraient oublier Marbella la douce. Karen Blixen, Lawrence Durrell, oui. Mais elle ?

Comment concevoir contraste plus grand avec ce que fut jusque-là le paysage de sa vie ?

L'année 1968 a commencé pour elle en fanfare, avec les dixièmes Jeux olympiques d'hiver, à Grenoble. Son père, Jean de Beaumont, président du Comité olympique depuis l'année précédente, l'y a invitée. Lui-même a assisté à la cérémonie depuis la tribune officielle aux côtés du général de Gaulle, de plusieurs ministres et du président du Comité olympique international, Avery Brundage.

Moment mémorable quand le patineur Alain Calmat a allumé la flamme. La veille, Jean de Beaumont a donné un grand dîner de VIP au château du Touvet, une petite merveille du XVIIIe siècle qui s'adosse au massif de la Chartreuse. Étiquette de rigueur : cravate noire et robe du soir, bien sûr. Jacqueline de Ribes y a fait une de ses entrées sensationnelles qui marquent les esprits, en trio avec Doris Brynner et Audrey Hepburn. Mais tout cela lui paraît si lointain. La fille de Jean de Beaumont rêve en secret.

1968, dans les souvenirs de Jacqueline de Ribes, ce sont bien sûr les manifestations au Quartier latin, mais elles ont eu si peu de résonance du côté du parc Monceau ! C'est plutôt l'année où la maison Balenciaga ferme ses portes – son créateur, Cristóbal Balenciaga [1], le couturier des couturiers, le pape de la couture moderne, « notre maître à tous », disait Christian Dior, ne croit plus à l'avenir de la Haute Couture. À l'idée de devoir entrer dans l'ère du prêt-à-porter et d'avoir à présenter ses collections à la presse, il préfère mourir – ce qui adviendra cinq ans plus tard. Son dernier chef-d'œuvre ? La robe de mariée de la duchesse de Cadix, petite-fille du général Franco, en 1972. Quand il annonce qu'il met la clef sous la porte, Mona Bismarck, qu'il habillait depuis des années de pied en cap, doit s'aliter et pleure pendant trois jours.

Cette même année 1968 figure, dans un *scrapbook* de Jacqueline de Ribes, la photo d'une robe longue de

1. Cristóbal Balenciaga (1895-1972), né à Getaria, où il est enterré et où il a son musée. À Paris, la maison Balenciaga, rachetée en 1986 par le groupe Bogart, est toujours au 10, avenue George-V.

Christian Dior : un caftan en mousseline, au col et aux poignets brodés de pierreries fantaisie. Le tissu, un imprimé à nuances rose, orange, jaune et anis, a une légèreté de nuage et s'envole au moindre geste.

« Le risque quand on sort beaucoup, c'est de trouver une autre femme dans la même robe à la même soirée. Cela m'est arrivé une fois avec la duchesse de Windsor… »

À un précédent dîner chez le duc et la duchesse, dans leur résidence parisienne du 16e arrondissement, le château du Bois, au 4, route du Champ-d'Entraînement, que leur loue la Ville de Paris pour un loyer symbolique. La duchesse de Windsor l'a entièrement redécorée avec Stéphane Boudin, de la Maison Jansen. Entourée d'un grand parc, avec sa majestueuse cage d'escalier, ses immenses salons et ses quatorze chambres, cette villa royale construite au XIXe siècle, à la même époque que l'hôtel des Ribes, fut la propriété de la famille Renault. Les Windsor y reçoivent beaucoup et les Ribes comptent au nombre de leurs invités réguliers. Ce soir-là, au château du Bois, Jacqueline et Wallis – ou Wallis et Jacqueline – ont porté toutes les deux la fameuse robe « Byzance » de Dior. Le couturier aurait dû veiller à avertir sa clientèle. C'est la même robe que Jacqueline de Ribes avait prêtée à Marella Agnelli pour la soirée donnée par les Heinz au Corviglia Club de Saint-Moritz, en 1959. La robe du soir courte et rouge, entièrement brodée de pierreries de fantaisie.

« La duchesse a pris un air pincé et comme nous ne pouvions ni l'une ni l'autre aller nous changer, elle est allée partout en me tenant le bras et nous présentant comme les Dolly Sisters ! Ce n'était pas très agréable – elle avait l'âge d'être ma mère et je n'avais pas du tout envie d'être sa sœur jumelle. »

La fameuse silhouette émaciée de Wallis Simpson lui revient tout à coup : « La duchesse de Windsor était toujours merveilleusement habillée. En Haute Couture. Mais je ne la citerais pas parmi les femmes élégantes. Tout était toujours trop assorti, les chaussures, le sac… c'était assez conventionnel. »

Amenés par la vague des événements de mai, un flux de hippies débarque sur l'île cet été-là, à peu près en même temps que Jacqueline de Ribes. Pour la plupart Ibiza n'est qu'une escale vers Katmandou ou Goa. Mais beaucoup n'en repartiront pas. Des garçons et des filles à la silhouette androgyne, pieds nus ou chaussés de sandales de moines, y campent en marge d'une population qui les appelle avec mépris « *los peluts* » – les chevelus –, parce qu'ils ont les cheveux longs, embroussaillés comme s'ils avaient dormi dans la paille. Vêtus de tuniques indiennes, ils s'établissent en colonies, le plus souvent misérables, dans des masures abandonnées. Des statues de Bouddha, que les Ibicencos prennent pour un dieu grec, en signalent l'entrée. Bientôt les effluves d'une herbe que même les sorcières de l'île ne connaissaient pas parfument le fond de l'air. Le cannabis va remplacer les pois et les pommes de terre dans bien des potagers. On entend les sons des guitares, les refrains de Joan Baez ou de Bob Dylan quand on s'approche de leurs campements, au risque d'y perdre le chant des grillons. Ce sont des mélopées pacifiques, des chansons d'amour qui accompagnent le rythme lent et ancestral de l'île, son espèce de doucereux enchantement.

Jacqueline de Ribes, en hippie de luxe, avec ses longs cheveux dénoués, fait ses délices des goûts vestimentaires de l'île. Elle adopte les jupons de gitane, les fringues baba cool, vendues chez Pepa Bonett ou Charo Ruiz, dans les premières boutiques de l'île. Son amie yougoslave, la princesse Smilja Mihailovitch, « *the Pityusic princess* », qui vit ici toute l'année, l'accompagne dans ses expéditions. À Ibiza, Jacqueline de Ribes change complètement de style. Elle laisse tomber la soie, marche pieds nus, porte des bandanas. Ses vêtements disent son désir profond de changement. Cette femme sophistiquée voudrait soudain renouer avec les choses simples de la vie. En est-elle capable ? L'île, primitive et rude, lui inspire cette métamorphose.

Elle va choisir pour s'y établir une des régions les plus austères et les plus solitaires d'Ibiza. Punta Galera au nord-ouest de l'île est bordée de falaises rouges, en à-pic sur la mer. De gros rochers plats servent de ponton pour aller se baigner. C'est un paysage surgi du crétacé ou du jurassique, aux inquiétantes dentelles acérées. On ne serait pas étonné d'y voir surgir un de ces monstres de la préhistoire au milieu des eaux dont l'éclatant bleu turquoise coupe les yeux.

C'est là qu'elle veut sa maison, sur ces hauteurs sauvages. Seule la duchesse d'Albe est installée ici – ce qui a peut-être été le principal argument de Jacqueline de Ribes pour convaincre son mari d'acheter un terrain. L'eau ni l'électricité n'arrivent dans ces confins. Mais les arbres y

Jacqueline et Édouard de Ribes, sur le port d'Ibiza. Années 1970.

sont moins clairsemés qu'ailleurs, le maquis y est touffu – elle imagine le merveilleux jardin qui va sortir de cette terre sèche et désolée. Elle l'a déjà en tête, avec les plans de la maison. Sa maison. La première qui sera vraiment sienne et reflétera sa personnalité.

Elle a jusque-là vécu en pension ou chez ses parents quand elle était enfant, puis à partir de son mariage chez les Ribes, dans l'hôtel particulier que des siècles de civilisation classique ont forgé. En vacances, elle séjourne dans des maisons d'amis ou à l'hôtel. Ibiza est la première maison qui soit tout à fait sienne.

À Punta Galera, où Barbet Schroeder tourne *More*, en 1969, le film culte de toute une génération, les couchers de soleil sont incomparables – ils changent la mer en brasier. Quand la nuit est parfaitement noire, un phare s'allume sur l'îlot qui ferme la baie. C'est suffisant pour son bonheur.

La vie publique et mondaine est aussi épuisante qu'un travail à l'usine ou aux champs : c'est ce que j'ai eu, au début, tant de mal à comprendre. Courir d'un rendez-vous à l'autre, coiffée, maquillée, impeccable du matin (tardif) jusqu'au milieu de la nuit, organiser son agenda, recevoir ses amis, tenir cent conversations brillantes, traverser l'océan Atlantique comme on prend un taxi pour présider un de ces *charity balls* qui se multiplient tels les poissons du lac de Tibériade, faire (ou faire faire) et défaire sans cesse ses bagages, tout en surveillant l'éducation des enfants, sans oublier de plaire à son mari, la vie d'une femme du monde est un marathon quotidien. Résultat de ces années de jeunesse : Jacqueline de Ribes est épuisée. Elle a beau être énergique, dotée d'une volonté de fer, elle est allée au-delà de ses forces. Mais cette vie, au fond, la comble-t-elle ?

Elle y joue un rôle que ses amies pourraient lui envier. Au cœur de fêtes mémorables, de New York à Paris elle est une des figures lumineuses, l'une des plus photographiées. Sa seule présence est un événement. Célèbre, admirée, applaudie, elle coche toutes les cases du succès. Pourtant, rien ne va. Lasse de tout, de sa propre chance, même l'amour des siens ne la rassure pas. Il lui faut partir vers un nouveau projet. Colette appelle cela « se désentraver ». Ce sera à Ibiza, une maison blanche sur la mer.

Les Baléares, elle y est allée la première fois avec son grand-père, quand elle avait sept ou huit ans. Avant de s'établir à Hendaye, il cherchait un point d'attache et pensait l'avoir trouvé à l'horizon de ces îles éloignées de toute civilisation. Il avait emmené ses deux petites-filles en bateau, avec la nurse. Le souvenir qu'elle en a gardé est encore très vif. Le bruit des moteurs, la mer si bleue, et puis la chaude main de son grand-père tenant la sienne. Ce choix des Baléares, à l'âge de quarante ans, a la douceur d'un retour nostalgique vers son enfance. C'est le désir de retrouver le cocon. Jamais Jacqueline de Ribes n'a été aussi heureuse que lorsque son grand-père Rivaud s'occupait d'elle. À Ibiza, il est présent dans le paysage. Sur fond de musique des Pink Floyd.

La maison va sortir de terre, pièce à pièce, comme un jeu de cubes. Architecture mauresque, de plain-pied. Pas d'étage. Des bungalows peints à la chaux, juxtaposés pour préserver l'intimité de chacun. Des espaces blancs, où la lumière est filtrée de manière naturelle, par l'orientation choisie vis-à-vis du soleil. Jacqueline de Ribes ne se contente pas d'exprimer souhaits et commandements. Elle dirige elle-même l'équipe des ouvriers : maçons, plombiers, couvreurs travaillent pour elle, ainsi que des électriciens – car elle veut amener l'électricité à Punta Galera. Pour l'eau, après d'innombrables déboires, elle finira par l'obtenir aussi. Elle fait venir un ingénieur d'Allemagne pour régler le problème de la citerne, seule réponse aux fréquentes pénuries. L'eau de mer est terriblement salée. L'eau de pluie est rare. Il faut creuser un puits mais les foreurs tombent vite sur de la roche à laquelle personne n'a eu accès depuis la Création. Elle met la main aux outils, apprend même à touiller le béton ! Comme pour ses robes, elle n'aime pas le ready-made – il lui faut faire elle-même. Elle est capable d'ajuster un robinet ou de poser du carrelage avec la précision d'un compagnon artisan.

Une fois les obstacles du bâtiment vaincus, elle va enfin pouvoir habiter sa maison. Des meubles catalans anciens, d'un sévère bois noir, se détachent sur les murs blancs. Des faïences bleues. Des tissus du même ton, brodés sur l'île ou trouvés au marché. Tous les éléments choisis respectent les us et coutumes de l'île – son austérité, sa lumière et jusqu'à ses couleurs. Elle y a spontanément ajouté la touche baba cool locale : sièges très bas, tapis de chanvre, coussins jetés sur le sol. On y vit pieds nus à toutes les heures du jour et de la nuit.

Nouveau défi technique : elle fait creuser une piscine à quelques mètres. Assez éloigné pour ne pas être vu de la maison, ce bassin de la victoire, gagné à la fois sur la roche et sur l'aridité du lieu, permet de nager chaque jour sans avoir à affronter l'inconfort des galets ou le risque des méduses, nombreuses l'été dans les eaux tièdes d'Ibiza.

Tout autour de sa maison, au début il n'y a rien, sinon les cigales et quelques oiseaux chanteurs. Peu à peu sept autres bâtisses vont surgir de terre, tout aussi discrètes, dissimulées les unes aux autres par des barrières d'arbres qu'elle a fait transplanter et par des distances que les promoteurs immobiliers verront comme un manque à gagner. Jacqueline de Ribes a entièrement conçu le domaine où viennent habiter des amis ou des amis d'amis, conquis par le charme insulaire. Comme les hippies, ils forment une colonie indépendante du reste de l'île. Regroupés et isolés à la fois, ils se retrouvent pour des soirées à la belle étoile. Les invités sont assez différents des amis de Paris ou de New York : « Il y avait beaucoup de locaux », me dit une amie de Jacqueline de Ribes.

Elle va côtoyer à Ibiza des personnalités insolites, romanesques, des gens déracinés, en rupture de ban, des âmes sans repos selon une expression d'Orson Welles. Elle dîne une ou deux fois dans un des restaurants du port d'Eivissa, où des amis l'ont invitée, avec un peintre d'origine hongroise du nom de Sarkozy, père d'un futur président de la République, qui peint des tableaux aux traits et aux tons psychédéliques, des portraits surtout… Était-ce au bar du Corsario, par d'autres amis, elle fait la connaissance d'un autre Hongrois en exil, blagueur et sautillant, Elmyr de Hory – Elmyr – le Paganini des faussaires, qui restera dans les mémoires pour son rôle dans l'affaire Legros – une sombre histoire du marché de l'art qui étend son réseau jusqu'au Texas. C'est chez lui, dans sa maison d'Ibiza, qu'Elmyr peint des Picasso, des Van Dongen, des Matisse, des Rouault… avec un talent à déboussoler les plus grands experts. « Si mes tableaux sont exposés assez longtemps dans un musée, ils deviennent vrais. » François Reichenbach et Orson Welles viennent l'interroger sur place et tournent un film sur lui – *Vérités et Mensonges*[1], un trésor de cinémathèques. Figure d'Ibiza, l'une des plus sulfureuses malgré la concurrence, il s'y suicidera en 1976.

Jacqueline de Ribes goûte à la liberté d'Ibiza. Elle danse la nuit sur les rythmes Peace and Love. « Au fond, je suis une gitane, me dit-elle, mais une gitane de luxe. »

Des joints circulent, ou des substances plus fortes aux effets hallucinatoires, tandis que gin, vodka et tequila permettent d'économiser l'eau potable – le plus précieux des biens sur l'île.

D'une sobriété toujours égale, Jacqueline de Ribes vit des jours de bonheur.

Marina Cicogna, venue partager des séjours sur l'île : « Bien que Jacqueline ait les manières, le langage et les usages des membres d'anciennes familles aristocratiques, elle est très *hip* [traduire "branchée"]. Elle voulait une vie de bohème, une vie plus jeune et amusante[2]. »

Le beau jeune homme est à la fois un hippie et un Grand d'Espagne. De longs cheveux bouclés, un buste fin et musclé qui se laisse admirer dans l'échancrure

1. *F for Fake* (1973).
2. Citée dans *Vanity Fair*, septembre 2010.

d'une chemise toujours largement ouverte, il a un corps de danseur et la beauté d'un ange : le physique requis pour chanter, s'il l'avait voulu, dans la dernière création de Broadway, *Hair*. Mais Íñigo Álvarez de Toledo y Mencos[1] est le treizième comte d'Eril. À la mort de son père, septième marquis de Miraflores et duc de Zaragoza, dont il portera les titres en tant que fils aîné, il pourra aussi rester le chef couvert en présence du roi et celui-ci l'appellera *primo*, « cousin » – privilège de tous les Grands d'Espagne. L'échelon le plus haut de la noblesse espagnole, *el Grande de España* vient immédiatement après les « infants » (les enfants du souverain) sur le tableau des hiérarchies nobiliaires.

En 1968, il a une petite trentaine d'années. C'est un ami belge, très lié à la famille royale de Belgique, qui l'a présenté – un peu par hasard – à Jacqueline de Ribes. « Coup de foudre réciproque », me dit-elle. Qu'importe leur différence d'âge (elle a sept ans de plus que lui), puisque tous leurs goûts les rapprochent.

Comme avec Raymundo de Larraín, elle trouve un compagnon en accord avec sa sensibilité et avec ses rêves. C'est un esthète lui aussi, épris de la beauté sous toutes formes. Il dessine et il écrit. Il a officiellement un emploi au ministère de la Culture. L'art, l'amour, les paysages, il faut que tout soit toujours en harmonie autour de lui. À la sérénité un peu planante des hippies d'Ibiza il ajoute l'allure d'un caballero du temps de Cervantès. Son père ayant été ambassadeur à Londres, il parle un anglais très

1. Íñigo Álvarez de Toledo (1936-1980).

british qui n'est pas le moindre de ses charmes. Comme Jacqueline de Ribes, « Íñigo » a reçu une éducation formelle dans une famille dont les usages n'ont pas beaucoup varié depuis la Reconquista. Mais il aime s'amuser et faire la fête, et tout comme elle, bousculer les frontières. Il a surtout décidé de fuir le vieux monde dont ses parents lui paraissent prisonniers, dans un grand et sévère palais madrilène. Ibiza est le royaume de ce jeune prince, en quête de sensations neuves et de paradis artificiels.

Édouard de Ribes n'aime pas beaucoup Ibiza. Il préfère des coins de campagne plus civilisés, plus français. Sans doute aurait-il continué d'aller tous les week-ends au château de Saint-Just, rejoindre ses parents, et d'y mener la vie routinière d'un gentilhomme aux champs. Avec des repas à des heures décentes et de longs après-midi passés à lire dans la bibliothèque. À Ibiza, on déjeune à l'espagnole, c'est-à-dire au milieu de l'après-midi, et on ne dîne jamais avant dix ou onze heures du soir. À un ami zurichois escorté de son épouse japonaise, qu'on a pourtant prévenus qu'on dînerait tard et qui attendent sur la terrasse depuis huit heures du soir, la maîtresse de maison fait remarquer au sortir de sa chambre… deux heures plus tard :

« Mais, mon cher, il y a un décalage de six heures entre Zurich et Ibiza ! »

Sur l'île, Édouard de Ribes se languit de sa bibliothèque, aux meubles d'acajou sur fond de vert Empire. Les vieilles reliures lui manquent. La chaleur et les moustiques découragent ses efforts pour se concentrer sur un roman ou un livre d'histoire, parmi tous ceux qu'il a emportés pour les vacances. Il ne reste jamais plus de quinze jours.

Quant à « Jacqueline », elle lui échappe encore, en courant les marchés de l'île à la recherche de chiffons et de vanneries, ou en s'évadant en mer, sur des bateaux qui appartiennent à des amis. Elle aura bientôt le sien, assez vaste pour accueillir des hôtes de plus en plus nombreux au fil des étés. Comme si elle ne pouvait jamais demeurer en sa seule compagnie. Il se réjouit pourtant de la voir si belle et pour une fois heureuse, dans ce climat de fournaise qui lui est si pénible à endurer.

« Quelque chose de féminin en lui » : c'est ce qu'Íñigo Álvarez de Toledo possède indéniablement, au regard de tous ceux et celles qui l'ont connu. Raymundo de Larraín aussi avait « quelque chose de féminin en lui ». Peut-être le raffinement, la sophistication, l'attirance pour la mode et la décoration. Mais pas seulement. Ce garçon doux et rêveur, drôle et léger, qui ne vieillira jamais, traverse la vie en apesanteur. Un Ariel, près de s'envoler, il n'aurait même pas besoin de recourir comme il le fait aux habituels pétards qui aident à gagner le nirvana.

Jacqueline et lui ne se quittent plus. « Édouard » ferme les yeux, par amour. L'homosexualité, qui semble être un trait commun aux amis de sa femme, est-elle propre à le rassurer ? Elle trouvait en eux des compagnons parfaits pour lui apporter la part de liberté et d'aventure qui manquait à sa vie conjugale.

Vers le milieu des années 1970 apparaît sur l'île un nouveau sport : la spéculation immobilière. Des promoteurs sans foi ni loi se mettent à construire de manière anarchique. Bétonnage intensif. Création de complexes touristiques disgracieux. Implantation massive d'hôtels, de golfs. La capitale, pourtant si bien défendue par ses remparts, est bientôt envahie comme le métro à l'heure de pointe.

À Sant Antoni de Portmany, le vieux village proche de Punta Galera, les boîtes de nuit ne se comptent plus. La région jadis déserte est au cœur d'une fête continuelle. Jacqueline de Ribes s'en moque. Elle a toujours aimé les fêtes. Que les gens écoutent de la musique, dansent et s'amusent, lui paraît une chose parfaitement normale. Elle incite d'ailleurs ses amis à prolonger les nuits dans les clubs où les meilleurs DJ de Londres et de Paris tiennent bientôt leurs assises. « On finissait de dîner vers minuit, minuit et demi, mais c'était beaucoup trop tôt pour le Pacha [1] », me raconte Kirat Young, l'ancien mannequin de Saint Laurent, qui passe ses vacances chez « Jacqueline ». « Une nuit, nous l'y avons entraînée, elle a été déçue : il n'y avait encore personne. Les soirées du Pacha ne commençaient jamais avant deux ou trois heures du matin. »

L'île se « jet-setéise » selon l'expression de Kirat Young qui me cite en passant quelques noms à paillettes. Marie-Gabrielle de Savoie, fille du roi d'Italie, et son époux, Robert Zellinger de Balkany, un chevalier d'industrie. Sarah Georges-Picot, fille de général et belle comédienne. Loretta, jeune princesse Wittgenstein-Hohenstein, et son tout récent époux, Lanzo Wambolt. Ou encore Mick et Maya Flick – Maya, née von Schönburg-Glauchau, sœur de Gloria von Thurn und Taxis. Lui, Mick, l'héritier d'un

1. Ouvert en 1973.

richissime empire industriel allemand (houille, acier et voitures Daimler) compromis avec le régime nazi. Son père, Friedrich Flick, a été jugé à Nuremberg et a passé quelques années en prison qui n'ont cependant pas entamé la fortune familiale. À Ibiza, le passé est effacé. Chacun vit sans lest, sous un soleil amnésique.

L'île, jadis si peu habitée, attire des hommes d'affaires, empressés d'en tirer profit. Les constructions de plusieurs étages qui bétonnent le front de mer le long des plus belles plages trouvent en Jacqueline de Ribes une adversaire prête à en découdre. Elle veut sauver Ibiza des nouveaux barbares venus la défigurer. Sauver l'île chérie.

Un jour vient où, comme son lointain ancêtre écuyer de Philippe Auguste, il lui faut partir en croisade. Dans ces cas-là, elle n'a peur de rien. Surtout pas de démarcher les puissants de la terre. Elle s'y est entraînée pour les Charity Balls américains.

Elle commence par aller voir à Palma, où il a des bureaux, le directeur du tourisme espagnol, Agustín Bru. Elle veut lui montrer des photographies des lieux enchanteurs que les promoteurs s'apprêtent à dénaturer. Puis elle l'invite à venir les voir sur place. Les paysages d'Ibiza, il ne les connaît encore que sur des cadastres et des plans d'architecte, aussi lui offre-t-elle d'autorité son hospitalité. Ils deviendront amis. Elle réussit à convaincre Agustín Bru de ne pas donner son accord au projet qui prévoyait la construction d'une route à plusieurs voies pour relier Eivissa, la capitale, à Sant Antoni : elle aurait été fatale à l'allée de deux cents platanes, vieux d'au moins un siècle, qu'ils avaient prévu de raser.

Elle emporte aussi son adhésion pour une cause jugée au départ désespérée : le sauvetage de la merveilleuse petite île de S'Espalmador, au nord de Formentera, menacée elle aussi par l'avidité des promoteurs. S'Espalmador, un paradis des oiseaux, au milieu d'eaux turquoise.

Elle rallie le soutien du ministre de l'Intérieur du roi Juan Carlos, Manuel Fraga Iribarne – celui-là même qui s'est baigné en 1966 à Palomares, sur la côte d'Almería, où un avion militaire américain avait perdu accidentellement quatre bombes H, pour prouver que la mer n'était pas polluée par la radioactivité. Il va appuyer l'action de Jacqueline de Ribes.

Pour mieux lutter encore contre la pandémie immobilière et ses puissants réseaux, elle n'hésitera pas à en appeler au World Wildlife Fund – le Fonds pour la nature, organisation internationale fondée en 1961 et vouée à la protection de l'environnement. Le prince Bernhard de Lippe-Biesterfeld, époux de la reine Juliana des Pays-Bas, premier président du WWF, lui accordera un entretien décisif. Après quoi, il lui faudra avoir affaire à un autre prince consort, son successeur, le prince Philip Mountbatten, époux de la reine Elizabeth II d'Angleterre. On ne s'éloigne jamais longtemps avec Jacqueline de Ribes du Gotha international ni des têtes couronnées.

La princesse Smilja, rédactrice du journal d'Ibiza et l'une de ses amies, relaie ses efforts dans la presse locale.

Ses assauts de guerrière sont enfin récompensés. Au bout de plusieurs mois d'une campagne acharnée, dont elle a fait un combat personnel, S'Espalmador sera définitivement classée « réserve naturelle ».

Jacqueline de Ribes mérite ici qu'on lui rende hommage : c'est bien grâce à elle que de vieux et majestueux platanes conduisent toujours à l'entrée de Sant Antoni de Portmany. Et que l'île de S'Espalmador ressemble aujourd'hui à ce qu'elle a toujours été – un univers de paix, entouré d'eaux translucides et habité par les seuls oiseaux migrateurs, tadornes, pluviers ou puffins, qui nidifient dans ses dunes.

Ibiza est son refuge dans une vie rythmée toute l'année par une frénésie de festivités. Galas au Lido et au château de Versailles, premières de films et de théâtre, soirées chez Régine ou à l'Éléphant blanc où des amis fêtent leurs anniversaires... la vie mondaine est sans répit. Jacqueline de Ribes tient son rôle de femme la plus élégante de Paris. On la photographie partout où elle passe, de son allure de grand cygne. On peut la croire hors d'atteinte, protégée des coups du sort des vies ordinaires, dans ses robes sublimes, faites pour durer toujours. Elle est mélancolique – les plus belles réceptions ne valent pas le soleil d'Ibiza.

Relevés au hasard des pages de quelques magazines à rubriques people : vicomte et vicomtesse de Ribes sont à Saint-Tropez, en mai 1970, au mariage du fils d'Alexandre, Michel Raimon, avec Évelyne de Beschart.

Ils sont à Madrid, au palais du Pardo, en mars 1972, pour le mariage de Carmen Martínez-Bordiú y Franco, la petite-fille du général Franco, avec HRH (Her Royal Highness) Alfonso de Bourbon, duc de Cadix.

Ils sont à Mondsee, près de Salzbourg en Autriche, en octobre 1973, pour le mariage de la princesse Teresa von Sayn-Wittgenstein-Sayn avec don Luis Figueroa, comte de Quintanilla – fils de la comtesse de Romanones[1]. Espionne pendant la Seconde Guerre mondiale et l'une des femmes les plus élégantes du monde, membre de l'incontournable Best-Dressed List, amie de la jet-set, de Jackie Kennedy à Audrey Hepburn et à Jacqueline de Ribes, Aline comtesse de Romanones reçoit à cheval dans sa *finca* d'Estrémadure et écrit des romans policiers à ses heures perdues.

Au retour d'un de ses voyages en Inde, dans ces mêmes années 1970, Íñigo Álvarez de Toledo tombe gravement malade. Des amibes d'abord incriminées se révèlent être un dangereux virus. Les reins sont pris. Le jeune homme, devenu d'une inquiétante maigreur, vit cinq dernières années sous dialyse. Depuis Ibiza, où aucun centre n'assure les transfusions, il doit se rendre plusieurs fois par semaine à Palma de Majorque. La maladie assombrit le petit paradis. Jusqu'à ce que l'heure vienne de retourner dans le vieux monde pour y mourir.

Jacqueline de Ribes lui rendra visite sur son lit d'agonie, dans l'antique hôtel des marquis de Miraflores à Madrid. La *marquesa*, María del Rosario, toute en noir déjà des pieds à la tête, figure de la désolation qui semble sortie d'un tableau de Vélasquez, l'attend en haut des marches du grand escalier d'honneur, pavoisé des armes de la famille et des drapeaux déchiquetés de leurs batailles. Sans lui adresser la parole, la mère tragique la conduit jusqu'à la chambre de son fils et lui permet d'entrer.

1. Comtesse de Romanones, née Griffith à New York (1923-2017).

« Nous nous sommes dit adieu », me dit simplement Jacqueline de Ribes à propos de ces derniers instants avec Íñigo.

En sortant de la chambre, elle est en larmes.

La mère, raidie dans son chagrin : « Nous ne pleurons pas. Pourquoi pleureriez-vous ? »

Le beau jeune homme sera enterré quelques semaines plus tard, l'hiver 1980, sans que Jacqueline de Ribes y assiste, au monastère de San Isidoro del Campo où il repose avec ses ancêtres au Cloître des Morts.

Une Fondation, créée deux ans plus tard pour soutenir les malades souffrant d'insuffisance rénale, porte aujourd'hui son nom, sous l'égide de la reine d'Espagne.

Ibiza, sans son prince, ne sera plus jamais la même. Jacqueline de Ribes continuera d'y accueillir ses amis lors des étés brûlants. Mais l'insouciance heureuse s'en est allée. Et elle vendra un jour la maison du bonheur.

21

Le défi de la Haute Couture

Conseil de famille, lors d'un déjeuner à la Bienfaisance : devant son mari et ses enfants qu'elle a priés de l'écouter, Jacqueline de Ribes expose son nouveau projet. Elle va créer sa maison de couture. Oui, ils ont bien entendu. Sa propre maison de couture. Elle a déjà en secret bâti les principaux modèles et choisi les tissus. Yves Saint Laurent et Pierre Bergé, dont elle a écouté les conseils, sont prêts à l'aider. De toute façon, il est inutile de protester ou d'avancer quelque objection que ce soit. Elle a déjà pris sa décision. Voilà, c'est dit.

Édouard sera-t-il d'accord pour investir dans son projet ? Ou doit-elle trouver des financiers ?

La réponse est on ne peut plus claire : « *You do it on your own !* » (« Débrouillez-vous sans moi ! »). Quand l'heure est grave, Édouard de Ribes trouve plus facilement ses mots en anglais.

Jacqueline de Ribes a eu cinquante-trois ans il y a quatre jours, ce 18 juillet 1982. Le temps a passé sans presque qu'elle en ait conscience, il lui est désormais compté, du moins le croit-elle. Il lui faut assurer ce défi qui lui tient à cœur.

« Cette excellente cliente, amie de nos débuts, est née dans l'atmosphère de la Haute Couture et a le talent pour s'y consacrer », dira Pierre Bergé.

Elle veut montrer de quoi elle est capable. Peut-être aussi laisser une trace de son passage. La mise en scène de théâtre, l'architecture qui l'attirent et auxquelles elle s'est essayée en amateur auraient pu représenter pour elle de possibles métiers, mais elle n'a pas fait d'études, elle manque de formation et de diplômes. La couture, c'est sa partie depuis toujours. Elle se reconnaît une compétence dans ce domaine. Depuis qu'enfant elle observait les femmes de chambre de sa mère et de sa grand-mère dans la lingerie, elle a toujours su coudre et broder, comme une professionnelle. Quant à couper un tissu, le draper, le plisser, le faire tenir aux épaules et aux hanches, elle pratique l'exercice au jour le jour. Elle refait sans cesse les robes de son vestiaire. Aucune d'elles ne sort d'une boutique ou d'un papier de soie sans avoir affaire à ses ciseaux et à ses aiguilles.

Marina Cicogna : « Jacqueline a des doigts de fée. Elle sait tout faire. Elle est sophistiquée mais c'est la seule femme du monde que je connaisse qui ne porte pas de vernis à ongles, ni même incolore. Ses ongles sont naturels. Elle a des mains très belles mais des mains d'artisan [1]. »

Elle a travaillé au grenier de la Bienfaisance, converti en atelier comme du temps d'Oleg Cassini et des dessins de Valentino. Mais cette fois, ce sont de vraies robes sur

1. À *Vanity Fair*, septembre 2010.

cintres, dans des tissus couture, non plus de simples toiles. Elle en a créé quatorze de bout en bout, avec l'aide de Jeanne, Mme Jeanne, sa femme de chambre, reconvertie en petite main. Elle a également fait appel à M. Mouton – un couturier qui copiait des modèles de Haute Couture dans un petit atelier en étage de la rue Boissy-d'Anglas. Elle lui soumet ses idées – lui n'en avait pas, me dit Jacqueline de Ribes, mais il possédait la technique. « Il connaissait parfaitement le métier. Son savoir-faire était exceptionnel. »

Les quatorze prototypes attendent le verdict d'Yves Saint Laurent. Il est venu à la Bienfaisance, accompagné de Pierre Bergé, pour donner son avis. Ils sont tous deux assis dans le salon jaune. Jacqueline de Ribes fait le mannequin. Elle passe les robes les unes après les autres et vient défiler devant eux. Elle descend l'escalier, le remonte pour se changer, redescend, remonte… « J'étais morte de trac. » On peut lui faire confiance pour ne pas le montrer. Quand elle apparaît en haut des marches de la serre, je suis sûre qu'elle ressemble à une reine le jour de son couronnement.

Yves Saint Laurent est alors au sommet de son art. Il a apporté le smoking, le tailleur pantalon et la saharienne, la blouse transparente au vestiaire des femmes et joué de toutes les correspondances entre les arts. Mondrian, Poliakoff, Matisse, Van Gogh, les Ballets russes et les beatniks lui inspirent des collections poétiques, révolutionnaires, avant-gardistes, à une cadence infernale – jusqu'à quatre collections par an. Avec Pierre Bergé, son inséparable mentor, que précède une réputation de requin en affaires, ils ont même créé en 1966 une ligne de prêt-à-porter de luxe, baptisée « Rive gauche », qui contribue à écraser de travail le couturier. Ils ont pourtant trouvé le temps, dans un agenda surchargé, de venir chez elle, pour regarder quoi ?... Des robes créées par une femme du monde, comme si celles d'Yves Saint Laurent ne suffisaient pas à l'habiller.

Ce ne sont pas de simples experts qui vont la juger, ce jour-là, mais Dieu lui-même. Son destin se joue devant ce tribunal à huis clos.

Jacqueline de Ribes est une cliente, et même une excellente cliente de la maison de l'avenue Marceau, ce qui n'est pas pour faciliter la tâche d'« Yves » ni de « Pierre ». Mais elle est surtout devenue au fil des ans une véritable amie. Elle porte à merveille, depuis l'époque de ses débuts chez Dior, les robes de Saint Laurent, après lui avoir fait refaire et arranger mille détails, ce qui amuse plutôt le couturier et irrite son financier, elle se montre affectueuse et fidèle, tendre même à son égard. Les petits mots qu'il lui envoie, toujours accompagnés de fleurs de chez Lachaume, le fleuriste de la rue Royale, révèlent des sentiments identiques de son côté. Elle a soigneusement conservé ses cartes. Saint Laurent appelle Jacqueline de Ribes « Oriane », du prénom de la duchesse de Guermantes qui l'a émerveillé au bal Proust – « Pour Oriane ces fleurs, avec admiration Yves ». Il la vouvoie, la vouvoiera toujours. Quant à Pierre Bergé, il tutoie sa « Jacqueline chérie » et l'embrasse « avec tendresse ». « Yves » rajoute : « avec amour ».

Elle compte sur un jugement sincère de leur part. Si aucun des deux ne souhaite la mécontenter, Saint Laurent comme Bergé mesurent trop l'enjeu pour la laisser courir à sa perte, au cas où sa collection les décevrait. Ils seront assez surpris de ne pas l'être. Avec sa sensibilité d'artiste et sa finesse de cœur, Yves Saint Laurent est particulièrement inquiet. Il songe à ses débuts et combien la route fut longue et difficile pour lui jusqu'à ce jour. La couture est un univers impitoyable. Il tremble de voir cette amie, qu'il aime sincèrement, affronter le molosse. Quand elle lui a fait part de son projet, avant même de voir ses robes, il lui a avoué sa peur et l'a mise en garde : « Vous allez beaucoup souffrir, je voudrais pouvoir vous épargner cela. »

Elle travaille tout l'été et travaillera tout l'automne avec acharnement, appliquée à compléter et à ajuster sa collection.

En septembre, le comte Jean meurt, à quatre-vingt-neuf ans. Son fils Édouard devient sixième comte de Ribes. Son épouse devient comtesse, sa mère, comtesse douairière. Il faut changer les cartes de visite. La comtesse douairière ne survivra pas longtemps à son époux : elle s'éteindra doucement, en 1986, à l'âge de quatre-vingt-onze ans.

Jacqueline de Ribes préférait son titre de vicomtesse. « Je n'ai pas vraiment aimé devenir comtesse. Cela me vieillissait. »

Une chose est sûre. La mort du vieux comte, si affectueux aient été leurs liens, laisse le champ libre à des projets propres à nuire à l'harmonie si paisible de l'hôtel de la Bienfaisance. Il semble peu probable qu'il les aurait encouragés. Place au grand chambardement. Et à l'expression de soi.

Le 23 mars 1983, à trois heures de l'après-midi, en pleine Fashion Week, Jacqueline de Ribes présente officiellement sa collection à la presse.

Le matin même, elle a reçu une carte d'Yves Saint Laurent, avec ces mots :

Je pense à vous et à toute l'angoisse qui précède la présentation d'une collection. Cette présentation je vous la souhaite éblouissante et répondant à tous vos plus profonds désirs. Je serai avec vous. Je souffrirai avec vous. Je serai heureux avec vous. Votre ami,

Yves.

Il a ajouté en post-scriptum, comme pour conjurer le mauvais sort : « Je vous souhaite tout le bonheur du monde[1]. »

Les journalistes sont convoqués au 50, rue de la Bienfaisance, où tout est prêt pour les recevoir.

C'est la première fois qu'un défilé se tient à une adresse aussi privée.

Tous les journalistes se souviennent qu'en 1976 Yves Saint Laurent a fait époque en présentant sa collection « Opéra-Ballets russes » non pas comme il était d'usage dans sa maison de couture de l'avenue Marceau, mais près de l'Opéra justement, dans le cadre inédit et fastueux de l'hôtel Intercontinental. Jacqueline de Ribes, elle, ouvre les portes de sa maison de famille.

La comtesse douairière, « un peu bousculée par tout ça »

1. Archives de la Bienfaisance.

selon sa belle-fille, a interrompu son veuvage pour assister au défilé. Sa présence discrète est cependant remarquée.

Les meubles ont été placés au garde-meubles pour laisser la place à un podium et à plusieurs rangs de chaises dorées, les sculptures et les pendules, tous les objets rares mis de côté, mais l'atmosphère demeure feutrée, intime. Saint Laurent a prêté ses techniciens : ils ont mis en place les projecteurs, les micros pour les annonces, la sono pour la musique. Ils ont aussi installé le podium couvert d'une moquette blanche qui s'étire de pièce en pièce, traverse les salons. Le vieil hôtel des Ribes a été entièrement transformé en maison de couture pour ce grand jour.

Jacqueline de Ribes a fait appel à Françoise Dumas, la jeune assistante de Georges Cravenne, grande organisatrice des soirées parisiennes, pour l'aider à placer les invités. Elles ont procédé ensemble, avec le majordome et le chauffeur, au déménagement et à la mise en scène. Ce fut pour Françoise Dumas un véritable baptême du feu : « Je me souviens de l'effervescence inimaginable et de Jacqueline ayant l'œil à tout. »

Aux premiers rangs, les journalistes notent la présence de trois grands noms de la Haute Couture, chacun dans un salon. Leur présence est d'autant plus remarquée qu'aucun créateur n'assiste jamais aux défilés de la concurrence. Ils seront abondamment cités dans les gazettes : Yves Saint Laurent accompagné de Pierre Bergé, Valentino, Emanuel Ungaro[1].

1. Emanuel Ungaro (1933-2019) a fondé sa maison de couture en 1965.

Une personnalité venue de New York est elle aussi à l'honneur : John Fairchild, le rédacteur en chef du *Women's Wear Daily*, « l'oracle de la mode » d'après les connaisseurs. *WWD* passe pour en être « la bible » et rivalise en prestige avec le *Vogue* américain, qui a depuis longtemps fait oublier les splendeurs passées et l'aura despotique du *Harper's Bazaar*. Carmel Snow est morte. Diana Vreeland, vieille dame décorée de la Légion d'honneur, ne se déplace plus guère. Les nouveaux oukases viennent de « monsieur » Fairchild, observateur redouté et redoutable, dont les chroniques dans le *W* – un supplément des plus élitistes au déjà élitiste *WWD* – répandent la terreur dans le milieu de la couture. Il les signe d'un nom de plume aristocratique, Countess Louisa J. Esterhazy. Aurait-il un faible pour les comtesses ? Jacqueline de Ribes – elle n'est encore que vicomtesse – a recommandé de le soigner. Et c'est elle-même qui a placé le carton indiquant son nom sur sa chaise, au premier rang.

Bien sûr les journaux français ont envoyé eux aussi leurs titulaires des pages mode. Ils ou elles sont mêlés dans l'assemblée aux amies de Jacqueline, venues la soutenir. Les femmes les plus élégantes de Paris ont l'air de s'être donné rendez-vous à la Bienfaisance. On remarque dans l'assistance Marie-Hélène de Rothschild et Paloma Picasso, Hélène Rochas et Hélène David-Weill, Anouk Aimée.

Dans l'un des salons, une dame vieillissante a pris place aux côtés de son époux : Paule de Beaumont, la mère de Jacqueline de Ribes. Elle tient son programme comme un éventail et n'a aucune idée de ce qui va survenir. Sa fille serait-elle capable de l'étonner ?

Yves Saint Laurent, parrain de la collection, n'a pas seulement prêté ses éclairagistes et ses ingénieurs du son. Il a aussi envoyé à son amie « Jacqueline » les mannequins qui porteront ses robes. Kirat est l'une d'elles. Muse du couturier, cette beauté indienne, native du Penjab, défile pour lui depuis qu'elle a dix-neuf ans. Avec son teint mat, ses jambes interminables, sa silhouette impériale, elle a contribué à l'éclat de la collection dédiée aux Ballets russes. Devenue l'une des meilleures amies d'« Yves », sa bonne humeur, ses bavardages pétillants viennent adoucir les crises de mélancolie du couturier. Ils rient beaucoup ensemble, mais s'il l'a envoyée ici aujourd'hui, c'est aussi parce qu'elle a une expérience du métier, pour aider Jacqueline de Ribes « *back stage* », comme elle me l'explique, car il faut avoir l'œil à mille derniers détails dans la « cabine » avant chaque sortie d'un mannequin.

La générosité de Saint Laurent est sans limites. Il a écrit un texte pour le programme, distribué aux invités. Et ce texte, le plus baroque qu'on puisse imaginer, signé du couturier phare de sa génération, est le portrait d'une muse adulée. De quoi impressionner les journalistes et les futures clientes :

« Chaque fois que j'ai le bonheur de rencontrer la vicomtesse de Ribes, je ne peux m'empêcher de me rappeler l'éblouissement que je ressentis dans mon adolescence lorsque je partis à la découverte du Temps perdu de Marcel

Proust. Avec elle, le personnage d'Oriane, duchesse de Guermantes, émerge à nouveau et prend vie. Elle représente, dans ce monde terne et triste, le dernier drapeau de cette aristocratie dont Proust déplorait déjà la disparition.

« La vicomtesse de Ribes est un être rare. Avec elle tout étincelle, tout s'illumine à nouveau. Elle fend la foule, féerique, fabuleuse. Elle irradie toute en flèche, le cou dressé luisant de mille feux. Oiseau lyre. Oiseau roi. Oiseau de paradis.

« On ne sait plus qui est Oriane, qui est Jacqueline. On voudrait tout apprendre de ce glorieux secret qu'elle semble détenir.

« Elle est la perle enchâssée dans l'oreille du roi de Pologne, le cabochon d'émeraude de la reine de Saba, le croissant de Diane de Poitiers, l'anneau des Nibelungen. C'est un château de Bavière, un grand cygne noir, une orchidée royale, une licorne d'ivoire. Ses yeux sont le reflet de la lune dans les bassins de Baden-Baden. Elle est l'aigrette frémissante qui panache le turban d'un maharadjah, la volute capricieuse et baroque. Elle est le diamant Golconde.

« Elle est avant tout mon amie et à deux genoux, je lui baise la main. »

En coulisses, c'est-à-dire de l'autre côté de la serre, là où commence ce qu'il est convenu d'appeler la petite maison, la vicomtesse surveille chaque détail, ajuste encore à la dernière minute les épaules, les tailles et les ourlets. Elle épingle les broches, arrange les chapeaux, redresse un ruban. Ou retouche elle-même d'un peu de poudre le teint parfait de Kirat et des autres mannequins.

« Après cinq heures » : c'est le sous-titre de la collection, composée de vingt-trois numéros. Les tenues présentées sont toutes pensées pour les réceptions de fin d'après-midi, cocktails, dîners, grands soirs. L'ensemble, très habillé, dans de luxueux satins duchesse, des velours ou des crêpes de soie, évoque des nuits à l'Opéra (quand on s'habillait pour aller entendre Bizet ou Verdi) ou à l'Élysée (quand il était d'usage pour les messieurs d'arborer l'habit en queue de pie). Du bleu turquoise, comme les eaux de S'Espalmador. Du rose fuchsia, comme certaines fleurs des immenses bouquets qui décorent la Bienfaisance. Du violet qui ressemble à de l'encre, du jaune safran, mais aucun imprimé – la vicomtesse aime les tons unis, forts et profonds. Sa palette a du caractère.

Épaules XXL. Hanches étroites. Silhouettes sculptées, construites. Extraordinaire sobriété des lignes. La mode de Jacqueline de Ribes survole la mode. Les siècles passent, l'élégance intemporelle demeure.

Elle a prêté les bijoux qu'elle tient des Ribes. Les modèles portent ses boucles d'oreilles, ses colliers de perles, ses broches de famille. Les journalistes remarquent qu'un des mannequins a une broche piquée sur la hanche, et non sur la poitrine, pour souligner un plissé. L'innovation sera suivie.

Parmi les tenues de fin d'après-midi, un strict tailleur de tweed, bordé sur les côtés de bandes de velours couleur châtaigne, se taille le plus vif succès. Il va lancer la mode des incrustations dans le vêtement. La vérité, c'est qu'en raison d'un budget serré, le métrage de tweed était insuffisant. Il a fallu utiliser des morceaux perdus pour finir le tailleur, ce que Jacqueline de Ribes appelle *bits and pieces* (« des petits bouts »)… Quant à une des robes, il lui manquait une ceinture. Jacqueline de Ribes, prise de court mais jamais en peine d'une solution, serre la taille du mannequin avec l'une des siennes, achetée dix ans plus tôt auprès de Kenneth Jay Lane à New York. Une ceinture bijou, signée d'une des coqueluches de la jet-set qui, telles la duchesse de Windsor et Jackie Kennedy, adorait ses joyaux de fantaisie. Kenneth Jay Lane[1] dut reproduire le modèle que les photos de la robe, parues dans la presse américaine, avaient soudain rendu populaire. « *I had to remake it over and over* », dira-t-il.

Le défilé s'achève sur une ovation. Il est suivi d'un cocktail pour tous les invités.

Paule de Beaumont, qui n'en revient pas, interroge Françoise Dumas : « Pouvez-vous me dire QUI est ma fille ? »

C'est Jacqueline de Ribes qui me le raconte, en riant. Elle est fière d'avoir marqué un point dans la compétition sans fin qui l'oppose à sa mère. Je suis le témoin de ce plaisir qui dure toujours depuis. L'étonnement sincère de Paule de Beaumont, qui semble découvrir tout à coup le talent de sa fille, vaut tous les compliments.

1. Kenneth Jay Lane (1932-2017).

Le lendemain, la presse ne tarit pas d'éloges. Les journalistes, qui s'attendaient au pire, saluent à la fois la révélation d'une personnalité artistique et une prouesse technique dans cette première collection. Jacqueline de Ribes a gagné son pari.

Le commentaire de John Fairchild, repris un peu partout dans les journaux, est un gage pour l'avenir. « *Everybody was prepared to ridicule the society lady making fashion. But she made beautiful clothes. Jacqueline de Ribes is an elegant lady with a naughty twist*[1]. »

Le lendemain du grand jour, 24 mars, Yves Saint Laurent envoie à l'héroïne du jour un bouquet de chez Lachaume, accompagné de sa carte ainsi rédigée :

Pour vous ces fleurs, ma plus que chère Jacqueline,
avec mon émotion, mon amour, mon admiration.

Quelques jours plus tard, elle s'envole pour l'Amérique. Il a fallu enregistrer les vingt malles qui contiennent sa collection.

Elle voyage avec sa meilleure amie (après Marie-Hélène de Rothschild), Chita de Gontaut-Biron. Une très belle femme qui a gardé de son enfance et de son adolescence à Cuba, avant l'ère Castro, une exubérance tropicale.

1. « Tout le monde était prêt à se moquer de cette femme du monde qui se lançait ingénument dans la couture. Mais elle a fait de beaux vêtements. Jacqueline de Ribes est une femme élégante mais très maligne. »

Répartition des rôles. « Chita » sera repasseuse, habilleuse. « Jacqueline », dans la chambre à côté, mannequin et démarcheuse de contrats.

Première escale, New York. Il s'agit de trouver des acheteurs. Et, pourquoi pas, de possibles financiers – le vicomte de Ribes a assoupli sa position, il finance le projet de son épouse mais le budget, trop restrictif au goût de Jacqueline de Ribes, mériterait quelques extensions.

« La seule chose que je n'aime pas dans ce métier, dira-t-elle, c'est qu'il y est sans cesse question d'argent. »

En attendant les investisseurs, Jacqueline de Ribes se prépare à affronter les principales personnalités du commerce de luxe à New York. Elieth Roux, une Française pétulante, qui a conquis de haute lutte la direction du secteur mode chez Bergdorf Goodman, l'un des magasins mythiques de la Cinquième Avenue, va se révéler une alliée essentielle. Au deuxième étage du Bergdorf, où les défilés sont extrêmement prisés, elle expose déjà en exclusivité Givenchy, Saint Laurent et Dior, qui se livrent une guerre de marques. Mais elle recommande Jacqueline de Ribes à la directrice de Saks Fifth Avenue, Ellin Saltzman – l'enseigne répond mieux au positionnement de sa ligne de couture. Jacqueline, avec Chita, court présenter les robes à cette dame qui est aussitôt emballée et offre à la jeune maison un contrat d'exclusivité pour trois ans.

Ellin Saltzman : « *I loved her clothes. For that time, they filled a perfect niche – they were grown-up but not aging. Her clients were the sophisticated ladies who didn't require all the bells and whistles* » (« J'ai adoré les vêtements de

Jacqueline de Ribes. C'est une couture très femme mais pas du tout vieux genre. Ses clientes sont des femmes sophistiquées, qui ne veulent pas pour autant en mettre plein la vue »).

À Pâques, pendant quinze jours, toutes les vitrines de Saks Fifth Avenue sont pour Jacqueline de Ribes. Des mannequins de bois ont été réalisés à son effigie.

« Avec Chita, nous repartions grisées avec plein de contrats dans nos valises. »

Saks distribuera la marque dans quarante magasins à travers les États-Unis, de New York à Philadelphie, Dallas, Atlanta, Houston, Nashville, Palm Beach ou Beverly Hills. Fred Hayman, le propriétaire de Giorgio à Beverly Hills : « *I wouldn't dream of doing a season without her* » (« Je ne pouvais pas imaginer faire une saison sans elle »).

L'année 1983 s'achève sur une grande fête. L'institut de la Mode (Costume Institute) du Metropolitan Museum of Art organise en effet en décembre une exposition sur Yves Saint Laurent : vingt-cinq ans de mode. Depuis son premier défilé un an après la mort de Christian Dior, avec la collection « Trapèze » qui fut un succès foudroyant jusqu'à la dernière en date, toute sa création est mise en scène au célèbre musée. C'est la première fois qu'un tel honneur est fait à un couturier vivant. L'inauguration a lieu le 14 décembre, puis s'ouvre au public qui va venir en grand nombre applaudir une idole. Diana Vreeland, l'initiatrice du projet, en a été le maître d'œuvre. Elle a d'ailleurs écrit un très beau texte dans le catalogue pour expliquer la place de Saint Laurent dans la couture et dans l'art. « *The leader in all fashion to-day* », elle salue son génie, qui mêle une innocence au parfum d'enfance à une extrême culture et à un instinct très sûr de sa vocation.

Jacqueline de Ribes est présente au Met pour fêter cet événement. Elle donne le lendemain un grand dîner pour « Yves » au Mortimer's. Un restaurant Upper East Side, connu pour son ambiance et le fait qu'on n'y rencontre que les « *high-profile names of New York* », selon *Vanity Fair*. Elle a fait décorer la salle avec des panneaux « Love ».

Yves Saint Laurent l'en remercie chaleureusement dans une longue et belle lettre datée du 19 décembre :

Ma très chère Jacqueline,

[...] Soyez-en remerciée du plus profond de mon cœur qui vous protège et qui vous suit dans le dur travail qui est maintenant le vôtre et dont, connaissant les misères et les gloires, je ne voudrais pas que vous puissiez un instant les éprouver. Si vous ressentez parfois quelques moments de solitude, il faut que vous sachiez tout ce que je suis pour vous et que je vous donne tout le peu de forces qui me restent.

Très chère Jacqueline,

Vous ne pouvez savoir combien j'ai senti le soir de votre dîner que vous étiez heureuse de participer enfin à ce monde merveilleux qu'est la couture. Il m'a semblé qu'un grand secret nous unissait et cela m'a donné de la joie. Soyez de plus en plus belle, de plus en plus heureuse. Oubliez ou tâchez d'oublier les soucis, les abandons, hélas la peur je dirais même devant le terrible devoir pour Créer pleinement et fougueusement, telle que je vous connais, telle que tous vous admirent, ce qui sera votre plus belle récompense.

[...]

Je vous embrasse avec Amour.

Je vous souhaite le plus Bel avenir du monde.

Croyez à mon respect et à mon admiration.

Tendrement,

Yves

Les collections suivantes de Jacqueline de Ribes se tiennent rue du Faubourg-Saint-Honoré, dans les salons du rez-de-chaussée du Cercle interallié. Chacune est suivie d'un dîner au grand salon Foch du premier étage, qui réunit amis, clients importants, journalistes triés sur le volet. Jean de Beaumont, en tant que président du Cercle et père de la principale intéressée, assiste aux défilés. Son épouse, Paule, à ses côtés au premier rang, est de plus en plus étonnée. Les parents semblent découvrir ensemble que leur fille est une star.

La maison Saint Laurent n'a plus à prêter ses éclairagistes et ses ingénieurs du son. Jacqueline de Ribes a maintenant une équipe technique et des mannequins attitrés. Ses fournisseurs la connaissent, fabricants de tissus, chausseurs ou bijoutiers. Dès 1984, elle crée sa propre marque exclusive de bijoux qu'elle fait fabriquer notamment par Gripoix, le spécialiste de la pâte de verre. J'ai pu les admirer tiroir par tiroir, dans la « cave à bijoux » de l'hôtel de la Bienfaisance, où ils sont aujourd'hui soigneusement conservés.

« Je ne considère pas les bijoux comme des pièces d'un patrimoine et c'est d'ailleurs très bourgeois de ne porter que de vrais bijoux. Pour moi, le bijou est la troisième dimension de la robe, ou de la peau [1]. »

D'un important volume, colorés, souvent asymétriques, composés de strass Swarovski – « le De Beers du strass », dit-elle –, de pièces de verre couleur saphir, émeraude ou de diamant jaune, ils tournent en dérision le sage petit collier de perles fines, qu'elle déteste. « Les robes doivent être simples et les bijoux, fous », disait Saint Laurent. Ses colliers, ses bracelets font du bruit quand Jacqueline de Ribes se déplace. Elle les crée pour aller avec ses robes, accompagner leur splendeur. Des pierres jaunes sur un décolleté. Un collier rose qui va tourner au pourpre sur un buste en satin noir. Chaque détail compte, mais l'effet produit doit être fort.

« Mon rêve, c'est que les femmes achètent mes bijoux pour aller avec mes robes [2]. »

Vendues principalement aux États-Unis chez Saks, mais aussi chez Martha, Neiman Marcus ou I. Magnin – les bonnes adresses quand on a les moyens –, ses parures valent entre cent et mille dollars de 1985. Les robes ? Entre mille et six mille dollars. À multiplier par trois ou par quatre, si on veut trouver le prix équivalent en 2020.

1. G.Y. Dryansky, *Connoisseur*, avril 1988, « *It's very bourgeois to wear only real jewels. I think of jewelry not simply as patrimony but as a third dimension to a dress or to the skin.* »

2. *Connoisseur*, avril 1988, art. cité, « *My dream is for women to buy my jewels to match my dresses* ».

Elle a créé une marque. Sa propre marque : la griffe Jacqueline de Ribes. Sur la doublure des robes est cousue l'étiquette grise à ses initiales J.R. Des ouvrières travaillent pour elle en chambre – non plus seulement à la Bienfaisance, que son mari trouvait un peu trop encombrée de portants, mais dans le grand appartement d'un immeuble de l'autre côté de la rue, qu'elle a converti en atelier et en zone de stockage pour les tissus et les accessoires.

Elle choisit elle-même ses tissus, soies et velours d'une qualité exceptionnelle, chez les fabricants italiens. Et c'est à partir d'eux, qu'elle crée ses modèles. Comme Jeanne Lanvin, Madeleine Vionnet ou Madame Grès, comme Coco Chanel, elle travaille la matière au corps-à-corps. « Notre art est un art sculptural, affirmait Maggy Rouff. Nous faisons les robes comme on sculpte. On se figure qu'il n'y a qu'à prendre un crayon et un pinceau pour créer des modèles : quelle erreur ! Comme un sculpteur fait sa statue avec des morceaux de terre superposés, de même je crée mes robes avec des ciseaux et des épingles. Les dessins ne sont établis qu'ensuite, d'après mes modèles. Et c'est ce qui fait que nos toilettes sont vivantes, et même… passionnées[1]. » Jacqueline de Ribes a été à bonne école auprès de la première couturière de Haute Couture qui l'ait habillée – le jour de son mariage.

« J.R. Paris New York » n'est pas inscrit à la Chambre syndicale de la Haute Couture. Ses collections, présentées lors de défilés semestriels qui ont le prestige des plus grands créateurs, proposent un prêt-à-porter de très grand luxe.

1. M. Rouff, *Ce que j'ai vu en chiffonnant la clientèle*, *op. cit.*

Les robes sont fabriquées en Italie par la firme GFT[1], qui travaille pour Valentino, Ungaro et Armani. On les voit rarement dans la rue. Ce sont des robes du soir ou de cocktail – le genre de robes qu'on range dans ses valises entre deux papiers de soie. Leur perfection technique dépasse celle des collections de Bill Blass ou d'Oscar de la Renta, pourtant sophistiquées et réputées pour leur finition.

Je lui demande : Pourquoi rester fidèle à ce style de l'« après cinq heures » ?

Elle répond, sûre de son créneau : « Je suis plus souvent, dans la vie, en jeans et en chemise, mais les gens croient que je me lève en tenue de bal. C'est mon image. »

Ses clientes font parler d'elles. Les magazines les photographient dans leurs somptueux atours J.R. Ce sont les années *Dynasty* – la saga du clan Carrington, une famille d'Atrides, transposée à Denver (Colorado) dans une fortune du pétrole. Le producteur de la série, Douglas Cramer, conseille à sa principale et sulfureuse actrice, Joan Collins, devenue l'icône aux brushings bouffants, d'essayer de se faire un look à la Jacqueline de Ribes ! En 1985, à Las Vegas, quand elle épouse son quatrième mari, Peter Holm, le chanteur suédois de *Monia*, un tube de l'été 68, Joan Collins est en Jacqueline de Ribes ! Sa robe de mariée, aussi blanche que celle d'une vestale, est assortie au smoking blanc de son mari. Largement décolletée et drapée

1. Gruppo Finanziario Tessile, société de textiles créée en 1930 à Turin.

aux épaules, dans un mouvement à la grecque qu'on retrouve souvent dans les modèles J.R., la robe fut largement saluée – à la mesure des excentricités de la fameuse Alexis Carrington, le rôle de « garce » le plus populaire des séries télévisées américaines.

Jacqueline de Ribes habille Cher, la chanteuse hippie devenue une hard rockeuse hyper-sexy. Elle lui envoie de Paris, par le Concorde, une somptueuse robe en satin midnight blue.

Au nombre de ses clientes phares : Raquel Welch, l'actrice classée sex-symbol international depuis qu'elle a joué en bikini de fourrure dans *Un million d'années avant J.-C.*, Farrah Fawcett, la super blonde de la série télévisée *Drôles de dames* (1976), Lynda Carter, miss World USA, la très sexy Wonder Woman d'une autre série télévisée populaire à la fin des années 1970, et Barbara Walters, l'une des plus célèbres et des plus agressives journalistes de la télévision américaine. Elle a interviewé pour *ABC* tous les présidents américains depuis Nixon, ainsi que les plus grands dirigeants de la planète, de Sadate à Begin en passant par le roi d'Arabie saoudite, le Shah d'Iran ou Fidel Castro (dont elle réalise la dernière interview en 1979).

Jacqueline de Ribes habille aussi la First Lady, qui l'invite à la Maison-Blanche, Nancy Reagan.

Elle-même reste cependant son mannequin le plus photogénique et le plus flamboyant.

D'une avalanche d'articles, que Stéphane, l'ami documentaliste, dépose devant moi à la Bienfaisance, je retiens celui de Bernadine Morris dans le *New York Times* (1986) : « *Her evening dresses are spectacularly beautiful. Their shapes are lean and willowy like the designer herself* » (« Ses robes du soir sont d'une beauté spectaculaire. Leurs lignes sont aussi fines et élancées que la créatrice elle-même »).

Au *Figaro*, Hélène de Turckheim la taquine : « Une question qu'on se pose désormais malicieusement : la femme la plus élégante du monde se fera-t-elle habiller par "De Ribes" ou restera-t-elle fidèle à ses grands amis couturiers ? »

En mars 1985, le *Women's Wear Daily* lui décerne *Four Stars* (quatre étoiles), ce qui la propulse à la première place du palmarès des collections, à égalité avec Yves Saint Laurent. Le magazine spécifie qu'elle a été choisie pour la qualité *nearly perfect jewel* (bijou quasiment parfait) de sa « petite collection ». Elle a réussi à éblouir John Fairchild.

Au mois de novembre de cette même année, elle reçoit une récompense majeure du monde de la mode en Amérique, le Rodeo Drive Award, et se rend à Los Angeles pour le recevoir.

J.R. Paris New York est une entreprise qui emploie désormais soixante-cinq personnes, avec un chiffre d'affaires de trois millions de dollars (en 1985).

Les collections coûtent cher – chacune autour d'un million de dollars. Il faut assurer la promotion. À Londres, Jacqueline de Ribes donne à l'heure du thé un *show* auquel assiste la princesse Margaret. Deux fois par an en Amérique, non seulement à New York mais à Washington, à Philadelphie, à Chicago, à Los Angeles, elle entreprend des tournées pour présenter les collections de ville en ville mais aussi pour répondre aux interviews des journalistes, rencontrer clientes et acheteurs. Saks organise des défilés lors de galas de bienfaisance. Quand la saison de New York prend fin, celle de Palm Beach commence… À Palm Beach, en Floride, destination hautement prisée des amateurs de voile, de golf et de vie mondaine, elle fait défiler ses mannequins au Flagler Museum. Hélas, la malle contenant chapeaux et souliers a été perdue. Encore une solution à trouver pour que les jeunes *models* ne ressemblent pas à des cendrillons au douzième coup de minuit ! Elle décore leurs têtes de bijoux et leur met aux pieds ses escarpins (faut-il préciser qu'elle voyage avec de multiples paires à son usage ? des Manolo Blahnik, des Nine West), Jacqueline de Ribes sait improviser avec les moyens du bord.

Le lendemain du Flagler, elle est invitée à prononcer une conférence au Théâtre de Palm Beach. On lui a demandé de traiter de l'art du style – « *The essence of style* ». Devant une salle pleine à craquer, elle va parler pendant une heure, dans un anglais parfait, de ce qu'elle connaît le mieux au monde : l'élégance. Malgré la présence au premier rang de Henry Kissinger et d'Estée Lauder, elle ne se démonte pas. Ni même quand la grande dame de la beauté et du parfum se lève pour lui poser cette question :

— *Vicomtess, what is your philosophy about fragrance ?* (« Vicomtesse, quelle est votre philosophie du parfum ? »)

Jacqueline de Ribes en tournée aux États-Unis, ici à Nashville (Tennessee). Juin 1986.

— *You must not be afraid to put some drops of your perfume on your low back or even on the top of your knees.* (« N'ayez pas peur de verser quelques gouttes sur le bas de votre dos ou sur la pointe de vos genoux. »)

« *Jacqueline, you are a trooper!* » lui dit un de ses amis américains. Un vaillant petit soldat, qui monte au front sans rechigner.

Elle se donne à fond à sa maison de couture. L'amateurisme n'est pas dans son caractère. Cette aristocrate croit aux vertus du travail. Elle est de surcroît passionnée et perfectionniste. Plus rien d'autre ne compte que de réussir ses collections et que l'affaire marche.

Françoise Mohrt[1], rédactrice en chef de *Vogue* Paris, lui adresse une lettre de félicitations au lendemain d'un défilé et salue son « opiniâtreté » : « Vraiment l'ensemble était si cohérent, avec une ligne de conduite, un point de vue soigneusement maintenu dans une grande féminité. En même temps c'était un travail de très grande professionnelle et démontre une opiniâtreté et beaucoup de talent. Bravo[2] ! »

Jacqueline de Ribes n'accepte plus ni dîners ni bals – sauf ceux que son métier lui impose pour entretenir ses

1. Rédactrice en chef à *Vogue* Paris pendant une dizaine d'années, l'épouse de l'écrivain Michel Mohrt sera directrice de la communication de Marcel Rochas puis chargée de mission dans le groupe Louis Vuitton-Moët-Hennessy. Elle est l'auteur d'un beau livre, *Le Style Givenchy*, paru en 1998 aux Éditions Assouline.

2. Lettre du 30 mars 1989, archives de la Bienfaisance.

relations publiques. Ceux qu'elle continue de donner chez elle sont beaucoup moins nombreux.

« La Couture m'a coupée de mes amis, pendant dix ans. »

Elle passe ses journées avec les fournisseurs, les ouvrières, les clientes. Elle doit résoudre d'innombrables problèmes. À Paris, elle déjeune à l'américaine d'un plateau-repas, du côté impair de la rue de la Bienfaisance, dans l'immeuble des ateliers, et y travaille jusqu'à neuf heures du soir. « Si je suis profondément heureuse de faire partie du monde de la Couture, je suis également terrifiée par les performances physiques qu'il demande et l'amoncellement des forces qu'il vous prend [1]. »

Son mari se plaint : elle n'a plus de temps pour lui, ni pour leurs enfants, ni pour leurs amis. Jacqueline de Ribes est devenue insociable !

« Il était très fier de moi, mais quand même assez amer. Je ne le voyais pas assez. »

L'humour, chez les Ribes, sauve souvent les situations.

Lui, exaspéré de trouver une fois de plus l'un des salons de la Bienfaisance encombré de portants – ses robes ont envahi jusqu'au bureau de feu son beau-père :

« Ne pourriez-vous pas mettre vos robes ailleurs ? »

Elle, du tac au tac :

« Ne pourriez-vous pas mettre vos livres ailleurs ? »

En 1986, son emploi du temps est surchargé. Elle signe un accord avec le groupe japonais Kanebo, le numéro 1

1. Lettre à Yves Saint Laurent du 1er janvier 1984, archives de la Bienfaisance.

de l'industrie des cosmétiques au Japon. « J'ai construit le bateau, il était temps de mettre les voiles. »

Une enseigne ouvre à son nom à Tokyo, dans un hôtel particulier de trois étages, réplique exacte de l'hôtel de la Bienfaisance ! Meubles et objets XVIIIe, tableaux de maîtres, tapis de la Savonnerie… Un immense bouquet de fleurs que Mme Dedeban n'aurait pu renier, composé par des artistes de l'ikebana, trône au milieu d'un des salons. Dans ce décor d'un autre temps, on peut prendre des cours d'art de la table ! Et s'entraîner à recevoir chez soi, selon les codes de la maîtresse de maison la plus expérimentée au monde. L'engouement des Japonaises pour le raffinement de la marque J.R., ses matières luxueuses, ses soies tissées chez les meilleurs artisans d'Italie, vaut à Jacqueline de Ribes un véritable renom au pays du Soleil levant.

Le fameux *Asahi Shimbun*[1], « géant de papier » tiré à douze millions d'exemplaires, le deuxième quotidien le plus vendu au monde, lui consacre en 1990 une exposition au rez-de-chaussée du siège. L'un des lieux d'exposition les plus prisés du Japon, il attire souvent plus de visiteurs qu'un musée. Les photographies de Jacqueline de Ribes tapissent intégralement le hall du massif immeuble sis en plein cœur de Tokyo. La voilà, à deux pas du célèbre marché aux poissons de Tsukiji et à quelques encablures de son plus ancien théâtre, le Kabuki-za, presque aussi fêtée qu'un sumotori.

1. Aymeric Mantoux, « L'Asahi Shimbun, ce géant de papier qui défie le numérique », *Stratégies*, 29 mars 2007.

Elle vient régulièrement au Japon, malgré la fatigue des longs voyages. Elle rencontre des journalistes et de grands acheteurs, des clientes importantes de Kanebo. Le groupe qui a pris une part du capital exprime très vite des exigences. On lui demande de plus en plus souvent de changer les proportions, les longueurs, les cols, les manches… ce qui n'est pas dans les habitudes de la vicomtesse de Ribes. Elle sait toujours ce qu'elle a à faire et dirige ses équipes sans qu'on ait à la commander. Ses robes sont ses robes, voilà tout. D'incessantes tracasseries compliquent son travail.

Un jour, à Milan, où elle est venue prospecter des maisons de tissu, elle rencontre John Fairchild dans un ascenseur : « *Be careful with the Japanese ! They won't understand you* » (« Attention avec les Japonais ! Ils ne vous comprendront pas »).

Elle est emportée par le tourbillon.

Les mots de Saint Laurent dans l'une de ses lettres, à ses débuts en 1983, ne cessent de résonner dans sa tête : « La couture, ce dur travail dont je connais les misères et les gloires »…

S'ils n'apportent plus leur aide technique et n'assistent plus aux défilés de leur amie, Yves Saint Laurent et Pierre Bergé demeurent des proches sur qui elle peut compter. D'un soutien moral indéfectible, ils resteront des inconditionnels à travers les années. Voici ce que lui écrit Pierre Bergé à la veille de sa quatrième collection :

Ma Jacqueline chérie, je partage tes angoisses, tes inquiétudes et tes espoirs. Je te souhaite mille et mille bonheurs et triomphes. Quoi qu'il en soit je suis ton ami et je serai à tes côtés comme depuis le premier jour.

Mille et mille tendresses,

Pierre.

Yves Saint Laurent, lui, colorie pour elle les cinq lettres du mot Amour. A rouge M fuchsia O vert U bleu R marron, c'est presque un poème de Rimbaud.

Ma Jacqueline

AMOUR

22

Le théâtre des dîners parisiens

Lorsque les Ribes, jeunes mariés, donnent chez eux, en 1949, leur premier grand dîner, la date choisie est celle du 21 janvier. Ils habitent encore l'aile gauche de l'hôtel particulier de la Bienfaisance. Trop exiguë pour y recevoir leurs invités, les parents leur prêtent les salons où ils se tiennent habituellement. Mais Jacqueline de Ribes les a prévenus un peu tard.

« Le 21 janvier ? s'exclame le comte Jean. C'est impossible ! Absolument hors de question ! »

Et comme sa belle-fille ne semble pas comprendre : « C'est le jour de la mort du roi ! »

Tous les 21 janvier, à la Bienfaisance, ce jour funeste où Louis XVI fut décapité, chacun se doit de respecter le deuil.

Jacqueline de Ribes dut décommander ses amis et reporter le dîner.

Lorsque, dans les années 1960, pourtant rompue aux traditions des Ribes, elle invite le duc et la duchesse de Windsor à dîner, elle frôle le scandale. Son beau-père, auquel elle soumet sa liste bien que ni lui ni son épouse n'assistent aux dîners, marque sa désapprobation :

« C'est la première fois qu'un couple de divorcés va entrer dans cette maison ! »

Jacqueline de Ribes en rit aujourd'hui. Mais il lui a fallu lutter contre les préjugés. Elle a appris à composer avec les usages sévères de la famille Ribes dont son mari est le respectueux héritier, pour n'en faire finalement qu'à sa tête.

Alors que ses beaux-parents n'accueillaient chez eux que la fine fleur de l'aristocratie, du moins sa fine fleur moralement irréprochable, baptisée et mariée comme il convient, elle ose le Grand Mélange tant réprouvé.

Au début, ce sont surtout « les amis d'Édouard », accompagnés de leurs épouses, qui viennent à la Bienfaisance. Amis de collège ou de Sciences-Po, ils arborent des noms référencés dans les annuaires de la noblesse. Je relève au hasard dans les années 1950, parmi les piles de listes dactylographiées empilées devant moi, des Flers, des La Rochefoucauld, des Kerveguen et des Carcaradec, des Luart, des Guitaut, des Moustier, rejoints un peu plus tard par des Brissac et des Luynes, des Ganay, des Arenberg, des Ornano, des Bourbon-Parme. Je note au passage des noms de personnages de romans russes du XIXe siècle, le prince de Yougoslavie, le prince Obolensky, la princesse Metternich.

Très vite, sous l'influence de sa jeune épouse, le cercle s'ouvre, ce qui ne manque pas de provoquer quelques vagues, prémices d'un tsunami. Des personnages hauts en couleur, dotés de particules et de blasons d'opérette, font leur apparition. Sous l'influence maléfique de l'« oncle Étienne » (Étienne de Beaumont), les Beistegui, les Cuevas, les López Willshaw, le baron de Redé envoient un piquant courant d'air dans le monde calfeutré des Ribes. Ce seront des convives réguliers – surtout Charles de Beistegui. Alors que les Ribes avaient maintenu chez eux l'atmosphère du temps de la royauté en France, dans un hôtel où rien n'avait changé depuis la Restauration – « ni même les salles de bains ! » me dit Jacqueline de Ribes –, elle organise le grand chambardement.

Le comte Jean ne s'est jamais habitué aux excentricités de sa belle-fille. Quand, en décembre 1959, Tony Armstrong-Jones vient la photographier pour *Vogue* US, il la mitraille au Kodak durant trois jours dans les rues de Paris, le long des quais de la Seine, sur une barque au bois de Boulogne, mais aussi à la Bienfaisance comme si le vieil hôtel n'était qu'un décor propice à son travail. Il la fait changer de tenues, passer d'un tailleur en tweed de Laroche à une robe du soir en soie violette de Patou. Sur l'une des pages du magazine, il veut qu'on la voie en toque et manteau de fourrure, sur une autre dans son pull en mohair à bandes jaunes et roses. Il se montre exigeant, pousse les fauteuils, déplace les chandeliers, les vases, les objets précieux et essaie différentes lumières dans chacun des salons. À un moment, l'idée lui vient d'emballer de tissu le lustre de l'entrée. Pour le comte Jean, qui surveillait discrètement les manœuvres depuis le haut de l'escalier, c'en est trop. Il descend à toute vitesse et met Tony Armstrong-Jones à la porte – le futur lord Snowdon !

Jacqueline de Ribes : « Lorsque Tony s'est fiancé quelques mois plus tard avec la sœur cadette de la reine d'Angleterre, et que les fiançailles ont fait la une du journal de mon beau-père, je lui ai dit : "Vous voyez, vous avez mis à la porte le fiancé de la princesse Margaret !", ce qui l'a à la fois amusé et quand même aussi, embêté. »

Ayant fait siens les codes de réserve et de sang-froid britanniques acquis pendant ses années d'études au Queen's College, à Oxford, le comte Jean contrôlait toujours ses émotions. Mais quelle stupeur, quelle indignation ont dû être les siennes quand il a lu la liste des vingt-six invités au grand dîner du mercredi 27 septembre 1967 : les Windsor, en même temps que… Richard Burton et Elizabeth Taylor !

Deux couples des moins conformes à ses principes. Pour les Windsor, il continuait à trouver malséant de les recevoir chez soi. Mais des acteurs de cinéma ! Un mari et une femme qui transposent leurs scènes de ménage sur grand écran !

Le vieux comte de Ribes appartient à un temps où on enterrait les comédiens à la sauvette sans les sacrements de l'Église. Tels Molière et sa troupe, ces saltimbanques, autant dire ces parias.

À la Bienfaisance, de nombreux comédiens de théâtre et de cinéma, amis de sa belle-fille, vont désormais dîner côte à côte avec d'authentiques aristocrates dont l'arbre généalogique semble tout à coup ébouriffé par le voisinage. L'« oncle Étienne » a montré l'exemple, Jacqueline de Ribes va établir ce changement en règle d'or de l'art de recevoir.

Voici Ursula Andress, en 1976 – un miracle si le comte Jean n'en est pas mort d'apoplexie. James Bond girl la plus érotique de tous les temps, déesse sortie de la mer en bikini blanc, partenaire d'Elvis Presley, de James Dean, de Frank Sinatra, elle est un indéniable ornement pour un dîner. Dans le décor où plane en permanence le fantôme de Marie-Antoinette, elle apporte une note d'autant plus décalée qu'elle ne joue pas les marquises au cinéma. Les Ribes ont-ils vu *James Bond 007 contre Docteur No*, *Quoi de neuf, Pussycat?* ou *Défense de toucher*? Devant son assiette, le carton calligraphié à l'ancienne indique sa place : Mlle Ursula Andress.

Plus classique, Marie Bell[1], qui a tenu d'innombrables rôles du grand répertoire, véritable diva du théâtre et la Phèdre de tous les temps, est depuis les années 1950 une amie fidèle de la maison : elle arrive toujours trois quarts d'heure avant les autres invités pour pouvoir assister à la toilette de Jacqueline de Ribes. Assise dans la salle de bains de « Jacqueline », comme si elles étaient dans une loge en coulisses, elle la regarde se maquiller, se coiffer, s'habiller. Elles bavardent joyeusement, avant de descendre au salon. L'échange des rôles est une scène de Boulevard : Jacqueline de Ribes se poudre à sa coiffeuse et joue l'actrice devant une spectatrice éblouie – Marie Bell, alors au zénith de sa gloire, a pris place sur la cuvette des W-C.

La tragédienne est une grande comique dans la vie courante. Elle possède un lot d'histoires drôles à raconter.

1. Marie Bell (1900-1985).

Un soir, en tournée au Brésil, elle dîne après le spectacle à côté d'un milliardaire, dont elle imite l'accent :

« Marrrie, aimez-vous lé rrrrubis… ?

— Enfin, mon cher, vous êtes fou, quelle femme n'aime pas ça ? »

Rentrée à l'hôtel elle appelle aussitôt une amie de la Comédie-Française, Annie Ducaux :

« Ma chérie, c'est dans la poche ! Nous dînons ensemble demain soir, il m'a promis des rubis ! »

Le lendemain, la Rolls vient chercher Marie Bell. Le milliardaire brésilien l'emmène assister, en compagnie de cinq mille personnes, à un match de rugby !

« Il faut toujours se méfier des accents[1]… »

Jean Piat et son épouse l'auteure de théâtre Françoise Dorin, inséparables, sont régulièrement conviés rue de la Bienfaisance.

« Monsieur Jean Piat, de la Comédie-Française. »

Je relève la présence régulière de Jean-Claude Brialy[2], l'acteur prisé de la Nouvelle Vague, qui joue dans les films de Godard, de Rohmer, de Truffaut. Jacqueline de Ribes a dansé plusieurs valses avec lui, au bal Proust des Rothschild, à Ferrières.

Présence aussi de Robert Hossein, qui transporte avec lui le masque romantique de Joffrey de Peyrac, le héros du film *Angélique, marquise des Anges* (1964).

1. Anecdote rapportée par Jacques Chazot, *La Mémoire des autres*, Mengès, 1982.

2. Jean-Claude Brialy (1933-2007).

Michèle Morgan, au célèbre regard translucide, et Gérard Oury[1], le champion du rire et de la bonne humeur, forment un couple beaucoup plus calme que les Burton-Taylor. Mieux vaut avec eux parler de peinture plutôt que de cinéma. Michèle Morgan peint, Gérard Oury a toujours vécu entouré des tableaux innombrables que collectionnait sa mère, amie de Raoul Dufy. Il s'est parfois même amusé à peindre de faux Dufy[2].

Audrey Hepburn : son carton à table indique Mme Andrea Dotti, du nom de son second mari, un psychiatre italien qui a succédé à l'acteur Mel Ferrer.

Thierry Le Luron[3] – son nom de scène et véritable nom –, fils d'un maître d'hôtel, doit pouvoir mesurer son extraordinaire parcours social. L'humoriste le plus aimé des Français dans les années 1970 et 1980 imite à en mourir de rire la plupart des hommes politiques présents chez les Ribes. « Quand je pense à tous ces gens qui m'attendent pour dîner et qui m'attendront encore quand je serai là[4] ! »

Omar Sharif, Géraldine Chaplin, Jean-Pierre Aumont, Peter Ustinov, Charlotte Rampling dînent rue de la Bienfaisance.

Jacqueline,
C'était un véritable plaisir.
Une soirée somptueuse.

1. Michèle Morgan (1920-2016) et Gérard Oury (1919-2006).
2. D'après M. Rheims, *Haute Curiosité*, *op. cit.*, p. 282 et suiv.
3. Thierry Le Luron (1952-1986).
4. D'après J. Chazot, *La Mémoire des autres*, *op. cit.*, p. 179.

Un raffinement voluptueux qui nourrissait l'essence même de l'esthétique.

Un faste. Une splendeur.

Merci, en toute amitié

Charlotte.

Quand Arielle Dombasle fait sa première apparition au bras de Bernard-Henri Lévy, au début des années 1990, le comte Jean ne sera plus là pour s'étonner. Encore qu'un grand-père consul de France à Calcutta et ministre plénipotentiaire au Mexique aurait sans doute contrebalancé à ses yeux le statut d'artiste, si sulfureux pour lui, de la belle « Arielle ».

Édouard de Ribes, son fils unique, respectait les traditions de la famille. Mais son amour pour son épouse, mêlé à une admiration sans bornes, l'amenait à des concessions. Elle les obtenait d'autant plus facilement que les dîners les plus composites étaient souvent les plus réussis.

Françoise Dumas est renommée pour son carnet d'adresses et le prestige des réceptions qu'elle organise pour le grand monde. Elle me livre son expertise :

« Les deux grandes figures de la vie parisienne dans les années 1960, 1970 et 1980, me dit-elle, sont Jacqueline de Ribes et Marie-Hélène de Rothschild. Aucune femme aujourd'hui n'occupe cette place. C'étaient des maîtresses de maison extraordinaires. Elles ont pratiqué un art de recevoir et l'ont porté à la perfection. On ne peut même plus imaginer aujourd'hui ce qu'étaient leurs grands dîners.

« Ils se déroulaient chez elles, ne comptaient que des amis. Aucune promotion, aucune publicité n'étaient en jeu. La mise en scène n'avait pas d'autre but que de surprendre et de réjouir leurs amis. Mais chaque mise en scène était somptueuse.

« Tout était pensé, réfléchi. Des fleurs à la vaisselle à l'argenterie au menu : elles choisissaient tout elles-mêmes. Elles demandaient parfois un avis, mais plus dans l'idée d'être stimulées que conseillées.

« L'une et l'autre téléphonaient elles-mêmes pour inviter leurs amis, sans passer par une secrétaire. Elles choisissaient la qualité du bristol et des enveloppes et avant que je n'envoie les invitations s'assuraient que la rédaction en était parfaite. Combien Jacqueline de Ribes ne m'en a-t-elle pas fait refaire de ces enveloppes, pour corriger un titre nobiliaire erroné ou pour rajouter "de l'Académie française", avec un *A* majuscule et un *f* minuscule, que j'avais oublié de mentionner sous le nom d'un invité académicien ? »

Jacqueline de Ribes a toujours tout décidé. Mais elle aime avoir quelqu'un à ses côtés pour échanger des idées et aller vers la perfection recherchée.

« Elle m'a appris mon métier. J'avais été à bonne école avec Alain Duchemin au Groupe de Paris et avec Georges Cravenne. Mais Jacqueline a été mon plus grand professeur. Elle m'a enseigné l'art de ne négliger aucun détail d'une soirée[1]. »

1. Entretien avec Françoise Dumas, mars 2020.

Cinquante ans de dîners : les archives sont devant moi. Une pile de feuilles volantes, soigneusement classées dans l'ordre chronologique. Certaines sont dactylographiées, d'autres de la main de Jacqueline de Ribes, assorties parfois de commentaires.

Listes d'invités – en marge, les noms de ceux ou celles qui n'ont pas pu venir ou qui se sont décommandés. « Empêchés » : cela arrive.

Plans de table – on dîne toujours placé. C'est une des clefs de la réussite d'un dîner. Il faut ménager les susceptibilités, éviter les indélicatesses, certains ne s'aiment pas. Un carton en bristol blanc à liseré or, gravé du R surmonté de la couronne comtale, indiquera l'emplacement de chacun.

Les petits dîners (jamais plus de vingt-quatre personnes) ont lieu dans la salle à manger où le service se fait soit en une seule table mais plus souvent en deux, chacune présidée par le maître et la maîtresse de maison. Pour les grands dîners (jusqu'à quarante personnes), des tables sont disposées aussi dans la serre.

Service en gants blancs, dans tous les cas. Le nombre des maîtres d'hôtel varie selon celui des invités.

Menus – ils sont notés sur une colonne à droite de la liste des invités. Ils seront calligraphiés sur bristol pour le grand jour, de la même écriture à l'encre noire que les places à table – celle d'une dame scribe habitant Versailles qui fut une des meilleures spécialistes dans ce domaine. En les parcourant, ils m'apportent le parfum des mets exquis, préparés sur place, en cuisine. Je vois défiler filets de sole en Bellevue et turbots en soufflé Amiral, poulardes demi-deuil, pintades à l'arlésienne, canards Maryland ou à l'orientale, aiguillettes de bœuf en gelée. Les desserts mériteraient un répertoire : îles flottantes, soufflés glacés, soupes de fraises, beignets d'ananas, bombes surprise (« sorbet framboise pêche avec des morceaux de pêche à l'intérieur », ainsi qu'il est indiqué sur une feuille détaillée du menu préparatoire). Il y a aussi des bombes Aïda et des bombes comtesse Marie (recette héritée de feu grand-mère Mimi).

Pour chaque dîner, la décoration florale change. Tributaire des saisons, Mme Dedeban doit chaque fois se surpasser : comme pour ce dîner où Jacqueline de Ribes a demandé qu'on reproduise en miniature un jardin à la française. Au centre de la table, des pelouses, des buis, des jets d'eaux évoquent le parc de Versailles. Sauf que le bruit de l'eau n'étant pas du meilleur effet, Jacqueline de Ribes fait finalement supprimer les fontaines. Les factures de Mme Dedeban, en francs d'autrefois, détaillent les fleurs utilisées : beaucoup de roses mais aussi du lilium candidum ou des lis Stargazer, au puissant parfum d'Orient. Ici, pas de dîners sans lis (le lys est, je le rappelle, l'emblème des Beaumont).

Jacqueline de Ribes aime donner des dîners pour fêter l'anniversaire ou les événements heureux de la vie de ses amis. C'est sa manière de leur prouver qu'elle les aime. Lorsque Georges Pompidou, qu'elle a connu par les Rothschild, devient Premier ministre du général de Gaulle en 1962, elle tient à en organiser un pour lui. Il est classé dans ses archives comme « le Dîner du Premier ministre ».

17 décembre 1964 : Consommé au sherry, aspic de langouste, cailles à la Rossini, salade julienne, île flottante. Pour les vins, du pommard 1957, du château-gruaud-larose 1953 et du lanson 1959 au dessert. Dix maîtres d'hôtel s'occupent de servir les invités, répartis entre la salle à manger et la serre.

Le vicomte de Ribes préside la table de douze personnes dans la salle à manger, Mme Pompidou à sa droite.

La vicomtesse, en robe du soir vert pâle de Nina Ricci, celle de vingt-quatre personnes dans la serre. Georges Pompidou, à sa droite.

Pour éviter l'ennui d'un dîner de têtes politiques, façon conseil des ministres, elle a réuni autour des Pompidou des amis, des proches, ainsi qu'un petit nombre de personnalités du monde des arts et des lettres. En voici les principaux invités :

Le baron et la baronne Guy de Rothschild, le baron et la baronne Élie de Rothschild – Georges Pompidou a été directeur général de la banque de la rue Laffitte de 1954 à 1958.

Le duc et la duchesse de Mouchy (née Diane de Castellane, la duchesse est la petite-fille du célèbre Boni de Castellane), le comte et la comtesse de Ganay, la princesse de Croy – grands amis des Ribes.

L'ambassadeur de France aux États-Unis, Hervé Alphand et son épouse, Nicole (ils remplacent André et Liliane Bettencourt, empêchés). Pierre Lazareff[1], le patron de presse, fondateur de *France-Soir*, et son épouse, Hélène

1. Pierre Lazareff (1907-1972) et Hélène Lazareff (1909-1988).

Lazareff, la fondatrice du magazine *Elle* (1945). Pierre Lazareff vient de dépasser le tirage du million d'exemplaires avec *Télé 7 Jours*. Hélène Lazareff, pour toute une génération qu'elle a formée au métier, est le modèle de la journaliste et de la femme moderne.

Du côté des arts, je trouve Jean-Pierre Gredy, l'auteur de *Fleur de cactus*[1], pièce co-écrite avec son complice Pierre Barillet, un triomphe aux Bouffes-Parisiens depuis le mois de septembre. Et Georges Auric[2], le compositeur du groupe des Six, auteur de nombreuses musiques de films pour Ophüls, Preminger, Clouzot. Il est alors administrateur de l'Opéra et de l'Opéra-Comique.

Du côté du cinéma, Jean-Claude Brialy. Il joue dans pas moins de neuf films en cette année 1964, dont *Comment épouser un premier ministre* de Michel Boisrond.

Et Vincente Minnelli, le réalisateur américain des *Quatre Cavaliers de l'Apocalypse* et de *Goodbye Charlie* (1964) qu'accompagne sa splendide troisième épouse (il y en aura une quatrième), une jeune mannequin serbe, Danica.

Ajouter une personnalité inclassable comme Jacques Chazot[3], danseur étoile et acteur de cinéma, auteur des *Carnets de Marie-Chantal* (1956), un mondain professionnel. Ne pas oublier d'amener des femmes d'une beauté remarquable, qui comptent parmi les grandes animatrices

1. Pièce de Pierre Barillet et Jean-Pierre Gredy, 1964.

2. Georges Auric (1899-1983), directeur de l'Opéra et de l'Opéra-Comique de 1962 à 1968.

3. Jacques Chazot (1928-1993).

de Paris : ce soir, Hélène Rochas, Nadia Kettaneh, Etheldreda Levié-Ffoulke. Et vous obtenez le tableau d'un dîner parfait, tout entier construit autour de ce grand mélange destiné à favoriser les échanges et à pimenter le dîner.

La dose de piment n'est-elle pas un peu forte ce 17 décembre 1964 ? Autour de Georges Pompidou ont en effet dîné deux convives que tout sépare, fort heureusement aussi leur place à table : l'un, à celle de la vicomtesse, est Jean Sainteny[1], un héros de la Résistance, artisan du débarquement en Normandie et Compagnon de la Libération. Georges Pompidou l'a choisi comme ministre des Anciens combattants. L'autre, à la table du vicomte, c'est Maurice Papon[2]. Futur député du Cher et futur maire de Saint-Amand-Montrond, il est loin d'avoir des ennuis avec l'ordre établi puisqu'il est alors préfet de police.

D'autres exemples de ces dîners donnés pour fêter des amis ?

Le dîner de janvier 1962, autour de Valéry Giscard d'Estaing lorsque celui-ci devient, à trente-six ans, ministre des Finances du général de Gaulle.

Celui de mars 1973, sur le thème du « Crépuscule des dieux » pour entourer Luchino Visconti, lorsque paraît son film avec Romy Schneider et Helmut Berger.

1. Jean Sainteny (1907-1978).
2. Maurice Papon (1910-2007), préfet de police de 1958 à 1966.

Dîner dit « du Premier Ministre » à l'hôtel de la Bienfaisance. 17 décembre 1964.
Jacqueline de Ribes porte une robe vert pâle de Nina Ricci.
Photographie de Jacques Verroust.

Ou celui de décembre 1997, pour fêter l'élection de Jean-Marie Rouart à l'Académie française.

Mais ils sont innombrables – tout prétexte est bon, d'un anniversaire à une remise de décoration, pour fêter un ami, une amie.

La meilleure recette d'un dîner réussi, selon Jacqueline de Ribes dont le savoir-faire vaudrait un diplôme, c'est la variété des convives. Mais une variété contrôlée, imaginée à partir des liens de chacun avec tous les autres. L'art de Jacqueline de Ribes consiste à mettre ensemble des gens qu'on n'aurait pas cru pouvoir associer, et à les faire converser. Car le but final d'un dîner réussi demeure la conversation – les Français en sont friands depuis le XVIIe siècle. Pas de grand dîner sans traits d'esprit ni sans conversation.

Jacqueline et Édouard de Ribes tiennent à préserver la parfaite intimité de leurs réceptions. Petits ou grands dîners se déroulent en circuit fermé. Toutes les précautions sont prises pour que les invités ne se retrouvent pas dans les pages de *Point de Vue-Images du Monde* ou tout autre magazine curieux de mondanités. Par souci de discrétion, il n'y a même pas de livre d'or.

Les dîners de la Bienfaisance se sont tous déroulés sans qu'aucun photographe, fût-il exclusif, y assiste. Ultra-privés, ils permettent aux amis des Ribes, dont beaucoup ont une vie publique, de se sentir complètement libres en l'absence d'observateurs professionnels.

Alors que les *scrapbooks* de Jacqueline de Ribes regorgent

de centaines de photographies, la mémoire des dîners de la Bienfaisance se résume à des listes et à des plans de table.

Je ne saurai pas quelles robes portaient Mme Georges Pompidou ou Mme Désiré Kettaneh au « Dîner du Premier ministre ».

Il y a une seule exception à cette loi du secret : « La Leçon d'élégance ». C'est le nom que *Vogue* Paris a donné au « dîner-buffet » du jeudi 22 avril 1976. Le magazine lui a consacré deux pages sous ce titre. Un titre très souvent repris. On en trouve encore aujourd'hui, en 2020, de ces « leçons d'élégance », jusque dans *Le Monde* qui publie les conseils de Carolina Herrera en 2011 ou dans *So Soir* en 2020 ceux d'Ines de La Fressange[1]. Par une exception extraordinaire, *Vogue* a été autorisé à envoyer ce soir-là son photographe – Jack Nisberg[2] – chez les Ribes.

Ancien reporter de *Newsweek* et du *New York Times*, Nisberg fut dans les dernières années de sa vie un des reporters attitrés de la jet-set en France. *Vogue* fait souvent appel à lui pour sa rubrique « L'Œil de *Vogue* », l'une des plus appréciées du magazine.

Hommage à Françoise Mohrt, sa rédactrice en chef, dont l'amitié avec la maîtresse de maison a rendu possible ce véritable *scoop*.

Sur une pleine page, resplendit une Jacqueline de Ribes en robe du soir. Sur l'autre page, en vis-à-vis, un

1. Septembre 2011 pour Carolina Herrera (*Le Monde*) et février 2020 pour Ines de La Fressange (*So Soir*).

2. Jack Nisberg (1922-1980).

échantillonnage des trois cent cinquante invités. Édouard de Ribes y apparaît aussi, ce qui est plutôt rare, il est connu pour fuir les photographes qui assaillent son épouse.

« C'est en robe de fin plissé blanc de Christian Dior que la vicomtesse E. de Ribes ouvrait la saison de Paris, ayant su réunir chez elle en un savant mélange des hommes politiques, des jolies femmes, des représentants du corps diplomatique et de belles étrangères. De Marie Bell à M. Olivier Stirn, en passant par Arthur Conte et Me Maurice Rheims, de l'Académie française. »

J'en ai la liste sous les yeux. Trois cent cinquante invités. Pas moins de huit ambassadeurs y figurent (de Grande-Bretagne, Suisse, Italie, Espagne, Pays-Bas, Sénégal, Malaisie, Mexique), tous précédés sur les listes de la mention S.E. (Son Excellence).

« Son Excellence l'ambassadeur du Mexique, monsieur Carlos Fuentes », annonce l'aboyeur aux hôtes de la maison. L'écrivain est accompagné de son épouse l'ambassadrice, ainsi qu'on nomme encore à cette époque l'épouse de l'ambassadeur.

Trois ambassadeurs de France ajoutent encore du lustre au tableau : Jean-François Deniau en poste à Madrid, Jean-Marie Mérillon à Athènes, et Jean-Pierre Brunet à Tokyo. Ce qui monte à onze le nombre d'Excellences.

Naturellement, on trouve dans l'assemblée des comtes et des barons à ne pouvoir les compter, des marquis et des marquises – dont Emilio Pucci, avec son épouse. Parmi quelques ducs et duchesses, la duchesse d'Albe, qui a une maison à Ibiza. Je relève plusieurs princes, dont l'Aga

Khan avec la Bégum mais aussi, précédés de leurs titres de civilité abrégés[1], S.A.R. la princesse Marie-Gabrielle de Savoie (grand amour du roi Juan Carlos d'Espagne), LL. AA.SS. la princesse Yolande et la princesse Diane de Croy, LL.AA.SS. le prince et la princesse Sanguszko (l'une des grandes familles princières de Pologne – leur fameux ancêtre, le prince Roman dont Joseph Conrad a écrit le roman[2], est un des héros de l'indépendance), LL.AA. le prince et la princesse de Ligne ou – liste non exhaustive – LL.AA.II. le prince et la princesse Napoléon.

Quelques barons du gaullisme : Roger Frey, ancien ministre de l'Intérieur du général de Gaulle, président du Conseil constitutionnel, Olivier Guichard, maire de La Baule et futur garde des Sceaux, Jacques Baumel, grand résistant, ami de Romain Gary, côtoient le député du Cher, élu sous l'étiquette UDR (Union des Démocrates pour la République), un nouvel affilié au gaullisme… Maurice Papon. Il n'est plus préfet de police.

Deux académiciens, nouvellement élus, Jean d'Ormesson (en 1973) et Maurice Rheims (en 1976), dialoguent avec un futur confrère, qui forme avec eux un trio d'amis soudés, Michel Mohrt[3]. Allure de colonel de l'armée des Indes, l'écrivain à moustaches de *L'Air du large* et de *Deux Indiennes à Paris* (1974) accompagne son épouse Françoise, la rédactrice en chef de *Vogue*

1. S.A.R. Son Altesse Royale, LL.AA.SS. Leurs Altesses Sérénissimes, LL.AA.II. Leurs Altesses Impériales.
2. Joseph Conrad, *Prince Roman* (1910).
3. Michel Mohrt (1914-2011).

Paris, très en vue ce soir. Tandis que Michel Mohrt est clairement à l'affût des jolies silhouettes féminines qui passent, Maurice Rheims regarde avec gourmandise le tableau de Mme Vigée-Lebrun, l'horloge de Marie-Antoinette et les tulipières bleu de Delft.

Près d'eux, le tout jeune Gonzague Saint Bris, prince des dandys romantiques et pionnier des radios libres, fait déjà office de futur candidat à l'Académie française, où hélas il n'entrera jamais.

L'éditorialiste Claude Imbert, l'un des fondateurs du magazine *Le Point* (1972), bavarde avec Jacques Chazot. Maria Callas avec Liliane Bettencourt. Le professeur Beaulieu, de l'Académie des sciences, spécialiste des hormones stéroïdes, avec le banquier Michel David-Weill et son épouse, Hélène.

Le journalisme, la mondanité, l'opéra, la fortune, la science, l'académie, la banque : tous ces mondes dialoguent en buvant du vin de Champagne, sous le toit de la Bienfaisance.

« Quand j'ai connu ma femme, raconte Édouard de Ribes, elle n'avait que deux robes. Maintenant elle en a deux cents ! »

Le vrai chiffre, qu'il ignore ou qu'il sous-estime – et elle se garde bien de le lui préciser –, approche plutôt les six cents.

À ces dîners de la Bienfaisance, chacune des entrées de Jacqueline de Ribes est en soi un spectacle. Les invités perçoivent le privilège de pouvoir y assister. Elle porte des tenues qui frappent l'œil. De même qu'à table elle mélange les genres, elle peut mixer un pantalon Armani, une veste Dior, une des blouses en satin de sa propre confection (J.R.), et toutes ces pièces disparates, certaines des années 1960, d'autres des années 1980, constituent un ensemble à nul autre pareil. Elle ose les superpositions les plus insolites, comme par exemple du Yves Saint Laurent Haute Couture avec du Zara – le champion du prêt-à-porter bon marché –, ce qu'aucune de ses amies n'oserait jamais. Pour les bijoux, c'est la même chose : le même soir, elle arbore une broche ancienne de la famille Ribes, de récentes boucles d'oreilles Bulgari et un gros bracelet exotique dessiné par Kirat, orné de pierres semi-précieuses importées d'Inde ou de Thaïlande – le jeune mannequin d'Yves Saint Laurent, devenue une amie, inaugure une carrière de femme d'affaires et de goût.

En robe longue et noire de Ralph Lauren – le couturier américain, lui aussi un ami de toujours, ne manque pas de venir dîner chez elle quand il est à Paris, avec son épouse, Ricky –, Jacqueline de Ribes traverse les salons, majestueuse, de sa démarche de cygne. Elle va d'un invité à l'autre, un mot ici, un mot là, pour s'assurer que la soirée s'anime.

Dans les cartons d'archives, les mots de remerciement forment un océan. J'en ressors quelques étoiles de mer. La carte de Louise de Vilmorin, à en-tête de sa maison de Verrières : elle dessine un trèfle à quatre feuilles et signe « ton amie fidèle, Louise ».

François Nourissier écrit sur un papier à lettres à en-tête de l'Académie Goncourt, Edmonde Charles-Roux sur celui de *Vogue*, 4 place du Palais-Bourbon. Sophia Loren de la Villa Ponti, à Rome, rédige sa carte en italien. L'actrice compare un dîner chez les Ribes à un « *piccolo paradiso terrestre* ».

Nancy Reagan envoie son affection, en anglais, depuis la Maison-Blanche gravée sur du papier bleu.

Maurice Druon rédige ses remerciements à la plume d'oie.

J'aime beaucoup les cartes de Claude Pompidou, sans fioritures. Jacqueline de Ribes continue d'inviter cette amie de longue date. En 2007, trente ans après la mort du président, elle convie à dîner quelques intimes (une vingtaine de personnes quand même) et choisit, sans leur en faire part, la date de la Saint-Georges. Claude Pompidou en est touchée et se dit « heureuse de retrouver les amis de toujours ».

Je retiens ces jolis mots :

« C'est vraiment très gentil d'avoir organisé ce dîner autour de moi. L'amitié est la chose la plus importante de la vie, bien plus que l'amour qui passe. »

Jean d'Ormesson et son épouse Françoise sont souvent invités. Bien qu'ils soient aussi liés à la mère qu'à la fille, ce qui est un phénomène rare parmi leurs amis, ils ont d'excellentes relations avec elles deux. Le père de Françoise d'Ormesson, Ferdinand Béghin[1], a racheté à Paule de Beaumont une part de sa propriété, dont le château de Fornali, au cap Corse, de sorte qu'on voisine tous les étés

1. Ferdinand Béghin (1902-1994).

en famille dans ce coin de paradis. C'est un Écossais, débarqué au début du siècle avec sa meute de chiens et ses chevaux, dans cette région aux confins du désert des Agriates, qui a construit le château : un castel écossais, en granit gris, qui surplombe les eaux cristallines de la baie de Saint-Florent.

Une note d'humour de Jean d'Ormesson, au sortir d'un dîner rue de la Bienfaisance :

Ma chère Jacqueline,

Rien ne m'ennuie, je l'avoue, comme les dîners – sauf les tiens.

Merci pour les instants si agréables passés chez toi hier soir. Tout était délicieux comme toujours – I don't mean only food, but company.

Il ne manquait qu'un cardinal pour donner une image prodigieusement romanesque de notre société contemporaine. Et même sans barrette, la fête était merveilleusement réussie.

Partage ma gratitude et mon affection avec Édouard,

Je t'embrasse,

Jean

La douzaine de dîners que je passai en tête à tête avec Jacqueline de Ribes, car elle avait décidé que le soir était le meilleur moment pour me livrer ses souvenirs, ne bénéficiaient à l'opposé d'aucun apparat. Aucun n'a pris place à la Bienfaisance – elle désertait depuis longtemps sa maison de famille. Je la retrouvais tantôt dans une suite de son palace parisien préféré, tantôt dans un appartement donnant sur le parc Monceau – à Paris, elle restait fidèle au 8e arrondissement. Seule concession au rituel si solennel des dîners d'autrefois : pour nous deux, le service en gants blancs.

La table était toujours joliment mise, l'argenterie ancienne et monogrammée. Mais nous buvions de l'eau minérale et le menu était d'une sobriété monacale : potage, filet de poisson – brocolis (ou carottes), sorbet. Ni pain, ni vin. Une discipline alimentaire tibétaine qui était devenue au fil des ans celle de la maîtresse de maison ne semblait tolérer aucune exception. J'avoue que je trouvais le régime sévère, surtout à l'heure tardive où se déroulaient nos rencontres, de dix heures à minuit, parfois au-delà.

L'exceptionnel, pour lequel Jacqueline de Ribes manifeste un goût si prononcé, fit cependant son apparition un soir sous la forme d'une petite boîte bleue de chez Petrossian, le célèbre fournisseur de caviar. Cette boîte lui fut apportée à la place de l'habituel filet de poisson, avec quelques pommes de terre à la vapeur. 50 grammes, 100 grammes ? Elle a dégusté les grains jusqu'au dernier à la cuillère, tandis que la daurade me paraissait bien triste dans mon assiette.

Au dessert elle fit ce commentaire : pour pallier ses multiples carences, le médecin lui prescrivait une alimentation riche en fer et en potassium. Or, le caviar en contient à profusion. C'était pour elle un médicament – plus efficace à l'en croire que l'huile de foie de morue.

23

Une cascade de malheurs

« J'ai toujours pensé que j'étais aussi solide que la tour Eiffel. »

Une appendicite opérée à chaud, suivie d'un port de drain, à l'âge de deux ans, une jaunisse carabinée à douze, des angines et des bronchites à répétition, des complications hépatiques ou intestinales, deux zonas… Jacqueline de Ribes a beau souffrir depuis l'enfance de toutes sortes de maux dont certains chroniques, d'autres mal diagnostiqués, elle a conduit sa vie avec une volonté d'acier. Elle pouvait dompter son corps, lui ordonner après chaque épreuve de se relever et de marcher droit. Sportive, persuadée que l'exercice physique est le meilleur des remèdes, elle a pratiqué le ski, la danse, la natation avec bonheur. Ses performances éblouissaient ses amis. Quant à son tonus, hors normes, il est probable qu'elle en a hérité de ses ancêtres en même temps que le nom. Son grand-père maternel, son père et sa mère furent eux aussi des fanatiques du mouvement et de l'exercice.

Vers le milieu des années 1980 cependant – quand elle passe cinquante-cinq ans –, le sort se venge sur elle de trop d'années en grande forme. La couture est un dur métier, Saint Laurent l'avait mise en garde. Un emploi du temps surchargé, des voyages incessants, d'innombrables soucis pour gérer son entreprise viennent à bout de son énergie. Elle reconnaît déjà en 1984 être « exténuée et noyée d'angoisses ».

« Le navire que je pilote peut-être un peu trop seule est très lourd et les récifs innombrables », écrit-elle à Yves Saint Laurent[1].

L'un de ces récifs est la gestion financière de sa maison de couture. Le comte de Ribes s'inquiète de voir les sorties d'argent dépasser les rentrées. Les tissus d'Italie, les boutons Swarovski, la soie des doublures – un luxe qu'elle juge essentiel –, les bijoux fabriqués par Gripoix, sans parler des ouvrières à domicile, de la secrétaire, des quatre personnes qui travaillent à New York, des trois à Tokyo, à quoi s'ajoutent le coût des défilés, les voyages promotionnels, tout cela coûte cher. Il serre le budget. « Se procurer des épingles et des épaulettes était devenu un problème » : comment maintenir une image de grand luxe sans en avoir les moyens ?

Les Japonais, qui ont pris un tiers de la maison de couture, manifestent des exigences auxquelles neuf fois sur dix elle refuse de se soumettre. Elle doit sans cesse négocier avec eux, ce qui lui prend un temps précieux, volé à son travail de création. La pression est telle qu'elle ne dort plus.

1. Lettre à Yves Saint Laurent, 1er janvier 1984, archives de la Bienfaisance.

Elle se querelle avec les Japonais jusque dans ses cauchemars.

Assurée pour cinq millions de dollars, elle sait que tout repose sur ses épaules. Si elle tombe malade et ne peut assurer sa collection deux saisons de suite, ils sont en droit de casser le contrat. Et de lui demander des dommages et intérêts, dont le montant exorbitant est une des causes de ses nuits blanches.

« Mon mari m'a laissée tomber. Il ne voulait plus soutenir la maison de couture. »

Elle cherche des financements, en parle à des amis. Oscar de la Renta croit lui avoir trouvé la solution :

« Le président de J.P. Morgan veut te voir ! »

Oscar de la Renta ne lui propose pas moins que de consulter le plus grand spécialiste de la politique monétaire intérieure américaine, l'économiste des économistes, le maestro de la finance en personne : Alan Greenspan ! Membre du conseil d'administration de J.P. Morgan, il sera bientôt le treizième président de la Réserve fédérale[1], la banque centrale américaine (FED). Elle a trouvé l'expert qu'il lui fallait. Ce républicain libertarien ainsi qu'il se définit, farouche partisan du « moins d'État », a fait partie de l'équipe de campagne de Ronald Reagan, lors des deux candidatures de celui-ci à la présidence des États-Unis en 1981 et en 1984. Oscar de la Renta a eu une bonne intuition en mettant en relation ces deux amis qui lui sont chers, ils vont avoir quelques sujets de conversation en perspective : New York où Greenspan est né et a toujours

1. De 1987 à 2006.

vécu, les Reagan que Jacqueline de Ribes connaît personnellement depuis l'époque où Reagan était gouverneur de Californie, enfin, et c'est l'objet même de leur rencontre arrangée, les problèmes financiers. Alan Greenspan n'a-t-il pas consacré sa thèse de doctorat en sciences économiques aux « Habitudes des ménages américains en termes de dépense et d'épargne » (*Habits of american households in terms of spending and saving*) ?

Ils déjeunent ensemble au Claridge, à Londres. Une des tables préférées de Paul Morand, de Winston Churchill, de Barbara Cartland. « Il était très beau, très charmant, tout le monde autour de nous croyait que nous avions une *love affair.* »

Lui a-t-elle raconté comment dans ce même hôtel, elle a été saucissonnée en 1970 ? Des cambrioleurs l'ont prise en otage dans sa chambre et lui ont volé les bijoux prêtés par Gérard[1], le joaillier du 8 avenue Montaigne, à l'occasion d'un Charity Ball londonien. La seule et unique fois de sa vie où on lui a prêté des bijoux.

De fait, après le déjeuner au Claridge Jacqueline de Ribes obtient un prêt de la prestigieuse banque américaine. Ce qui lui permet de respirer quelques mois. Un de ses amis : « Comment vous êtes-vous débrouillée pour être financée par la Morgan, la banque des veuves et des orphelins ? »

Trouver de l'argent devient une obsession majeure. Elle se met à fréquenter les financiers qu'on lui présente dans

1. Louis Gérard (1926-2006), ancien maître joaillier de Van Cleef et Arpels, a créé sa ligne de joaillerie et ouvert sa propre boutique en 1968.

l'unique but de sauver son entreprise. Tous n'ont pas l'envergure d'Alan Greenspan. Certains ont surtout du charme à revendre.

David Gamrasni, qu'elle a rencontré dans les années 1970, à un dîner de Noël chez la princesse Ghislaine de Polignac[1], est un homme d'affaires polyvalent. Il a notamment mis sur le marché international le Velcro – une matière révolutionnaire d'attaches auto-agrippantes. Inventé par un ingénieur suisse et nommé par apocope des mots « *vel*-ours » et « *cro*-chets », le Velcro s'inspire de la fleur de bardane, dont les pétales collent aux pantalons et aux bas quand on se promène dans la campagne… David Gamrasni n'a rien de bucolique. Ce businessman au physique de play-boy italien, d'origine juive tunisienne, est extrêmement mondain. À l'affût des *rich and famous*, les paparazzi le photographient avec Jacqueline de Ribes, lors d'un déjeuner sur la terrasse du Fairmont Hotel à La Nouvelle-Orléans[2]. C'est le lendemain du bal des Petits Lits blancs – un gala de bienfaisance que Jacqueline de Ribes manque rarement. Pour le trentième anniversaire de l'association, elle n'a pas hésité à faire le voyage. Gamrasni l'a-t-il accompagnée à La Nouvelle-Orléans ou s'y sont-ils retrouvés parmi les mille cinq cents invités du bal, rendez-vous caritatif de la jet-set internationale ?

1. Ghislaine de Polignac (1918-2011). Épouse divorcée du prince Edmond de Polignac, elle a dirigé un des premiers « bureaux de style » dans les années 1950. Recrutée comme « styliste » par Max Heilbronn et Raoul Meyer pour les Galeries Lafayette, cette *socialite* de premier rang fut une très grande amie des Windsor et d'Alexis de Redé, notamment.

2. *The New York Times*, 23 mai 1976.

À partir de 1986 ou 1987, David Gamrasni devient conseiller financier, puis « manager », en bref directeur de la maison de couture. Il a abandonné le Velcro. Parallèlement, il monte une affaire de ventes d'imprimantes et de photocopieuses couleur.

Sa collaboration est « un désastre ».

« Cela a très mal tourné », me dit Jacqueline de Ribes.

Je n'avais pas l'air de comprendre…

Elle précise, agacée : « Désastre pour mon business et désastre sentimental. »

Après le départ, d'ailleurs fortement encouragé par Édouard de Ribes, du manager, la chef d'entreprise appelle auprès d'elle une femme d'affaires espagnole que Gamrasni a eu la bonne idée de lui présenter, la marquise Cristina de Buniel.

Autre recommandation de Gamrasni, dont le bilan n'est donc pas entièrement négatif puisqu'il aura introduit auprès d'elle deux personnes qui se révéleront d'excellentes collaboratrices, elle a pris contact à New York avec Jody Donohue[1], une spécialiste des relations publiques. Mrs Donohue devient une indispensable conseillère et de surcroît une amie. Elle le restera pendant trente ans, de 1988 à sa mort.

Jacqueline de Ribes a les larmes aux yeux quand elle évoque Mrs Donohue, ce qui est assez rare durant nos rencontres. Elle évite d'ordinaire toute sentimentalité.

1. Jody Donohue (?-2017) a gardé secrète sa date de naissance. Son livre s'intitule *Your Career in Public Relations*, J. Messner, 1967.

« Jody était tellement intelligente, tellement fine et subtile. Ses conseils étaient toujours bons. »

Cette femme née dans le Wisconsin et qui aurait pu rester un pur produit du Middle-West a fait une très belle carrière à New York, au point de devenir un modèle pour les jeunes femmes qui voudraient ancrer leur vie professionnelle dans les relations publiques. Elle a d'ailleurs écrit un livre assez technique sur ce sujet.

Jacqueline de Ribes la considère comme sa « maman américaine » (*my american mama*).

Quand Mrs Donohue appelle des États-Unis, elle s'annonce toujours de la même manière : « *Hello ! This is your american mama !* »

Les conseils de cette super-conseillère ne sont pas de trop pour soutenir Jacqueline de Ribes dans ces années 1990 qu'elle s'apprête à traverser, tumultueuses dans tous les domaines. Car un malheur n'arrive jamais seul – tout se détraque à la fois.

Giancarlo Parretti n'est pas précisément le style d'homme qu'elle a l'habitude de fréquenter. Rondouillard, hâbleur, baratineur, pratiquant auprès des femmes une drague des plus primaires – « mon seul sport, c'est l'amour », a-t-il déclaré à un journaliste –, *il leone di Orvieto* (le lion d'Orvieto) ainsi que le surnomment ses compatriotes italiens est un *self-made-man* plus souvent décrit dans la presse comme un aventurier sans scrupules mais dont la réussite en impose tant ce lion a franchi d'obstacles : valet et garçon de café dans sa jeunesse, devenu propriétaire d'hôtels à Syracuse (dont la Villa Politi, vestige d'art Liberty), puis de plusieurs journaux en Sicile, en Ombrie et à Naples, il s'est lancé dans la production de films à Hollywood. Sa biographie est cependant assombrie de quelques épisodes qui évoquent irrésistiblement le film de Fritz Lang *Haute Pègre*. Soupçonné par la presse d'alliances avec la mafia et d'avoir été impliqué dans le krach de la banque du Vatican, Parretti, condamné pour banqueroute frauduleuse en Italie, se défend d'avoir jamais « raté une affaire pour défaut de financement[1] ».

Dès qu'il fait la connaissance de Jacqueline de Ribes, ce redoutable prédateur prend la mesure de sa fortune. Alléché par l'empire Rivaud, sur lequel le soleil ne se couche jamais selon la formule du patriarche, il tente d'y pénétrer par la brèche que lui ouvre le plus petit et vulnérable de ses biens, la maison de couture de la rue de la Bienfaisance.

Propriétaire depuis peu de la société américaine Cannon, Giancarlo Parretti convoite en 1988 une autre société de production et de distribution de films, française celle-là, Pathé Cinéma. Or, le groupe Rivaud, par l'entremise de quatre sociétés, en est actionnaire majoritaire depuis 1966 (à 52 %). « Parretti s'est porté acquéreur d'une participation significative dans le groupe Rivaud (sociétés Socfin et Socfinal) en échange d'un contrôle renforcé sur Pathé Cinéma », résume un spécialiste financier[2].

1. *L'Humanité*, 19 juin 1990.

2. Olivier Pastré, *Les Nouveaux Piliers de la finance*, La Découverte, 1992.

L'opération de rachat de la firme à l'emblématique Coq gaulois sera cependant cassée par un veto du ministre de l'Économie et des Finances d'alors, Pierre Bérégovoy. Et c'est finalement Jérôme Seydoux, à la tête de Chargeurs SA (transports et textile), qui, en 1991, rachètera les parts du groupe Rivaud et de Parretti pour diriger Pathé.

En 1989, Giancarlo Parretti associé à Max Théret, dont la réputation financière n'est pas plus apte que la sienne à tranquilliser un bon père de famille, poursuit son rêve de mégalomane : il veut cette fois acheter à Kirk Kerkorian, son propriétaire, la Metro-Goldwyn-Mayer – la fameuse société de films américaine dont le lion rugissant ne l'effraie pas. Il obtient dans ce but un financement colossal, proche du milliard de dollars, d'une filiale néerlandaise du Crédit Lyonnais. Tempête dans les mondes de la finance et du cinéma, nouveau scandale Parretti.

Pour financer son opération sur la MGM, il liquide ses actifs disponibles. Le 24 septembre 1990, il cède les actions qu'il détient dans le groupe Rivaud à un jeune entrepreneur, entré dans le capital du groupe deux ans plus tôt, Vincent Bolloré… Une saga à suivre.

Que pèse la petite maison de couture de Jacqueline de Ribes en comparaison de ces mastodontes, Cannon et la Metro-Goldwyn-Mayer, dont les mouvements ont éveillé la suspicion du FBI et de la SEC, la police boursière américaine ? Parretti fait l'objet d'un mandat d'arrêt international de la part des États-Unis pour « abus de biens sociaux, faux et usages de faux, escroquerie et contrefaçon ». Il sera finalement arrêté et condamné à plusieurs années de prison.

Le comte Jean de Beaumont, toujours aux commandes du groupe Rivaud à quatre-vingt-quatre ans, et son gendre Édouard de Ribes ont vu s'éloigner à temps un partenaire qui devenait dangereux et auquel ils intenteront un procès pour non-paiement de leurs cessions de parts. Mais Parretti a de fait introduit au sein du groupe un jeune loup, dont l'intelligence et l'ambition sont beaucoup plus subtiles et d'autant plus redoutables.

La banque Rivaud, à la fin des années 1980, éveille l'appétit d'un concurrent, la banque Duménil-Leblé, dont le directeur général, Jacques Letertre, tente sur elle une OPA hostile avec l'appui de la banque Stern et de son président d'alors, Jean Peyrelevade. Combat d'hommes dans l'univers des squales de la finance. « Le comte de Beaumont et son gendre ont utilisé habilement les ressources du droit et leurs relations d'affaires pour éviter cette prise de contrôle », résume Olivier Pastré[1]. Leurs relations d'affaires ? Ce sont en clair Ambroise Roux, influent président de la toute-puissante Compagnie générale d'Électricité, Édouard Balladur, alors ministre de l'Économie et des Finances du gouvernement de Jacques Chirac, et Michel David-Weill, chef de la banque Lazard, tous trois amis personnels des Ribes, venus à la rescousse.

« La banque, me dit Jacqueline de Ribes, il faut que vous compreniez que ce n'est que la queue de la comète… »

Autrement dit, une infime partie du groupe, avec ses cent vingt-sept holdings répartis entre l'Europe, l'Afrique et l'Extrême-Orient. Terres rouges, caoutchoucs de

1. *Ibid.*

Padang, mines de Kali, des dizaines de milliers d'hectares de plantations de café, d'hévéas, de bananes. Mais aussi des participations industrielles dans des secteurs variés (Elitair, Air Liberté, Poliet, Intertechniques, IER...). À quoi s'ajoute un portefeuille immobilier considérable. Tout cela, difficile à chiffrer selon les spécialistes, est estimé (en 1996) à une quinzaine de milliards de francs.

Montage complexe. Entrelacs de techniques industrielles et boursières. La maison de couture de Jacqueline de Ribes est un frêle esquif sur une mer où ne naviguent que de gros bâtiments : ses difficultés financières, son coût devenu exorbitant inquiètent son père et son époux, les incitent non seulement à vouloir serrer les dépenses, mais à mettre un terme à son activité. Ils ont d'autres soucis tellement plus graves.

Elle espère encore en un sauveur providentiel. Elle croit un temps l'avoir trouvé dans un personnage sorti tout droit d'un roman de Frederick Forsyth, un play-boy d'origine libanaise, décoré de la Légion d'honneur en 1988 pour avoir aidé à la libération des otages au Liban, et que la presse surnomme « le vizir des plaisirs » : Samir Traboulsi[1].

Il a quelques démêlés lui aussi avec la Justice. Ses fréquentations à hauts risques lui ont même valu d'être victime d'un attentat à main armée en pleine rue à Paris.

1. William Assayag et G.E. Hourant, *Le Journal du dimanche*, 29 janvier 1989.

Jacqueline de Ribes, un temps sous le charme, s'éloigne assez vite de sa sphère d'influence.

De cette fin des années 1980 datent pour elle les premiers signes d'une sévère détérioration physique. Sa beauté, son allure n'en sont pas affectées. Elle continue de rayonner à l'international, en ambassadrice de l'élégance française. Son image est toujours aussi parfaite, sur les photos de Francesco Scavullo à New York, de Serge Lido à Paris. En 1991, à soixante-deux ans, photographiée par Jean Pigozzi au palais Volpi, elle soutient fièrement la comparaison avec la jeunesse radieuse de Carla Bruni. Les reportages saluent son rôle dans ce monde exigeant où les plus belles figures ne font souvent que passer. Elle maintient la flamme d'une élégance éternelle, pour reprendre les termes souvent employés à son égard. Cet éclat, cette allure semblent inaliénables. En avril 1992, un long article du magazine américain *Quest*, « Society and Culture in New York, the Hamptons, Greenwich and Palm Beach », salue en elle « *a woman of substance* » – une femme de qualité, qui a de la substance, de l'étoffe, de l'abattage. Le journaliste, Frederick Eberstadt, écrit : « *Although she might be a stunning show girl impersonating a countess, just the opposite is true. She is a French aristocrat who, when it amuses her, seems almost to impersonate a show girl.* » (« Bien qu'elle ait l'air d'être une étourdissante showgirl, tenant le rôle d'une comtesse, c'est le contraire qui est vrai. Elle est une véritable aristocrate qui, quand cela l'amuse, tient le rôle d'une showgirl – une meneuse de revues. »)

La *stunning* apparence de Jacqueline de Ribes, pour reprendre le mot qu'elle inspire à Frederick Eberstadt, ce permanent et « étourdissant » éclat sont trompeurs. Son corps se ressent du poids de ses soucis familiaux et professionnels. « Je commence à me délabrer », me dit-elle en songeant à cette époque où son confort de vie, ses privilèges de fortune et de santé sont ébranlés.

Elle est au bout de la résistance physique et nerveuse. Des crises de panique, conséquence du surmenage, l'amènent dès 1988 – les années Parretti – à se soigner par antidépresseurs et tranquillisants. Elle cache ses malaises. Seule sa famille en est témoin.

« Je suis une actrice. Quand je pleure, c'est en coulisses. »

Surviennent migraines, sinusites chroniques et douleurs de dos. À la limite du supportable. Comme aucun médicament n'en vient à bout, elle consulte une homéopathe qu'on lui a vivement recommandée, à Lausanne.

En 1991, à la suite d'un bain de mer à Ibiza, elle contracte une pseudopolyarthrite rhizomélique (PPR), douloureuse, invalidante, et vit pendant trois ans sous cortisone.

Désespérée de souffrir, elle suit l'avis d'une amie qui l'envoie consulter des guérisseurs… aux Philippines. Très intéressés par son cas et pour mieux la soigner, ils veulent qu'elle reste auprès d'eux… trois ans. Le chiffre trois semble représenter un cycle, dans les maladies de Jacqueline de Ribes.

J'ai le dossier médical sous les yeux. Il forme à lui seul un livre, aux termes ésotériques. Le roman vrai de ses maladies véritables.

Les antalgiques ne calment plus ses douleurs dorsales. Diagnostic : une hernie discale qu'on l'incite vivement à faire opérer. Elle risquerait sinon la paralysie du bas du corps.

Le professeur Georges procède en 1993 à une hémilaminectomie de la vertèbre L4, qui l'oblige à rester hospitalisée trois mois, en position couchée, à l'hôpital du Val-de-Grâce – « Je suis entrée dans une ambiance de douleurs militaires. »

Elle passe ensuite neuf mois, toujours immobilisée sur le dos, à l'hôpital américain. Elle prend des doses élevées de cortisone et du célestène par injections péridurales pendant trois ans. Cette opération chirurgicale lui a valu en outre, le soir de Noël 1994, une double embolie pulmonaire. « On avait oublié de me donner les anticoagulants. »

Bilan : elle doit réapprendre à marcher. Les notes des infirmières sur son carnet de santé sont éloquentes, au bout de ce séjour d'un an à l'hôpital. « Debout, ce jour 4 minutes. Assise, 6 minutes. »

« Madame la comtesse, aujourd'hui a fait dix pas... », puis douze pas..., puis vingt...

Le résultat de ce marathon médical ne se fait pas attendre. Les Japonais, dans la mesure où Jacqueline de Ribes ne peut plus assumer les collections, brisent leur contrat. Un procès coûteux s'engage.

La maison de couture ferme en 1995. La société est dissoute, après douze ans d'existence.

Tout n'est pas malheur. En 1987, quand elle peut encore marcher et danser avec le sourire, une rencontre tout à fait imprévue et heureuse va baigner de soleil les vingt années suivantes.

Elle est invitée au bal des Fées, l'un des derniers bals des Rothschild, à l'hôtel Lambert. Donné pour les dix-huit ans de leur nièce Vanessa van Zuylen, il est dans la tradition des grands bals d'autrefois. Note mélancolique : il marque aussi la dernière sortie officielle d'Yves Saint Laurent.

Le comte de Ribes ne pouvant accompagner son épouse, plutôt que de venir seule, elle a voulu se décommander. Marie-Hélène de Rothschild, elle-même très malade mais qui ne peut envisager une fête sans la présence de « Jacqueline », lui envoie un jeune et charmant ami, pour lui tenir lieu d'escorte. Il porte un nom qui n'a pas l'heur de plaire rue de la Bienfaisance mais qui est carrément honni chez les Rothschild depuis la nationalisation de la banque familiale en 1982 – celui du président de la République, le premier président socialiste, dont il est l'un des neveux. Jean-Gabriel Mitterrand.

« Elle était sublime, me dit-il. Si grande, si mince, si élégante… »

Elle porte ce soir-là le diadème des Ribes, assorti d'une aigrette du XVIIIe siècle.

Pour entrer à l'hôtel Lambert, il faut attendre son tour. Un long défilé conduit à la galerie d'Hercule, où se tient le bal. Les invités n'y accèdent qu'après avoir traversé à tour de rôle un miroir, comme Alice au pays des merveilles. Tandis qu'ils attendent, chacun bavarde et tout à coup quelqu'un lance, sur un ton inquisiteur :

« Il paraît qu'il y a ici ce soir un Mitterrand... »

Autant dire un ennemi du grand capital, un pourfendeur de la richesse et des privilèges. L'accusation prend toute sa saveur ce soir, dans le cadre Ancien Régime de l'hôtel Lambert.

Jean-Gabriel Mitterrand se garde bien de se signaler. Et Jacqueline de Ribes sourit devant l'imprévu de la situation.

Né en 1940, fils de Robert Mitterrand [1], le frère aîné du président, ce compagnon qu'elle n'attendait pas est lui-même l'aîné d'une fratrie de trois. Avec sa haute et mince silhouette, ses yeux clairs, il tient son rôle d'escort avec une agréable nonchalance et l'air d'être ailleurs. D'un tempérament réservé, d'une douceur de manières qui le rendent étranger au cercle politique, il n'aime ni les conflits ni les discussions trop vives. C'est un homme d'alliances, de paix.

« Dès que je l'ai rencontré, j'ai pu écrire correctement le nom de Mitterrand », déclare Jacqueline de Ribes.

Très proche de ses deux frères, Olivier et Frédéric, divorcé, père de trois enfants, Jean-Gabriel Mitterrand a une élégance de gentilhomme du début du siècle et pourtant un goût très prononcé pour la modernité. Après un bref passage dans le groupe L'Oréal, il a décidé de se consacrer à sa passion – l'art contemporain. Lorsqu'il rencontre Jacqueline de Ribes, il est encore, depuis 1977, directeur

1. Robert Mitterrand (1915-2002).

des œuvres d'art à la galerie Artcurial. Mais il s'apprête à ouvrir sa propre galerie.

Elle sera dédiée à la sculpture, celui de tous les arts qu'il préfère et dont il souhaite faire sa spécialité. Dès l'année suivante, en 1988, JGM Galerie s'établit rue Jacques-Callot, dans le quartier de Saint-Germain-des-Prés, où Jean-Gabriel Mitterrand aime vivre et dont il ne s'éloigne jamais longtemps. S'il n'a pas voulu prendre l'intégralité de son nom pour enseigne de sa galerie, c'est autant par discrétion que pour ne pas gêner par quelque action que ce soit son oncle président. JGM… il sera marchand d'art pendant vingt-six ans sous ses seules initiales, jusqu'à ce qu'il trouve enfin justifié d'exercer son métier dans la pleine lumière de son patronyme. La Galerie Mitterrand[1] n'existe à proprement parler que depuis 2014.

Les artistes qu'il va promouvoir, Niki de Saint Phalle, Jean Tinguely, Claude et François-Xavier Lalanne, Agustín Cárdenas, Vassilakis Takis, entretiennent avec lui des rapports affectueux, quasi familiaux.

Jacqueline de Ribes : « Grâce à lui, j'en suis presque arrivée à aimer l'art contemporain ! Vous pouvez juger vous-même de son pouvoir. »

Elle a pourtant été la première à rencontrer les Lalanne, à l'époque où ils faisaient les vitrines de Dior, avenue Montaigne, avec le jeune assistant de Christian Dior, Yves Saint Laurent. Elle a fait appel à eux bien avant qu'ils ne

1. JGM Galerie a déménagé en 2003 dans le Marais, au 79 rue du Temple, où se trouve aujourd'hui la Galerie Mitterrand.

soient célèbres pour le décor d'un gala exceptionnel à l'Opéra de Paris, en 1958 – Maria Callas chantait *Norma*.

Jean-Gabriel Mitterrand lui fait découvrir leurs sculptures et l'emmène visiter leur atelier, dans une petite rue en impasse du 15e arrondissement, en face de l'hôpital Laennec. Une rue entièrement bordée d'ateliers d'artistes. Celui des Lalanne à leurs débuts, avant de déménager à Ury, près de Fontainebleau, était voisin de celui de Brancusi.

« Me croirez-vous ? Quand j'allais voir les Lalanne impasse Ronsin, je ne suis jamais allée à côté, dans l'atelier de Brancusi ! »

Elle n'est pas tentée par l'art contemporain. Avec le comte de Ribes, ils ont acquis deux immenses toiles de Hubert Robert (1733-1808) – le peintre des ruines, un pré-romantique dont tous les paysages reflètent une paix mélancolique. Aucun tableau du XXe siècle n'est encore entré à la Bienfaisance – si l'on excepte dans la chambre de Jacqueline de Ribes les aquarelles de Marie Laurencin, qui sont un legs de Paule de Beaumont, et une chouette à l'encre de Bernard Buffet. Ce n'est qu'en 2019, pour ses quatre-vingt-dix ans, qu'elle commandera à Claude Lalanne[1] un miroir au feuillage d'or pour orner le panneau d'une salle à manger. Ce miroir, réalisé d'après les mesures exactes qu'elle a données, placé au-dessus de la cheminée, avec les deux appliques assorties de part et

1. Claude Lalanne (1925-2019). François-Xavier Lalanne est mort en 2008.

d'autre, est la dernière œuvre de l'artiste, qui meurt après l'avoir achevée.

C'est aussi pour elle un symbole. Celui de la durée et de la fidélité d'un sentiment amoureux, né plus de trente ans plus tôt quand il y avait encore des bals chez les grands de ce monde, riches parmi les riches, honnis par la mitterrandie.

Du même âge que Jean de Ribes, héritier présumé des affaires familiales, né comme lui en 1952, Vincent Bolloré est déjà à quarante-quatre ans un jeune et brillant chef d'entreprise, à la tête d'un groupe qui a investi dans des activités multiples, la papeterie, le transport maritime ou les bobines électriques. Décrit comme « le petit prince du cash-flow » dans les années 1980 quand tout lui réussissait, il sort d'une passe difficile. Entré chez Rivaud en tant qu'actionnaire d'appoint (« dormant »), il n'occupe d'abord au siège de la banque qu'un bureau modeste, sans boiseries ni tentures, mais au troisième étage qui est celui des directeurs. Roturier, dans un univers des plus aristocratiques dont les présidents, le directeur général (Bertrand Liffort de Buffevent) et nombre de collaborateurs ont des noms à rallonges, il va surprendre tout le monde par son irrésistible ascension.

Son père, Michel Bolloré, industriel nantais, héritier de la papeterie familiale (les papiers à cigarettes OCB), est un ami de vieille date d'Édouard de Ribes : son ancien camarade de classe au lycée Janson-de-Sailly. Liés à Georges Pompidou, les deux hommes partagent plus d'une relation commune dans l'establishment. Par son mariage, Vincent

Bolloré se trouve être en outre le beau-frère de Gérard Longuet, député de la Meuse, président du Conseil régional de Lorraine et ministre de l'Industrie, des Postes et Télécommunications dans le gouvernement Balladur[1]. Son réseau familial rassure les Ribes, persuadés d'avoir dans la place un ami, fils et ami d'amis, tous en bons termes avec le pouvoir.

Très vite, le comte de Ribes noue avec Vincent Bolloré une relation de confiance et parle de ce nouveau partenaire et collaborateur, qui lui en impose par son intelligence, comme de son « fils spirituel ».

Leur fils, Jean, est un brillant diplômé de l'ENA. Il a commencé une carrière de directeur de cabinet auprès de Patrick Le Lay, le patron de TF1. La banque, où l'appellent une succession logique et un destin assigné, n'est sans doute pas sa vocation première. Quoi qu'il en soit, il est vite dépassé par ce Breton parfaitement éduqué, cultivé lui aussi, élégant, charmeur, qui occupe auprès de son père une place qu'il doit parfois lui envier. Jean de Ribes demande à pouvoir travailler avec l'un de ses camarades de promotion à l'ENA, Ludovic Bizouard de Montille, ancien inspecteur des Finances, aussitôt engagé pour le poste de secrétaire général du groupe – « promu grand chambellan », ironise *Libération*.

L'été 1996, au mois d'août, le comte de Ribes emmène Vincent Bolloré en Malaisie. Il tient à lui faire visiter per-

1. Ministre des Postes et des Télécommunications de 1986 à 1988. Puis, ministre de l'Industrie, des Postes et des Télécommunications, de 1993 à 1994.

sonnellement les immenses plantations d'hévéas et de palmiers à huile, où s'est bâti le patrimoine familial. Le décor n'a pas tant changé depuis le temps d'Henri Fauconnier et de Pierre Boulle. Mêmes terres rouges, pistes montagneuses, maisons aux toits couverts de palmes. Pour ces écrivains des années 1930, tous deux employés du groupe Rivaud qui ont écrit leurs romans sur le terrain, au contact des âpres réalités coloniales, les beautés du paysage ont sans doute moins compté que la sueur des hommes. La technologie a modifié la culture et l'exploitation du caoutchouc, d'autres enjeux économiques et écologiques entrent en ligne de compte. Le « fils spirituel » apprend vite et le comte de Ribes semble heureux d'avoir trouvé un interlocuteur à l'écoute, patient et passionné, qu'il rêve de guider vers les plus hautes responsabilités.

Tout se passe bien, trop bien, pendant cet été malais. Un appel téléphonique depuis Paris, dans le 4 × 4 qui les transporte d'une plantation à une autre, met fin à ces vacances sérieuses. Le directeur de la banque annonce au comte de Ribes que le fisc vient de perquisitionner au siège et chez plusieurs clients de la banque Rivaud, soupçonnée d'être au cœur d'un système de blanchiment et d'évasion fiscale. Les agents du fisc ont déboulé dans leurs murs. Retour en catastrophe dans la maison mère.

S'ensuit une saga financière : la banque mais aussi le groupe tout entier vont changer complètement de main, à la suite d'une cascade d'imbroglios fiscaux et de manœuvres financières aux implications politiques impossibles à démêler – Rivaud est depuis plusieurs années la banque du RPR. Le président Pompidou lui avait déjà confié la trésorerie de son ancêtre l'UDR. En 1978, la banque a financé la campagne législative de la droite, puis en 1981 la campagne de Jacques Chirac à la présidentielle, ainsi que celles qui suivront. Comme le résume *Libération*, en août 1997, dans l'un de ses articles ravageurs, « Rivaud : Comment se débarrasser du RPR » :

« Avec les affaires de financement politique et la victoire du PS, il ne fait plus bon être le coffre-fort du gaullisme. »

La chute est rapide, scandée par des liquidations spectaculaires comme celle d'Air Liberté, et finalement bouclée en quelques mois. Bolloré, « le tombeur de la dynastie » (*Libération*), en surfant comme un champion sur les désordres et les décombres, reprend le contrôle du groupe aux descendants de son fondateur. Au printemps 1997 le sort du vieil empire familial, que *Libé* définit en trois mots, « colonial, aristocratique et opaque », est scellé.

Jacqueline de Ribes, plongée dans le maelström familial, voit se défaire tout ce que son grand-père a construit.

« Je l'ai vu mourir pour la deuxième fois. »

Elle voit aussi son mari, son fils se débattre quotidiennement avec les inspecteurs du fisc débarqués en cohorte, les sept juges d'instruction chargés de l'affaire, les collaborateurs en panique et les avocats qui tâchent d'apporter leurs conseils. Elle lit la presse, ne s'épargne aucun affrontement avec la réalité devenue soudain si rude et menaçante. Son monde bascule. La sécurité financière, le prestige, la fortune pourraient-ils disparaître tout à coup ?

Ne plus assurer ce qui fut sa vie de chaque jour, depuis qu'elle est au monde ?

C'est une qualité qu'il faut lui reconnaître : de manière générale, elle fait face. Loin de se retrancher dans son cocon doré, elle veut comprendre, analyser, savoir. Sa lucidité la maintient aux aguets. De même qu'elle affronte sans peur problèmes médicaux ou sentimentaux, elle peut lire de bout en bout sans en sauter une ligne – ce qu'à sa place, mais je ne le suis pas, j'aurais été incapable de faire – l'article de *L'Express* qui titre à l'automne 1996 : « Les Mécomptes de Monsieur le comte ».

Elle lira de même de bout en bout, malgré le ton ironique, les piques perfides et moqueuses, « Rivaud, la saga financière », roman-feuilleton en cinq épisodes, que *Libération* consacre tout l'été 1997 à son histoire familiale.

Et pour la première fois de sa vie, elle se fait livrer *Le Canard enchaîné*, qui fait hebdomadairement son miel du malheur des siens.

Les Ribes perdent le contrôle de leurs affaires. Édouard de Ribes garde un beau bureau mais n'a plus aucun pouvoir décisionnel. Rivaud appartient désormais à Vincent Bolloré qui réorganise le groupe, en modifie l'organigramme et en publie les comptes – ce qui, sur ce dernier point, n'avait jamais été fait. Il déménage très vite le groupe à Puteaux, dans les locaux de sa propre entreprise. Méthode moderne, efficace, à l'américaine. Fin de l'ère Notre-Dame-des-Victoires. La banque est mise en liquidation. Le monde d'hier n'est plus, les Ribes viennent de le découvrir. « Le soleil se couche sur l'empire Rivaud », titre *Paris Match*.

Jean de Ribes est évincé du groupe, de même que la plupart des collaborateurs qui ont eu à porter la responsabilité de l'endettement, des faillites (Air Liberté), et du financement d'un parti politique. Une équipe nouvelle se met en place. Exit l'ancienne famille.

Les relations entre Vincent Bolloré et le comte et la comtesse de Ribes n'en sont pas pour autant détruites, ni détériorées. Le comte de Ribes ne se défera jamais de ce mélange d'admiration et d'affection qu'il a porté dès le premier jour à son fils spirituel, lequel continue de se montrer respectueux à son égard. Le fils pourtant ne doit-il pas toujours tuer le père, selon la double loi de l'Ancien Testament et de la psychanalyse ?

L'enquête ouverte en avril 1997 aux chefs d'« abus de biens sociaux, faux et usage, blanchiment de capitaux, etc. » suit son cours implacable. En juin 2000, des policiers conduits par deux juges d'instruction viennent chercher le comte de Ribes à Puteaux pour le conduire en garde à vue. Son fils est également interpellé. Bureau et domicile sont perquisitionnés.

« Vous croyez que c'est drôle de voir son mari arrêté… et des policiers à la Bienfaisance ? »

Mis en examen, le comte de Ribes verse une caution faramineuse, trente millions de francs – historiquement la plus haute caution jamais versée par un particulier. Le comte et son fils bénéficieront de deux non-lieux, prononcés en 2004 et en 2009.

Jacqueline de Ribes garde son sang-froid mais elle est bouleversée. Schéma habituel chez elle devant les difficultés de la vie. Elle ne se dérobe pas. Le front haut, elle affronte les coups du sort. Mais elle tombe malade. Ses maux de dos s'aggravent, se compliquent de troubles graves du circuit digestif. Elle doit être à nouveau hospitalisée.

Les traitements ne l'améliorent pas. Elle subit en 1999 une ablation de la vésicule biliaire (le dossier médical indique « cholécystectomie par laparotomie »), qui se passe mal. L'opération déclenche une première septicémie, suivie vingt jours plus tard d'une seconde – elle doit être nourrie quelque temps par voie parentérale. Cette chirurgie demeure pour elle invalidante. Elle ne cessera plus d'être « malade » à « très malade » pendant des années et gardera des digestions si difficiles qu'elle doit doser désormais ses aliments et en surveiller la composition. On lui détectera une maladie cœliaque, qui aurait dû être diagnostiquée et soignée plus tôt. Cette maladie auto-immune détruit l'intestin grêle et se manifeste par une intolérance définitive au gluten (à ne pas confondre avec la banale allergie au gluten, dont on parle aujourd'hui beaucoup).

À force de souffrir, et comme son état se dégrade, elle a recours à la science réputée la plus performante au monde. Sur les conseils de son amie Lynn Wyatt, épouse d'un magnat texan du pétrole, elle se rend à Rochester, dans le Minnesota, pour se faire examiner à la Mayo Clinic. Classée meilleur hôpital des États-Unis, toutes spécialités confondues, par le *US News and World Report* et par *Newsweek*, encore en 2020, la vieille clinique fondée par les deux frères Mayo à la fin du XIXe siècle est un établissement de pointe qui concentre dans ses bâtiments équipés de la technologie la plus avancée un nombre inouï de prix Nobel de médecine. Elle y reste trois mois, au printemps 2000.

Trois mois seule. Sa famille, prise dans la tourmente des affaires, ne peut aller la voir. Mais à l'aller comme au retour, elle voyage en avion privé : celui que Vincent Bolloré, avec une courtoisie qu'elle trouve exemplaire, met gracieusement à sa disposition.

Elle fera d'autres longs séjours, les années suivantes, dans un hôpital de Houston, non loin de la sublime propriété des Wyatt, puis au National Institute of Health, à Bethesda, dans le Maryland, dans l'espoir d'améliorer son état de santé. Ce dernier établissement est un centre de recherche médicale et bio-médicale de premier niveau, qui dépend directement du Département de la Santé des États-Unis.

Éloignée de sa famille, quoique très entourée et même « chouchoutée » selon ses propres mots par le personnel médical, elle se débat avec son corps malade. Médecins, grands professeurs, infirmières, aides-soignantes : tout le monde l'appelle « Jackie ». Elle est la reine du Bethesda NIH.

« Mon mari a toujours eu une santé de fer, me dit-elle, même quand il a eu à affronter les pires soucis. Il était désolé que je sois malade, prenait sans cesse de mes nouvelles, toujours très tendre, très attentif avec moi, mais au fond il ne comprenait pas. Il était tout le temps à ses affaires et quand il a pu à nouveau voyager, il préférait aller à Salzbourg écouter Mozart… »

24

Manet et Degas : le cercle s'élargit

Sa mère s'éteint à Paris, en 1999, à l'âge de quatre-vingt-onze ans. Victime de plusieurs attaques qui ont mis fin à son insolent appétit de vivre, Paule de Beaumont a traversé des années pénibles et fini dans la solitude de sa villa Molitor. Celle dont tous ses amis se souviennent durant les beaux étés de Corse, nue au soleil, en gants blancs pour éviter les taches sur les mains, cette mère sensuelle, joyeuse, vorace, qui a savouré – égoïstement aux yeux de sa fille – tous les bienfaits de la vie, la mer et la littérature, l'amour, l'amitié, les voyages, s'en est allée.

Elle laisse à Jacqueline de Ribes une blessure d'enfant qui n'a jamais cicatrisé. Héritière à soixante-dix ans des biens maternels, sa fille qui détient pour la première fois une fortune personnelle et peut en jouir à sa guise exprime sa neuve liberté en refaisant de fond en comble la décoration de la maison que Paule de Beaumont avait construite à Cogolin. Elle y recevait, sans faste mais avec toute la chaleur de son amitié, ses amis de toujours. Beaucoup étaient écrivains.

Vers la fin de sa vie, Paule de Beaumont, devenue une vieille dame, couturée par la chirurgie esthétique, avait invité

Jean-Marie Rouart dans son hôtel particulier d'Auteuil et entrepris de faire son portrait. Elle possédait un vrai talent dans ce domaine, beaucoup de ses amis, hommes et femmes, ont posé pour elle, mais dans le cas de ce jeune écrivain, par-delà l'abîme de la différence d'âge, ce qu'elle cherchait était évident à ses yeux, elle voulait retrouver l'ère perdue de la séduction et des jeux de l'amour. « Caressant par le crayon et le pinceau un être cher qui se dérobait à elle, essayant de transmuer son sentiment en art, espérant, espérant toujours que la vie lui apporterait un dernier miracle[1]. » Il est avec les d'Ormesson une des rares personnes à avoir pu créer un lien entre Paule de Beaumont et Jacqueline de Ribes, un des rares amis qu'elles auront partagés. « Je retrouve avec la fille si semblable à sa mère comme un portrait assagi qui aurait conservé les mêmes charmes tout en gommant les passions excentriques, le sentiment de la fuite du temps mais aussi son impuissance à effacer les émotions[2]. » Un jour du mois de juillet, dans sa propriété en Corse dont il est l'hôte fidèle, Paule de Beaumont lui lance brutalement, ainsi qu'il le raconte dans un de ses livres :

« Ma fille t'invite à Ibiza ? Jure-moi que tu ne coucheras jamais avec elle ! »

De retour à Paris, c'est au tour de Jacqueline de Ribes de le soumettre à un interrogatoire en règle (la mère tutoie, la fille vouvoie) : « Jean-Marie, jurez-moi que vous n'avez jamais couché avec ma mère ? »

Il le lui assure : « Jamais ! »

1. J.-M. Rouart, *Ne pars pas avant moi*, *op. cit.*, p. 201.
2. *Ibid.*, p. 203.

Jacqueline de Ribes : « Mais comment... ? Elle m'a dit qu'elle couchait avec vous ! »

Lui : « Elle s'est un peu vantée. »

On croirait un dialogue de théâtre, inspiré par la rivalité mythologique et incestueuse de deux femmes amoureuses. Ce pourrait être du Tennessee Williams traduit par Paule de Beaumont.

Le comte de Ribes est, depuis sa création, président de la Société des Amis du Musée d'Orsay dont l'acronyme, SAMO, fait sourire les admirateurs de Jean-Michel Basquiat : ce fut la signature de l'artiste new-yorkais sur ses premières toiles ! Fondée en 1980, en même temps que le musée, la SAMO a pour mission de soutenir son rayonnement et d'aider à l'enrichissement des collections. C'est au comte de Ribes que revient l'idée de cette association. « Une histoire d'amis », me dit Jacqueline de Ribes. Édouard de Ribes forme en effet son premier Comité avec deux amis, l'ambassadeur de France Emmanuel de Margerie et le collectionneur Louis-Antoine Prat, qui partagent sa passion pour les objets, les dessins et les livres.

Ils seront rejoints plus tard par d'autres collectionneurs, mécènes ou historiens d'art, tels que Hélène David-Weill ou Jeanne-Marie de Broglie, Liliane de Rothschild qui, tout comme l'ancien comte de Ribes, collectionne les objets ayant appartenu à Marie-Antoinette[1], ou Dina

1. Liliane de Rothschild (1916-2003) eut la plus grande collection au monde d'objets ayant appartenu à la reine. Elle fit des dons importants à plusieurs musées, Versailles, Sèvres, Carnavalet...

Vierny[1], l'ancien modèle de Maillol, à la fois artiste et collectionneuse (surtout d'art naïf). En sont également membres actifs Bruno Foucart, le grand historien d'art, spécialiste du XIXe siècle, Clémentine Gustin-Gomez, auteure d'une thèse sur Charles de La Fosse, « le maître des modernes[2] », ou Philippe Meyer[3], fils d'André Meyer, l'homme fort de la banque Lazard après la mort de Pierre David-Weill. C'est grâce à Philippe Meyer que le musée a pu acheter *Berthe Morisot au bouquet de violettes*, le fameux portrait de Berthe Morisot par Manet (1872). Il fera personnellement don à l'État de son extraordinaire collection de peinture – de Cézanne à Giacometti. Figure enfin dans le Comité la directrice du musée à la création duquel elle aura beaucoup travaillé, Françoise Cachin[4]. Petite-fille de Marcel Cachin, militant communiste, directeur du journal *L'Humanité*, et petite-fille du peintre Paul Signac, c'est une personnalité passionnée, qui fait vite monter la température au cours des réunions du Comité, que préside avec un calme de bon aloi le comte de Ribes. Elles se tiennent au « fumoir », le salon réservé jadis aux fumeurs de l'hôtel situé à l'origine dans la gare d'Orsay. Il a été récemment restauré.

L'un des plus grands musées d'Europe, construit à l'emplacement de l'ancienne gare de la Compagnie du che-

1. Dina Vierny (1919-2009).
2. La thèse sera publiée en deux volumes aux Éditions Faton, en 2006.
3. Philippe Meyer (1925-2007).
4. Françoise Cachin (1936-2011), directrice du musée d'Orsay de son ouverture jusqu'en 1994.

min de fer de Paris à Orléans (PO) qui amenait les voyageurs de l'Exposition universelle, Orsay est dédié aux arts du XIXe siècle, de 1848 à 1914 – une époque que le comte de Ribes connaît bien. Certes une époque principalement républicaine qui instaure le suffrage universel masculin, mais elle est parée des charmes d'un passé auquel les Ribes sont restés obstinément attachés. Comme sur les tableaux de Manet, on y vivait en gibus et col cassé, les femmes qui se déshabillaient pour déjeuner sur l'herbe n'étaient que des « gourgandines », les autres se promenaient sous des ombrelles, dans de longues robes corsetées.

Voulu par le président Valéry Giscard d'Estaing, inauguré en 1986 par le président François Mitterrand, Orsay, comme tous les autres grands musées de la planète, même ceux que l'État administre, fonctionne beaucoup par mécénat. C'est le rôle de la Société des Amis de participer aux acquisitions et de collecter des fonds, mais aussi d'inciter les collectionneurs français et étrangers à des dons d'œuvres d'art – près de huit cents œuvres seront collectées grâce à son action.

En somme, la Société des Amis joue les bonnes fées selon la formule de *La Gazette de Drouot*[1]. Édouard de Ribes a contribué personnellement à d'importantes acquisitions.

L'un des premiers achats de la SAMO en 1980 fut *La Main d'ombre*, un tableau daté de 1896 du peintre Charles Lacoste, ami d'Odilon Redon et de Francis Jammes. Suivirent presque aussitôt les achats de *Madame*

1. Article d'Anne Foster du 14 avril 2017.

Bartholomé dans la serre d'Albert Bartholomé (1881), portrait de son épouse Prospérie en robe bleue, qui tiendra une place importante dans l'exposition « L'impressionnisme et la mode », et de *La Tentation de saint Antoine* d'Eugène Isabey (1844), souvent regardé comme un témoignage de l'agonie du romantisme. Les dons comptent des huiles sur toile ou sur bois, des sculptures, des dessins et des gravures, cinquante-huit photos en provenance de l'album de famille de Maurice Denis, des lettres, des photos et des épreuves argentiques signées Degas, un buste de femme portant diadème par Carrier-Belleuse, un portrait de Manet (huile sur toile, vers 1880) par Carolus-Duran, un autre de Debussy (huile sur bois d'acajou, 1884) par Marcel Baschet, un buste en cire noire d'Aline Gauguin par Gauguin (vers 1882) et, au milieu de coupes, drageoirs, pichets, assiettes décorées, soupières ou arrosoirs des meilleurs artistes de leur temps, quelques vases de Gallé ainsi qu'une sonnette de porte palière d'Hector Guimard.

En 1996 – un an après la fermeture de la maison de couture –, Jacqueline de Ribes est nommée présidente des Amis étrangers du musée. Quoique douloureusement atteinte au physique comme au moral par des années difficiles, ce nouveau projet lui rend son énergie. À l'exemple de son mari, elle va se dévouer à sa mission. Forte d'une expérience acquise dans les Charity Balls et les galas de bienfaisance, elle dirige des campagnes de *fundraising* (levées de fonds). Son carnet d'adresses lui est précieux. Pour démarcher ses amis américains, vénézuéliens, brésiliens, portoricains, belges, suisses, italiens, elle ne se contente pas de prendre son téléphone, qui sonne aux quatre coins de la planète, mais entreprend de nombreux voyages. Elle veut conquérir le soutien des mécènes, tant en Europe qu'en Amérique, partout où les impressionnistes ont la faveur des grands musées et des plus riches collections.

Elle retourne au Japon, où elle effectue deux voyages en première classe pour retrouver sur place Henri Loyrette, le directeur du musée d'Orsay[1]. L'année même de sa nomination en tant que présidente des Amis étrangers, le musée d'Orsay s'expose à Tokyo : il a prêté la totalité des œuvres pour une exposition que les Japonais peuvent venir admirer au célèbre Tokyoto Bijutsukan – le Tokyo Metropolitan Art Museum –, « La Modernité – les Collections du musée d'Orsay ».

Dans un discours au Metropolitan Art Museum de Tokyo, Jacqueline de Ribes salue les liens artistiques entre les deux pays puis, « excusez mon pragmatisme » (je la cite), elle passe à l'action. Elle énumère les avantages offerts par une adhésion à la Société des Amis (visites gratuites et privées, hors des heures d'affluence, possibilité de louer les salles, etc.) et détaille le montant des cotisations pour devenir membre simple (de 31 000 à 125 000 yens) ou membre bienfaiteur (de 310 000 à 1 200 000 yens). Concrète, efficace, elle a toujours aimé parler en *business woman*.

L'élégance classique du nouveau directeur d'Orsay à

1. Henri Loyrette fut directeur du musée d'Orsay de 1994 à 2001 puis président-directeur du musée du Louvre de 2001 à 2013.

ses côtés la flatte. Historien d'art, spécialiste de Degas auquel il a consacré une biographie de référence et la plus grande part de ses travaux, Henri Loyrette lui fait découvrir les arcanes de l'impressionnisme. Elle l'écoute disserter sans fin sur le « Je voudrais être illustre et inconnu », l'une des boutades de l'artiste. À leur arrivée, comme du temps de la maison de couture, les Japonais déroulent le tapis rouge. Jacqueline de Ribes est reçue à Tokyo telle une ambassadrice. Henri Loyrette : « Jacqueline de Ribes est très française. Par l'attitude, l'esprit, l'élégance. Au Japon, elle était la France. »

Henri Loyrette s'étonne de son professionnalisme. « Toujours à l'heure aux rendez-vous, superbement habillée bien sûr, mais faisant tous les efforts pour que ça marche, elle ne se conduisait pas du tout en mondaine. Elle s'est révélée tout le contraire, une partenaire charmante et efficace, sans aucune arrogance. Elle prêtait et prête encore beaucoup d'attention aux gens et aux choses. »

En 2001, Jacqueline de Ribes est nommée membre du Comité international du Venitian Heritage (association qui veille à la sauvegarde et à la restauration du patrimoine vénitien). Elle en deviendra la présidente en 2007 pour les événements en connexion avec la 52e Biennale de Venise. C'est l'année où l'artiste peintre-écrivaine-scénariste Sophie Calle représente la France.

Le musée d'Orsay reste sa préoccupation majeure. C'est désormais le flamboyant Guy Cogeval qui le dirige. Henri Loyrette a été nommé président-directeur du Louvre et s'engage dans une rude bataille pour le Louvre Abu Dhabi. Guy Cogeval, spécialiste des nabis et des symbolistes, est un adorateur de Vuillard, mais aussi de Bonnard, de Sérusier, de Maurice Denis. Jacqueline de Ribes s'entend très bien avec cette personnalité prétendument « clivante ». Elle aime son originalité, son atypisme.

Jacqueline de Ribes obtient de Guy Cogeval une faveur qu'Henri Loyrette lui avait jusqu'alors refusée. Elle instaure au sein même du musée, dans les immenses salles du premier étage, les « Dîners des Amis du musée d'Orsay ».

Ils vont permettre d'honorer les mécènes, les collectionneurs, les prêteurs et diverses personnalités influentes, à l'issue des expositions que tous ces VIP auront eu le privilège de voir en visite privée et en avant-première. Les jours ouverts au public, une foule de visiteurs munis de banals tickets d'entrée se pressera comme sardines en boîte entre les murs d'Orsay, tandis que ce soir chacun a tout loisir de déambuler sans être gêné par l'affluence.

Source de profits pour le mécénat, les Dîners sont une efficace action de relations publiques. Privilège d'un tout petit cercle, soirées ultra-privées, ils sont si réputés à Paris que chacun est devenu « un rendez-vous » (à prononcer avec l'accent américain). Beaucoup d'argent est en jeu. Le musée prête sa salle des fêtes, comme Beistegui ouvrait autrefois la porte de son palais Labia. Et reste ouvert pour ses Amis jusqu'à minuit. Mirage ? Illusion d'optique ? Manet, Degas et leurs amis impressionnistes ont leurs couverts à la table de Jacqueline de Ribes.

Le premier Dîner en 2011 est spectaculaire, autour d'Édouard Manet. La visite des salles commence à sept heures et demie du soir. Sous les plafonds de l'ancienne gare, les invités circulent en costume sombre et robes de cocktail, selon l'étiquette exigée. Des beautés du jour connaissant le goût de la comtesse de Ribes pour la Couture sont très habillées. « Manet, inventeur du moderne » leur a inspiré jupons en faille et décolletés d'autrefois. Les cous et les oreilles scintillent, les stilettos Louboutin éraflent les parquets, les gens semblent heureux de se retrouver. Quelques solitaires fixent leur attention sur les tableaux tandis qu'une cohue joyeuse passe et repasse sans paraître les voir. On bavarde devant les chefs-d'œuvre. Les plus grands sont là : *Le Déjeuner sur l'herbe* et *Olympia*, *Le Fifre*, *Le Torero mort*, *Un bar aux Folies Bergère*... Manet réussit parfois à imposer le silence.

Neuf heures approchent. C'est bientôt l'heure de dîner. On gagne les escaliers pour monter au premier étage où d'immenses palmiers en pots et des bouquets innombrables rappellent le goût du peintre pour les fleurs. Manet a toujours aimé non seulement peindre les fleurs mais aussi vivre au milieu d'elles – ses ateliers embaumaient le lilas, la rose, le jasmin. Pas plus que son ami Degas il n'a été un adepte du plein air mais là où il travaillait, rue Guyot, rue de Saint-Pétersbourg, le parfum des fleurs, mêlé à celui des modèles qui venaient poser, l'emportait, dit-on, sur l'odeur violente d'essence de térébenthine. Ce soir, le fleuriste Éric Chauvin, emporté par la magie du thème, a cherché à recréer olfactivement et visuellement l'atmosphère d'un atelier de Manet.

Les trois cents invités trouvent chacun leur place à l'une des tables numérotées. Françoise Dumas qui a dirigé l'opération, de concert avec la comtesse de Ribes, a fait remettre de petits cartons à l'entrée afin qu'ils puissent facilement trouver la leur. La « salle des fêtes », ainsi nommée, qui est en fait l'ancienne salle de bal de l'hôtel de la gare, rassemble les hôtes les plus prestigieux sous un Char du Soleil vertigineux, peint au plafond par Pierre Fritel (1853-1942). Le décor rutile de dorures. Une autre salle au même étage accueille d'autres invités dans le restaurant, non moins doré et peint à fresque, qui ouvre sur une autre façade. Les mécènes ont réservé chacun une table de dix personnes, à 750 euros la place ou plus pour les membres bienfaiteurs.

La plupart des Amis du musée ont leurs entrées rue de la Bienfaisance. Le frère du prince Aga Khan et Alain Juppé, Mme Chirac, la comtesse d'Ornano, Hélène et Michel David-Weill, mais aussi Jean-Pierre de Beaumarchais et son épouse, Philippine de Rothschild – propriétaire de Château Mouton Rothschild, Pauillac, Mouton Cadet et autres grands crus. On boit ses vins ce soir. Mais encore Peter Marino, l'architecte au style de motard tatoué, dont le grand luxe ne peut plus se passer. Olivier Orban, l'éditeur, et son épouse la romancière Christine Orban, le comte et la comtesse de Roquemaurel, Bernard-Henri Lévy et Arielle Dombasle, pour ne citer que quelques noms parisiens. Ils voisinent ce soir avec les commissaires d'exposition, ainsi qu'avec les grands prêteurs privés, américains ou japonais, dont on a pu il y a un instant admirer les trésors, et qui tiennent à garder leur *privacy*.

Le dîner, préparé par Potel et Chabot, sous le contrôle de Françoise Dumas avec Jacqueline de Ribes qui a veillé personnellement aux moindres détails de la soirée, est un délice gastronomique, servi bien sûr à l'ancienne, par des maîtres d'hôtel stylés.

Au dessert, sonne l'heure des discours. Le ministre de la Culture, Frédéric Mitterrand, prononce des mots chaleureux où chacun reconnaît la voix radiophonique de sa fameuse émission sur France Culture, « Ça me dit l'après-midi ». Le comte de Ribes répond, dans son style sobre, puis passe la parole à Guy Cogeval.

Le temps n'est pas encore venu pour la comtesse de Ribes de gagner l'estrade, pour lire le sien – plusieurs feuillets qu'elle aura soigneusement préparés et écrits. Ce n'est qu'après la mort de son mari, devenue présidente d'honneur de la Société des Amis du musée, en 2014, qu'elle aura à le faire et elle tiendra ce nouveau rôle avec l'élégance qui la caractérise. Elle y a travaillé pendant des semaines. Toujours un mot gentil pour Guy Cogeval – plus tard pour la présidente Laurence des Cars[1] –, pour l'ensemble du comité, pour les amis. Elle s'est appliquée à étudier chacun des artistes présentés, s'est fait expliquer son art, son influence, mais elle souhaite avant tout transmettre un élan du cœur. Partager et faire partager son émotion devant les œuvres rassemblées. Cette émotion a souvent touché son auditoire au point de déclencher au final une *standing ovation*.

À l'occasion de son premier discours, en 2014, elle laisse Guy Cogeval célébrer Van Gogh dans une mise en

1. Laurence des Cars est présidente des musées d'Orsay et de l'Orangerie depuis mars 2017.

perspective avec Antonin Artaud. Deux âmes tourmentées, soignées à l'asile psychiatrique – parcours en miroir qu'Antonin Artaud a lui-même décrit sous l'emprise de la souffrance dans un essai qui récuse leur folie, *Le Suicidé de la société* (1947). Sujet peu fait pour nourrir l'esprit de la fête qui devrait ce soir présider à la soirée.

Jacqueline de Ribes, entourée de son fils Jean et de sa petite-fille Alix de La Rochefoucauld, remercie ses amis pour leur présence et dédie la soirée à son mari, mort moins d'un an auparavant. Lorsqu'elle descend de l'estrade, avec la majesté d'une reine quittant son trône, « Merci à tous d'être ce soir en pensée avec Édouard de Ribes », elle est très applaudie.

Les années suivantes les Amis se retrouvent autour de Bonnard, du Douanier Rousseau, de Cézanne et, en 2018, de « Picasso, bleu et rose ».

Pour Degas à l'Opéra en 2019, Jacqueline de Ribes trouve d'autant mieux les mots que l'exposition la ramène à cet univers du ballet côtoyé du temps du marquis de Cuevas.

L'exposition, magistralement conduite par Henri Loyrette qui en est le commissaire principal (avec Leïla Jarbouai et Marine Kisiel), en partenariat avec la National Gallery de Washington, montre l'envers d'un décor aux fastes trompeurs – la part de malheur dans le destin des danseuses du XIXe siècle, leur misère sociale et leur statut de mineures qui font d'elles des proies pour la prostitution.

De vieux messieurs, auxquels le peintre a pu ressembler et qu'il n'épargne pas, sont peints en prédateurs barbus, l'œil vicieux derrière les rideaux rouges des coulisses ou sur le pas d'une loge en velours. Entre des maquettes de l'ancien Opéra de la rue Le Peletier, avant l'incendie qui l'a ravagé en 1873, les tableaux de Degas jettent ce soir sur le public une lumière désenchantée.

Jacqueline de Ribes qui se souvient des leçons d'Henri Loyrette rappelle dans son discours que Degas n'était pas un impressionniste. Bien qu'il ait exposé avec eux, il n'était pas adepte du travail en plein air. Il traitait ses confrères d'« hurluberlus qui encombrent les champs de blé de leurs chevalets ». La phrase amuse les invités.

C'est pourtant d'une voix émue qu'elle déclare, comme pour elle-même, entre deux silences, tel un secret personnel inséré dans un cours d'histoire de l'art : « Sa passion lui apportera la célébrité dès l'âge de quarante ans, mais pas le bonheur. »

25

Le comte s'en va

L'annonce de la mort du comte de Ribes, le 23 mai 2013, surprend ses amis. Malade depuis plusieurs mois, atteint d'un cancer incurable, il n'a confié ses souffrances à personne, seule sa famille a suivi avec inquiétude les progrès de son mal. Il s'est éteint à l'hôpital américain, avec sa discrétion habituelle, Jacqueline de Ribes à ses côtés. Elle a passé les derniers jours et les dernières nuits avec lui. Il a eu le temps de donner à son épouse quelques derniers conseils.

Jean d'Ormesson, lui-même très malade et qui vient de subir une intervention chirurgicale dans un autre hôpital, est un des premiers informés. Il écrit le jour même du décès :

Quelle tristesse, ma chère Jacqueline !

Édouard était l'élégance même, le charme, la culture. Je mesure ta douleur à l'émotion que j'ai moi-même ressentie à l'annonce de sa mort. Je ne l'oublierai pas.

[...] Je pense à toi de tout cœur. Édouard a fini de souffrir. Ce sont ceux qui restent – et toi – qui souffrent maintenant

de son absence. Mais nous avons la chance de croire qu'il est dans un monde meilleur. Tant d'images me reviennent. [...]

Pardonne mon écriture. Je t'écris de la Salpêtrière et ma main n'est pas très sûre. Assez pourtant, pour te dire ma tristesse, mon affection, ma fidélité. Je te souhaite beaucoup de courage avec cette cruelle épreuve. Je suis tout près de toi et je t'embrasse tendrement,

Jean.

Le jeudi 30 mai 2013, sa famille, ses amis sont réunis en l'église Saint-Eugène-Sainte-Cécile, que peu d'entre eux connaissaient jusque-là, une église du 9e arrondissement où le culte se célèbre encore en latin, selon le rite romain. C'est Jacqueline de Ribes qui l'a choisie pour cette raison même, de préférence à sa paroisse, Saint-Augustin.

Le double vocable de l'église date des années 1950. À sa construction sous le Second Empire, elle s'est d'abord nommée Saint-Eugène, moins d'ailleurs en mémoire du saint martyr que pour honorer Eugène de Beauharnais, oncle de Napoléon III. C'est un chanoine mélomane qui a eu l'idée de lui adjoindre, dans les années 1950, le nom de la sainte patronne des musiciens : l'église se trouve à proximité du conservatoire de musique.

D'après le panneau que la Ville de Paris installe devant ses monuments, Jules Verne s'y est marié.

Cet imposant édifice néo-gothique est l'œuvre de l'architecte Boileau. Son architecture originale (sans transept) et sa décoration intérieure, avec des colonnes polychromes et des voûtes peintes, ont contribué à le faire classer monument historique. Chef-d'œuvre Napoléon III, le décor n'était pas tellement fait pour plaire au comte de Ribes mais, messe en latin oblige, les funérailles vont se dérouler selon un décorum digne des plus vieilles traditions de l'Église. Et devant une foule nombreuse, venue se recueillir. Pas une chaise n'est laissée vacante.

Parmi les diacres, si nombreux eux aussi qu'ils forment sur l'autel une assemblée devant l'assemblée, deux sont des prêtres proches de Jacqueline de Ribes, qui la suivent dans sa vie spirituelle. Le père de Langalerie[1], ancien vicaire de la paroisse, aumônier de la maison mère des Servantes des Pauvres, à Angers. Il mourra dans deux mois d'un cancer qui l'a considérablement affaibli mais ne l'empêche pas d'être aux côtés des célébrants. Et l'abbé Guillaume de Tanoüarn qui a bien connu le comte lui aussi et a tissé par la suite des liens de confiance et de confidence avec son épouse. Ils ont ensemble un dialogue sur la foi et la vie éternelle – elle pose des questions, il tâche d'y répondre.

Je l'interroge à mon tour.

« Êtes-vous son directeur de conscience, son confesseur, mon père ?

— Directeur de conscience ? Ce n'est sûrement pas ainsi que je me définis. Mais nous prions ensemble. Nous récitons des prières – parfois même au téléphone, quand elle est trop souffrante ou trop occupée pour me recevoir… »

Le corps du défunt entre dans l'église sur la *Messe de requiem* de Gabriel Fauré. Il en sortira une heure plus tard sur des improvisations à l'orgue de Touve R. Ratovondrahety, digne successeur de Pierre Pincemaille au buffet d'orgues

1. Père Jean-Bernard de Gérault de Langalerie (1940-2013).

Merklin d'admirable facture, classé lui aussi monument historique. La musique et la foi communient depuis toujours à Saint-Eugène-Sainte-Cécile.

Messe d'une tonitruante sobriété, sans aucun témoignage de la famille ou des amis. L'abbé de Tanoüarn prend la parole lors de l'homélie. Jean de Ribes ayant demandé à la lire au préalable, il la lui a soumise en toute modestie, bien qu'il soit peu courant que la famille exige de donner sa bénédiction au prédicateur.

Quelques-uns ici ont plutôt l'habitude de voir le fondateur de l'Institut du Bon-Pasteur, personnalité controversée et charismatique, dans la vieille soutane usée qui habille sa grande carcasse. C'est à un apôtre de la fraternité et à un ami des pauvres que Jacqueline de Ribes a confié le soin de parler de son mari et de donner un sens à son grand départ. Prêtre maurrassien, ardent défenseur de la foi traditionaliste, classé parmi les curés « tradi » et même parmi les « anarcurés[1] », ce professeur de théologie au séminaire Saint-Vincent-de-Paul à Courtalain, auteur de plusieurs ouvrages de très haute portée, pascalien dans l'âme, sait s'adresser simplement à ses ouailles et adapter son discours à son auditoire. Revêtu de son habit sacerdotal qui lui confère un faste qu'en général il récuse, il énoncera dans un de ses « sermons » corrosifs qui font sa réputation quelques vérités fortes à l'assistance.

Placée sous le signe de la Résurrection, après lecture de l'épître de saint Paul aux Thessaloniciens et celle de l'Évangile selon saint Jean où Marthe dialogue avec Jésus, la messe

1. Jean-Pierre Denis, *La Vie*, 4 octobre 2018.

a pour exergue ces mots du Christ : « Je suis la Résurrection et la Vie. Celui qui croit en moi, même s'il meurt, vivra. »

Sur le livret, offert à chacun des fidèles, deux photographies du comte de Ribes montrent le visage souriant, affable, que ses amis ont aimé. Son épouse a choisi les deux portraits : l'un en costume sombre et cravate, l'autre, plus décontracté, en gilet de lainage clair et cravate.

D'immenses couronnes de fleurs, disposées au pied de l'autel, rappellent les couleurs du vitrail central de l'abside, œuvre du maître verrier Gaspard Gsell[1], qui s'en est donné à cœur joie pour peindre la Transfiguration : les bleus et les rouges, les jaunes, les verts… Le fleuriste, conseillé par Jacqueline de Ribes, a réussi à les reproduire avec des roses et des iris, des lis, des fleurs d'azalée.

Ce dont se souviennent le mieux tous les assistants, c'est que la messe d'enterrement du comte de Ribes fut une messe placée.

Comme le fut dix ans auparavant celle du comte Jean de Beaumont, le père de Jacqueline de Ribes, en l'église d'Auteuil.

Il est d'usage dans toutes les églises lors des cérémonies mortuaires de garder les premiers rangs sur la gauche pour la famille et d'en réserver d'autres sur le côté droit pour les officiels, ministres, académiciens et corps constitués quand il y en a. Mais il arrive rarement qu'on ait son nom inscrit sur le banc ou sur sa chaise. Ce fut le cas ce jour-là. Un plan situé à l'entrée, comme à celle du musée pour les

1. Gaspard Gsell, peintre verrier suisse (1814-1904).

Dîners d'Orsay, permet de s'y retrouver. Henri de Borniol, le plus parisien des prestataires de pompes funèbres, le seul capable d'associer chaque nom de la liste avec un visage, veille à ce que chacun trouve vite son numéro de travée. Et à conduire à leur place chacun des « invités ». Françoise Dumas a elle-même configuré ces listes, sous la direction de Jacqueline de Ribes. Elle se souvient encore de l'agitation qu'a provoquée Philippine de Rothschild, en retard à son habitude, parvenue dans l'église bien après le cercueil. Il a fallu qu'elle s'avance quasiment jusqu'à l'autel et dérange tout un rang pour gagner sa chaise, car il va de soi qu'elle était « bien placée », comme on dit au théâtre.

Jacqueline de Ribes a veillé à tout. Elle a voulu une messe parfaite et l'a obtenue. De la musique aux fleurs, en passant par le choix des textes, l'impression du livret, et bien sûr l'emplacement de chacun, elle a passé en revue les moindres détails. Sa manière à elle de veiller avec amour sur le départ de celui qui reste « l'homme de sa vie ».

Son entrée, telle Marie Bell sur la scène de la Comédie-Française, a soulevé un murmure d'admiration. « C'était un Greco ! » me dit l'écrivain Jean-Paul Enthoven qui fait partie du cercle de ses amis. « Toute en voiles noirs, mais dentelés, aérés, elle était très portée, très soutenue… », au long de l'immense nef. « Aussi soutenue que Talleyrand au Congrès de Vienne. »

Seuls quelques intimes accompagnent le cercueil au cimetière du Père-Lachaise, jusqu'au tombeau des Ribes. Construit par ses héritiers pour le premier comte de Ribes, celui de la fuite à Varennes qui a passé vingt ans de sa vie en exil, il arbore ses armes sculptées en relief sur la façade – les deux licornes soutenant la couronne comtale à neuf perles. Une seule inscription au-dessous :

Le comte de Ribes.

Ni date ni épitaphe. L'inscription convient à tous ceux qui lui ont succédé jusqu'à Édouard de Ribes, sixième du nom.

Pas de croix sur la tombe : le premier comte était agnostique.

Mais il y en a une sur le cercueil qu'on vient de déposer – son arrière-arrière-petit-fils fut comme ses parents un fervent catholique.

Dans ses *Promenades pittoresques aux cimetières du Père-Lachaise et autres*[1], un auteur du XIXe siècle, Joseph Marty, s'attarde devant le cénotaphe des Ribes qu'il attribue au marbrier Guillard et à l'architecte Guenepin. Il le décrit longuement pour en souligner « le style noble, riche, élégant ». Ce qui le frappe, c'est le contraste de cette tombe avec celle de son voisin le plus proche : Pierre Caron de Beaumarchais ! En pierre grossière celle-là, usée, scellée d'une barre de fer, je le cite : « Chacun foule aux pieds ce sépulcre qui n'a ni entourage ni inscription, asile abandonné du *Barbier de Séville* et du *Mariage de Figaro*. » On a construit depuis un vaste monument de pierre blanche où sont inscrits les noms de ses descendants directs.

1. J. Marty, *Promenades pittoresques aux cimetières du Père-Lachaise, de Montmartre, du Montparnasse et autres*, Fourmage éditeur, 1844.

Les Ribes, en vis-à-vis, de part et d'autre de la même allée[1], doivent entretenir un étrange dialogue avec ce pourfendeur des privilèges, joyeux et redoutable bretteur passé à la postérité, que Napoléon surnommait « la Révolution en marche ».

« Édouard ne fut ni un mari modèle, ce qui aurait été ennuyeux, ni un mari parfait, ce qu'il n'était pas, mais un homme tout à fait exceptionnel que j'aime depuis soixante ans et que j'épouse demain. Pourvu qu'il soit d'accord. »

Ces mots prononcés devant une cinquantaine d'amis réunis autour d'elle à la Bienfaisance en avril 2010, Jacqueline de Ribes m'affirme qu'elle les redirait encore et encore, jusqu'à son dernier souffle. C'était pour fêter la Légion d'honneur que le président Sarkozy venait de lui remettre l'après-midi même, à l'Élysée. Elle a tenu à remercier ses amis présents sans oublier personne – Chita, Françoise, Jean-Marie, Jean-Paul, Marina, Reynaldo et Carolina… Elle a eu un mot gentil pour chacun en particulier, puis rend un hommage très tendre à son mari. « Mais avant tout il y a Édouard, mon Édouard… votre Édouard, notre Édouard… » S'il ne fut à l'en croire ni un mari modèle ni un mari parfait, sa disparition la laisse aujourd'hui complètement désemparée.

Elle a formé avec Édouard de Ribes un couple solide, uni contre vents et marées. Un de ces vrais couples, dont les deux parts sont impossibles à dissocier, malgré leurs

1. Les deux tombes se situent dans la division 28 du Père-Lachaise, chemin Suchet et Masséna.

différends et leurs différences. 1948-2013, soixante-cinq ans de vie conjugale paraissent en 2013 un record.

« Malgré quelques frayeurs évidentes et compréhensibles, Édouard a toujours accepté et supporté mes différentes entreprises, poursuit-elle en 2010 devant ses amis. Je suis née un 14 juillet, j'ai mis évidemment un peu de révolution dans la maison, j'espère avoir mis aussi un peu de feux d'artifice. »

Édouard de Ribes ne fut pas pour autant un mari complaisant. Il fut conciliant. Ses critiques fusaient souvent. Il n'était pas d'accord, bien qu'elle s'en défende, avec toutes ses entreprises. Il aurait sans doute préféré qu'elle ne travaille pas, reste tranquillement à la maison, cultive ses roses l'été au château de Saint-Just et s'intéresse au potager comme sa propre mère. Mais il était amoureux d'elle, depuis le premier jour. S'il n'avait pas épousé le type d'épouse conventionnelle que souhaitaient pour lui ses parents, il n'avait jamais regretté son choix. « Quand on épouse un pur-sang, a-t-il coutume de dire, on ne le garde pas à l'écurie. »

Ce jour d'avril 2010, à la Bienfaisance, alors qu'elle finit de parler, la médaille de chevalier de la Légion d'honneur bien en vue sur sa veste Ungaro, il se produit une chose étonnante, presque scandaleuse. Édouard de Ribes, sortant par exception de son habituelle retenue, prend à son tour la parole !

Il n'a rien préparé, il n'a pas de papier sous les yeux. Il improvise ! Poussé par un élan de spontanéité, ce qui est rare chez lui, c'est la première fois qu'il va s'exprimer, publiquement, sur sa vie privée. Il raconte sa première rencontre à Saint-Jean-de-Luz avec « la merveilleuse gazelle », devant laquelle son cœur « s'est arrêté de battre ». Mais il décrit aussi l'obstination dont il a dû faire preuve pour tenir tête à ses parents, assez réticents au début et qui trouvaient les Beaumont « un peu trop lancés »... Après bien des discussions, « Jacqueline par son charme a rallié tout le monde, y compris mon père qui en était amoureux ».

L'humour dont il accompagne son récit, la peinture très drôle du milieu où il a été élevé cachent mal le trouble qu'il ressent en évoquant ces épisodes fondamentaux de sa vie, sa rencontre puis son mariage avec Jacqueline de Beaumont. Si pudique en toutes circonstances, il éprouve le soudain désir de dévoiler son cœur.

C'est une déclaration d'amour qui conclut ces étonnants aveux. Elle sera fortement applaudie. « Chaque fois que je vois Jacqueline entrer dans une pièce, j'ai toujours le même battement intérieur que lorsque je l'ai vue la première fois, et c'est vraiment la merveilleuse Jacqueline, la personne à qui je pense à tous les instants, une personne qui fait tellement partie de ma vie que quand elle n'est pas là, si je ne l'appelle pas deux fois par jour, je suis perdu. Alors, ma chère Jacqueline, ma merveilleuse Jacqueline, il ne me reste plus qu'une chose qui est une urgence, c'est d'aller vous embrasser ! »

Toujours ce vouvoiement, signe d'appartenance à une certaine classe sociale, après soixante-cinq ans de vie commune. Mais le vouvoiement n'interdit pas la tendresse.

Édouard de Ribes était visiblement ému ce soir où il prit par exception la parole, même si l'émotion enfreignait à ses yeux la règle du sang-froid, ce grand principe de l'éducation aristocratique. « Un homme qui sait la cour est maître de son geste, de ses yeux et de son visage », écrit Jean de La Bruyère. Ce soir-là, le comte de Ribes – ses amis en ont été frappés – avait la voix tremblante et les yeux embués de larmes.

Marisa Berenson, présente au dîner, en témoigne, toutes les femmes avaient la larme à l'œil après son discours et tout le monde était secoué. « Jacqueline, c'est une vraie fleur bleue, elle est restée une jeune fille romantique et ne rêve que d'amour éternel[1]. »

« Édouard était fou d'elle », me confie Kirat Young.

« J'ai toujours cru qu'Édouard de Ribes n'aimait que deux choses au monde, me dit Jean-Paul Enthoven : les livres et l'argenterie. Avant de comprendre qu'il aimait passionnément Jacqueline et qu'il était sans doute son grand amour. »

Le style de vie aristocratique présidait à leurs relations. Pas d'épanchements en public – sauf cette unique fois. On ne s'embrasse pas en dehors de chez soi, on ne se prend pas la main, on évite les hypocoristiques bourgeois, les « mon chéri », « ma chérie » et autres mots câlins. *Don't be common !* Cette remarque peu amène de son mari aux premiers jours de leur mariage, alors qu'elle tentait de lui prendre la main lors d'une promenade sur les Champs-Élysées, a définitivement marqué Jacqueline de Ribes.

« Je crois qu'il ne m'a jamais dit la formule un peu ressassée – "je t'aime". Il me la disait, mais en anglais, avec la distance,

1. *Vanity Fair*, septembre 2010.

la pudeur, qui ont cours chez les Anglo-Saxons : "I am so fond of you" ou bien "You are my marvel !" Nous nous aimions. »

Comme leurs parents et grands-parents avant eux, le couple faisait chambre à part. Les dimensions de leurs demeures le leur permettaient. À chacun son domaine, son intimité. « Une chance, confiera-t-elle à un ami après la mort de son mari. J'imagine… se retrouver seule dans un lit où on a dormi plus de soixante ans avec le même homme, tendre la main et sentir sa place vide… au moins n'aurai-je pas connu cette horrible tristesse. »

Les repas se déroulent rarement en tête à tête. Le comte déjeune souvent à la banque, la comtesse sur un plateau dans sa chambre. Les invitations à dîner sont autant d'occasions de ne pas se retrouver seul à seule.

Les sentiments, s'ils ne s'expriment ni en gestes ni en mots, sont présents, mais sous une forme contenue, réservée sinon distante. L'amour conjugal se doit de respecter les conventions sociales. La tendresse ne s'épanche pas.

Jacqueline de Ribes me dit éprouver de la gratitude à l'égard d'un époux qui, dans ce contexte rigide, lui a pourtant laissé la liberté de s'exprimer. « Il n'a pas agréé toutes mes initiatives et il a finalement mis un point d'arrêt à ma maison de couture, parce qu'elle entraînait des dépenses qu'il trouvait inconsidérées. Mais durant ces soixante-cinq années, couture mise à part, il m'a laissé la bride sur le cou. » Il l'a soutenue financièrement et moralement – elle a toujours pu compter sur lui. Pourtant…

« Il n'était jamais là. Ni aux sports d'hiver, ni à Marbella, ni à Ibiza, où il ne faisait que passer. Ni non plus à l'hôpital quand j'étais malade ou opérée. Il était toujours à la banque. Ou partait vers d'autres destinations pour ses vacances. »

Le couple est finalement très libre. Lui ferme les yeux sur des amitiés amoureuses qui sont souvent bien davantage. Peut-être est-ce le meilleur moyen de ne pas la perdre. Elle avoue avoir vécu des passions hors mariage. Mais elle n'a jamais songé un seul instant à quitter son mari, encore moins à divorcer.

Édouard de Ribes se console des absences répétées de son épouse auprès d'amies paisibles, plus conformes aux mœurs anglaises qu'il a toujours chéries. Jacqueline de Ribes est amie avec ses amies qui, telle Laure de Beauvau, font partie du cercle intime.

La liberté du couple nourrit la fidélité. Rien ni personne n'a pu briser entre ces deux époux le premier lien. Ce lien sacré du mariage, aussi fort qu'au début, la mort ne peut y mettre fin.

Après l'enterrement, une collation sous forme de buffet attend la famille et les amis les plus proches, dont le père de Langalerie et le père de Tanoüarn, également invités. Ainsi que le personnel de la maison – ou plutôt des maisons –, qui déjeunera de son côté, dans la salle à manger contiguë à la serre. Maîtres d'hôtel, cuisiniers, femmes de chambre, chauffeurs, jardiniers… de Cogolin, de Diebolsheim, d'Ibiza et de Corse, sont venus assister à l'enterrement de M. le comte. Jacqueline de Ribes, dans sa longue jupe en gazar, passe d'une pièce à l'autre pour s'assurer que tout se passe bien et veiller au confort de chacun. Plus hiératique que jamais mais attentive à tous, elle va de l'un à l'autre. C'est la première fois qu'elle reçoit à la Bienfaisance sans son mari à ses côtés. Encore est-il aujourd'hui le héros d'une fête, ce dont cet homme discret se serait sans doute étonné.

Les enfants du couple sont tous deux réunis, ce qui n'est pas fréquent. Élisabeth van der Kemp – la fille aînée des Ribes – a épousé le fils de Gérald van der Kemp, le célèbre conservateur de Versailles, qui a su le premier solliciter les mécènes pour faire tomber une pluie de dollars sur le château. Divorcée[1], d'une santé fragile, elle est accompagnée de sa fille unique, Alix, la petite-fille adorée de Jacqueline de Ribes, et de son mari Pierre de La Rochefoucauld. Jean de Ribes est venu avec son épouse, Diane, née du Luart de Montsaulnin, et leurs deux fils. Il est aujourd'hui comte par droit de succession : le septième du nom. Son épouse Diane sera la nouvelle comtesse de Ribes.

Jacqueline de Ribes a désormais le statut de comtesse douairière.

Tous les invités se retirent. La Bienfaisance se vide. Stéphane Goriau s'attarde un peu pour retarder l'heure où la solitude va envahir la maison.

Alors qu'il s'apprête à son tour à s'en aller, Jacqueline de Ribes, sur le ton de Marie Bell dans *Phèdre* :

« Je suis détruite ! »

1. Élisabeth de Ribes a épousé Franck van der Kemp en février 1973, dont elle a divorcé en 1982. Sa fille, Alix, née en août 1976, a épousé en 2004 Pierre de La Rochefoucauld, dont elle a trois enfants.

Jacqueline de Ribes dans une robe Jacqueline de Ribes. Juin 1986.

26

L'Apothéose

Aux abords de Central Park, le Metropolitan Museum of Art de New York, l'un des plus grands musées du monde. Comparable seulement au Louvre ou au British Museum, ce temple de la culture aux proportions de mastodonte est riche des plus vastes collections d'art de l'histoire de l'humanité. Avoir son nom pavoisé à l'entrée représente une reconnaissance en général posthume que le Met, depuis sa fondation, n'accorde qu'à des personnalités de premier plan.

La Joconde y a été invitée en grande pompe en 1963, sous l'égide du président Kennedy et d'André Malraux.

Mais en novembre 2015, Jacqueline de Ribes en est la *guest star*. Son nom s'affiche sur la mythique façade en pierres grises de l'Indiana, comme si elle était Mona Lisa…

Jacqueline de Ribes
The Art of Style

Le Metropolitan Museum couvre non seulement toutes les époques mais tous les domaines de l'art universel. Peinture, sculpture, photographie, dessin, arts décoratifs, le grand musée n'a pas oublié la mode. Elle est entrée dans ses murs, un art à part entière, au lendemain de la Seconde Guerre, et ne s'est pas contentée d'y prendre marque. Elle s'y est développée au point d'être aujourd'hui l'un de ses départements les plus fréquentés. Diana Vreeland, pendant vingt ans[1], puis Anna Wintour[2] qui lui a succédé ont été les maîtresses d'œuvre de son brillant succès.

Véritable musée dans le musée, le Costume Institute abrite quelque trente-cinq mille pièces, qui couvrent sept siècles et cinq continents. Les plus anciennes remontent au XVe siècle. En raison de la fragilité des matières, il n'y a pas d'exposition permanente. Les costumes, conservés aux sous-sols du musée, dans d'immenses salles dont on vérifie chaque jour la température et le degré d'humidité, ne remontent à la surface qu'à l'occasion d'expositions temporaires. Robes à la polonaise du XVIIIe ou robes charleston, de bourgeoises ou de lavandières, de mormone ou d'artiste de music-hall, on trouve tout dans ses collections, de la robe de baptême à la tenue de deuil, en passant par le sari, le paréo et le kimono. Un laboratoire de restauration, contigu à ces catacombes, abrite des ateliers où travaillent en permanence couturiers, brodeurs et experts du

1. De 1972 à sa mort en 1989.

2. Le Costume Institute a été rebaptisé le « Anna Wintour Costume Center » en 2014, du nom de la fameuse rédactrice en chef du *Vogue* USA, directrice de l'ensemble des publications du groupe Condé-Nast, qui a succédé à Diana Vreeland comme présidente du Met Gala (ou Met Ball) – le gala de charité annuel, chargé de lever des fonds pour le Costume Institute. Le Met Gala en est devenu le principal mécène.

repassage aux poids (le fer à repasser est banni pour éviter les dommages de la chaleur sur les tissus). Ces restaurateurs ultra-qualifiés réparent les costumes quand ils sont mangés aux mites ou défraîchis par le temps.

Les choix pour les expositions portent le plus souvent sur des thèmes historiques ou géographiques, comme « la Belle Époque », « le costume russe » ou « la Chine ». L'influence de l'anglomanie sur la mode, les rapports entre le cubisme et la mode, la technologie et la mode, le catholicisme et la mode. Toutes les tendances sont représentées à l'institut du Costume, toutes les modes – le grand musée se veut ouvert aux influences les plus secrètes comme aux plus arrogantes.

Les expositions monographiques, dédiées à un couturier qui a marqué son temps, sont les moins nombreuses. Chanel en 2005. Poiret : « King of Fashion » en 2007. Balenciaga et son monde, Alexander McQueen, Charles James – ils n'étaient plus de ce monde à l'heure de leur rétrospective. Même le plus jeune, l'« Enfant terrible » qui habille lady Gaga et Björk, Alexander McQueen, est mort tout juste un an avant « Savage Beauty », l'exposition que le Metropolitan lui a consacrée.

Un seul couturier a eu droit à une rétrospective de son vivant : Yves Saint Laurent – « 25 Years of Design », l'hiver 1983. Avec un million de visiteurs, il détient le record du nombre d'entrées pour une exposition du Costume Institute. Jacqueline de Ribes fut parmi ses premiers visiteurs.

Miuccia Prada la précède en 2012, dans un dialogue doublement italien avec Elsa Schiaparelli. Demain, en

2017, ce sera Rei Kawakubo, la styliste japonaise, fondatrice de la marque Comme des Garçons, l'anti-*fashion queen*, l'inventrice du look « Hiroshima chic », qui aura les honneurs du Metropolitan. Ses vêtements androgynes font exploser les codes traditionnels de la féminité.

Mais aujourd'hui, c'est à Jacqueline de Ribes que le Met ouvre ses portes.

New York a déployé pour elle son tapis rouge.

Au sous-sol du musée, le *basement* comme disent les Américains, la lumière est tamisée, d'une douceur de crypte. Des valses de Chopin, en version orchestrée, accompagnent la visite. Tout est théâtre ici, devant les silhouettes qui jaillissent de l'ombre : des mannequins en matière noire, le crâne lisse et nu, des Schläppi de la maison Bonaveri en Italie. Aucun autre support ne peut être plus effilé, plus sobre, ni mettre mieux en valeur que le noir les robes somptueuses qu'ils présentent.

Jeux de lumière aux réglages millimétrés – seules les robes sont éclairées. Scénographie exceptionnelle.

Jacqueline de Ribes a prêté au Met soixante pièces de sa collection. Elles proviennent toutes de son vestiaire personnel. Ce sont pour la plupart des robes du soir, bien que quelques tenues de jour se soient glissées parmi elles. Trente d'entre elles ont un label Haute Couture (H.C.). Signées Christian Dior, Yves Saint Laurent, Marc Bohan, Pierre Balmain, Jean Dessès, Madame Grès, Guy Laroche, Valentino, Jean-Paul Gaultier, Emanuel Ungaro, elles ont été créées pour elle. Et même sur elle, lors de ses nombreux essayages dans les maisons de Haute Couture, à partir de 1960. Ce n'est qu'à partir de cette date qu'elle a décidé de faire collection de ses robes, qui précédemment partaient à l'ANF (Association de la Noblesse française), pour habiller les aristocrates désargentées.

Trente créations de la marque Jacqueline de Ribes s'intercalent entre les trente des couturiers, avec autant d'éclat. Non seulement elles soutiennent la comparaison, mais seul un œil expert pourrait les identifier sans avoir recours à leur estampille. Ni même Diana Vreeland ou Anna Wintour ? Elles portent sa signature *sleek chic* – une élégance sexy et glamour.

L'expérience est intéressante : sur le même podium, une robe de Saint Laurent. Une autre de Jacqueline de Ribes. Une troisième de Marc Bohan. Cherchez la sienne…

L'exposition montre comment elle remaniait les robes à son idée. Elle les a presque toutes « customisées ». Le Met souligne dans chacune d'elles le talent artistique.

Ainsi l'incroyable « Lady Corsaire », imaginée de pied en cap pour un bal à Saint-Moritz : Jacqueline de Ribes a garni de tulle vert le chapeau haut de forme de son grand-père, emprunté la décoration de l'Ordre du Dragon vert d'Annam de son père, et superposé des pantalons en velours noir de John Galliano, une blouse à jabot de soie de Ralph Lauren, un long manteau imprimé léopard de Roberto Cavalli. Les gants, les bottes en velours brodé (Cavalli), le stick, le bandeau sur l'œil – rien n'a été oublié mais tout est mélange. La bourse vient de Fortuny, le collier du marché de Saint-Tropez. Les gens s'attardent devant cette création qu'elle appelle un *fashion collage*. La version couture d'un art à la Juan Gris, à la Georges Braque.

Elle a réalisé d'autres collages : la « Western Belle » en veste denim, la « Highland Page » en pantalons kilt rouge Ungaro, chaussée de bottes à mi-cuisses de Ralph Rucci (automne-hiver 2000) et la « Gypsy-de-luxe » d'inspiration Ibiza, tirée à deux seuls exemplaires – le second appartient à Mrs Oscar Wyatt.

Trois manteaux de créateurs, absolument importables par le commun des mortelles, fascinent les visiteuses : une longue doudoune noire de Bill Blass, à jeter sur les épaules un soir d'hiver, un fabuleux manteau cosaque de Revillon, long lui aussi, signé Fernando Sanchez, ainsi que le *sleeping-bag coat* à mi-mollets de Norma Kamali, rose shocking. Rien n'est jamais convenu ou classique sur le corps de Jacqueline de Ribes.

Les robes du soir jouent la concurrence : avec leurs épaules larges, leurs décolletés profonds sur le buste ou dans le dos, leurs incrustations de dentelles et leurs couleurs surtout, couleurs chaudes, éclatantes, qui s'épanouissent à la lumière et attirent le regard.

Les Saint Laurent, les Dior, les Gaultier… les Jacqueline de Ribes… les Valentino… Toutes ces robes ont une histoire, chacune d'elles est associée à un moment de sa vie et en conserve la mémoire. Les robes racontent le roman d'une vie.

J'ai l'impression tout au long de la visite d'assister à une performance – de l'action art, du happening, de l'art en direct. L'artiste n'est pas présente en personne. Elle est présente en creux, mais sa présence est pourtant obsédante à travers le truchement des mannequins dont le hiératisme, la haute taille, la sveltesse reproduisent sa silhouette à l'identique. La couleur noire choisie pour eux n'est qu'un jeu de plus dans la confusion des apparences : Jacqueline de Ribes s'incarne dans chacune et le miroir renvoie indéfiniment son image.

Je reconnais parmi les robes présentées la mousseline arc-en-ciel de Marc Bohan, que portait aussi la princesse Grace de Monaco au bal de la Croix-Rouge, l'été 1967. La fameuse « Arsinoë » en faille de soie rouge, à trois étages, de Christian Dior, dessinée par Yves Saint Laurent, pour la collection d'automne 1959. Un des plus beaux spécimens de la Collection russe de Saint Laurent en 1976, corps en velours noir et manches bouffantes en satin vert. Et « Frémissement », le long peplum en crêpe blanc de Jean-Paul Gaultier, pour la collection printemps-été 1999 que le couturier a baptisée « Divine Jacqueline ».

La visite suit à la trace l'élaboration d'un style : du jour au grand soir, on découvre la rigueur de la silhouette, la volupté des couleurs, la fantaisie d'un patchwork, l'attirance pour les épures, tandis que se mesure au fil de la promenade un rêve de perfection.

Des photographies sur un mur. Des citations de personnalités sur un autre, des archives personnelles accompagnent le parcours. Sur une vidéo, Jacqueline de Ribes répond en anglais à une interview, lors d'un défilé de sa collection au Cercle interallié en 1984. Interrogée parmi ses ouvrières, dans ses ateliers de la Bienfaisance, on la voit sculpter les tissus, plisser et déplisser un drapé, agrafer des épingles, assembler des pierres en résine pour construire un bijou. Elle explique qu'elle a toujours voulu créer, la couture est une expression d'elle-même – comme pour d'autres la peinture ou la littérature.

Eleganza – Audacia – Sensibilità : un magazine italien a parfaitement résumé son monde.

La dernière salle, plongée dans l'obscurité, projette des faisceaux lumineux sur trois costumes des bals les plus fameux, tandis que Chopin continue de jouer ses valses. Spectacle d'une féerie sons et lumières.

À gauche, sur l'estrade, la duchesse de Guermantes dans sa robe rose abricot. Jacqueline de Ribes lui a fait fabriquer une perruque noire, en bandeaux de style Belle Époque, qu'elle n'avait pas à l'origine – ses propres cheveux suffisaient pour que le coiffeur Laurent lui construise le volumineux chignon.

À droite, en vis-à-vis, dans ses haillons violine et mauve et ses poils de yack, la « Folle de Chaillot ».

Au centre, arbitrant les deux, échappée du harem, toque de zibeline et cape rose fuchsia, la « Sultane » du bal Oriental, arrivée tout droit de Topkapi chez le baron de Redé.

Les trois figures se détachent, grandeur nature, chacune sur une gravure en noir et blanc du décor où elles ont dansé jadis : le château de Ferrières pour la duchesse Oriane, la Grande Cascade au bois de Boulogne pour Aurélie la clocharde, et l'hôtel Lambert sur les quais de la Seine pour la voyageuse venue d'Istanbul.

« Incarnation bien vivante de l'esprit français » selon Gilles Denis dans *Les Échos*, la presse salue Jacqueline de Ribes comme « une *it-girl* avant la lettre » (*Citizen K*), « qui a toujours eu de la profondeur dans l'élégance ».

« La comtesse de Ribes se paie le luxe d'avoir une *actu*, écrit Ariel Wizman dans *L'Officiel*. Elle est moderne comme une improvisation de Rudolf Noureev sur un remix de Philip Glass (ne cherchez pas, ça n'existe pas). »

Le *New York Times* pense qu'elle a « ouvert la voie à des créateurs comme Carolina Herrera et Tory Burch[1] ».

Le *New Yorker*, sous la plume de Judith Thurman, parle de « *perfect pitch* » et de « *performance art*[2] ».

Les journalistes unanimes des deux côtés de l'Atlantique rendent aussi hommage à Harold Koda et au Costume Institute qui ont pris l'initiative de mettre en lumière cette « virtuose » (selon Judith Thurman).

Ses pairs dans l'univers de la mode font écho à ce concert de louanges.

Diane de Fürstenberg loue ses mains magiques (« *magical hands* ») et la désigne comme « *a volcano of talent* ».

Karl Lagerfeld, plus réputé pour ses coups de griffes que pour sa patte de velours, y va lui aussi de son compliment : « Jacqueline de Ribes arrive à rester en dehors de cette horrible zone, celle de l'icône de mode désincarnée. »

Sur les réseaux sociaux, les échos sont innombrables. Je

1. Vanessa Friedman, 12 novembre 2015.

2. Judith Thurman dans le *New Yorker*, « Haute Ticket : Jacqueline de Ribes at the Met » : « *Dressing was her performance art and like any virtuoso she knew what feats she could risk without risking self exposure.* »

retiens le commentaire de Jacqueline Clair dans son blog du 11 janvier 2016 : « *It's one thing to look at the pretty clothes, but it's really the story behind them that makes it all more interesting* » – « C'est agréable d'admirer de jolies robes mais ce qui rend tout ça bien plus intéressant c'est leur histoire. »

Jacqueline de Ribes appartient à tous ces mondes que des frontières séparaient autrefois et qui se mêlent désormais dans un bouillonnant melting-pot. Elle pourrait être le symbole d'une alchimie toujours controversée entre l'Ancien et le Nouveau Monde, entre l'aristocratie européenne et la jet-set internationale, la tradition et la modernité. Sa personnalité à facettes, plus complexe qu'il n'y paraît, est un reflet de l'air du temps, mais aussi un défi permanent pour venir à bout des amalgames et faire œuvre originale.

Par une étrange coïncidence, à la même date, le palais Galliera, le musée parisien de la Mode, expose « La Mode retrouvée : les robes-trésors de la comtesse Greffulhe ». Née Élisabeth de Caraman-Chimay, la comtesse Greffulhe (1860-1952) a inspiré à Marcel Proust le personnage de la duchesse de Guermantes. Il y a eu d'autres modèles mais elle est le principal.

Cinquante robes de Worth, de Fortuny, de Jeanne Lanvin : la comtesse Greffulhe aimait les robes. Elle ne se laissait imposer aucun diktat par les couturiers et avait déjà l'habitude de les « customiser ».

Olivier Saillard, directeur du musée Galliera, à propos de cette muse légendaire : « Nous parlons toujours des créateurs dans la mode, mais rarement des clientes. Or, les clientes ont beaucoup à nous apprendre. »

La comparaison était inévitable entre Jacqueline, comtesse de Ribes, et Élisabeth, comtesse Greffulhe, du simple fait qu'elles sont toutes les deux Oriane dans le miroir tendu par Proust.

Le *New York Times* s'attache à établir un parallèle entre elles dans un article intitulé « *When the famous dressed themselves* » : « Deux expositions à Paris et à New York étudient les styles de deux élégantes qui ont construit leurs garde-robes sans obéir à leurs couturiers[1]. » L'une et l'autre aristocrates et femmes du monde, muse des peintres et des écrivains pour l'une, des photographes pour l'autre, admirées, enviées, attirant les lumières, elles ont construit leur personnage et promu le style, bien plus que la mode. Seule des deux, Jacqueline de Ribes a franchi le pas vers la création.

« Quand le palais Galliera expose les robes "naphtalinées" de la comtesse Greffulhe, écrit Laurent Dombrowicz dans *Citizen K*, New York fait un choix autrement audacieux. Une femme française, muse d'une époque révolue, mais à l'acuité artistique terriblement moderne. »

Ce que Jacqueline de Ribes résume en anglais sur l'une des vidéos du Met : « Je voulais créer. Les vêtements ont été l'expression et le moyen[2]. »

Il a fallu huit ans pour que l'exposition du Metropolitan se mette en place. L'idée initiale en revient à l'un de ses

1. « *Museum shows in Paris and New York examine the style choices of two elegant women who built their wardrobe without any directions from handlers* », Vanessa Friedman dans le *New York Times* du 12 novembre 2015.

2. « *I wanted to create. Clothes were simply the vehicle and the expression.* »

anciens directeurs, Philippe de Montebello. C'est lui qui a proposé au musée, en 2007, le nom de Jacqueline de Ribes. À tout seigneur, tout honneur, elle ne l'a pas oublié.

Directeur du Metropolitan pendant trente ans[1], Philippe de Montebello qui n'est plus en poste au jour du vernissage avait conçu le projet sous l'éclairage du grand monde et de l'art de vivre. Plus proche lui-même du côté de Guermantes que des temps modernes, ce qui le séduisait c'était plutôt le monde d'hier et l'art que Jacqueline de Ribes avait de le faire revivre dans des bals ou des dîners.

Ce Franco-Américain, né en 1936, diplômé d'histoire de l'art de l'université de Harvard, a plus d'un lien avec la Comédie mondaine. Il descend en droite ligne, par son père, du maréchal Lannes, duc de Montebello[2]. Mais aussi, par sa mère, de la comtesse Adhéaume de Chevigné, un des autres modèles de Proust pour la duchesse de Guermantes. La comtesse de Chevigné est son arrière-grand-mère. Pour pimenter le tout, il est le petit-fils de Francis de Croisset, l'auteur de théâtre, l'un des princes de la Belle Époque, et, de ce fait, le neveu de Marie-Laure de Noailles[3]…

1. De 1977 à 2009.

2. Maréchal Lannes (1769-1809), mort des suites de ses blessures reçues sur le champ de bataille d'Essling.

3. Marie-Laure de Noailles (1902-1970) est la fille de Maurice Bischoffsheim (1875-1904), premier époux de Marie-Thérèse de Chevigné (1880-1963) – fille de la fameuse comtesse de Chevigné (née Laure de Sade, 1859-1936) qui a inspiré Proust. Devenue veuve, Marie-Thérèse Bischoffsheim épouse Francis de Croisset, dont elle aura deux enfants – sa fille, Germaine (1913-1975), est la mère de Philippe de Montebello.

On ne peut pas s'étonner qu'avec une pareille histoire familiale Philippe de Montebello, on lui en a fait le reproche, ait concentré ses efforts de rénovation à la Galerie de peintures du XIXe siècle au Met. Ni qu'il soit amoureux des Tiepolo du musée, qu'il a fait restaurer et mettre en valeur. Ni qu'il se soit intéressé à la personnalité charismatique de la dernière incarnation de la duchesse de Guermantes. On aurait pu craindre que le projet d'une exposition sur Jacqueline de Ribes soit enterré après son départ. Une aristocrate, une femme du monde, une survivante proustienne, une privilégiée qui cumule les avantages… À l'heure où la planète tourne à plein régime, est-ce bien ce que le grand musée souhaite ?

Harold Koda, le directeur du Costume Institute, né à Honolulu en 1950, est une personnalité *up to date*. Aucune nostalgie ne l'habite. Sa règle d'or ? Tout comme Diana Vreeland, dont il a été l'assistant au musée, il aime avant tout étonner et être étonné.

Quand il décide de venir voir Jacqueline de Ribes à Paris, c'est sur les conseils d'Oscar de la Renta. Le couturier américain, originaire de Saint-Domingue, lui parle depuis des années de son amie « Jacqueline » et des robes extraordinaires qu'elle collectionne. Harold Koda amène avec lui rue de la Bienfaisance un de ses collaborateurs, Andrew Bolton, jeune et dynamique conservateur qui d'ailleurs lui succédera à la tête du Costume Institute. Bolton fut en 2013, avec Koda, l'artisan d'une exposition au Metropolitan qui n'ouvre pas précisément la voie à Jacqueline de Ribes : « Punk : Chaos to Couture ».

Bolton en a confié le punk-parrainage à Riccardo Tisci, le directeur artistique de Burberry et de Givenchy, qui insuffle un esprit décapant au « *street luxe* ». Vivienne Westwood, Christopher Kane, Malcolm McLaren, le manager des Sex Pistols… Les icônes d'Andrew Bolton n'ont à première vue aucun point commun avec Jacqueline de Ribes.

Quant à être elle-même désignée comme une « icône » (*icon*), elle ne le souhaite pas. Le mot l'agace. « On l'emploie beaucoup trop et à propos de n'importe qui. » Une icône, c'est *lifeless and démodé*, déclare-t-elle ce jour-là devant ses deux invités américains.

Harold Koda le raconte : c'est lors de ce déjeuner, rue de la Bienfaisance, qu'il a pris sa décision. Alors qu'il est arrivé curieux de connaître cette Française dont on lui a tant parlé mais hésitant à s'engager, accompagné d'un Bolton sur la réserve, il est immédiatement subjugué. Resté de marbre devant les reliques de Marie-Antoinette comme devant les tableaux et les objets qui l'entourent, il n'a manifesté d'intérêt que pour cette « étonnante » comtesse française, à la fois moderne et hors du temps. Françoise Dumas qui a aidé Jacqueline de Ribes à préparer la rencontre a été témoin de ce qu'il faut bien appeler sa fascination. La comtesse est une personnalité comme il les aime, atypique et passionnément elle-même, sous le vernis de la haute civilisation. Son message, de plus, l'intéresse : cette créatrice de mode n'aime pas la mode.

« La mode se démode. L'élégance est éternelle. »

Mots dits en impeccable anglais bien sûr, par courtoisie pour Koda et Bolton, d'une voix chantante et avec une très légère pointe d'accent français. « *If fashion is temporary, elegance… is the emerging factor when you compare it to fashion inconstancy. It is eternal.* »

Dans la serre et les salons attenants, la visite commence. Jacqueline de Ribes a sorti ses robes de leurs housses à l'intention des deux ambassadeurs du Costume Institute. Un choix de la collection les attend, exposé sur des portants. En trois actes. Dans la serre, sont rassemblées ses robes signées des plus grands noms de la couture depuis les années 1960. Dans le salon attenant, acte II, elle a réuni un choix de ses propres créations, la collection J.R. Dans le plus petit salon, elle a mis en scène sur des mannequins en bois, pour l'acte III, ses trois costumes des bals masqués légendaires.

Harold Koda, avec Andrew Bolton, passe en revue les robes, reconnaît au premier coup d'œil la patte d'un Saint Laurent, d'un Gaultier :

« *Isn't this one a Valentino ?* »

Il découvre toutefois le style « de Ribes ». Le directeur et son conservateur en chef s'attardent pour étudier les matières, observer le dessin, l'architecture, soupeser le poids de ces tenues d'exceptionnelle facture. Koda en est frappé : la qualité des tissus et de la coupe, le raffinement des détails sont très au-delà de la facture habituelle du prêt-à-porter. Le *design*, surtout, est original. Il est *unique* aux yeux de ce professionnel, qui baigne dans l'univers de la mode mais est loin d'être blasé. Il sait garder en éveil sa curiosité – qualité qui est chez lui toujours en alerte. *Unique*, murmure-t-il en anglais, à l'image de l'aristocratique hôtesse qui les reçoit dans la lumière muséale de son hôtel de la Bienfaisance.

Koda aurait-il encore hésité sur le choix du thème – art de vivre ? tableau d'une époque disparue ? – que la découverte des trois masques, isolés dans le dernier petit salon, l'aurait immédiatement convaincu que le vrai sujet est ailleurs. Il y a là une véritable création de soi – un spectacle vivant.

« Ma “Folle de Chaillot”… », lui dit Jacqueline de Ribes en tendant le bras vers son déguisement préféré.

« *This was the coup de foudre !* » raconte Harold Koda.

Je cite sa description et l'effet que le costume eut sur lui : « *A* fin de siècle *gown composed of shredded chiffon and tulle, less a pretty confection than a dramatically poetic deconstruction* avant la lettre *of the Belgians and Japanese*[1]. » Au XXIe siècle, déconstruire est un art, plus fascinant que construire. Tels les couturiers belges ou japonais auxquels il se réfère, une avant-garde de la couture remet en cause les principes d'équilibre et d'harmonie, bouscule les genres et fait exploser les codes. Cette « Folle de Chaillot », avec ses jupons fin de siècle, comme Koda le dit si bien, c'est un vêtement de Margiela ou de Kawakubo *avant la lettre*.

Jacqueline de Ribes travaille pendant plus d'un an à « son » exposition. En dialogue permanent avec Harold Koda, elle choisit une à une les soixante robes qui seront exposées. Mais elle prend part aussi à la scénographie. Elle

1. « Un costume fin de siècle, fait de chiffons et de tulle, est moins une jolie pièce de couture qu'une déconstruction, dramatique, poétique, qui annonce avant l'heure les créateurs belges et japonais », Harold Koda dans sa préface à *Jacqueline de Ribes*, livre pour l'exposition au Metropolitan Museum, IBD éditions, 2015.

sait comment les exposer par couple, trio ou quatuor, selon la couleur, la structure ou le contraste. Elle porte une attention extrême à chaque détail. Exemples ? Elle fait enlever un collier trop lourd sur l'un des schläppi, « on se croirait à la vitrine de chez Cartier ! »

Quand elle découvre sur les épaules du tailleur en tweed grège de Pierre Balmain automne-hiver 1962-1963 le manteau assorti, bordé de lynx, que le couturier a prévu pour compléter cette somptueuse tenue d'après-midi, elle proteste : « Je ne l'ai jamais porté comme ça ! »

Elle aurait eu trop peur de ressembler à « une dame du 16e arrondissement » (son expression). « Trop classique ! » Le manteau, elle l'a toujours porté séparément. Pour compléter le tailleur, elle aurait préféré qu'on lui jette sur les épaules la vieille veste paysanne qu'elle a achetée dans un des bazars d'Ibiza et dont elle se sert encore, usée à force d'avoir servi, pour casser le ton d'un vêtement « trop chic ». Elle déteste le tout-assorti. Comme elle déteste le tout-venant. Son dress code, c'est la fantaisie. « *Elegance is the art of being astonishing, without ever creating astonishment* » – c'est sa leçon d'élégance. Créer l'admiration sans jamais créer l'étonnement. Ses tenues les plus étudiées ont toujours, en effet, une audace, une dissymétrie, une volontaire faute de goût – question d'élégance.

Je l'entends dire : « Rien n'est pire que le bon goût. »

Le Metropolitan, mieux qu'un art du style, expose une personnalité.

Témérité, discipline et panache, orgueil et humour, folie de la beauté, folie de la perfection. Dans cette rétrospective, elle a porté jusqu'aux sommets l'art de la mise en scène de soi.

« *It is the best portrait of myself!* » dira Jacqueline de Ribes.

Comment s'étonner que cette perfectionniste incurable n'ait laissé aucun répit aux organisateurs ? Grâce à Skype et à son iPad, dont elle ne se sépare jamais, elle est branchée en permanence sur le musée, sans toutefois se rendre à New York. Tout se passe sur écrans et par micros interposés. Elle règle les plus menus détails par téléphone, de la disposition des mannequins au libellé des cartouches qui indiquent le créateur et la date de chaque robe. Mais elle refuse encore de se déplacer. Elle affirme avoir passé l'âge des grands voyages. Peut-être craint-elle de ne plus retrouver dans le New York d'aujourd'hui la ville de sa jeunesse, des photos d'Avedon, des dîners au Knickerbocker Club et des galas de l'Embassy Ball.

Quand l'exposition est prête, il lui faut encore mettre au point la soirée. Tout vernissage se doit d'être suivi d'un dîner de prestige. Le lieu est vite choisi au sein du grand musée : ce sera dans l'aile Sackler, l'antique temple de Dendur. Les Égyptiens de la Haute Époque l'avaient édifié pour honorer Osiris, le dieu du Nil. L'Égypte moderne l'a offert aux États-Unis en remerciement de leur aide lors des mortelles crues du fleuve, à la fin du XIXe siècle. Démonté pièce à pièce et reconstruit ici, on y accueille traditionnellement les invités de marque.

Jacqueline de Ribes espère être là pour le grand soir, malgré la fatigue qui ne la quitte plus.

Avec Françoise Dumas elle a établi sa liste, comme elle en a l'habitude : cent cinquante invités sont prévus.

Ils reçoivent une invitation imprimée (en anglais) sur un magnifique bristol, gravé du M du Metropolitan.

La soirée d'inauguration doit avoir lieu le mercredi 18 novembre, sous la présidence de Thomas Campbell, CEO (P-DG) du Metropolitan[1], de Sidney Toledano, CEO de Christian Dior, et de Jean, comte de Ribes, son fils.

Une visite privée de l'exposition commencera à sept heures, le dîner est annoncé pour huit heures précises. Code : « Black Tie ».

De nombreux amis seront là, d'Europe et d'Amérique, beaucoup sont déjà à New York. Tout est prêt. Jacqueline de Ribes, sentant monter la pression, a prévu de n'arriver que la veille.

Mais le 13 novembre, à Paris, une attaque terroriste dévaste le Bataclan, une salle de spectacle du boulevard Voltaire. Mille cinq cents spectateurs, jeunes pour la plupart, assistaient au concert des Eagles of Death Metal. Il y aura près d'une centaine de morts et des dizaines de blessés très gravement atteints.

Jacqueline de Ribes annule sa venue à New York.

Et elle annule la soirée au temple de Dendur.

Il y aura quand même un dîner pour les amis qui sont venus. Françoise Dumas réserve au dernier moment le restaurant du Mark Hotel – voisin du Metropolitan –,

1. Directeur du Metropolitan de 2009 à 2018, Thomas Campbell a succédé à Philippe de Montebello.

une adresse élégante et discrète. Le soir du 18 novembre, quatre-vingt-dix personnes se retrouveront pour fêter Jacqueline de Ribes, sans Jacqueline de Ribes, dans l'atmosphère assombrie par la tragédie de Paris.

Reynaldo et Carolina Herrera, Diane de Fürstenberg, Jean-Gabriel Mitterrand, Anna de la Renta, Laure de Beauvau, Frédéric Mitterrand, Valentino Garavani… Seuls sont réunis des proches de Jacqueline de Ribes.

À Judith Thurman qui lui demande au téléphone pourquoi elle n'est pas venue voir son exposition, elle répond que c'était au-dessus de ses forces – la France est en deuil. Elle se dit fatiguée de tout ce *fuss* autour d'elle, des *flashbulbs* et de l'apothéose – et de « la mise en scène de son ego [1] ».

Jean de Ribes prononce un bref discours. Il remercie les organisateurs, les amis, et rend un affectueux hommage à sa mère, absente physiquement mais présente par le cœur. Il y associe le souvenir de son père – l'autre grand absent, ce soir.

Un message de beauté, d'élégance et d'harmonie, quelques jours après les attentats de Paris ? « C'est sans doute la meilleure réponse aux barbares qui les ont commis. »

Deux cent mille entrées, entre le 19 novembre et le 21 février, « malgré une semaine de blizzard », précise Jacqueline de Ribes. C'est un record, Saint Laurent excepté, pour une exposition automne-hiver.

1. « *She was weary of the flashbulbs, the fuss, the apotheosis – the display of her ego.* »

27

Les trésors à l'encan

La solitude est le prix à payer quand on vieillit : tous les amis s'en vont. Marie-Hélène de Rothschild, Françoise de Langlade sont parties les premières. Marella Agnelli, « la dernière reine d'Italie », ferme les yeux en février 2019, à quatre-vingt-onze ans. Les confidentes d'autrefois ne sont plus.

Jody Donohue, sa mama américaine, est morte en 2017. Jacqueline de Ribes ne prenait pas de décision importante sans la consulter.

Le monde de la couture se vide des personnalités qui lui furent proches : Yves Saint Laurent en 2008, Oscar de la Renta en 2014. En septembre 2017, c'est Pierre Bergé qui quitte la scène.

Cette même année, en décembre, meurt Jean d'Ormesson. Il emporte avec lui une grande part de la joie de vivre dont il fut l'éclatant ambassadeur, l'infatigable et médiatique prophète.

Les lumières s'éteignent les unes après les autres.

On lui demande, on la presse d'écrire ses mémoires. Les éditeurs insistent. Elle prend tout à coup conscience que le temps a passé.

« Je suis la survivante du bal Beistegui. Ça sonne comme si j'avais survécu au *Titanic.* »

Le 14 juillet 2019, elle fête ses quatre-vingt-dix ans, le front haut, dans son hôtel de la rue de la Bienfaisance. Son anniversaire, que d'autres cacheraient, par coquetterie elle le revendique : ses amis remontent à Paris depuis leurs villégiatures dans le Midi, en Corse, en Sardaigne, pour l'entourer. Qui parmi eux manquerait aujourd'hui encore un rendez-vous de Jacqueline de Ribes ?

Le dîner est à la hauteur de tous ceux qui l'ont précédé : raffiné, délicieux, avec des fleurs sur les tables et servi en gants blancs par des maîtres d'hôtel aux petits soins – les mêmes depuis des décennies. Elle se tient toujours aussi droite et fait le tour de ses amis d'un pas assuré, avec la grâce qu'on lui a toujours connue. Sa silhouette n'a pas changé. Quant à l'allure et à l'élégance, elle peut en remontrer à des beautés plus jeunes qu'elle – ses nouvelles amies ont l'âge de sa fille ou de sa petite-fille. « Je l'adore, me dit la belle Patricia d'Arenberg avec son accent italien. Elle est un modèle. »

Elle affronte bravement tout ce que la vie lui apporte, le bon comme le mauvais, sans s'esquiver au prétexte de son âge. Elle tient bon. Comme pour son anniversaire, elle veut donner aux événements impromptus l'éclat d'un dernier panache.

Sa santé continue de se détériorer. Elle accumule les séjours à l'hôpital. Problèmes hépatiques, dermatologiques, graves déshydratations. Septicémie. Surtout, elle semble avoir perdu définitivement le sommeil. La nuit, depuis que son mari est mort, des cauchemars la tiennent éveillée. Elle a des soubresauts violents (en termes médicaux, des crises myocloniques). Elle doit être veillée par des infirmières qui peinent avec elle nuit après nuit. Mais le jour, malgré des vertiges, des douleurs musculaires, elle ressuscite. Elle se remet debout, elle recommence à vivre.

L'esprit toujours vif, la volonté intacte, cette survivante est en vérité très vivante. Dans le calme d'une retraite quasi monastique, elle prend des nouvelles des amis qui lui restent, aime recevoir leurs visites. Elle se préoccupe de ses enfants, de ses petits-enfants. Son fils divorce pour la seconde fois. Elle s'inquiète d'autant plus pour lui qu'il a subi une grave opération cardiaque. Le 31 août 2019, Jean de Ribes se remarie avec une romancière, journaliste à *Madame Figaro*, Valérie Gans[1]. Présente à la cérémonie, à Rougemont, Jacqueline de Ribes a retouché le matin même, avec un fil et des aiguilles, la ravissante robe en dentelles Ralph Lauren de la mariée, dont un détail la chagrinait. Elle apparaît au bras de son fils, fidèle à son élégance légendaire, dans un tailleur-pantalon blanc ivoire (veste Kenzo vintage et pantalon Ralph Lauren), coiffée d'un Borsalino du même ton.

Les soucis familiaux ne l'empêchent pas de garder un œil sur le monde extérieur. Elle scrute au quotidien les péripéties de la politique française – « la vie politique m'a toujours passionnée ! » –, suit les relations internationales en Amérique, en Chine, et, puisque son mari n'est plus là pour en

1. Valérie Gans est notamment l'auteure du *Bruit des silences* et de *Emprise*, romans publiés par J.-C. Lattès en 2013 et 2017, ainsi que de *Charity bizness*, livre qui pourfend le business charitable, Payot, 2007.

prendre soin, elle gère désormais ses affaires en personne. Les avocats, les conseillers aux comptes sont ses interlocuteurs les plus fréquents, avec les médecins et les aides-soignants.

Elle se tient au courant du bouillonnement des idées, des avancées de la création, et se tient informée de la vie culturelle. Présidente d'honneur des Amis du musée d'Orsay, elle se rend à autant d'expositions que sa santé le lui permet, ou en étudie les comptes rendus dans les journaux, les magazines.

Si elle ne perd pas contact avec le bruissement du monde, elle soigne sa vie intérieure. L'abbé de Tanoüarn, son confesseur, s'entretient régulièrement avec elle. Comment affronter les derniers moments ? Y a-t-il une vie après la mort ? Retrouve-t-on là-haut tous ceux qu'on a aimés ? Faut-il croire à la résurrection des corps ? Croyante et pratiquante, elle prie avec lui pour les défunts et pour sauver son âme.

Quelle sera sa vie dans l'au-delà ?

Puis elle revient dans ce bas monde, pour régler tout ce qui doit l'être.

« J'ai vingt-six dossiers prises de tête ! Comment voulez-vous que je puisse dormir ? »

Pour se distraire, elle lit la biographie de Sophie des Déserts sur Jean d'Ormesson. Je la lui ai apportée un soir, en me demandant quelle serait sa réaction.

« J'ai bien aimé le livre, me dit-elle. Et quel titre ! *Le Dernier Roi Soleil*, cette Sophie des Déserts ne pouvait pas trouver mieux. »

Elle ne me demande pas quel titre je pourrais trouver pour la biographie dont elle est l'héroïne.

La Dernière Reine de Paris ?

En 2009, la vente de la collection Yves Saint Laurent - Pierre Bergé l'a beaucoup marquée. Qualifiée de « vente du siècle » pour son prestige et le montant faramineux qu'elle atteint (373,5 millions d'euros), elle a vu disperser en trois vacations le Goya, les Cézanne, Ensor, Braque, Matisse, Brancusi, De Chirico, Picasso, Duchamp et autres, mais aussi les têtes d'animaux Yuanmingyuan en provenance du palais d'été de Pékin, les pièces d'orfèvrerie, les miniatures et autres objets d'art décoratif, que contenaient à profusion (plus de sept cents lots) leur appartement parisien de la rue de Babylone, le château Gabriel près de Deauville et la non moins somptueuse villa de Marrakech entourée des jardins Majorelle.

Les profits de la vente, organisée au Grand Palais par Christie's en association avec la maison de vente aux enchères de Pierre Bergé, sont allés à la fondation Pierre Bergé - Yves Saint Laurent et à la lutte contre le sida (Sidaction, dont Pierre Bergé fut président). Partagée entre l'admiration et la tristesse devant cette dispersion homérique, Jacqueline de Ribes a entendu le clair message de Pierre Bergé :

« Je ne fais pas confiance à l'au-delà. J'ai préféré tout organiser de mon vivant, ce que n'aurait peut-être pas fait Yves. Je ne pouvais réaliser cette vente qu'après sa mort. La page est bel et bien tournée. »

Après tout, pourquoi serait-on obligé de vivre dans les souvenirs ? En 2019, elle entreprend de se défaire d'un lourd poids du passé : elle met en vente une grande part des collections de la famille Ribes.

« Il faut réveiller la Belle au bois dormant », lance-t-elle un beau jour, comme un défi à la vie.

Elle confie ce soin à Sotheby's, l'une des plus fameuses maisons multinationales de ventes aux enchères, sans doute en souvenir de ses liens d'amitié avec Laure de Beauvau-Craon, qui en fut une figure historique. C'est Laure de Beauvau qui a imposé Sotheby's en France en livrant bataille pour la libéralisation du marché de l'art. Encore une grande absente : la princesse, sœur de l'artiste Guy de Rougemont, s'est éteinte en avril 2017. Pour Jacqueline de Ribes, il demeure dans l'ordre des choses de reporter la mission sur son successeur. Mario Tavella, le directeur général, qui a lui-même succédé au brillant Guillaume Cerutti, va la mener à bien, sous sa gouverne. Car il est bien entendu qu'elle n'a pas l'intention de déléguer entièrement ses pouvoirs. Cette vente, elle veut la porter comme elle en a pour toutes choses l'habitude, en réglant elle-même les détails de cette grande affaire.

En face de l'Élysée, au 76 rue du Faubourg-Saint-Honoré, dans l'ancienne galerie Charpentier dont Sotheby's occupe les locaux, furent exposés autrefois, dans les années 1950 et 1960, les peintres de l'École de Paris. L'adresse est à dix minutes à pied de chez elle, en s'éloignant du parc Monceau – si elle le souhaitait, elle pourrait s'arrêter au passage à l'hôtel Bristol pour y prendre le thé.

Sotheby's a transformé en musée intime et provisoire son vaste espace parisien, afin de recréer dans ses murs les beaux salons de l'hôtel de la Bienfaisance. Lumières douces. Atmosphère feutrée. Les visiteurs se parlent à voix basse – il y en aura deux mille trois cents, en quatre jours d'exposition. Les curieux, attirés en grand nombre par une campagne de presse alléchante, entrent et se promènent librement, comme s'ils étaient invités chez les Ribes. Le charme des objets, au-delà de leur valeur souvent astronomique, tient au fait qu'ils sortent pour la première fois de leur demeure : ils sont restés pendant près de cent cinquante ans pour la plupart au même endroit, sur la même commode ou la même console où le premier collectionneur les a déposés, sur le même mur où il les a accrochés en 1865 – date de construction de l'hôtel par Auguste Tronchois. Un esprit de permanence a toujours veillé à ce que meubles, tableaux ou sculptures, vases et bibelots n'en bougent pas d'un centimètre. C'est à peine si un plumeau léger venait les caresser pour ôter la poussière – ils n'ont pas connu d'autre emplacement que celui qui leur a été attribué à l'arrivée chez les Ribes, ni depuis lors d'autre maison que la leur.

Tous ont une histoire précise et documentée : une traçabilité, en termes de commerce, qui les rend exceptionnels.

Je fais partie des curieux, venus entre le 7 et le 11 décembre 2019, contempler « les trésors de la collection Ribes » – titre choisi pour la vente.

J'ai eu la chance de les voir lors de mes passages successifs à la Bienfaisance, mais ils étaient fondus dans un décor homogène, presque absorbés par lui. Je passais devant eux, sans leur accorder d'attention particulière. Ils faisaient partie d'un ensemble, très ancien, très beau, sans que l'un ou l'autre attire l'attention dans l'harmonie générale. Discrets, sans l'emphase d'aucun éclairage sur les détails qui font de chacun d'eux des pièces uniques, ils somnolaient en paix, au cœur de la vie familiale. Là chez Sotheby's, isolés les uns des autres, éclairés de manière scientifique, ils prennent un éclat inhabituel. Ils existent soudain non plus ensemble mais séparément. Comme les musiciens d'un orchestre, ils peuvent enfin jouer leur partition en solo, prendre leur revanche sur des siècles de concerts symphoniques. L'émotion est palpable dans la grande salle du rez-de-chaussée. Comme dans toute exposition qui précède une vente aux enchères, il y a de la mélancolie dans l'air mais elle est encore accentuée par son caractère de maison de famille. Les objets vivent les dernières heures de leur vie commune, avant de se séparer et de s'éloigner vers d'autres horizons.

Je cherche tout de suite mon « trésor » préféré : le tableau de Marguerite Gérard, où Jean-Honoré Fragonard a mis la main. Le peintre des scènes galantes, des jupons qui s'envolent au rythme de l'escarpolette, aurait ajouté (ou fignolé ?) le chat blanc de type angora qui s'accroche de ses griffes à un tabouret de velours. Marguerite Gérard, au dire des experts, a peint tout le reste. *L'Élève intéressante* (vers 1787) est un tableau à clef : les personnages en train de peindre se reflètent dans une boule de cristal.

Jean-Honoré Fragonard figure dans la généalogie de Berthe Morisot. Je ne m'aventurerai pas à la résumer ici. Mais elle tenait de lui une légèreté, une grâce de la touche. Au-delà de cet héritage, m'intéresse le rapport du maître et de l'élève : Marguerite Gérard, qui peint sous son nom, a cédé un espace de sa toile au maître, qui est aussi le beau-frère et l'amant. Je rêve devant ce tableau en pensant à celui de Berthe Morisot à la National Gallery de Washington – *La Mère et la Sœur de l'artiste*. Manet y a mis la main, comme Fragonard à celui de Marguerite Gérard. Il a passé cent fois au chiffon et refait cent fois le bras, la robe, la tête de Mme Morisot mère (aux dires de Berthe dans une lettre à sa sœur Edma). Elle avait eu l'impression de perdre son autonomie, de voir se rétrécir son espace vital. Était-ce ainsi pour Marguerite Gérard ?

Le mystérieux tableau (64,6 × 55 cm), estimé entre 300 000 et 400 000 euros, sera préempté à 1 032 500 par le musée du Louvre. Un record mondial pour l'artiste.

Il vole la vedette à une huile d'Élisabeth Vigée-Lebrun (1781), 147 × 113 cm, estimée entre un million et un million et demi d'euros : *Junon demandant à Vénus de lui prêter sa ceinture magique*.

Les deux tableaux ont la même histoire. Propriétés l'un du comte d'Artois, le frère de Louis XVI (le Vigée-Lebrun), l'autre du comte de Turnhout (le Marguerite Gérard), ils ont été saisis sous la Révolution au Temple et envoyés à l'hôtel de Nesles, rue de Beaune, puis cédés à un fermier général. Le filleul de ce fermier général, Aimé Gabriel d'Artigues, directeur des Verreries Saint-Louis, en hérite en 1803. Après quoi, les tableaux tombent dans l'escarcelle des Ribes quand la fille de ce d'Artigues épouse Charles-Édouard, troisième comte de Ribes (1824-1896), l'arrière-grand-père d'Édouard de Ribes. Ce troisième comte est le bâtisseur de l'hôtel de la Bienfaisance.

Les Ribes furent tous, d'une génération à l'autre, des collectionneurs passionnés et exigeants. Les cinquante-neuf lots en témoignent. Pas un de médiocre qualité, pas un d'origine un tant soit peu incertaine. Rien que le meilleur. Daniel Alcouffe, conservateur général honoraire au musée du Louvre, évoque « une collection familiale, restée toujours harmonieuse, malgré les apports successifs, sans ostentation, incarnant le goût français. C'est une leçon ».

Un éventail à vingt brins, en ivoire, a appartenu à Marie-Antoinette, qui adorait les éventails. La reine en fit cadeau à son intendante des Dentelles et Guipures, Mme du Crey. Laquelle le laissa en héritage à sa fille qui, sans enfants, le légua à un M. Eugène de Thiac, qui épousa la fille du premier comte de Ribes…

De la même provenance, une pendule dite « à la négresse », dont le mécanisme sophistiqué offrant des mélodies à soixante jeux de flûte amusait la reine et le dauphin – le petit Louis XVII. C'est une des attractions de la vente.

Deux immenses Hubert Robert, le peintre des ruines si cher à Diderot, sont en revanche un achat nouvelle génération : « Nous l'avons fait ensemble, Édouard et moi », précise la comtesse de Ribes. Ils étaient jadis dans le salon de l'hôtel particulier de Mme Geoffrin, rue Saint-Honoré. Une rue qui prolonge au-delà de la rue Royale la rue du Faubourg-Saint-Honoré. Changement de siècle mais pas de quartier. Les philosophes des Lumières fréquentaient ce salon. D'Alembert, Voltaire, Diderot avaient l'habitude de s'y retrouver tous les mercredis. Ils philosophaient devant ces toiles d'Hubert Robert, *Le Matin* et *Le Soir*. Leur hôtesse, collectionneuse acharnée, les avait commandés au peintre – « J'ai commencé la collection de mes tableaux en 1750, ils ont tous été faits sous mes yeux. »

Des tableaux de maîtres flamands, des pendules et des candélabres, un pot-pourri de Sèvres à pâte dure « beau bleu », une commode en marqueterie d'amarante et bois de violette, un cabinet-secrétaire incrusté d'écaille de tortue, un fauteuil de bureau à accoudoirs en têtes de lions ailés, une paire d'obélisques en ivoire ornés de camées… Tous sont estampillés des meilleurs ébénistes, doreurs, graveurs, bronziers, peintres de leur temps.

Dans des vitrines, Sotheby's expose la série de boîtes en or dont Jacqueline de Ribes se sépare aussi. Poudriers Bulgari ou Cartier, étuis à cigarettes Cartier ou Fabergé, tabatières royales, bonbonnières, boîtes à miniatures, certaines à plusieurs couleurs d'or entremêlées (or jaune, blanc, rose…). Une folie palladienne en pierres dures de Dresde est estimée entre 500 000 et 700 000 euros.

J'admire une paire de grands vases en albâtre, que je suis honteuse de n'avoir pas remarqués à la Bienfaisance alors qu'ils sont si beaux. Ils ont appartenu au prince Demidoff (1812-1870) et ornaient sa villa de San Donato, près de Florence. Demidoff, l'éphémère époux de la princesse Mathilde, fournit à Charles de Beistegui l'exemple même de l'aristocrate sachant se séparer de ses trésors, quand il songea lui-même à se défaire de ceux contenus au palais Labia. Demidoff avait entièrement vidé sa magnifique villa toscane pour commencer une autre collection.

Le fleuron de la collection Ribes est bien dans cet esprit « sans ostentation » que loue Daniel Alcouffe. C'est un bronze de petite taille (60 cm), d'une patine « couleur de fumée », dont la présence discrète sur l'une des commodes du salon ne signalait pas le chef-d'œuvre. *L'Enlèvement d'une Sabine* est pourtant digne de figurer au Louvre ou à la collection Getty qui détiennent d'autres bronzes de la même origine. Mais il faut avoir l'œil de l'expert ou se référer à ses explications historiques et techniques – vingt-six pages du catalogue Sotheby's – pour en mesurer la perfection et la rareté.

D'après un modèle de Giambologna (1529-1608), ce bronze d'exception, attribué à Antonio Susini (1558-1624), « premier assistant du maître et auteur des plus beaux exemplaires de ses créations », a appartenu à Louis XIV et figurait à l'inventaire du Grand Dauphin. Son histoire, documentée depuis lors, n'a connu aucune interruption et peut être suivie jusqu'à son arrivée chez le troisième comte de Ribes – premier dépositaire familial de ce trésor d'un roi.

Vendu 4 493 200 euros – la plus haute enchère de la vente –, *L'Enlèvement d'une Sabine* sera préempté par le château de Versailles.

« Mon mari, avant de me quitter il y a six ans, m'avait conseillé de vendre. Il pensait qu'à nos grands âges, nos enfants vivant à l'étranger, il serait normal de ne plus habiter une grande maison qui ne pouvait plus porter le nom de "familiale", et de se séparer de quelques chefs-d'œuvre qui appartiennent à l'Histoire et à l'histoire de l'art.

« Ces merveilleux objets et meubles, qui se trouvent aujourd'hui solitaires dans une maison où plus personne ne peut les aimer et les admirer comme autrefois, méritent une nouvelle vie[1]. »

Jacqueline de Ribes a travaillé pendant des mois avec les experts de Sotheby's et avec Mario Tavella. Elle a exhumé des archives de la Bienfaisance les dossiers qui établissent l'origine, l'histoire, la date d'achat ou de cession de chacun des objets, leur description minutieuse.

L'air de dire, « *I did the job !* » : « J'ai tout retrouvé, Sotheby's n'a eu qu'à publier tous ces documents dans son catalogue. »

Elle en a ensuite surveillé la rédaction et la mise en page, vérifiant à son habitude le moindre paragraphe, la plus petite note en bas de page. Une *control freak*, comme on dit aujourd'hui ? Une obsédée de contrôle ? Elle a exigé une description parfaite pour cette vente d'objets parfaits.

Aux journalistes qui ne cessent de l'interroger sur les motifs de ce coup d'éclat, elle répond invariablement qu'elle en est venue au temps de la sagesse et de la sérénité. Il lui faut s'alléger. « Je reste passionnée d'art, de littérature, de la complexité de l'âme humaine, de l'évolution du monde et de la vie. »

À Caroline Pigozzi, journaliste de *Paris Match*, qui la connaît bien puisqu'elle a été la première épouse de son fils, elle avoue cependant que cela lui fait « beaucoup de peine[2] ».

Au premier étage de l'ancienne galerie Charpentier, l'escalier (dont elle a exigé qu'il fût repeint en vert) mène

1. Préface au catalogue Sotheby's.

2. Caroline Pigozzi, « Jacqueline de Ribes, Une allure folle », *Paris Match*, n° 3683.

à ce qui fut le saint des saints de la demeure des Ribes : leur bibliothèque. Sotheby's en a reconstitué le décor, tentures vert Empire et boiseries d'acajou sont peintes ici en trompe-l'œil.

Jacqueline de Ribes met à l'encan les précieux volumes du XVIe au XXe siècle, collectionnés avec amour par deux générations de bibliophiles, Jean de Ribes et Édouard de Ribes – son beau-père et son époux. Tous ces livres, revêtus de magnifiques reliures, paraissent vulnérables d'être ainsi tout à coup surexposés aux lumières. Ce sont des « diamants de la bibliophilie » selon Gabriel de Broglie, actuel président des Bibliophiles françois, dont les Ribes furent tous deux des membres actifs et Jean de Ribes le président pendant deux décennies [1].

Montaigne, Villon, Rabelais, Ronsard, Du Bellay, Montesquieu, Corneille et Racine, La Fontaine… Douze livres de Verlaine, sept de Proust… Je m'attarde sur une édition de *La Chartreuse de Parme* et sur l'exemplaire d'*À l'ombre des jeunes filles en fleurs* – tous deux annotés de la main de leur auteur.

Héritier de la bibliothèque classique de son père, Édouard de Ribes a contribué à élargir son champ, de Stendhal aux surréalistes, de Flaubert à Cocteau, à Apollinaire, à Dufy, à Picasso. Il a acquis de nombreux ouvrages d'amis écrivains et d'artistes du XXe et du XXIe siècle. Il a fait relier par Monique Mathieu avec des effets géométriques un livre de Lichtenstein, le peintre du pop art, et par Paul Bonet un ouvrage à deux mains de

1. De 1961 à 1982.

Picasso et Max Jacob… Ce qui démontre une vraie curiosité et une étonnante ouverture d'esprit chez un homme qui passait pour plutôt conventionnel et dont on aurait pu croire que le goût en matière d'art s'était arrêté aux œuvres du passé. Édouard de Ribes, dans la bibliophilie, a lui aussi trouvé un moyen d'expression personnelle, un domaine où s'affranchir des limites rigides des conventions.

La Bibliothèque nationale de France (BNF) préemptera une série de textes occitans traduits au XXe siècle par James Guitet, le peintre graveur des « livres blancs ».

La Bibliothèque Mazarine, un petit office de prières à la Vierge Marie, datant du XVIIe siècle.

Ce sont des pièces pour bibliophiles avertis, tels que le furent le beau-père et l'époux de Jacqueline de Ribes. Je leur préférais, dans ma naïveté, le Stendhal en demi-veau glacé des *Promenades italiennes*, les quinze volumes d'une *Recherche du temps perdu* avec lettre autographe, reliés dans un maroquin « rose janséniste », ou *Les Parents terribles* de Jean Cocteau adressés à sa « maman chérie ».

C'est Montaigne qui de tous les livres crèvera le plafond des enchères : 420 500 euros pour une rarissime édition des *Essais* posthume (1580), dans sa reliure d'époque.

28

La fin d'un monde

Rue de la Bienfaisance, un dernier après-midi d'automne. Depuis sa loge, un concierge ouvre le lourd portail noir. Il faut traverser la cour pavée, déserte, et franchir les quelques marches du perron qui conduisent à l'entrée principale. Le majordome prend mon manteau, le dépose dans le vestibule. La maison, silencieuse et froide, paraît abandonnée. Pour la première fois, la vétusté des peintures et des tapis me saute aux yeux. Au fond de l'ancien vestiaire, une porte peinte en trompe-l'œil dissimule un ascenseur. Tandis qu'il franchit les paliers avec une lenteur anachronique jusqu'au troisième étage qui est celui des archives, un faux ciel orné de nuages en contre-fond, sur une illusion de paysage italien, me donne la nostalgie d'un jardin.

J'ai épuisé la consultation des *scrapbooks*, des innombrables vidéos, puisé sans retenue dans la bibliothèque qui ne contient ici que des ouvrages sur Jacqueline de Ribes et le monde qui fut le sien. La fenêtre grande ouverte laisse filtrer une timide lumière, entrer un peu de fraîcheur. Les photographies d'Avedon se détachent sur le tissu fané de cette ancienne chambre de jeune fille. Je bavarde un peu avec Stéphane Goriau, l'archiviste, ouvre et referme un dernier dossier, mon livre s'achève. J'ai aujourd'hui la permission de visiter la Bienfaisance, de la cave au grenier.

Escortée du majordome, nous passons rapidement dans les pièces plutôt exiguës des étages – chambres des enfants et du comte, bureau de Stéphanie Mouly, l'assistante fidèle, nièce d'Élieth Roux, longs couloirs étroits aux tentures et aux moquettes défraîchies. La comtesse, d'après son majordome, n'habite plus ici depuis longtemps. Elle n'y vient plus que pour les grands dîners et les fêtes de famille. Et ces derniers temps, pour débattre des choix des lots avec Sotheby's. Seule sa chambre garde un charme intact, avec ses stores décorés d'oiseaux, sa moquette de Madeleine Castaing et l'immense lit Isabelino, identique à celui où elle dormait à Venise, au palais Labia.

Nous ne franchissons pas le seuil de la bibliothèque : orpheline de la plupart de ses livres, elle restera fermée sur le souvenir des collectionneurs passionnés qui aimaient s'y retrancher.

Partout règne le silence, quand la demeure vibrait autrefois de conversations, de bruits de pas et de la voix impérieuse de Jacqueline de Ribes.

Au rez-de-chaussée, frappe l'absence de fleurs. Il y en avait de toutes sortes dans cette maison, des petits bouquets ronds, d'autres en pyramide. Le vase de porphyre est toujours dans la serre, mais vide, sur le guéridon où l'inégalable Mme Dedeban construisait ses cathédrales florales. Le parfum des lis Stargazer qui embaumait la maison s'est évaporé.

Les salons en enfilade ont toujours leur ordonnancement de musée. Les tentures de soie, les fauteuils dorés à la feuille, les tapisseries de Beauvais, les tapis de la Savonnerie, rien n'a changé. Pourtant, la plupart des beaux objets et des meubles de prix ont été vendus. Les salons n'en paraissent pas vides pour autant. Il y avait tant de choses à la Bienfaisance que celles qui restent suffisent à remplir l'espace. Le Marguerite Gérard, le Vigée-Lebrun, les Hubert Robert ont été remplacés par des portraits de famille, sortis des réserves où on les avait entreposés après la vente en 2004 du château de Saint-Just. Les ancêtres sont toujours aux murs et regardent passer avec indifférence notre petit cortège.

Dans son cadre doré Mme du Crey, l'intendante des Dentelles et Guipures de la reine, veille toujours sur les reliques que Marie-Antoinette lui a confiées.

Le majordome, selon un immuable rituel, se dirige vers le meuble sacré, véritable cénotaphe où reposent les chaussons de la reine martyre, sa ceinture, une minuscule aquarelle de sa main. C'est là qu'on amène les visiteurs quand ils viennent pour la première fois rue de la Bienfaisance. Pour moi, c'est plutôt un adieu. Moment de recueillement. Hormis l'éventail, ces legs d'une vie intime ont été conservés.

Le majordome ouvre avec fierté un tiroir secret. Il était seul à en avoir connaissance : « Quand on fait le ménage chaque jour, on connaît les secrets des meubles. »

Il y a déniché un cahier à couverture de cuir bleu contenant l'inventaire, de la main du comte de Thiac, de la collection d'objets ayant appartenu à Marie-Antoinette. Celui-ci en avait hérité par son mariage avec Georgine, la fille de Mme du Crey. La reine avait donné ces objets aimés à son intendante, avant d'être emmenée au Temple. Le majordome : « La comtesse était bien contente d'avoir ce cahier, pour le montrer à Sotheby's. »

Il va vers une commode, dans le salon ovale qui, il y a très longtemps, a servi de chambre à « grand-mère Mimi ». La comtesse elle-même, me dit-il, ignorait ce qu'il y avait dans ses tiroirs : la collection d'éventails de la grand-mère d'Édouard de Ribes. Il en sort délicatement quelques exemplaires soigneusement gardés dans leurs écrins. Il y en a de toutes tailles et de toutes couleurs, d'un temps où les femmes les assortissaient à leurs robes. Il y a même des éventails de deuil. Jacqueline de Ribes ne les avait jamais vus – par la force des choses, il y a tant de commodes, de secrétaires et de chiffonniers à la Bienfaisance.

Elle est venue ici il y a quelques jours, pour préparer la fête qu'elle donnerait en l'honneur de son ami, le couturier américain Ralph Lauren.

« Encore une fête, on me promet que ce sera la dernière » – le majordome sourit sans y croire. Je comprends que, malgré le supplément de travail que cela entraîne, il est heureux que l'hôtel de la Bienfaisance puisse encore assurer sa réputation. Ralph Lauren vient de recevoir la Légion d'honneur. Le dîner serait l'occasion de lui manifester une amitié de quarante années.

Récit du dernier passage en ses murs de la comtesse de Ribes. Le majordome en est encore attendri. La comtesse, me dit-il, a soudain eu envie de se promener dans sa maison, d'en redécouvrir le dédale. Peut-être allait-elle aussi à la rencontre des fantômes qui lui sont chers.

Je l'imagine, de sa démarche élastique, suivre son majordome dans les salons déserts. Elle a gardé son manteau sur les épaules, les pièces sont moins chauffées qu'autrefois. Elle se laisse guider, exige de tout revoir. Il allume l'électricité dans chacune des pièces qu'ils traversent – « Madame la comtesse n'a jamais su où se trouvaient les interrupteurs électriques. » Elle s'attarde dans le salon jaune, où elle se tenait le plus souvent avec son époux. Hautaine, impassible, son visage ne trahit pas ses émotions. *Never explain, never complain*, c'est une des règles du savoir-vivre.

Puis, ils montent aux étages.

Jacqueline de Ribes veut revenir au grenier où elle avait installé son premier atelier de couture. Elle s'étonne d'y découvrir une énorme armoire dont elle ignorait l'existence. Ce pachyderme, aussi haut que large, poursuit le majordome, ne pourrait prendre place dans aucun appartement d'aujourd'hui. Peut-être vient-il du château de ses beaux-parents, à Saint-Just ? Personne n'en sait rien. En l'ouvrant, elle y a découvert… quatre rideaux, soigneusement pliés dans un drap. De quelle fenêtre ? de quel château oublié ?

Au grenier, il a fallu déballer pour elle des caisses depuis longtemps fermées. Elle en a sorti une robe à crinoline, en parfait état.

Puis, l'habit de lumière, étincelant de broderies, et le bicorne noir du plus célèbre torero de tous les temps, El Cordobés – cadeau personnel à sa famille.

Elle y a retrouvé les bijoux de scène de Sarah Bernhardt, que le marquis de Cuevas lui avait offerts : elle ne les a plus portés depuis l'époque des bals fastueux, remisés eux aussi à l'étage des fêtes qui ne sont plus.

Des boîtes en carton vides, estampillées des maisons Dior, Dessès ou Reboux, forment de hautes piles. Alignés sur une étagère, des chapeaux hauts de forme, en peaux de castor, ont appartenu à son beau-père, à son père et à son mari. Ces gibus d'avant-guerre portent la griffe des meilleurs chapeliers : Lock and Co – Saint James's Street, London ; Motsch – 42 avenue George-V, Paris.

Combien d'heures passées à écouter Jacqueline de Ribes ? Sur une douzaine d'entretiens, où je la laissais parler et se souvenir pendant des soirées entières, aucun pourtant ne s'est déroulé rue de la Bienfaisance. Cette femme lumineuse, plutôt que de rester enfermée dans un austère palais de famille, préférait résider ailleurs, dans des maisons plus modernes, ensoleillées, joyeuses.

J'aimais ses monologues, à quoi se réduisaient nos conversations. Elle avait réparti les rôles, sans m'en laisser le choix : elle parlait, j'écoutais en prenant des notes. C'était un rôle agréable, car elle racontait très bien. Comme au théâtre elle possédait son texte. Sa vie, elle en avait fait un roman. Sans rien inventer, elle l'avait mis en scène, construit épisode par épisode.

Je l'avais prévenue :

« Je n'écris pas vos mémoires.

— Alors, qu'écrirez-vous ?

— Un portrait, une vie de femme. Cela s'appelle une biographie. »

Jacqueline de Ribes semble perplexe. Elle réfléchit et, comme si elle se sentait dépossédée d'elle-même par une étrangère qui a l'outrecuidance de s'emparer de sa vie, d'entrer dans ses secrets par effraction, elle décrète sèchement :

« C'est tout de même de moi qu'il s'agit ! »

Son narcissisme ne semble pas trouver son compte dans un portrait brossé par une autre qu'elle. Qui aura la témérité, l'audace de prétendre comprendre, commenter, qui sait juger, ce monument d'elle-même qu'elle a édifié pendant près d'un siècle avec cette quête inlassable de perfection qui fut son obsession et son tourment ? Sans doute enrage-t-elle intérieurement de ne pas avoir l'instrument qui eût pu lui rendre justice : les mots. Elle seule, songe-t-elle peut-être, aurait été à la hauteur d'elle-même, de ce miracle tissé par des fils d'or qui associent des privilèges innés et une âme d'exception. Car personne autant que Jacqueline de Ribes n'a conscience du caractère ineffable de ce qu'elle est, cet être qu'elle a conçu comme une œuvre d'art mais qui risque de s'effacer à jamais, englouti par l'irréductible adversaire qu'elle n'a pu réussir à charmer : le Temps.

La biographe en moi, un peu désarçonnée par ce manque d'enthousiasme devant quelqu'un dont le projet a priori la sert – la biographie n'est-elle pas une forme de mémoire, un legs pour défier le temps qui tout efface ? –, s'interroge. Serait-ce le cas de toutes les créatures vivantes de ne pas supporter le regard d'un biographe, alors qu'elles ont recherché ce regard extérieur sur leur vie et sur leur personne par tous les moyens à leur disposition ? Peut-être, si j'avais eu la chance de rencontrer mes précédentes héroïnes, Berthe Morisot, Colette ou Camille Claudel, eussent-elles renâclé de s'exposer à livre ouvert devant moi. Et Romain Gary ou Stefan Zweig, auraient-ils accepté de me confier leurs souvenirs, comme elle l'a fait lors de multiples soirs ?

Je m'interroge aussi sur ce qui a pu m'attirer vers une femme qui manifeste si peu de réciprocité. Que suis-je pour elle ? Une confidente ? Sûrement pas. Une amie ? Ne rêvons pas. Une de ces personnes si nombreuses dans son entourage, dévouées à son service, dames de compagnie, infirmières, secrétaires ?… Mais non. Que je sois écrivaine et même académicienne n'est pas de l'ordre de ses hiérarchies sociales. Alors ? Ne serais-je pas de la catégorie de ces fournisseurs dont son oncle Étienne de Beaumont prétendait qu'on ne les reçoit pas chez soi ? À charge pour moi de lui fournir cette biographie, qu'elle espère et redoute à la fois. Le livre qu'elle aurait voulu écrire ou au moins reprendre point par point, paragraphe par paragraphe et mot à mot. Je crois que je n'entrais en fait dans aucune de ces catégories, mais parfois pouvait-elle craindre que je lui vole ce qu'elle avait de plus important, sa vie.

Jacqueline de Ribes n'est comparable en rien aux artistes que j'ai pu décrire. Elle n'empoigne pas la glaise pour modeler une œuvre comme Camille Claudel, elle ne manie pas les couleurs comme Berthe Morisot, ni les mots comme Colette. Elle n'est même pas associée à ces grands élans créateurs qui, tels Éluard et Salvador Dalí, ont permis à Gala d'être partie prenante de leur propre génie. Sa postérité sera sûrement du côté de ces femmes qui à l'image de la Sanseverina ou de la duchesse de Guermantes ont gardé pour nous une existence dans le rêve. Tant de silhouettes du passé demeurent, qui ne sont pas des artistes mais ont mis tout leur art – un art subtil, délicat, sensuel, original – dans la construction de leur légende : Mme Récamier ou Ninon de Lenclos, Misia Sert ou Méry Laurent, la duchesse de Chevigné, la comtesse Greffulhe.

Elle appartient à un monde aristocratique qui n'est pas le mien et n'est pas non plus celui de la majorité de mes contemporains, un monde qui pourtant fascine, à la fois pailleté de lumières et bénéficiant de privilèges qui le font apparaître, comme l'a montré Proust, étrangement vide. Vide car il tourne autour de lui-même comme une planète perdue et ne se ressource plus dans les forces vives de la société d'aujourd'hui.

Jacqueline de Ribes ne laisse pas d'autre œuvre que cette empreinte qui doit disparaître avec elle, la trace scintillante, fugitive, de son passage. Comme si elle avait sculpté l'eau, faisant apparaître momentanément des ondulations, des irisations, des frémissements, n'interrompant qu'à peine, un bref instant, la surface lisse d'un lac. C'est, je crois, le caractère insaisissable de cette trace qui m'a le plus captivée dans son personnage. J'en garde l'admiration comme devant tout phénomène rare, tout prodige hallucinatoire.

Comment nier que cette femme du monde soit une véritable artiste, capable de sculpter son apparence et de se mettre en scène dans des performances dignes du *body art* ? Elle pratique même, sans la théoriser, une esthétique de cette pop culture où vont triompher Lady Gaga et Jay-Z.

« Qu'est-ce que l'art ? écrit Marina Abramović. Il me semble que considérer l'art comme quelque chose d'isolé, de sacré et de distinct de tout le reste, c'est le couper de la vie. L'art doit faire partie de la vie. L'art doit appartenir à tout le monde[1]. »

Loin d'être réductible à une icône de mode désincarnée ou simplement la muse d'une époque révolue, définitions qui lui sont le plus souvent accolées, Jacqueline de Ribes affirme sa différence dans tous les excès de son égocentrisme. Si Jayne Wrightsman restera pour les salles du Metropolitan qui portent son nom et pour ses dons, si Marella Agnelli ou Marie-Hélène de Rothschild laissent l'empreinte de personnalités fortes, servies par la magie de la fortune et du nom, Jacqueline de Ribes a été une artiste d'elle-même. Elle a travaillé sans relâche à l'élaboration d'une œuvre. Elle a signé son Moi.

Un soir, lors d'un de nos derniers entretiens, Jacqueline de Ribes a brisé un instant la carapace, ce qui lui arrive rarement, pour me dire ce qu'elle cache si bien au fond de son cœur :

« Je suis celle par qui tout finit. »

Fin d'une histoire. Fin d'un monde.

C'est en pensant à cette énigme vivante que l'hôtel de la Bienfaisance referme sur moi sa lourde porte de fer.

1. Marina Abramović, *Traverser les murs*, *op. cit.*, p. 303.

Composition : IGS-CP à L'Isle-d'Espagnac (16)
Achevé d'imprimer par Normandie Roto Impression s.a.s.,
en mai 2021
Dépôt légal : mai 2021
Premier dépôt légal : mars 2021
Numéro d'imprimeur : 2102275

ISBN : 978-2-07-290037-2 / Imprimé en France

398751